囊括天下大智　纵览千古风云

老子大義

李清泉　著

中央民族大学出版社
China Minzu University Press

图书在版编目 (CIP) 数据

《老子》大义 / 李清泉著 . —北京：中央民族大学出版社，2019.8（2023.4 重印）
ISBN 978-7-5660-1685-0

Ⅰ．①老…　Ⅱ．①李…　Ⅲ．①道家　②《道德经》—研
究　Ⅳ．① B223.15

中国版本图书馆 CIP 数据核字（2019）第 125798 号

《老子》大义

著　　者	李清泉
选题策划	罗丹阳
责任编辑	陈　琳　罗丹阳
封面设计	北京楠竹文化发展有限公司
扉页题字	李之祥
出版发行	中央民族大学出版社

北京市海淀区中关村南大街 27 号　　　邮编：100081

电话：(010) 68472815（发行部）　传真：(010) 68932751（发行部）

　　　　(010) 68932218（总编室）　　　　(010) 68932447（办公室）

经 销 者	全国各地新华书店
印 刷 厂	北京鑫宇图源印刷科技有限公司
开　　本	787 毫米 ×1092 毫米　1/16　　印张　30.75
字　　数	564 千字
版　　次	2019 年 8 月第 1 版　　2023 年 4 月第 4 次印刷
书　　号	ISBN 978-7-5660-1685-0
定　　价	128.00 元

老子自画像

原经："俗人昭昭，我独昏昏。俗人察察，我独闷闷。澹兮，其若海；飂兮，若无止。众人皆有以，而我独顽似鄙。我独异于人，而贵食母。"

世上的人看上去都活得那么明白，满嘴都是道理，并且发出耀眼的光芒；我却显得那么迟钝，不明事理，每日昏昏沉沉。世上的人都是那么目光犀利，洞察秋毫，抓住一切机会牟取自己的利益；而我似乎对那些东西打不起兴趣，我真的不知道我这是怎么啦。

我心迷丧，如烟如雾漂泊在无际的大海上；我心迷丧，心被飓风吹起，无法平静，只能站在山巅发出两声凄厉的长啸。每个人似乎都找到了自己的归属，并且固执己见；我却苍老，自知不能改变这一切，但是，我仍然信守着所谓的浅陋的誓言和理想。

不管人们怎么看我，我都知道追求真知的道路是那么漫长；不管人们如何鄙视我，我都知道坚守理想必须付出代价。无论如何，我都不会为那些世俗的东西而浪费生命，不会改变初衷。"大道"是我的母亲，我永远爱着她，我相信我不离她，她亦不会弃我而去。

《老子》大义

目　录

人类文明的实践证明，一个民族的价值体系的建立和完善是一个漫长的历史和自然的过程，并且具有某种程度的排异性，一些新观念的植入由此变得不再那么简单而容易，这既是传统的优点，也是传统的弊端。无论如何，文化的创新不能离开这种有效而科学的继承，认识不到这一点，任何对国民品德和价值观的改良都是徒劳的。

大家一定要坚信，科学技术不是人类文明的全部，更不应该成为衡量一个民族进步与落后的唯一尺度。近代以来，一个不争的事实是，一些国家和民族追求科学技术制高点的背后却有着"肮脏的目的"。所以，科学不等同于高尚，面对未来，我们全人类都需要理性，需要尊重，需要构筑一个互利共赢的美好家园，而这也是中华文化的应有之意。

学习中华文化一定要抓住一个"道"字，"道"通了，其他问题才有解决的前提。通俗地表达就是：方向对了，才能谈政策的问题；战略对了，

才能讨论战术的问题。从"道"的角度看，中华文化无非三个字，即"情、理、德"。

四、老子其人其事　　/009

道家认为，万物发展都有其规律，只有清楚地认识并把握这些规律，才能够真正抓住问题的根本，不应该把过多的主观思想强加给他人及我们生活的客观世界。因此，道家所遵循的"清静无为"是一种依乎天理的处世和做事的方式，而不能简单地被我们以"消极避世"去评价。

五、道家思想的源流与特质　　/015

道家的圣贤大多数都是史官，他们从历史的发展潮流和脉络中梳理出国家兴亡、成败之道，领悟了人生旦夕祸福之理，参透了天地万物之机。所以，最终明白，无论是治理好一个国家和社会，还是让人生和家庭获得更多的幸福，都必须要从纷繁芜杂的假象中跳出来，回归到事物的根本，守住清静、淡定的灵魂，摒弃过多的奇思异想，使生命保持一种谦下而柔静的状态，方可以达到"道德"的至高境界。

六、道家是承上启下的智慧之学　　/018

人世间的学问，若真是能够进得去，出得来，无论从哪里入手，学到最后都是一个道理，简单地讲就是吉凶祸福，或叫进退得失，从人的角度看，也可以称作趋利避害。

第一章　道可道，非常道　　/020

一、道不同，不相为谋　　/020

"道"是万物之源。"道"是本，"名"是末；"道"是因，"名"是果；"名"因"道"生，"道"因"名"存。无论做什么事情，要想真正统一思想和认识，形成合力，并且保证团队永远凝聚在一起，最关键的是要寻求价值观和世界观一致的人，否则，在具体问题上一定会产生分歧，一旦如此，合作是暂时的，分裂是必然的。

大道思维即"终极思维",解决"干不干"和"为什么干"的问题。缺乏"大道思维",就不可能有科学的顶层设计,也就不可能建立科学的发展理念,最后导致社会治理的困难,也就毫不奇怪了。

万物归一于"大道"。社会之所以乱,就是始于人心之乱,而人心之所以乱,就是因为人们人为地界定了太多的是非和善恶,从而引发了不必要的争斗。

老子认为,面对人生,应该保持一种能入能出的状态,无论什么时候都必须心性洞明,要登高望远,明白人从何处来,最终到何处去,切不可被世间的纷争和扑朔迷离的物欲世界迷住双眼,最终失掉生命中最美好的东西。

就人的一生而言,无论在什么情况下,都要保持一颗平常心,平凡是福,平淡是境界,平和是品质,避免走极端。特别是在位高权重之时,更要保持"慎独"之精神,常怀律己之心,常思贫寒之日,常念天下之苦,方能无大过。

不合作但不一定对抗,不赞成也要多一点理解,不爱但也不要去恨,人心宽了,天地就阔了。各走各的路,各上各的船,人都要活下去,都有自己活着的方式和理由。有人喜欢跪着求生,有人喜欢立着图存,有人愿意为了理想而终结生命,有人愿意为了生命而终结理想,都由他去吧!天地之大,无奇不有,人生短暂,来如风雨,去如微尘,都要看得开,放得下,随心、随性、随意、随安、随生、随死,这就是"道枢"。

变成疯子或傻子，到最后往往是赔了夫人又折兵。老子认为，一个社会应该走正路，走常规之大道，不要把那些非安身立命的东西标榜得太高，看得太贵，更不能让全社会的人都去追逐那些东西，如果这样，社会的造假之风就会随之而起，世人也便会产生机心和盗心。

三、莫为理想遮望眼，幸福缘在三分田　　/ 051

在一个社会中，人的灵魂干净了，身体健康了，并且拥有一个合理的人生梦想，就容易找到幸福，大多数人就会保持一种高洁的生命状态。达到这种状态之后，整个社会的心理状态自然就会保持稳定而均衡，达到老子所预期的"常使民无知，无欲，使夫智者不敢为也"。

第四章　道冲，而用之或不盈　　/ 055

一、大道尽在无形中，智慧全在有形外　　/ 055

站在现实生活的角度来看，老子所讲的"道"，其最根本的特质就是要能拿能放，以空化物，以物为空。一个真正得道的高人，一个有知识、有涵养的人，一个有大智慧和大境界的人，首先要放空灵魂，扩大胸襟，摒弃主观，包容万物，不囿于物质和眼前的利益，唯有如此，才能以更宏大的眼界去面对未来，以更强大的力量去面对挑战，以更广泛的智慧去驾驭复杂的人生及社会大局。

二、黄尘隐大道，明处看愚贤　　/ 059

姑且不论杨修猜得对与否，大敌当前，形势摆在那里，杨修明白，曹操明白，难道其他谋臣和武将不明白吗？若进，当想进兵之策，若退，当想全退之法，只凭个人聪明，便令大将做撤军准备，会造成军心混乱，由此而治杨修之罪，也并不冤枉。《三国演义》中，杨修之死，曹操固然有心眼小的过错，但是，主要责任还是在于杨修本人。试想，一个如此聪明之人，为何未能在曹操手下担当大任？无非是因为杨修过于恃才放旷、盛气凌人。事实上，杨修在整个过程中所展现出来的才能大多只是些小聪明、小智慧，而在国家大事方面未见有什么建树。所以，成大器者必得"大道"，得"大道"者当懂得"挫锐、解纷、和光、同尘"的处世法则。

第五章　天地不仁，以万物为刍狗　　/064

一、天地不论高与下，大爱无边空作舟　　/064

世界上没有无缘无故的爱，也没有无缘无故的恨，有爱必有恨，有亲必有疏，有近必有远。当一个人能够真正怀着公平之心来对待苍生，那才是真正的大爱。所以，天地和圣人对谁也不亲近，貌似没有仁爱，但是，它们心容天下，公平行事，从不以自己的喜好和取舍处理问题。这才是老子所要告诉世人的，即什么是真正的好、无边的情、永恒的爱。

二、有权当思天下事，青史最喜爱民人　　/065

作为一个领导者，最忌爱慕虚荣。一旦沾染上这种习气，手下那些别有用心的人就会乘机而入，把你捧到天上，最后你真的就找不到自己了。有句老话讲得好：上有好者，下必兴焉。对一个掌握权力的人来讲，最重要的是要利用好手里的权力，为百姓多做一点实事。有一些业余爱好是可以的，但是，不能因此而找不到北，甚至迷失方向。

三、山头主义害死人，当有五湖四海心　　/071

观历史轮回，看时代变迁，党争为腐败之源，为国家危亡最重要的祸根。一个社会一旦形成了各种各样的圈子，也就会形成各种各样的利益集团，这些集团就会捆绑政府的决策，进而导致极大的不公平。这些集团起初可能仅是为了满足各自的经济利益，但是，久而久之就会谋求政治利益，因为掌握权力就会为自身带来更大的经济利益。利益集团一旦拥有了政治目的，并且造成了社会更大的不公平，必然会导致执政者丧失执政资本，导致政权最终灭亡。

四、人类可能会毁灭于自己的欲望　　/074

人性是善还是恶，这是人类争论了几千年却一直没有定论的一个哲学和伦理命题。按照道家的观点，世界本无善恶，只有"生存"二字。从这个角度讲，人对自然和外物的诉求本无可厚非，但是，今天人类的行为选择已经不仅仅是为了满足生存的需求，人性越来越彰显出一种无与伦比的占有和征服欲望。而这种欲望到今天还看不到边际，然而，我们生存的这个星球已经满目疮痍、遍体鳞伤。因此，面对未来，人类不应该只爱自己，而应该爱万物，应该怀着一颗大爱之心去选择自己的生存方式，去构建自己的文明形态，这就是老子所讲的天地情怀、圣人心态。

五、人活着为什么会累　　 /075

庄子说，"主者，天道也；臣者，人道也。天道之与人道也，相去远矣，不可不察也"。言外之意，人有点想法也是正常的，但是，不能过于极端，在大是大非面前，还是要信服天道，遵守无为。人无论如何也逃不出大自然，不管怎么折腾，我们仍然是自然的一分子，明白了这个法则，人世间的一切问题就都迎刃而解了。

六、大道皆在一念中　　 /079

守中，其实就是守住中枢、守住"大道"。今天很多人喜欢研究《易经》，"易"这个字的本义就是"日月的变化"，所以，《易经》的本质是一门研究"变化"的学问。学完《易经》就要懂得变化，要用变化的思维来看待万物，静止是相对的，变化是绝对的，世界上绝对静止的东西是不存在的。既然如此，如何"守中"呢？遵循变化就是守中，抓住变化的规律就是守中。比如，人总是要死的，所以，不要强求永生。人总是要老的，所以，不要对脸上的皱纹那么在意。人什么也带不来，什么也带不走，所以，就要对权力和钱财看淡一点。因此，"守中"就是要守住灵魂，以不变应万变，以万变去顺应历史，这就是人生的大境界、大学问。

第六章　谷神不死，是谓玄牝　　 /082

一、心怀宇宙归一统，大道思来是感恩　　 /082

如果以西方的宗教特征来看中国文化，中国似乎没有产生过严格意义上的宗教，然而，如果以中国的文化来衡量西方的宗教，西方宗教也同样是为了打造一种生命的价值观，最终是培养人的感恩心。所以，简单地否认中国没有宗教，民族便没有信仰，没有前途，只是一种过于草率而主观的臆断，在理论和现实中都是站不住脚的。其实，无论哪一种文化，其目的无非都是

打造国民的一种精神信念、一种世界观和价值观，而中国的文化在这一过程中所起到的作用更加广泛，也塑造了中国文化与中国社会独有的精神特质。从这个意义上讲，无论是今天还是明天，中国人都离不开优秀的中华文化，没有这样一种文化的支撑，想树立国民的精神信仰，只能是一句空话。

二、道家养生的秘诀　　/ 084

"绵绵若存，用之不勤"这八个字暗含了养生的几个重要的价值理念：一是要静。一个人若总是气血浮躁，想达到健康的状态就很难，所以，健康的重要前提是心理健康，心理压力大，控制不了情绪，谈健康就是一句空话。二是要空。"道"生万物，没有占有的欲望，生而不有，为而不恃，随欲而安，淡定从容。一个人欲望过重则会有生杀之气，就失去了道体的这种包容万物的母性情怀。强则易折，刚则易碎，所以，人要想健康，必须要懂得放下。三是要量力。"绵绵"二字表达了一种生命的韧性，无论做什么事，都不可用力过猛，任何时候都要对自己有一个正确的评价，当进则进，当退则退，见好就收，不可由着性子来，要按规律办事。

第七章　天长地久　　/ 089

一、笑看路边花开落，闲倚危阁向秋风　　/ 089

人的一生，不如意的事情总是多于如意的事情，帮助自己的人总是少于不帮助自己的人，若完全以对自己的好坏来评价一个人，那么必然怨气冲天，感叹人世无情。人的一生，几十年匆匆而过，走在人生的道路上，有寒风冷雨，亦有春风送爽。给了我们帮助的人，我们要感恩；不帮助我们的人，我们也不要抱怨。期待别人的可怜，说明我们还不够坚强。少一些怨气，多一些大气，少一些怒气，多一些和气，少一些娇气，多一些勇气，我们会发现生命的旅途上会有别样的风景。

二、后其身而身先，外其身而身存　　/ 091

有些圈子能不进则不进，有些利益能不争则不争。少一些是非，就会少一些风险；少一些纷争，就会多一些安全；少介入一些圈子，就会少一些麻烦。所以，人在一生中要时刻注意与什么样的人交往，要时刻权衡对一件事的参与度，时刻对风险做出正确的评估。大的原则是：知音要少，圈子要小，信念要牢，明白要早。

其反。一般而言，做短线的干不过做长线的，急躁的干不过稳健的，着眼于当前的干不过目光远大的。无论做什么事情都必须量力而行，不顾自身的能力和水平，只管向前猛冲，可能就会折戟沉沙，甚至搭上性命。留得青山在，不怕没柴烧，无论什么时候都必须保证自己有足够的抗风险能力。

二、静守底线，不忘初心　　/ 101

近年来因触犯国法而身陷牢狱之灾的那些高官，大多数出身贫寒，出道时都长期保持了质朴的情怀，但是得势之后，便在前呼后拥中慢慢地迷失了自我，最终晚节不保，悔恨终生。而在社会发展的过程中，很多人有了钱之后就沉迷于花天酒地的生活，吃喝玩乐，骄奢淫逸，最终赔上了事业，赔上了健康，赔上了性命。抚今思古，不免让人扼腕叹息：求富贵不易，守初心更难啊！

三、智慧皆因名利隐，世间谁能真读书　　/ 103

人在高位时，看似春风得意，但也是最危险的时候。一方面，自己可能产生骄傲情绪，犯下致命的错误；另一方面，位高权重，就极有可能成为众矢之的，危险也会陡然增加，正所谓"树大招风雨，位重易生敌"。所以，道家有一个一贯的思想，即尽量不要使自己处于欲望所归之地，无论在什么时候都要留一点空间，该放下的就要放下，这既是一种自保的生命智慧，也反映了人及万事、万物的一种普遍的发展规律。稳得住才是大境界，放得下才是真智慧。

四、世间莫如人欲险，几人到此误平生　　/ 104

很多时候，人世间的事没有绝对的对错，同样一件事，你这个时候做可能是对的，那个时候做可能就是错的；同样一条道路，这个人走可能是对的，能够走通，那个人走可能就是错的，就走不通，因人而异，因时而异，因势而异。所以说，人生的关键就在那么几步，而这几步要么在得志之时，要么在失志之时，如何选择，当慎之又慎。虽然历经了两千多年，但韩信的教训仍然值得我们深思。

古人认为，人活着的标志，一是肉体存在，二是精神存在。活着的精神就叫"魄"，死了的精神就叫"魂"。人活着，就靠这口气，气息越旺盛，生命力越强大，人在魄在，因此我们称之为"气魄"。人死了，气散了，魄也就散了，魄就变成了魂。魂由于没有肉体依托，到处飘荡，因此我们称之为"游魂"。所以，活人讲气魄，死人讲灵魂。我们生活中常讲"改造人的灵魂"，如果细细推究，我觉得这种表述是有一些问题的，准确地说应该是"培养人的气魄"，使人在是非、得失面前保持一种从容、淡定的人生姿态，使生命的格局更加广阔。而灵魂是死后之精神，肉体生命消亡了，灵魂飘到哪里都不知道，如何改造？

有人问爱情能不能保鲜，我说可以，只有一种方法，那就是在感觉最美好的时候彼此分开，永不互相拥有，这样虽然痛苦一时，却可以美好一生，成为生命中永恒的记忆。如果相守，就一定要懂得妥协。给彼此一个空间，守住曾经的承诺，虽然不一定能够保鲜，但是可以感受到彼此的温暖，这便是现实的爱情和爱情的现实归宿。没有妥协的精神，就不要期待婚姻。

所谓"圣人"，就是在任何情况下都能够保持心性清明的人，不像普通人一样，心态像墙头草，风向东吹则向东倒，风向西吹则向西倒，没有生命的坚定立场和对事物的原则性判断。圣人在任何时候都能够保持心静如水，就如同有一面认识世界的镜子，无论是生是死、是得是失，自立于天地之间，岿然不动。其实人世之间，凡是从容一生之人，无论是指点江山的英雄，还是独守青灯的僧侣，他们看上去表现得不一样，但是，他们的共同点就是心性空灵，矢志不渝。

四、心怀天下安可至，胸有万民智自来　　/118

老子强调"无智"，并不是不让我们用智慧，而是希望执政者和管理者不要总是以自我为中心，总是以为自己聪明而恣意妄为。如果这样，往往就会背离"大道"，就会失去民心，失去执政的基础。道家强调"圣人恒无心，以百姓之心为心"。执政者一定要明白天下人需要什么，明白社会的大潮流与大方向，要结合实际，顺势而为，不可逆流而上，简单地说就是要循"道"而行。

五、但将有日思无日，莫待无时思有时　　/119

人非圣贤，孰能无欲？但是，人的欲望与兽类的不同在于，人除了生存和生理的本能之外，还有一种凌驾于生存之外的诉求，这种诉求就是虚荣、炫耀之心。这种心态一旦形成，就会使物欲达到一种没有边际的状态，最后丢掉了灵魂的质朴，成就了贪欲横行之心。

六、但将冷眼观螃蟹，看你横行到几时　　/122

"明白四达"是一种非常高的生命境界，已经不是一般人所能及。但是，老子说，人达到了这种境界，就容易犯一个毛病，那就是骄傲。明白四达了之后，人往往就会产生指点江山的冲动、毕其功于一役的心态，容易对什么事都指手画脚。如果一个人犯了这样的错误，就可能前功尽弃，流于世俗。

七、大爱无心，天地可鉴　　/122

人要有一种无私的情怀，做一点事情，做出一点牺牲，不要总是求回报。如果一个人总是带着求回报的心态，那么就很难找到真正的平衡，也很难与他人建立起和谐的关系。我们常讲，朋友之间易清淡相处，少有利益来往。无论什么样的朋友，只要利益来往多了，都难免会心生怨愤，究其缘由，无非是一个多干少干、多拿少拿的问题。朋友之间合作，如果没有一种"吃亏"的精神，情感就会慢慢地被利益蚕食，最后分崩离析，不欢而散。

人除非没有机会，有了机会，大多数都会追求安逸之境和虚妄之感。所以，人生之不易，不唯物质之匮乏和行路之艰辛，更多的是心智之考验、情趣之追求。天下之人众矣，哪一个生而为恶，哪一个又生而为善？善恶皆在一念之间。很多时候并非起于本心，而是起于外欲，只有远离诱惑才能拒绝诱惑。长居篱门，故不慕华堂；长穿布衣，故不慕锦服；长食五谷，故不慕玉食；常交清友，故不慕豪客；常思大道，故不求小径；常思存亡，故不入死地。大道何简，几人守之？

二、非淡泊无以明志，非宁静无以致远　　/ 134

我们今人并非生而无德，我们只是缺少了一个古老文明应有的厚重感和使命感。站在今天来看，人类社会确实发生了翻天覆地的变化，但是，有一个不争的事实是，站在整个宇宙中来看我们这个星球，其实，进化得最慢的正是我们人这种动物自身。无论从生理角度看人体的结构和功能，还是从心理角度看人的价值和情感，从本质上讲，与几千年前都差不太多。我们今天之所以有那么多乖张的行为，一是由于外面的诱惑越来越多元，二是由于我们过于重视外化功能，不重视内化灵魂。

第十三章　宠辱若惊，贵大患若身　　/ 137

一、辱随湘江水，宠伴衡阳云　　/ 137

老子认为，"宠"未必就是个好东西。如果人们没有"宠"这个想法，自然也就不会有"辱"的感觉。我们为什么会自取其辱？就是因为我们总想为"得宠"而绞尽脑汁，在很多情况下，往往是反受其辱。细想起来，世界上没有永恒的宠，也没有永恒的辱，那些不择手段而得宠的人，大多数都是辉煌一瞬，最终身败名裂，落迫流离，甚至客死他乡。古今中外，这样的人又岂在少数？正所谓"登高跌重"。

二、自古雄才多磨炼，纨绔子弟少伟男　　/ 141

《易经》认为，人只要活着，就要面临选择，只要一选择，得失就会随之而来，吉凶也就产生了。比如选择做官，得到了权力和尊严，但可能失去了更多的自由，时刻处于百姓的监督之下；选择做生意，可能

会积累很多财富，过上幸福的生活，但是，家大业大，是非也就来了；选择做农民，可能拥有更多的自由，但是也可能会占有较少的社会资源，在很多现实问题上受制于人；选择做学问，可能相对自由，也会过上一种相对有尊严的生活，但是，比起做官，没有那么大的权力，比起经商，没有那么多的财富，并且伏案苦读，需要耐得住寂寞和孤独，心一浮躁，就不是一个纯粹的学者了……总之一句话，人的一生不要追求完美，不可能只有得，没有失，不要把"得"想得那么重要，把"失"想得那么可怕。

老子讲，人为什么会担心得病？就是因为我们有肉体，如果我们的肉体泯灭了，那还有什么可担心的呢？其实，老子的这番话也暗指人生最重要的是生命，生命本身又那么短暂而脆弱，一定要懂得珍惜。我们一生苦苦追求的这些东西都是生命的必需吗？未必。其实，生命原本简单，多得一点、少得一点，位置高一点、低一点，又能如何？为了争一个上下高低，我们倾尽了毕生心血，让自己失落于欲望的海洋，并且为之终劳一生，甚至搭上健康和生命，岂不哀哉？正如苏轼所讲："长恨此身非我有，何时忘却营营？"也如曹雪芹所言："浮生著甚苦奔忙，盛席华筵终散场。悲喜千般同幻渺，古今一梦尽荒唐。"

老子好像把我们带到了一个幽冥的世界里，这个世界是那么博大，如云如烟，我们似乎看到了什么，又似乎什么都没有看到，一切仿佛都触手可及，抓到最后却什么也没有抓来，而到最后发现，一切都变得空无，只有自己飘在无边无际的长空。这种对"道"的描述看上去是那么空远而毫无意义，但是老子实际上是在告诉世人，我们在这个世界上苦苦追求的东西，诸如金钱、美人、权力、尊严，都是人类的一种幻觉，我们却在这种幻觉中乐此不疲、执迷不悟。其实，最终一切都会"复归于无物"，如同一场梦幻，但是，有几个人能够活明白啊！

科学证实，宇宙仍在扩张，到了一定程度，今天有序的宇宙必然会破裂。到那时，宇宙将是星光辉映，星系坍塌，万物殒灭，又进入一种混沌状态，经过一番轮回，可能又会形成有着另外一种秩序的宇宙，这是自然的法则。人世间也是一样，一种秩序不可能长存。秩序的建立是一种能量平衡的过程，也是能量消耗的过程，能量一旦耗尽，这种秩序必然衰亡，这时候社会就需要新的力量来构建另外一种新秩序。所以，一个英明的执政者不会被动地等待旧秩序被推翻，而是能够积极地认识到旧秩序存在的缺陷与问题，在不断地修正旧秩序的同时创建新的秩序体系，才能够保持一个社会的活力，真正达成一种有效的治理。

老子对得道之人的七种描述，既有其独特的内涵与侧重，又有其共同的文化特质。如果简要地概括一下，应该包括以下几点：第一，无论在什么样的状态下都要有一种谦让的精神，不要过于露锋芒。第二，无论在什么样的状态下都必须要保持一种"慎独"的精神，如履薄冰，如临深渊，心怀敬畏之心。第三，无论在什么样的状态下都要保持虚怀若谷的气度，包容万物，与万物和谐。第四，无论在什么样的状态下都要保持一种变化思维，进、成不喜，退、败不忧，居安思危，处乱思变。

无论做什么工作，都一定要加强"顶层设计"，立足实际，深入思考，积极探索，稳妥前行。无论什么时候都不能走极端，要保持一种谦虚的态度，想明白的就大胆地干，想不明白的就慢慢地干。欲速则不达，只有保持一种探索的精神，才能在很好地保护旧有传统的基础上获取新生。直到今天，我们才明白，社会的发展是一个系统进化的过程，绝对不只是一个经济的问题。社会的发展是否健康不是取决于经济指标，而是取决于人民所怀有的幸福感与安全感。与此同时，当一个社会在观念、制度、教育、文化等方面还缺少有效配套的情况下，也不可能保持经济持续、有效地发展。

事实上，中国的儒、道、释都强调一个"空"和"静"的问题。心中欲望太强，灵魂不宁静，就不可能让生命进入一种"忘我"和"无我"的状态，没有这样一种状态，人就不可能跳出世界看世界，就会陷入世俗的视听之中而不能自拔。"静"与"空"是灵魂干净的体现，也是一个人保持理性的生活状态的需要。达到这样一种状态就不会被一些表象诱惑，无论身处庙堂之上，还是俯拾于乡野之间，都能把握好自己。

老子说："夫物芸芸，各复归其根。归根曰静，是谓复命。"一个生命不管多伟大、多坚强，有生必有死，终要归于"无"，即"归根"。到这个时候，万物就达到了真正的"静"的状态。就如同人，不管什么样的人，活着就不停地忙活，等到死了，也就彻底安静了。从有到无，从生到死，从动到静，完成了这样一次循环，就叫"复命"。"命"就是指事物最本质的状态，回归到最本质的状态就是"复命"。在道家看来，人在世间所看到的一切皆为虚幻，最终都要幻灭。世界本来就是混沌一片，终要归于混沌，那是一个充满光影的世界，即生即死，即存即亡，一切来于自然，复归于自然，不可妄想，不可强求。

去岁到苏州的寒山寺，又重温了寒山和拾德两位高僧的那番有名的对话，人到中年，对之更是感慨万千。寒山问拾德："世间如果有人谤我、欺我、辱我、笑我、轻我、贱我、恶我、骗我，如何处置乎？"拾得曰："只是忍他、让他、由他、避他、敬他、不理他，过十年后你且来看他。"拾德这种处置问题的方式看似消极而没有个性，其实却暗含着天地万物轮回的"大道"之理。因此，古今欲成大事者，都须有容人之量。这种容忍不是懦弱，不是缺乏个性，其本质是能够公平地看待万物的情

怀，能够以足够的空间和时间来换取事物的转化，而不在一时一利的问题上让自己陷入困境。

第十七章　太上，下知有之　　/163

一、自古皆有道，何须重刀兵　　/163

应该讲，秦始皇统一六国，建立郡县制是符合历史潮流的，但是制度的合理性不能取代执政智慧的科学性。由于秦朝外用强权，内用峻法，权臣当道，最终激起民怨，伴随着陈胜、吴广揭竿而起，天下云集响应，史书记载："众郡县苦秦法，争杀长吏，以应涉。"刚刚统一的政权迅速土崩瓦解，天下大乱，楚汉纷争。所以，作为执政者和管理者，不要为表面的稳定所迷惑，也不要被百姓畏惧的表象迷惑，天下人如不从内心佩服你，要想做到长治久安是不可能的。

二、自古皆有死，民无信而不立　　/165

无论做什么事，都必须谨慎、认真、严肃地对待，做出科学的判断和决策。一旦决定了的事，就必须要兑现，要讲信用，不能欺骗天下百姓，只有这样，天下百姓才能够相信你，才能够保证政令畅通、政权稳定。如果一个执政者做事随意，判断随意，决策随意，并且朝令夕改，就会失去权威，失去民心，危机也就随之而来了。

第十八章　大道废，有仁义　　/167

莫言心机巧，更有机巧人　　/167

道家认为，就天地而言，只需心生敬畏即可，不可背离自然之法则；就社会而言，治理天下，公平而诚信即可，别无他途；就人的一生而言，安时处顺，动静等观即可，无须过于纠结。老子讲的"大伪"，意指与我们的意志相对立的另外一种"智慧"。因此，一个人无论在什么时候都不要故作聪明，最终害人害己，后患无穷。由此可知，我们生活的世界之所以越来越复杂，究其原因，每个人都希望通过捷径，通过超出常规的方法去达到自己的目的，这样一来，人性的恶就会极大地暴露出来，整

个世界就淹没在了欲望的海洋里。

第十九章　绝圣弃智，民利百倍　　／171

一、心思算尽反自误，却是无招胜有招　　／171

细想一下，不管一个人地位多么高贵，拥有多少财富，他也未必就比一个山野村夫活得更惬意、更长寿。在最宝贵的生命与幸福的问题上，"大道"总是公平的。所以，人们算计了一生，最后都化为一抔尘土，与其如此，倒不如与他人和平共处、相安无事来得更容易，活得更快乐。其实，关于这个问题，大多数人都是在经历了沉浮之后，在人生的暮年才能够想清楚，但那只能是人性的悲哀了。曹雪芹在经历了一番浮华之后，潦倒西山，苦著《红楼梦》，其实无非是讲了一个人世沉浮，一切皆空的故事，只有世间的几个女子还值得留恋。

二、少思寡欲真君子，道貌岸然是小人　　／172

几十年一路走来，我们的国民教育在很多方面都保持着一种急功近利的心态，以功利性和实用主义为特征，忽视了对人的精神与灵魂的改造，导致国民缺少集体意识、向心意识，缺乏起码的做人准则，导致整个社会诚信缺失，道德下滑，官员腐败，弄虚作假成风，进而导致实体经济不断萎缩，房市一股独大，基础研究和重大科技发展滞后。可以说，健康的精神状态和价值观的缺位是当前中国面临的第一困境，人的思想问题解决不了，就不可能真正走出困境。无论社会怎么发展，我们都不要忘记，人永远是一个社会的主体。忽视对主体的改造，客体的发展也会背离其应有的方向。

第二十章　唯之与阿，相去几何　　／176

一、是非善恶谁可辨，一声长啸问苍天　　／176

见到一个孩子掉到水里，我们毫不犹豫地把他救上来，自然是善举。但是，如果一个人天天在水边转，希望有人掉到水里，自己好实施善举，这当然就是邪恶的想法了。比如，帮助人本来是好事，但是，一旦在帮

助人的过程中有了期待感恩和回报的心态，也就不能称其为真正的善良了，善良也就成了寻求"积德"的一种行为方式。所以，善心一旦超出了界限，很可能就变成了邪念，善恶之转换是一件再容易不过的事。

二、莫怨浮云遮望眼，只缘身在云中行　　/178

我们来于自然，也一定归于自然，这是人的宿命，而这种宿命的背后隐含着一种积极的人生态度：人生短暂，不可过于苛求。人来到这个世界上本没有带来什么，又何必去苛求带走什么？一切泰然，随风而行，随欲而安，随心而定。生如草芥，就安于那原上的沃土，一岁一枯荣，自有春风夏雨，何必仰慕云端？生如春花，就不要辜负了东风，绽放天地之间，炫一个姹紫嫣红，谢了就回家；生如青松，就要有一点志气，斗他一回天地，任尔东西南北风。

第二十一章　孔德之荣，惟道是从　　/180

道不远人，人自远之　　/180

人乃万物之精、大自然之造化。人作为大自然的精灵，最大的特点就是聪明，聪明到最后就是自我，自我到最后就是自私，自私到最后就是失去诚信，为达目的不择手段，从而成为背离"大道"的一个群体。这就是人类，这就是社会。所以，道家一直认为，不管人类的社会化程度多么高，都不能脱离自然，应该把自然的法则融入社会的治理与管理中，使社会的发展与自然界的发展和谐一致。

第二十二章　曲则全，枉则直　　/183

一、静心忍性任风雨，自有艳阳高照时　　/183

如果把"曲则全"仅仅理解为一种自我保护的处世哲学，就显得有些功利而肤浅了。《易经》讲"曲成万物而不遗"，意思是我们生活的这个宇宙是弯曲的，这显然是古人借助观察而产生的一种直觉认识。但是，今天的科学也证明，空间是可以弯曲的，所有的星球都是圆形或接近圆形的，所有的星球都在椭圆形的轨道上运转，绝对平直的物体是不存在的。古人认为，正是因为宇宙具有这种弯曲，它才能把万物包容在内，如果它是平直的，就只能伸向并消失在无际的星空，也正是这种包容成就了万物，成就了人类自身。这实际上包含了中国人的一个重要的哲学观——"曲"是一种精神、一种状态、一种牺牲自己生养万物的责任。宇宙如此，我们人也应该如此，在现实生活中必须要有胸怀，能担当，能坚强地面对所遇到的一切。

二、海纳百川，有容乃大；壁立千仞，无欲则刚　　/ 185

官员有官员的价值取向，专家有专家的价值取向。如果两者能够负责任地结合，就叫"科学决策"；如果两者各谋其利，那就是"利益决策"。如果专家一味地附庸于执政者的意图，就不是真正的专家了；如果执政者把自己当专家，那就叫"专制"。所以，一个健康的社会，专家必须要有独立之精神、独立之思想、独立之学术，而政府也必须要从对人民负责任的角度面对重大决策，两者必须在理论与实践、科学与现实、眼前与长远的角度进行碰撞和探讨，才能够最终拿出功在当代、利在千秋的决策方案。

三、乐得知足处，祸起贪念间　　/ 189

美好的社会状态是富人富得安心，穷人穷得塌心。任何社会，富人一定是少数，穷人一定是多数，多数人穷，少数人才能富，这是法则。中国人不可能都像马云一样，美国人不可能都像比尔·盖茨一样。但是，一旦富了，要安心。为什么能安心？因为财富是靠正当手段谋取的。为什么有的人富了却不安心？是因为他们的钱来路不正。如果没有赚到足够的财富，甚至穷了点，但是能吃饱穿暖，日常的事情能办得下去，也就可以了，这就叫"塌心"。人的痛苦都是比出来的，没有钱，可以比心情、比健康、比和谐，每类人都有各自的活法。今天国人之所以痛苦，就是因为总拿自己的短板与别人的长项比较。孔子说："富与贵，是人之所欲也，不以其道得之，不处也；贫与贱，是人之所恶也，不以其道得之，不去也。君子去仁，恶乎成名？君子无终食之间违仁，造次必于是，颠沛必于是。"孔圣人的意思是：保持一颗爱心和从容的心情比什么都重要。

四、但省灵魂深处，莫要故步自封   / 191

老子认为，一个人如果总是认为自己处处都强于他人，什么人都瞧不上，永远都是一副"我才是天下第一"的模样，即使客观上看他或许有一定的才能，但是终究也会被这种无知的自负掩盖。事实上，天下之大，无奇不有，能者如烟，高手似云，只看到自己而看不到别人，就不可能不断地进行创新，取得进步，最终故步自封，被时代淘汰，为世人所弃，即老子所讲的"不彰"。

第二十三章 希言自然   / 193

一、习习暖风至，悠悠百花开   / 193

面对圣人的劝导和历史的经验，一个领导者和管理者只有能够正确地评价过去，才能更好地走向未来。创新需要勇气，继承同样需要勇气，在时代的前行中执行好既定方针本身也是一种极具挑战性的工作。"人亡政息"是中国历史上一种普遍的现象，究其原因，是人的自我意识在作怪，好像不拿出个新举措、新办法，就是没有智慧、没有能力、没有朝气。但是，由于人事变化很快，政策和制度自然也会变化得很快，由此而带来的社会动荡和损失难以估量。

二、天作孽犹可为，人作孽不可活   / 195

有一些学者认为，历史而辩证地看，用杀人多少和死人多少去评判一个执政者或者一个时代，有失公允，中国的历史价值观应该被修正。但是，我仍然认为，中国的历史观从来都是不否认杀人的，也从来都是不惧怕死人的，关键在于为何而杀、为何而死。杀人可以杀一时，但不能杀一世；人也可以死，但要死得其所。在历史的转型时期和政治制度重构的过程中，社会总会陷入某种程度的灾难，当然，这个过程成就的是英雄，而损失最大的是百姓。而百姓为什么能够忍受这种苦难，甚至参与这种"新时代"的打造过程？因为他们希望从黑暗走向期望中的光明。得民心者，自然会成为造世的英雄，百姓也会对他们在这一过程中的某些行为表示理解。问题是，当你有了天下之后，如何经营天下，如何对待曾经拥护你的百姓，就是另外一个大问题了。

其实，细想一下，就大多数人而言，人的一生最终能够有多少区别？同一个圈子里的人，最终也差不太多，高一点，低一点，快一点，慢一点，没有什么本质的不同，但是人们往往纠结于这个过程。到了满头白发时，河边相遇，蓦然回首，只有相视一笑，笑的却不是别人，而是自己。人往往是前几十年比"高""大""多"：职务高、位置高、职称高、名气大、房子大、财产多……到了后几十年，则又开始比"低"：血压低、血脂低、血糖低……"大道"的公平在于，一个人不会因为占有得更多而有更长久的生命和健康。

后人创立了道教，尊老子为道教的祖师，其实，老子在《道德经》中并没有树立自己的神学权威，反而将自己"无为化、平民化、自然化"。因此，中国的文化最终只能形成一种世界观、价值观和宇宙观；也因此，中国的文化只能通过教育的途径来提升人的品德，并且期待以"积德"的方式来获取现实意义上的回报，这也使中国文化多了一些实用和功利主义色彩。

道家一直认为世界是圆的，事物都在不断地轮回，看着一种事物向远处走去，最终它还会从相反的方向回来。有人讲，虽然回到了起点，但是不同于以前，因为高度不一样了，境界也不一样了。表面看似乎如此，实际上，细想起来又有多少不同？就个人而言，无非是多了一些见识；就社会而言，无非是获得了一些进步而已；但就人自身的幸福感和满足感而言，并无大的差别。人一生都在渴望华丽，有一天真的华丽了，却总想回归质朴，但是，回去就难了。辉煌不易，平凡亦不易啊！这个

世界上又有多少人甘愿平凡？正是这种不甘让人们丧失了道德和理性。其实，平凡才是大多数人的生命历程，在平凡中保持淡定的生命状态，收获到属于自己的温暖和幸福，这才是生命的大境界。

三、万物皆有迹，大道归自然　　/207

如果用简单的语言来概括中华文化的基本精神，最恰当的应该是"自强不息，厚德载物"。一件事，一百个人想到了，十个人去做了，一个人坚持到底了，这个人就是成功之人。其实，任何成功，都是精神的胜利、意志的胜利、理想的胜利，一个人也好，一个国家也好，不能没点精气神。

四、悲秋伤春处，自有情万端　　/211

"悲秋"不是一种文人自伤的情怀，而是生命的自然属性的体现。杜甫的这种悲情并没有影响其生命的伟岸，这种悲怆的生命气息反而彰显了其人格的高大与坚强。正因为其生命宏大，目光悠远，才能写出"星垂平野阔，月涌大江流"这种千古绝唱。正因为如此，我在《人间诗话》这本著作中给予了杜甫高度的评价。我认为杜甫虽然没有改变世界，但是他用高尚的灵魂和生命的境界打造了平凡的生命中不平凡的精神，体现了一种"天人合一"和"道法自然"的人生情怀，他表现出的不是绝望，而是对生命的内省、对岁月轮回的深刻体悟，这是给后人留下的一笔无与伦比的精神财富，值得我们去琢磨。

第二十六章　重为轻根，静为躁君　　/215

一、重为轻根，静为躁君　　/215

老子认为，一个人也好，一个社会也好，最怕的就是充满轻浮和燥热之气，如果稳不住心神，人生和社会就有可能跑偏。所以，老子强调，治疗轻浮的顽疾，最好的方法就是追求生命的厚重感，保持灵魂的淡定与宁静，无论遇到什么样的问题，都应该保持理性的姿态，对问题做出科学、全面的分析，不能头脑一热，想当然地去判断，更不能太任性。

司马迁讲，《春秋》之中弑君三十六，亡国五十二"，这些亡国之君大多犯了同样的错误。后世的大秦帝国，威风不可一世，自襄公建秦至始皇帝统一华夏，历时五百余年，历经了三十多代君王的共同努力。但是，其一旦成功，便忘却了前辈创业之艰辛，以强权立天下，视仁义如粪土，贱民命如草芥，最终民夫一呼，天下云集响应，政权崩于瞬息之间，何其之悲！自秦以来，历朝历代在历史之轮回中都逃不出这种宿命，归根到底还是"以身轻天下"之祸。

　　一个善于把事情做成功、做漂亮的人，往往看上去很轻松，不会留下什么遗憾，在不知不觉间便完成了别人认为很难完成的任务。这种人做事不像我们一般人，要么雷声大雨点小，只会吆喝，做不成事，要么虽然做成了一点事，却弄得沸沸扬扬，甚至会留下很多不良后果。善于做事者为什么会有这样的做事状态？简单地说就是遵循"大道"的法则，效法天地，顺应民意，不以身轻天下，去除私利，淡泊名利，参透生死，功成而不就，毁誉而不惊。

　　现在，很多领导干部之所以出了问题，就是因为没有明白这个简单的道理，一旦手里有了权力，有了资源，就会在利益的蛊惑下迷失自己。一个人降生到这个世界，被父母辛辛苦苦地养大成人，再加上自己的拼搏和奋斗，终于坐到了领导的位子上，过上了有尊严的生活，父母为之骄傲，亲朋为之自豪，此时利用手里的权力做一些有益于天下的事，无论于公还是于私，都是一件有意义的事。人生百年，最终都不过是一抔黄土，纵使金山银山也不可能换来生命的长驻，怎么可以为之而耗费生命？人的一生，无论什么时候回首往事，都要对得起天地和良心，无论世事如何变迁，都能泰然处之，只要三餐俱足，纵使粗茶淡饭，亦可食

之如甘。人世间，多少人守着金山银山、锦衣玉食、华堂豪舍，却是食之无味、穿之无心、睡之无眠，岂不哀哉？

三、花开无声处，风起叶自飘　　/223

对一个社会而言，把一个社会管理好，根本的方法不是采取强有力的行政手段和严酷的刑法来约束百姓，而是要关心天下百姓的疾苦，将人心收拢起来，把握好人心向背才是执政的关键所在。再比如，把一个企业团队管理好，最根本的不是建章立制，也不是不断地提高待遇，这些东西只能激发人一时的积极性，其核心应是让人看得到未来，感觉得到温暖。

四、聪者听于无声，明者见于未形　　/225

孟子讲，如果君王不能够做到治民于先，等到他们犯了错误再去惩治，就如同张开网等待鱼往里钻，也如同设了个圈套让人往里钻。孟子将这一行为称为"罔民"。《长短经》中也讲："上失其道而杀其下，非礼也。"中华人民共和国成立初期，毛主席为了防止腐败之风盛行而对一些相关事件进行了及时、果断的处置，在党内引起了极大的震动，警醒并教育了更多的干部。我们抓反腐倡廉工作的根本目的不是为了打压人，也不是为了抓人，更不是为了杀人，而是为了教育更多的人不要走上这条不归路，正所谓"人情似铁，官法如炉"。这就是老子所讲的"是以圣人常善救人，故无弃人"。

第二十八章　知其雄，守其雌　　/228

荣华散尽方知本，大德才是大精神　　/228

道家认为，人世间的很多纷争就是缘于是非之心。其实，是非之间穿插了很多个人的好恶，很多时候，世间并没有绝对的真理，都是利益在作怪。人们都说是对的，未必就真对；人们都说是错的，未必就真错。得道之人立于天地之间，心怀宇内，无是无非。面对人世间的种种嘈杂，不可过于偏执，有的时候，简单的退让可能会化解很多矛盾和问题。真理不辩自明，"大道"无为自通，不可逞口舌之强。如果一个人达到了这样的境界，就具备了"大道"的精神，而他自己也会达到一种无忧无虑、无烦无恼、无得无失的无极状态。

第二十九章 将欲取天下而为之 /231

得天下难，守天下亦难 /231

回顾中华民族几千年的历史，老子的这句话一次又一次地成真。得了天下的人，没有几个能够守得住初心，荒淫无度，脱离群众，横行霸道，最后渐渐由创业者沦为败业者，只能归于尘土，多么可悲！夏、商、周皆毁于女色之祸，秦崩于劳民之甚，汉渐衰于外戚专权，唐日殒于党派之争，宋折于君王不务正业，明亡于君王荒淫无道和宦官专权，清败于八旗之腐败和目光之短浅。商之鹿台、秦之阿房、汉之未央、唐之大明、宋之艮岳都只能辉煌一时，留给后人的只是史书中的那一点惨淡的记忆。

第三十章 以道佐人主者，不以兵强天下 /234

一、自古知兵非好战，后来治蜀要深思 /234

走极端是一个人和一个社会最容易犯的低级错误。挫败的时候容易绝望，甚至自暴自弃；胜利的时候容易心生骄奢，认为自己无所不能。对一个人有了好的看法，就认为他好得不得了，近乎完美；对一个人有了坏的看法，好像这个人就没有任何可取之处，如同烂透了的柿子。有些人为了面子，即使在一件事上做错了，也没有悔改之意，将错就错；为了虚荣，即使完全脱离了现实，也往往会一意孤行。有了这样的极端思维，一个人就不可能客观、理性地对事物做出判断，就可能导致更为严重的后果。

二、世间本无双全法，但守初心向春花 /237

综观今天的社会现实，人们之所以找不到幸福感和归属感、安全感和成就感，并且事业也常中途夭折，很重要的一个原因就是背离了老子的哲学精神，做人、做事追求极端，为达目的不择手段，只看眼前，不

看长远，只顾自己，不顾他人，只求物质，不求精神，有钱的任性，有权的张狂，得志的守不住初心，失望的满腹牢骚……如果人们都怀着这样的心态，怎么可能找到幸福，实现社会的和谐？

按照中国的传统文化观念，"左"为上，"右"为下，所以，有德、有才的君子，世人都让其居于左位。但是在军营中，这个规矩正好反过来了：往往是军级越高的军官，越居于右边，这表达了人们对军事和战争的厌恶之情。凡是征战归来，庆祝仪式上所奏的都是丧礼上奏的低沉、哀婉的乐曲。为什么呢？即使在战争中取得了胜利，很多将士毕竟也倒在了战场上，很多家庭因此而残缺不全，胜利的背后饱含着无尽的辛酸。所以，考虑到这些家庭和那些不能归来的将士，纪念仪式不能搞得太热烈，应该表现得更加凝重而悲伤，整个纪念活动的安排更多是参考丧礼的礼制，以追思为主调。

"信仰"二字说到底是相信品德和精神的力量，相信高尚的灵魂可以获得回报和重生，这是一个人坚守生命底线的一种价值基础。没有这样的人文精神作保障，一个人也好，一个团队也好，一个民族也好，若要期待活得幸福、和谐而高尚，那简直是痴人说梦。如果一个民族在精神层面缺少了上述信仰，任何构建道德的外在手段和行为只能是虚幻的。这些行为和手段只能约束那些既得利益者，以及那些期待通过权力获得利益的人，而在那些为了生存而奔波的人眼里，一切高尚的说辞全是无稽之谈，是毫无意义的谎言，是愚弄弱者的工具。

一个真正的法治社会一定要建立在一定的道德高度之上，无论人类文明怎样发展，都不应该忽视一个事实，那就是："人"永远是社会的主体，立法的是人，司法的亦是人。如果"人"这个主体失去了"大道"的精神和人性的底线，那么，一切法都不可能是良法，一切司法都不可能公平。就中国法治建设的事实而言，我们当前最缺少的不是成文之法，而是无文之法，也就是人们内心的法制精神、法制信仰和规则意识。"守法"对于任何一个国家的任何一个公民，都应该是一种起码的道德。如果一个社会以特权为骄傲，以打破秩序为光荣，那么，实现法制就只能是一个神话。而打造一个民族的法制精神，建立主流的核心价值观，这不是法制的任务，而是文化的任务，不只是司法机关的任务，而是全民的任务。

老子认为，看透别人固然重要，但是，认清自己才是根本，才是大光明。在历史和现实生活中，有很多人确实很聪明，把人世间的事参得很透，做到了洞察秋毫，也通过这种智慧获得了权力和金钱，最终却身败名裂，为什么？就是没有看清自己，没有看到自己的灵魂随着身份的不同而正在发生着背离"大道"的变化——位高而不知道低调，财多而不知道收敛，名大而不知道谦逊，最终只能是"江山依旧在，几度夕阳红"，留给后人几声叹惋、几句哀声。

圣人们谙熟"大道"的价值与意义，所以，他们小心地守护着自己的灵魂，当社会需要他们付出的时候，他们就会不顾忌自己的荣辱与得失，奔走于天地之间，为民请命，纵使会失去性命，亦不停下脚步。天下一旦得到大治，他们便会隐居于陋巷和山林，粗茶淡饭，倚草木，闻鸟音，观流水，任天寿到来，而淡定于生灭之间，无喜无悲，如待朝暮之至，即"是以圣人之能成大也，以其终不自为大，故能成其大"。

事实上，守住道德是人世间最简单的事，也是成本最低、收益最大的行为。作为一个人，守住良知就可以了，不必求于外物、求于他人。如果人人都能守住良知，那么人世间便不会有坑蒙拐骗，每个人的生活成本都会降低，每个人都会有安全感。但是，人类文明的实践反复证明，在任何时代、任何社会，让全民守住良知几乎是不可能的事，所以，我们才需要用强有力的法律来约束人。而在法治的思维下，人们往往又忽略了教化的力量，同时，每个人又仅会用法律的底线来衡量自己的行为，守住良知便成为遥远的事，道德只能成为少数人所谓的"高尚的行为"。这种恶性循环一直伴随着人类文明的发展过程。

"张之"的过程实质上就是让事物彻底泄掉内部能量的过程，内部没有了张力，也就不会有内耗。很多时候我们之所以做不成事，就是因为内部的张力太大，各利益集团相互掣肘，这些张力都会对外力产生排斥，导致改革无法推进，新事物缺少生存的空间。怎么办？老子认为，还不如就干脆把事情挑明了，大家有什么说什么，把所有的问题都摆在桌面上做一下权衡。一个人不能只站在自己的立场上看问题，看清了，看透了，怨气也就发泄出来了，在这样的情况下再去寻求推进事物的方法，阻力自然会小很多。如果在内部没有达成基本的共识，只靠外力推进，一是代价大，二是阻力大，就会逼着我们用更强硬的手段做事。一件事本来是对的，出发点也是好的，但是，如果手段的强度超过了人们的承受力，那么当初的美好预期都会大打折扣。

当我们的灵魂静下来了，世界也就静下来了，我们就会按照自然的规则来确定生命的路线，以坦荡之心来面对世界上发生的一切变化，无是无非，无恩无怨，无得无失，目光可及宇宙之限，心胸可容天地万物，这就是生命的格局。如果这样，天下自然就会大治，就会获得永远的安定，即"不欲以静，天下将自定"。

道家认为，我们所认识的世界实际上是一个主观的世界，是一个"人眼里的世界"，是一个并非绝对真实的世界。当一个人真的把身心放松，就会突然发现自己对人生、对社会、对自然有了完全不同的感受。人的一切欢喜、一切悲伤、一切得失，无非是一念之间的事，而"念"是什么，"思"又是什么，天何以为天，地何以为地，人何以为人，这都是宇宙之大哲学，道家对此也只有一种朦胧的感知，并没有给出确切的答案，而我们后人在物质文明的探求中越来越没有心思去思考这些"无聊"的东西。将来的某一天，人类一定会发现，这些所谓的"虚幻"而"无聊"的东西，一定会决定人类的未来。这是道家的意义，是哲学的意义，也是人文的意义。而所有的意义都淹没在了物欲的洪流中，这不能不说是一种悲哀。

"得一"的理念有其独特的精神内涵，反映了道家的一个重要的人生原则和路径。道家认为，一个人要想应对人生中的风雨，就必须抱有坚定如一的精神信念，矢志不渝，坚守始终，使自己处于一种无欲无求的空灵状态，知其不可而安之若命，不以物喜，不以己悲，只有这样才能

够应对一切。一旦心散了，精神守不住了，人就很容易被外在利益和是非困扰，最终沦为庸俗之人。

二、不为琭琭玉，但做珞珞石　　/271

在《易经》否卦的九五爻中，有一句爻辞非常有名，即"其亡其亡，系于苞桑"。九五爻一般是指居于高位的人，古代君王被称为"九五之尊"，就是这个道理。《易经》认为，这是很危险的时刻，所以发出警告："其亡其亡"，意思是："你快亡了！你快亡了！"这是对人的一种预警。怎么办呢？最好的办法是将自己的根基扎在坚固的山体上，或者系于稳固的桑树上，即"系于苞桑"。"苞"的本义是"根深蒂固"，一般指山之稳重。"桑"就是桑树。桑树扎根很深，一般很难动摇，寿命也较长，木质坚硬。其实这里的"苞"和"桑"都是暗指天下百姓。《易经》本是中国的大哲学，展示了我们的先人的大智慧。只是其中的很多道理我们世人了解得越来越少了，这不得不说是中华文化的一大不幸。

第四十章　反者道之动，弱者道之用　　/274

一、年年岁岁花相似，岁岁年年人不同　　/274

大终化为小，强终变为弱，生终归于死，得终伴随失，你中有我才是你，我中有你才是我，世界本来混沌，莫要唯我独尊。据我愚测，在未来的世界，如果我们中国人自己内部保持团结，将自己的文化吃透，能保持千年不衰者，唯中华民族。这是我们的文化基因使然，不是什么样的民族都能做得到。所以，中国人当前最需要的是自信、是坚守、是团结、是融合、是自力更生式的创新。

二、天地变动不居，大道贵在谦虚　　/277

《易经》认为事物都是时刻变化的，变为吉，不变为凶。就像社会，如果经常出点小问题，说明这个社会没有大问题，如果这个社会极其安定，就可能意味着要发生大的变化。人也是这样，如果一个人经常生点小病，这个人往往不容易生大病，有的人看上去很健康，几乎不生小病，但是，一旦生病可能就是致命的大病。动态的平衡才是真正的平衡，动态的稳定才是真正的稳定，有不同声音的社会才是正常的社会，人生一点病，也会提升身体的免疫力，所以，《易经》强调，把握变化才是"大道"。

第四十一章　上士闻道，仅能行之　　/ 280

一笑大道去，归来是晚风　　/ 280

从事物发展的形态上来看：通向光明的道路往往看上去是朦胧而暗淡的；通向成功的道路，有时候看上去却似乎与期望中的方向正好相反；看上去平坦的大道，真正走起来却荆棘丛生、坎坷不平。正所谓"人间正道是沧桑"。事实上，大家不妨想一想，无论是人生、社会发展，还是追求真理的过程，没有一帆风顺的时候，真正的高人总是能够守住初心，砥砺前行，目光短浅的懦夫却总是徘徊在"大道"的门前，畏惧于眼前的风雨。

第四十二章　道生一，一生二　　/ 284

一、万物生大道，阴阳是真金　　/ 284

道家通过"道生一，一生二，二生三，三生万物"强调了对事物的演化法则的认识：一是无中生有，二是从简单到复杂。我们做事情为什么总是背离"大道"？就是因为在万物的演化过程中有着太多的中间环节，而这些环节不断地掩盖着"大道"真实的法则和质朴的情怀，我们人类又恰恰总是在细枝末节上狂舞，往往因为一叶障目，难见泰山。一个真正高明的人能够从万物的表面现象中跳出来，从各种是非中跳出来，从各种纠结中跳出来，一把抓住事物的本质。我们今天的政策选择中强调顶层设计，说白了就是强调执政者不能为一些社会的表象所左右，更不能被一些表面化的东西牵着鼻子走，应该抓住执政和社会治理的根本大法，否则，只能顾此失彼，最终也不能从根本上解决问题。

二、莫因得时独自癫，阴云总在彩云间　　/ 287

正如前文中所讲的官员、商人、学者、农民等不同职业、不同层面

的人各有各的优势，也各有各的劣势一样，任何事都有它的两面性，有利有弊，且利弊相生。我们切不可陶醉在自身的优势中沾沾自喜，甚至忘乎所以，也不能沉沦于自己的劣势中悲观失望，一蹶不振，停止前进的脚步。有些人可能起步很早，少年得志，春风得意，但是，中年之后的纠结很可能会增多。其实，当我们回顾一生时，不难发现，同一个平台上的人最终都差不多，大富大贵非人力所能及。人人都想当一把手，但是，权力一定意味着责任，只有当上了才能真正体会到其中的滋味。没有出人头地的时候，是那样羡慕他人的鲜花和掌声、荣耀与尊严，但是，一旦为世人所皆知，方知道，名利场原来是冰火两重天，是一个光怪陆离的世界。

何谓"养生之大道"？简单地讲，就是不要让生命承受无法承受之重，要按照自然的法则来调整自身的生活和生命追求，不可妄为，不可强为，不可不知轻重缓急。事实上，现在的人们在忙碌的生命历程中，没有多少能够认真品味古代圣人先贤的教诲了，强调外化，轻视内化，强调物质，轻视精神，强调功业，轻视信仰，而最终导致信仰的缺失和精神的苍白，做人、做事没有底线，直接影响到社会的正常前行和自身幸福感的获得，健康也就更无从谈起了。

老子认为，"甚爱必大费，多藏必厚亡"。"甚爱"是指对功利的一种没有节制的追求状态，"大费"是指人的精力和生命力的消耗。一个人如果沉浸在一种不能自拔的妄求中，就会自己不能控制自己，朝思暮想，殚精竭虑，寝食不安，最终消耗了自己的生命力。别人觉得他们很可怜，他们自己却乐此不疲，在不知不觉中丧失了健康，甚至生命。现在社会上流传着一句话——"年轻时拿命换钱，年老时拿钱换命"，说的也是这个道理。实际上，拿命换钱或许能换来，但是，拿钱换命就未必能换来了。"多藏"即指对各种利益占有得过多，"厚亡"即指"早亡"或"易亡"。一个人名气越大，官职越高，财富越多，其生命中存在的危险因素可能就越多。名气大是非多，易耗气；官职大树敌多，易招忌；财富多烦恼多，易生贼。

第四十五章 大成若缺，其用不弊 / 297

愚者常有智，智者暗含愚 / 297

春夏秋冬，寒暑冷热，这都是自然的事情，我们没有办法左右，只能靠调整自己的心态和生活方式去适应，这就是"顺应自然"的表现。当然，我们也可以顺着这种思想拓展一下：人的一生会遇到什么样的机遇、什么样的缘分、什么样的灾祸，我们是很难预知的，怎么办？我们所能做到的就是要淡定，该"躁"的时候就得"躁"，因为"躁"可以驱寒，该"静"的时候就得"静"，因为"静"可以避暑。只有保持淡定、从容、遇事不慌的心性，才能够做到以不变应万变，以万变去顺应历史。

第四十六章 天下有道，却走马以粪 / 301

一、宁为太平犬，不为乱世人 / 301

一切罪恶的根源，包括发动战争，就是统治者心中那永无休止的欲望。一切灾难和祸患皆源于人心中装满了私心和私利，内心深处有永不知足的欲念。无论是个人、团队还是民族，一旦欲火烧身，便会处于狂热之中而不能自拔，并且形成一种幻觉上的正义感、责任感、使命感和事业感。但是，这都是错觉，是妄念，是反人类而非正义的，最终不仅害了世界，也害了自身。

二、人生足苦，何以不足 / 303

在老子看来，知足更表现为一种发自内心的理性认知，而不是外在评判。人什么时候才能够真正满足？就是自己认为足了。如果内心没有满足感，就永远不会真正感到满足。想一想古往今来的那些圣贤和高士，

归根到底就是容易知足，不为外力所驱，能够按照自己的性情去生活，或舍生取义而捐躯于国家，或宁静、淡定而穷物致理，或放情于山水之间而任生命自然来去，这才是真正的人生。

老子通过这一章再次提醒世人：一定要守住本心，守住初心，守住"大道"。"大道"在哪里？就在一念之间，在灵魂深处的追求中。一个人如果看明白了自己，把心里的险恶和不健康的东西看清楚了再去看世界，那世界就是另外一番模样了。把世界看清楚后再反观自己，自己的灵魂才能够受到真正的触动，也就懂得了生命的取舍，懂得了此生何为。

人的生命是有限的，而知识是无限的，以有限的生命去追求无限的知识，就会陷入困顿。在这种对知识的追求中乐此不疲，并且自鸣得意，那就更危险了。其实，道家不是反知识论者，也不是不让人学习，而是让人能够穷理致道，知物之本末、事之始终，不能杂取其知而远离真理之"大道"。只有站在"道"的层面来看问题，才能真正把复杂的问题简单化，正所谓"万变不离其宗"。达到了这样的境界，无论在什么样的境况下，都能够泰然处之，没有必要因为杯弓蛇影而大惊小怪、噤若寒蝉。我们老百姓常讲，读了一辈子书，满脑袋"浆糊"，大概讲的也是这个道理。

老子强调"以德报怨"，是站在最高统治者和管理者的角度来看问题的。老子认为，作为执政者，无论怎么做事情，都有支持他和反对他的，有立场坚定的，也有思想动摇的，有理解他的，也有不理解他的，怎么办呢？在这种情况下，执政者不能以个人的恩怨来对待天下人，更不能过多地去搬弄是非，不同的意见可以保留，并且善于团结那些与自己的观点和步调不一致的人，怀着对天下苍生负责的态度来对待天下人和天下事，这就是天下情怀，是一个领导者应有的胸怀与气度。这也正如前面所讲的"天地不仁，以万物为刍狗；圣人不仁，以百姓为刍狗"，表面看上去似乎没有仁爱，但是，这种一视同仁的情怀蕴含着公平与大爱，唯有这种胸怀才能包容万物，善待得失，化解矛盾，平衡是非，使人不至于急功近利。

第五十章　出生入死　　/ 314

清静养精气，淡定任死生　　/ 314

一个人要对自己的现状和时代大势有一个清醒的认识，以便在生活和事业的选择上做出正确的判断。圣人讲：少年血气方刚，要戒色；中年欲望强盛，要戒争；老年血气渐衰，要戒得。这是基于人的生理变化所做出的考量。我们不难看出，在现实生活中，很多人都是折损在这些方面：年轻时纵欲过度，损伤了身体；中年时背着沉重的生活包袱，还要追求事业，疲惫不堪；老年时不服老，希望长寿，过度锻炼，结果适得其反。当然，除了了解人本身的自然规律外，我们还需要对社会形势做出判断。对此，儒家和道家都强调"天下有道，圣人成焉；天下无道，圣人生焉"。当天下清明时，就要奋发有为，不要辜负青春；当社会黑暗而杂乱，充斥着凶险与血腥，暂时不能改变时，就要适当避让，以防不测，小不忍则乱大谋。正因为如此，孔子把侄女嫁给了南容。有人问原因，孔子说，南容能够做到"邦有道，不废；邦无道，免于刑戮"。

第五十一章　道生之，德畜之　　/ 319

一、万物皆由道，大器自有心　　/ 319

无论是鸡生蛋，还是蛋生鸡，反映的都是物物相生的思维特质。世

界上还有一种高级的思维，即"谁最初生蛋？谁最初生鸡？"这是一种终极思维，如果能够把这个问题想明白，其意义就更加重大了。在道家看来，我们重视万物本身并没有问题，但是，我们不仅要重视这些有形的东西，更要重视那些无形的东西，既要重视物质的层面，更要重视精神的层面，既要重视事物的表象，更要重视事物的本质。诸如我们虽然看不见"道"，"道"却能生养万物；我们虽然看不见"德"，但没有"德"，一个人和一个社会就很难立住。"道"即是天理，"德"则是良知，这往往是一个人和一个社会最容易忽视的东西，因为其无形无状，亦难以产生直接的目的。

二、循道御德终无悔，知物明器定成家　　/321

天下万物皆以器存，成大器者大用，成小器者小用，不成器者无用。人之一生，材具各异，但是，无论大器小器，终归要成于器。以什么样的姿态立于天地之间，如何将这几十年度过去，每个人都需要对此进行思考。太白讲，"天生我材必有用"，此语虽为自我鼓励之言，也确实是人间真理。能够对自己做出正确的评价并且矢志不渝的人，最终都会无愧此生。老百姓有句话，"男怕入错行，女怕嫁错郎"，无疑说明了选择的重要性。为虫则鸣于草木之间；为鹏则展翅于九霄之上；为兽则驰骋于山林之间；为水则因地而制流，出岳润桑田，入江行舟船；为山则壁立千仞，结伴浮云，笑看日月；为草木则谈笑于四季之间，当生则生，当止则止，不以盛开为乐，不以零落为悲。此乃大境界也。

第五十二章　天下有始，以为天下母　　/325

出淤泥而不染，履红尘而知归　　/325

打开大门，踏入红尘，追逐名利。老子认为，如果一个人走入这个光怪陆离的世界，就很难再跳出来了。进了华堂，很少有人能再回到陋室；穿上锦衣，吃了玉食，就很难再过简单而清贫的日子；有了颐指气使的权力，就很难再过平凡的生活。正所谓"由俭入奢易，由奢入俭难"。所以说，大多数人都不是圣人，只有远离了诱惑才能够拒绝诱惑。

"大道"是光明而平坦的，人们却总是喜欢走小道，因为走小道能收获一些眼前的利益；但是从长远看，往往是得不偿失。人类文明的发展没有捷径，都是一代又一代的人不断探索的结果，其间有曲折，有流血，有牺牲，有悲伤，有喜悦，有痛苦……就人的一生而言，执着是最重要的品质，人的一生如果能够坚守一种信念，坚定一种方向，坚持一种爱好，终能成就大事。如果我们能够耐得住寂寞，顶得住嘲讽，守得住清贫，不断前行，哪怕我们的身影是笨拙的，步履是蹒跚的，面容是憔悴的，也终将走出一个属于自己的世界。

一个人如果不能从提升自己的生命境界入手，只知道抱怨他人、责怪世界，那么他只能被他人和世界淘汰。这种从内到外的治世逻辑体现了中国文化的一个重要的特征，道家如此，儒家亦如此。《大学》中讲："自天子以至于庶人，壹是皆以修身为本。其本乱而末治者，否矣。"宋代大儒张载讲："欲事立，须是心立。"这些论述的背后都传达着中国人关于社会治理和统治天下的基本逻辑，道德不能当饭吃，但是没有了道德，纵使可以获得衣食之需，最终也会导致人在物质、利益面前迷失自我，最后乱了家国，丢了天下，这种教训在历史和现实中比比皆是，不胜枚举。孔圣人曾讲，"放于利而行，多怨"，也正是这个道理。

人一生的安全来源于别人的安全感，所以，打造一个什么样的形象、构筑一个什么样的生活圈子对一个人来说至关重要。《易经》讲，"物以类聚，人以群分，吉凶生焉"。事物都是按类划分的，人也是以群的形式

存在于天地之间的，站在这个圈子里就会收获这个圈子的利益，当然，在很大程度上又成为其他圈子的对立面。有利益就有纷争，有纷争就有吉凶。如果没有圈子，特立独行，往往又会被孤立。所以，人生一世，避免不了利益纷争，只是大小、多少不同而已，因此，吉凶是不可避免的，我们能够做到的就是不要走极端，任何时候都要给别人留点余地，也给自己留条后路。

"人在江湖漂，谁能不挨刀？"有句话讲得好，"出来混，迟早是要还的"，语言直白，确实也道出了某种真谛。怎么办？最好的办法还是守住本心，尊上重下，大利不妄想，小利不贪图，或许无大起，但也不会有大落。对一般人而言，如果能够保持平稳前行，若干年后就会发现，那些当年急功近利、耗尽心机的人并没有比自己走多远，结果也差不太多。要记得，英雄是时势造就的，征营天下，青史留名，一靠才情，二靠机缘，不是求来的。平凡的生活更需要有不平凡的精神，那就是做到一个"静"字。

　　一个人做事或许可以施点手腕，弄点阴谋，但是，治理国家可不能搞歪的和邪的，要光明正大，方向明确，政策清晰，无论做什么事都要摆到桌面上，要搞阳谋而不能搞阴谋，不能算计并愚弄老百姓。人在干，天在看，百姓不可欺之、不可愚之。自古以来，民心是最大的政治，与民为敌者，早晚为民所灭。所以老子讲：圣人恒无心，以百姓之心为心。政治者，以其正治国者也。政治家须以正修身，以正处世，以正安民，否则，就是阴谋家和政客。中国自有王朝以来，周朝算上去历史最长，差不多有八百年，为什么？因为当年周公制礼，以礼治天下。何谓"礼"？"礼"从表面上看是一种形式，甚至被人称为"形式主义"，但是，

"礼"是一种看得见的东西，这种形式反映着周朝的治国理念，老百姓一览无余，正所谓"礼者，理也"，道理就摆在那里，一目了然，不用挖空心思去揣摩。如果一个政权总是搞一些让人琢磨不透的东西，必然会缺少健康的主流价值导向，就会使人没有底线，导致诚信缺失和官员贪腐，加快政权的衰亡。

二、天下有不能治民之吏，而无不可治之民　　／344

一个社会不能瞎折腾，只有执政者没有妄思、妄想、妄念，按照天下人的愿望去正常工作，老百姓才会保持平和的心态，慢慢找到属于自己的生活状态，保持质朴的情怀，虽然富贵有别，但是终能安居乐业。为政者想法越多，就越容易自我标榜，其做法就越容易与天下百姓的需要相去甚远。官府彰显权力，老百姓就会趋于暴力；官府喜欢财富，老百姓就会与官争利，不择手段；官府爱慕虚荣，老百姓就会极尽歌功颂德之能事；官府喜欢与敌国争锋，不顾天下百姓之死活，老百姓就会寻找新的执政者。自古以来，看天下是否可治，以上几点足矣。就今天的社会现实而言，很多工作不好开展，是因为执政者心系天下不够，因此，必须要不断强化"以民为本"的情怀。所以，汉代贾谊讲："天下……有不能治民之吏，而无不可治之民。……故见其民而知其吏，见其吏而知其君矣。"一言道破天机。

第五十八章　其政闷闷，其民淳淳　　／347

一、权归其位，民顺其心　　／347

中国古代治理社会，有一个重要的原则，即"小政府，大社会"，政府所解决的问题集中在三个方面：一是安全（国防安全和社会治安），二是公平（立法），三是重大灾难应急处置。事实上，很多日常的事务通过家族、协会、商会等非政府组织就可以解决，只有当问题的严重性达到某种强度时才可能会有政府介入。这样一来，就会将社会的矛盾分化开来，人们即使对一些不公平现象有情绪，也会分散到多个维度，政府充当的仅仅是保护公民底线的角色，所以，官员在解决这些问题的过程中会为政府争得更多的公信力。现在，管理社会的唯一职责都集中在政府

手里，使政府的工作千头万绪，做出了成绩，人们认为这是理所当然，个人利益诉求一旦不能满足，人们就会把所有的责任都推给政府，这是当前社会治理的重大困境。

二、祸福本同宿，何须妄自尊　　/ 348

老子讲："祸兮，福之所倚；福兮，祸之所伏。孰知其极？其无正也。正复为奇，善复为妖。人之迷也，其日固久。"为什么？就是因为人是一种情绪化的动物，总是喜欢占有和获取，往往也会把这种获取和占有称为"成功"，这就是人世间所谓的"福"。一旦占有了某些事物，人往往会产生居高临下、胜人一筹的感觉及骄傲的情绪，也就是老子所讲的"富贵而骄"。人一旦产生了这种情绪，做事情就会守不住底线，甚至走向极端，使好事变成坏事。当然，如果一个人总是不得志，特别是在关键的时候栽了跟头，也容易产生悲观的情绪和"破罐子破摔"的想法，甚至导致恶劣的后果。但是，一个人如果在遭遇不幸时能够坚持得住，能够保持一种生命的韧性，或许机遇真的就会到来。黎明到来之前总会有那么一段漆黑的夜晚，这是自然的法则，也是人世的法则。

第五十九章　治人事天，莫若啬　　/ 351

一、民以食为天，政以俭为山　　/ 351

老子强调"啬"，也就是强调执政的三大问题：一是要心怀天下，关心百姓的疾苦。二是要重视农业，让老百姓吃饱、穿暖是天下第一要务。三是要保持节俭的美德，如果执政者走向浮华，国家也必然会走向没落。当然，它们之间也有一种非常自然的逻辑。

二、山固不如心固，万道不如归心　　/ 352

到红旗渠走一走，每个人眼里都会满含热泪，那是一群什么样的人！为了解决用水的问题，从县委书记到普通村民，他们没有牢骚，没有抱怨，没有向国家提出过任何条件，十万大军战太行，竟然凭着锤子和凿子，在悬崖峭壁间一下一下地开出了一条天河，这是真正的人间奇迹呀！而这奇迹就发生在几十年前。马克思讲，人的本质是一切社会关系的总和。人不可能活在真空里，人创造了社会，社会也以自己的形态改变着人。

第六十章　治大国，若烹小鲜　/ 355

治山中贼易，治心中贼难　/ 355

人类文明之历史，其根本不是改变外界之历史，而是改变灵魂之历史，有什么样的灵魂就有什么样的世界。我们所看到的现代文明似乎非常伟大，高效、便捷、舒适，但是大家用心想一想，其背后充斥着的不是对世界的爱，而是一种人类的私心，人类的一切成果最终都是不断地解放自己的肉体，却一步一步地失去着自己的灵魂。机巧心、享乐心、贪婪心、掠夺心日益膨胀，敬畏心、质朴心、情怀心却在不断萎缩，可谓是世界绚丽多姿，而精神千疮百孔。

第六十一章　大邦者，下流也　/ 358

一、大国何须惧下流，万国来朝礼不休　/ 358

大国静而不动，小国都会有危机感，别说大国恣意妄为了。因此，大国的这种现实的力量，以及对小国产生的天然的威慑力，决定了大国必须要保持安静的状态，不能随意挑拨事端。大国可以作为小国之间关系的保证人和协调人，在小国面前充当着公平的角色，使自己具有温暖的色彩，这对于大国非常重要。大国一旦凶相毕露，必然会把小国逼上绝路；而小国一旦团结起来，大国同样会被撕咬得体无完肤，陷入另一种被动。比如当代一些发达国家就总想充当"世界警察"，非但管不了世界，反而被世界耻笑。一个地区之所以能够成为一国，自然有其独特的历史渊源、文化背景、地缘特点、民族情怀。占一国易，而化一国难，即"为其静也，故宜为下"。

二、强者当留三分力，以待他人谋死生　/ 360

我曾经观察过一个现象：在自然界中，个头小的动物往往相对凶狠而敏感一些，个头大的动物往往平静、温和一些。比如在大街上，一条

小狗遇到一条大狗，当即展现出战斗姿态的往往不是大狗，而是小狗。小狗总是冲着大狗发出让人惊悚的尖叫，这其实不是强大的表现，而是充满危机感的表现，出于一种自我保护的本能。在这种情况下，大狗往往选择离开或躲避，以避免产生争端。狗虽没有文化，却识得天性，这也是"大道"所为。在人世间也是一样，大家会发现，在人与人之间的争斗中，往往是小个子出手更加狠毒，而大个子往往表现得相对温和，也是出于这种本能。所以，一个得志之人不能产生骄傲情绪，目中无人，凌驾于他人之上，否则，必会招来灾祸。

第六十二章　道者万物之奥　　/363

与其进其璧，不如进其道　　/363

很多人都临摹过《兰亭序》，但是很少有人认真品味过该作所体现出来的王羲之超脱的生命情怀，这才是问题的根本。字是面子，情是里子，只求面子，不求里子，面子早晚会破掉的。八大山人的画也很简单，惜墨如金，但是，那山水的枯槁、那大鸟回眸一视的哀婉，反映出的不都是他对生命的真实参悟吗？我们常讲一句话：经典是很难超越的。经典是一种时代的烙印，所表现的更是大师难以逾越的生命高度。艺术如此，科学亦如此，一个大科学家留给世界的不仅是知识，更是他们高大的身影。科学也是需要信仰的，这信仰是情怀，是担当，是精益求精之精神。因此，人在一生中不要过多地将成败归因于外物，而要善于自省，这是一种基本的生命精神，对人的一生而言不可或缺，教育确实需要给人打下这个基础。

第六十三章　为无为，事无事　　/367

一、大小多少随他去，花开叶落任逍然　　/367

老子讲，一个真正有德的人往往有这样一种胸怀：人家对我们好，我们要感恩；人家对我们不好，也不要记恨。始终要保持一种平常心，不要因为在现实中遭遇了不幸而丧失灵魂中美丽的东西，更不能以牙还牙，冤冤相报。正所谓"人间事不得了，了不得，最后都不了了之；世

上人千般计，计千般，到头来计计皆空"。

二、莫言千山远，拽杖且徐行

圣人总是能够看清事情的道理，扎扎实实地做好基础性工作，把真正困难的一些小事解决了，后面的路子也就越来越顺了，就不会遇到解决不了的大困难，这就是治理国家、管理社会的"大道"啊！我们常讲，我们的社会到了改革的攻坚期、矛盾的多发期，无论哪方面的问题，包括社会、教育、环境、法制、吏治、民族、边防，等等，回头看四十年，其实都有一个积累的过程，也都有解决问题的最佳窗口期，过了这个时期，我们就有可能为解决问题付出更大的代价。正所谓"大道易知而难行，小道易行而难知"，面对此两者，究竟该何去何从，世人应多思之。

第六十四章　其安易持，其未兆易谋

一、莫畏前路总飘摇，但把根基且打牢

"合抱之木，生于毫末"探讨的是事物的成长规律，包括对人的培养，以及对社会发展规律的认识。现在我们工作上出现的失误，很大程度上都是过于急躁所导致的，太急了就容易忽视自然规律，忽视事物的发展规律。所以，一个真正充满智慧的民族无论在什么样的条件下都能保持一种理性的思考，既重视眼前，更重视长远，既耐得住寂寞，又忍得住性子。"九层之台，起于垒土"探讨的是技术层面的规律，包括我们今天从事国家建设和科学研究，都应该养成这种精益求精的工匠精神。国外生产者不可能把真正的核心技术卖给我们，因此，我们只能靠自己，靠创新，靠老老实实地做好基础工作。只有突破了基础研究的局限，才可能引发技术的巨大变革。"千里之行，始于足下"是对创业的一种精神要求，无论做什么都要打牢基础，扎扎实实地推进，基本功扎实了，才能练出真功夫。

二、慎终如始，方能成功

何谓"欲不欲"？第一个"欲"是指"欲望"和"想法"，意为"以什么为欲"；第二个"欲"泛指名利、金钱、美色这些东西。老子说，一个人如果在前行的道路上看不透这些东西，就不可能走得太远。人人喜

欢安逸，我却奋然苦行；人人喜欢名望，我却独守落寞；人人喜欢声色，我却独爱青山。这便是圣人的快乐与境界，是常人所理解不了的。人世间之所以没有千秋万代的事业，世俗中之所以没有绝对完善的人格，就在于走着走着，人的灵魂就掉入了世俗的苑囿，正如《西厢记》中张生所讲，"怎当她临去秋波那一转"。从这个意义上讲，老子所讲的只是一种古老而悠远的乌托邦式的生命理想，只是提醒一下前行的人们：不要过早地停止前行的脚步，不能在安乐乡里彻底忘却生命的责任与情怀。

第六十五章　古之善为道者，非以明民　　/380

奶酪人人有，奈何落他家　　/380

老子认为，到了春秋时代，社会之所以越来越难以治理，就是因为每个人都守不住本心了。今天社会上出现的这些林林总总的是非，不也是出于这个原因吗？由于社会价值观的扭曲，人们都以牟利为最高的价值追求，每个人都站在自己的角度追求利益最大化，各种招数层出不穷，科研人员弄虚作假，公务人员只做表面文章，老百姓使尽招数谋取金钱，让人防不胜防。最终导致人们吃不上环保的食物，穿不上环保的衣服，用不上高质量的产品，其后果触目惊心，导致我们这个社会的道德成本越来越高，每个人都在为失去诚信而付出更多的时间和经济成本。与其如此，还不如人各归其位，凭良心做事，多则安于多，少则安于少，在高位而能怜下，在低位而能安身。树不与草讲岁月，山不与海论高低，自然造物者也。

第六十六章　江海所以能为百谷王者，以其善下之　　/383

自惭居处崇，未睹斯民康　　/383

人在一生中必须要想明白，自己真正追求的是什么。既然在官场奔波，最重要的是职位，拥有了职位就是最大的获利，那么作为领导，就不要再与部下争功、争名，能让就让一把，以谦下的姿态、以履行好职责来获取大家的认同，这样做官才能心里踏实。为了生活而打拼，苦一点，累一点也不必说什么，人不都是为了活着吗？抱怨没有必要。如果做学问，就要扎扎实实，把责任和名望放在第一位。一个学者如果满脑袋都是金钱，那他就不再是真学者了，他所做的学问也就不是真学问了。如果喜欢自由，就要不崇尚权力和金钱，就要耐得住清贫与寂寞，只有能够在孤独中找到灵魂的人才是真正的自由的人。所以说，人生在世几十年，不可能十全十美，活着不能什么都争、什么都要，否则，不仅会身心疲惫，更会遇到危险。

人世间的学问，无非四个字："安身立命"。安身者，即心之能安，乃修身之学；立命者，即谋生之术，乃技能之学。在下位之人，当更重立命，有本领以满足口腹之需，不走邪路。在上位之人，当重修身之学，有天下之志，不可再夺下位人之需。《大学》中的"财聚人散，财散人聚"也是强调在上位的人不要与在下位的人争利，这是执政和管理最重要的价值基础。一个社会如果上能安心，下能安身，可谓大治。

任何事物的成长都有一个不断积累的过程，成长得太快不见得是什么好事，不经历一点风雨和坎坷，生命就会缺少厚重感。因此，欲成大事，先要含住大气，做到韬光养晦、忍辱负重，不可锋芒毕露、当仁不让，要有一种追求水到渠成的气度。不要以为三十岁当了县令，五十岁就能当上宰相；也不要以为四十岁才是县丞，五十岁就当不了卿相。天下的事，根本说不清楚。年轻得志，老了未必得势；人有三十年河东，亦有三十年河西。有大志者，切记此点。

中华文化中有一个基础基因，就是向往和平、追求和平。从历史上看，中国的强大最多是保证边疆的稳定，防止外人入侵，而自身很少有

积极进攻的打算。汉武帝尽管征战一生，有好大喜功的一面，但是也不过是为了防止匈奴人对边疆百姓的掠夺与骚扰。唐朝强大了之后，采取的是互利合作、互通有无的战略，那也是丝绸之路最活跃的时代。如果到了陕西武则天的乾陵，我们就可以看到，陵前有众多的外交使节的塑像，说明那是一个开放的时代，其间中国人进行了构筑人类命运共同体的一种尝试。明朝强大了之后，最主要的军事行为是修筑万里长城，目的还是为了保证边疆地区的安全和稳定。清朝建立之后，虽然在开放方面是保守的，但是统治者同样重视与邻国的关系，即使在最强大的时候，也没有侵略之心。或许正是因为具有这种心态，才使我们没有认清人类社会近一百多年来的社会制度变迁，没有看清一些国家的狼子野心，最终遭受了重大的损失。所以，几千年来的历史证明，中华民族的强大总是有利于人类和平，而不是有害于人类和平。中华民族的强大不会危及世界，只能为人类的真正和平铺平更加坚实的道路，这是中华文化的特质所决定的。

第六十九章　用兵有言　　/396

打得赢就打，打不赢就走　　/396

老子告诫后人："祸莫大于轻敌，轻敌几丧吾宝。故抗兵相若，哀者胜矣。"就战争而言，最怕的就是骄兵，如果对自己和对手没有一个正确的判断，就失去了胜敌的可能。因此，两方对抗，总是那些能够保持低调、理性的一方获胜。"哀"在这里并不是"哀伤"之意，指的是一种正视对手，并且保持理性和审慎的精神状态。历史上因骄而败的案例比比皆是，很有代表性的便是东晋与前秦的淝水之战。前秦首领苻坚拥有百万雄师，而东晋不过八万余人。面对这样的悬殊，苻坚自信地讲，自己的军队将马鞭子扔出去都可以截断长江。这不是骄傲，简直是一种狂妄，最终当然是败得奇惨无比。

第七十章　吾言甚易知，甚易行　　/399

但修己心，莫问前程　　/399

人的一生都有所期待，每个人身上都有自己闪光的东西，但是很多时候不能被人理解，不能被人发现，只能默默无闻，甚至穷困潦倒，这就是客观现实。有成就的人固然有其所长，但是，没有成就的人也未必一无是处。人生既要努力，亦有机遇；既有主观，亦有客观。遍观历史和现实，冤死的其实比病死的多，所以，杜甫在诗中讲："志士幽人莫怨嗟，古来材大难为用。"而儒家面对这样的社会现实，也只能采取"保守疗法"，即"不患莫已知，求为可知也"。不要过于在乎别人能不能知道自己、重用自己，我们所能做到的只有不断充实自己、武装自己，以待机遇到来，这也不失是一种好心态，既有积极进取之心，也能够正视落寞的现实。抱怨非但不会获得他人的同情，反而能显示出自己的肤浅，与其如此，倒不如且行且珍惜。

纵观古今，一个人能够做到清楚地认识自己实在是太难了。人这种动物最大的特点是比较主观，喜欢自以为是，人性使然。特别是取得了一定的成就，拥有了一定的社会地位的人更容易陷入这种病态的意识当中。一个人无论多么聪明，都会有短板。社会治理、政权统治等方面之所以总是会出现一些失误甚至悲剧的一个重要的原因就是掌握决策权的人过于自我，听不进别人的意见，或者在一种威权体制下，下面的人不敢直言，担心被打击报复。在这种情况下，居于高位的人就真正成了精神和智慧层面的"孤家寡人"，最终落入一种决策陷阱，也可以称之为"智慧黑洞"。

哪里有压迫，哪里就有反抗。当老百姓不惧怕威权的时候，执政者的危险就真正到来了，正所谓"民不惧死，奈何以死惧之？"无论在什么时候，都不要把人逼到死路上。政权稳定的前提，就是不要无休止地挤压老百姓的生存空间，尽量保证老百姓居有定所，行有正业，饥有其食，让大家觉得活着是一件很幸福的事情，这样一来，大家都会珍惜生命和眼前的

生活，都会自觉地维护社会的稳定，就不会厌弃执政者另寻代言人。

第七十三章　勇于敢者则杀，勇于不敢者则活　　/408

天网恢恢，疏而不失　　/408

老子为了更深刻地警醒执政者，说了一句类似谶语的话，也成为弱者和正义者用于自我鼓励的千古名言，即"天网恢恢，疏而不失"，违背天道必为天所惩。当然，后人也借此做了诸多的发挥，诸如"恶有恶报，善有善报；不是不报，时候未到""善恶到头终有报，只争来早与来迟""人善人欺天不欺"，等等。或许这也成为中国人在无奈中最有力量、最具有色彩的一种表达，成为中国文化不可或缺的一种人文情怀。在现实生活中，那些背离"大道"的人物和行径，也大都在人民的期盼下被扔进了历史的垃圾堆，或者生而难静，或者死而难安。

第七十四章　若民恒且不畏死，奈何以杀惧之　　/411

司法须循大道，人命关乎天理　　/411

法是人定的，亦是人执行的，而制定、执行法律的人往往都是统治者的代言人。因此，在历史上的很多时期，法律都难免会带有强烈的主观色彩，也往往成为统治者鱼肉百姓的工具，因此，道家强调"道法自然"。老子在前文中讲过，宇宙中有四大：道大，天大，地大，王亦大。这其实就是在告诉"王"：虽然你在人世间有很大的权力，但是站在宇宙空间看，你并不是世间的唯一，你之上有"道"，有天，有地。所以，统治者应该对万物心怀敬畏之情，只有这样才能够善于使用手中的权力，关心天下苍生。而在现实中，皇帝往往被称为"天子"，其实也是一种警示和告诫。所以，法律的合法性应该源于自然，缘于天道。

第七十五章　民之饥，以其上食税之多　　/413

民富国强，民足君贵　　/413

老子讲："夫唯无以生为者，是贤于贵生"。"无以生为"指一种非常淡定的生活状态和生命状态，自然地生，自然地死，生得不纠结，死得不愤懑。这实际上是指一个社会的生存状态，达到这种状态的社会就是一种大治，每一个人生活得都很宁静。"贵生"即以生为贵，这说明活着是一件很困难的事，能生存下来的人才为贵。有句话讲得好，"宁为太平犬，不为乱世人"，讲的就是这个道理。老子认为，人只要通过正常工作就能够过上衣食无忧而有尊严的生活的社会才是真正的好社会，生活在这种社会中，人就不容易走极端，整个社会才能够真正实现长治久安。

"强大处下，柔弱处上"。道家的这个观点并不是强调越弱越好，只是提出了一种处理问题的法则，而不是对一个客观事物本身的要求。这就如同我们平时不要动不动就与人较劲，要懂得退让，但这不等于我们不需要充实自己、完善自己、强大自己。柔弱是一种姿态，是一种处理问题的方式。事实上，越强大的人越能够真正做到示弱和处下，这种示弱和处下才真正有价值。如果你自身真的太弱了，那就不是示弱了，而是真弱，一个真弱的人是不能够战胜刚强的人的。

"天道"最根本的表现就是能够将多的补给少的，将强的补给弱的，将高的补给低的，将有的补给无的，尽量追求一种均衡。而"人道"正好相反，越是强势的人就越欺负弱势的。人类的文明史从一定程度上讲就是弱势者不断追求公平的历史。当强势者过于强势，弱势者为了生存就会奋起一击，寻找新的代言人，这就难免会产生新权贵；新权贵如果忘掉初心，最终成为广大弱势群体的敌人，就意味着又将被推翻。这便是历史轮回的最直接的解读和最基本的动因。

柔弱胜刚强的最重要的法宝就是坚守。世界上没有随随便便的成功，滴水固然可以穿石，但绝非一朝一夕之力。功到自然成，这是成就事业的一个基本法则。当一件事能够被坚持十年，它就一定会成为事业；如果将一种技术苦练十万次，就一定会成为大师。世界上最痛苦、最折磨人的事之一是不停地重复一件事，但是，这种重复不是一种简单的复制，真正的智者在这种重复中找到了快乐，找到了精神，找到了坚持的理由，这样，就一定能成为成功者。

老子讲："有德司契，无德司彻。"关于这八个字，大多数人都做如下理解：有德的人管理天下的契券，无德的人管理天下的税收。如果强行地对照一下今天的实际情况，就是有德的人管理银行，无德的人管理税收。这是一种形式上的误解、过于表面化的理解。其实，这八个字真正的文化内涵是"宁可人负我，不可我负人"。你欠我的再多，我也不会把你逼到死路上，你只要认账，去努力偿还即可；而我欠别人的，我会尽量去归还。这就是大德。

"小国寡民"是老子对社会的一种宏观描述。国家大了，是非必然会多，有一片土地足以养活自己，有一片山水足以养心怡情，有几条小径足以悠然而行，也就够了。其实，这种社会理想也反映了道家"不争"和"回归自然"的心态。万物皆归于无，每一个生命都是宇宙进化过程中的一瞬，不曾带来什么，也不曾带走什么，知足者常乐也。当然，社会的发展有其不可抗拒的规律。不管我们多么渴望简单，现实生活都不可阻挡地越来越复杂；不管我们多么渴望质朴，生活都越来越充斥着奢靡和巧诈；不管我们多么渴望自然，城市的混凝土丛林都是我们的家；不管我们多么渴望爱情，自己心仪的人都总是进入了别的人家；不管我们多么渴望宁静，窗外的噪声早已盖过了远古的犬吠和鸡鸣……或许是基于对这种社会发展的预见，老子才提出了这样的梦想，这种梦想其实也是今天我们的追求。虽然这只是幻想，但生活在现代社会的我们，也总是在忙忙碌碌之中偷取片刻之闲，寻一点灵魂的宁静之趣。

老子讲，人世间往往存在着这样一个法则：你为他人付出得越多，你收获得往往就越多；你给予他人的越多，别人回报你的就越多。对于有些东西，我们渴望得越强烈，反而越是得不到；当我们平平淡淡地去生活，扎扎实实地去工作，从从容容地去追求，很可能突然有一天，一切就都来了。所以，人在一生中对身外之物不能过于在意。

前言：一切只是为了更好地活着

一、文化的意义与价值

近年来，无论是官方还是民间，学习传统文化的浪潮一浪高过一浪，这种现象似乎与我们这个时代的特征有所不符。对于今天这个时代，用一句话来概括，可以称之为"科技捆绑的文明"。在当下的这个时代，我们没有什么都可以，就是不能没有现代科学技术。没有高度发达的科学技术，国家就没有竞争力，整个社会的运转和个人生活都会遇到很大的麻烦，甚至瘫痪。

既然如此，我们学《论语》，学《孟子》，学《易经》，包括我们这次要讲的《道德经》，有什么实际作用呢？学习它们能让卫星上天，航母下水，潜艇入海吗？能提升生产力和战斗力吗？从表面上看，它们之间似乎没有直接的关系。既然如此，我们为什么还要学呢？并且强调要进教材、进课堂、进社会，其意义何在呢？我认为，这个看似简单的问题，事关传统文化的历史价值与现实意义，关系到一个民族如何看待传统和如何走向现代化的问题。

如果让我们站在广博的宇宙空间中来审视整个人类文明的长河，便会清晰地发现，人类文明唯一的"遗存"就是"知识"：知者，探求客观世界和人类自身的规律；识者，达成共识以促进人类社会之延续与发展。人类对知识的积累有一个不断加速的趋势，近二百年人类所掌握的知识，比过去人类社会积累的知识的总和要多

得多，知识对人类社会形态的影响日益凸显，甚至有人将今天称为"知识大爆炸"的时代。但是，我们不要被这些复杂的知识体系迷住双眼。其实，如果将人类积累的知识做一个简单的切分，无非是两大类：第一类，我称之为"外化于物"；第二类，我称之为"内化于心"。

何谓"外化于物"？简单地讲就是改造世界，不断地拓宽人类的生存空间，现代科学技术就是这类知识的典型代表。人类积累并创造这些知识，就是为了强大自我，使自身从"奴隶"转变为"主人"。人类文明的历史就是从疲于奔波到安居乐业，从被禽兽追杀到把它们关进动物园里供我们观赏，从任自然"蹂躏"到有效地利用并改造自然的过程。

为了说明这个问题，我不妨举两个很简单的例子。

北京周口店出土了古猿人化石，这类人被称作"山顶洞人"。他们为什么要住在山顶的洞里？无非基于三个现实：一是高处可以防洪水，二是不会建造屋舍，三是易于防备禽兽。当人类的群居规模不断扩大，掌握了用火和制造工具的方法之后，才开始到平坦的地方居住，从那时到今天，也不过一万年的时间。其实，在这之前，人类最重要的行为就是不断地迁徙，寻找温暖、干燥、安全和食物供应相对丰富的地域，人类的近代考古学已经证明了这一简单的事实。

再比如，我们小的时候就再熟悉不过的大禹治水的故事，我们所学习的重点，当然是大禹"三过家门而不入"的敬业精神。但是，我们所忽略的问题是，大禹为什么要去治水呢？当时地广人稀，居住在哪里也不用确认产权，找个高一点的地方居住不就可以了吗？事实上，在大禹生活的时代，我们的中华文明刚刚进入农耕文明，农耕最基本的生产资料便是土地。在原始状态下，几乎所有的土地都覆盖着绿树和杂草，今天的人类如果见到那种场景，可能会欣喜若狂，大呼"美景！"，但是，这种状态在大禹那个时代不可能发生，人们甚至会产生相反的情绪，因为没有有效的工具，不要说树，即便是草都难以清除干净。在这种情况下，大家都不约而同地看到了黄河岸边那片温润的冲击平原，那是黄河裹挟着黄土高坡的泥土飞流而下，在中下游沉积而成的。由于土地新鲜，尚没有太多的杂草，基本上没有大的灌木，易于清理和耕种，黄河由此成了中华文明的母亲河，黄土也成为中华文明的母亲土，而中国人的肤色慢慢地渗入了黄色基因，成为黄皮肤的黄种人。但是，问题在于，由于离主河道太近，水患是最大的威胁，治水也就成了那个年代的"第一民生工程"，这也充分说明，在那个时候，人类的生存环境是何等的狭窄、险恶而脆弱。

人类同生存环境和疾病的斗争成为人类文明的一条主线，从而创生了这些"外化于物"的知识，特别是现代科学技术的诞生，几乎让人类喜不自禁，人类终于成为这个星球"真正的王者"。当然，在今天看来，可能人类过于"顽皮"，做得有些过分，对自然的过度利用伤及了自身。但是，如果在五千年前和我们的祖先谈环保问题，他们一定会笑掉大牙。生存和享乐毕竟是人类的必需，也是人性的弱点的体现。

与此同时，我们不能忽略的另外一个事实是，人类改造自然，奋然前行的过程也催生了另外一类"内化于心"的知识，以文化和宗教为代表，包括我们马上要讲的《道德经》。纵观人类文明的历史，不同的地域、不同的人类群属都产生了各具特色的文化与宗教。人类为什么要创生这类知识呢？简单地讲就是为了改造我们人类自身，让人类的精神更加坚强、高大，思想更加端正、纯洁，没有这样的一种人文精神作支撑，任何文明都不可能延续，任何人群都必然会瓦解。

产生这类知识的原因在于，在前行的过程中，人类发现了一个不容忽视的事实，即人类其实是一个"易共患难，难共富贵"的动物种群。当人类的族群越来越大，社会分工越来越细，生存不再成为第一压力的时候，人性的恶也随之体现出来。人们都喜生恶死，喜欢不劳而获，喜欢在管理、压迫、征服别人的过程中获得快感，喜欢金钱、美色、华室、权力、荣誉……而这些欲望不是存在于某一个人心中，而是整个人类社会的每一个成员心中，除非他没有机会和可能。孔子讲"吾未见好德如好色者也"，老子讲"祸莫大于可欲"。从那一刻起，人类意识到，改造自身与改造自然同样重要，甚至在某些时候，社会成员的高尚与精神的昂扬，比获取更多的食物更重要。所以，在没有文字的时候，就已经出现了圣贤，他们是奔波于整个人群中的布道者，他们通过自身的表现和社会优秀分子的表现，以及在对大自然进行参悟的过程中所获取的灵感来教育自己的社群，让他们懂得奉献，懂得谦让，懂得祸福，懂得活着的意义和死的价值，而这些知识便是人类文化的起点，也构成了人类文明最基础的道德基因，一直伴随着人类走到今天。

但是，令人失望的是，人类改造自然的成功远远胜于改造自身，人性中的贪婪基因并没有因为物质的进步而获得根本的改良，相反，欲望却伴随着物质的进步变得更加多元化。所以，几乎所有的人类社会早期的圣贤们，都被挂在历史的星空中供后人瞻仰，后人在膜拜的同时有感于当前人类道德的沦丧。20世纪的两次世界大战，是人类欲望的一次极端厮杀，差一点将人类推向毁灭。因此，人类在重新审视了自身之后，愈加深刻地认识到，端正族群的价值观尤为重要。道德不再仅仅体现为对个体行为的约束，也成为人类处理族群关系，以及与自然的关系的一种重要的价

值依托和观念导向。

从多维的角度审视今天的整个人类社会，每一个国家、民族在追求生活现代性的同时，都期望能够构筑一种农耕时代的精神家园，这成为人类的一种"灵魂返祖"现象，也是摆在人类文明面前的一个重大课题。其实，人们所追求的不是回到食不果腹的生活状态，而是追求我们的先人们在那个时代所表现出来的那种淡定、平静、规矩与亲和。事实上，那个时代也有纷争和厮杀，可能因为规模相对有限、时光久远等，其血腥和残忍早已被掩盖在历史的尘埃里，通过时空的过滤，留下的大多还是美好。有这样的历史记忆，对于人类社会未必是件坏事。

所以，近几十年来，各个民族无论是对历史和文化的研究，还是对传统文化的保护和传承，都越来越重视。在这种溯本追源的过程中，各个国家都在寻找自己的文明的基因，通过这种寻找，一方面可以让自己的民族有一种更强烈的精神认同，另一方面可以建立一种人人都能够接受的价值体系，以期教育并引导人，并且增加教化和引导的合法性。

人类文明的实践证明，一个民族的价值体系的建立和完善是一个漫长的历史和自然的过程，并且具有某种程度的排异性，一些新观念的植入由此变得不再那么简单而容易，这就是传统的优点，也是传统的弊端。无论如何，文化的创新不能离开这种有效而科学的继承，认识不到这一点，任何对国民品德和价值观的改良都是徒劳的。

同时，任何民族通过漫长的积淀而形成的价值体系，也不能简单地用对与错、进步和落后、文明和愚昧来衡量，坚守这种文化和传统价值观的最大意义在于，会大大地增加执政者行为的合法性和民族认同感。比如，在我们的国家，同情弱者是一种基本的价值观，即使是在弱者违法，强者无责的情况下，强者也都要承担相应的责任，哪怕是道义上的。而这一点在美国就完全不同，谁的责任就是谁的责任，法律的定性是唯一的、绝对的责任认定标准。这种区别无关先进和落后，只能说是文化价值观不同。如果一个执政者对此没有充分的认识，其行为的合法性必然会遭到置疑，所以，这也导致几千年来，不管社会形态如何变化，"执政为民"都是中国执政文化的最基本的指导思想。从一定意义上讲，"民"是弱者的代名词，不为弱者服务的政府就缺少合法性。

或许是基于这样一种文明的进化的事实，在走向现代性的同时，人类社会几乎都不约而同地回望那个质朴的时代，抚摸那些发黄的旧卷，来寻找灵魂的归属感和道德的逻辑起点，这成为今天所有的人类社会重构道德标准的必然选择。文化永恒的价值和意义或许就在于此。

二、关于中华文化的是非与破立

中华文明作为人类几大古老的文明中唯一完整地幸存的文明，更加充分地说明中华民族的坚强和中华文化的强大生命力，没有中华文明的人类历史一定是残缺的。中华文明的这种脉络的完整性可以对今天所有文明的存在与演化给出参照与注解。

现在，很多人纠结于科学技术的落后，纠结于近代的屈辱和苦难，纠结于道德的丧失和诚信的缺失，纠结于责任感和创新精神的不足，并且比较一致地把这些问题归咎于中华文化之愚昧和落后，归咎于中国人的劣根性，这实际上是一种缺少理性而系统的思考的想当然。

很多时候，我们并没有明白一个简单的事实。文化的本质是什么？简单地说是一个民族存在的形态和生活的状态，中华文化是中华民族在这片世代繁衍的土地上所催生的一种人文情怀，这种情怀最核心的精神就是打造一种和谐的生命空间，包括处理好人与人、人与自然的关系。

几千年来，中国人活在自己的理想里，活在自己甚至有点"自以为是"的小圈子里，活在日出而作、日落而息的"道法自然"的生命法则中。我不认为这一定是件坏事，因为任何文明都不是静止的，也不是绝对封闭的，都会在"自我碰撞"和"与自然碰撞"中，以及吸取外来文化中不断进化。如果不是因为西方列强野蛮而贪婪地介入，中华民族仍然会沿着自己独有的道路发展；正是在这种灭族亡种的危难中，中华民族才被迫接受着外来文化对自身的任意改造。但是在若干年后，我们终于发现，外来文明可以相对容易地改造我们生存的物质世界，却很难从根本上改造我们的灵魂世界。特别是在苦难的岁月飘过之后，我们突然发现，在失掉了自己的文化特质与核心价值观之后，我们心路飘摇，站在自己的土地上，怀揣着别人的"灵魂"，总是显得不伦不类，那些早已与我们相去甚远的古代圣贤们，以及他们的精神和思想，都突然变得温暖起来。这正如一个为了生存外出打工的人，起初为了活着，顾不上思考，顾不上尊严，顾不上精神诉求，但是，当有一天，他做了老板，躺在自己异乡的别墅里，享受着锦衣玉食的生活，往往会突然心生乡愁，怀念那个遥远的过去，哪怕是苦难，也都成了财富，哪怕化作灰尘，也希望魂归故土。这就是人这种动物独有的情怀，这就是文化植入血液中的一种永恒的力量。

其实，这样的感觉也很容易理解。大家可以想，人类为什么要奋斗？社会为

什么要发展？就是为了两个简单的字——幸福。在满足了基本的吃、穿、住、行之后，人类的"幸福"就不应该再体现在无休止地扩大身外之需上，而应寻找灵魂的归属。从这一点上来说，中华文化有自己的"乌托邦"：儒家构想的是一个以"礼"为形式、以"仁"为精神的道德社会；道家幻想的是一种"小国寡民""鸡犬相闻""老死不相往来"的自然而宁静的社会；墨家构想的是一个毫不利己，专门利人的狭义社会；法家则希望定分止争，通过惩戒和规范建立一个秩序社会。

几千年来，正是中华文化的这些梦想，同化并感化了生存在这片土地上的人们，即使是生活在边缘地带的民族，他们在马背上取得了胜利之后，却还是跳下马来，服膺于中华文化。中华文化的这种渗透力和生命力已经被历史无数次地证明。所以，在对中华文化的理解上，我们应该抱着一种大思维、大视野和大精神，不能在读了只言片语，或一知半解的情况下妄下定论，或大放厥词。

当然，就如同每个人都有缺点一样，中华文化也有其劣根性。而这种劣根性是不是中华民族近代落后的根源？是不是今天人们诚信缺失、道德下滑的罪魁祸首？对于不断进入现代化时代的人类，中华文化是不是就没有了存在的价值？对于这些问题，我们需要保持一种克制和理性，需要静下心来思考人类社会的过去、现在和未来，需要站在人类命运共同体的角度来审视中华文化对于整个人类社会未来发展的引领意义。

中国人对自己的文化缺乏自信，最重要的论据就是中华民族近代以来所遭受的种种苦难，我也痛心于这种苦难，但是，这种苦难恰恰是西方世界在掌握了科学技术以后缺乏文化的约束力所致。他们首先想到的不是通过科学技术在自己生存的土地上创造幸福和财富，更不是为了整个人类社会的互利共赢而努力，而是利用船坚炮利的暂时优势掠夺其他的国家和民族，去摧毁他们那令人羡慕的文明，去瓜分那些"土著的世界"。从这个意义上说，人类的近代史就是一群掌握技术而缺少文化的族群屠杀同类，破坏他国文明的血腥征战史。

事实上，一场战争的胜负并不能代表一种文明的先进与落后，这就同当年的游牧民族经常战胜农耕民族一样。大家一定要坚信，科学和技术不是人类文明的全部，更不应该成为衡量一个民族进步与落后的唯一尺度。近代以来，人类的一个不争的事实是，一些国家和民族追求科学技术制高点的背后却有着"肮脏的目的"。所以，科学不等同于高尚，面对未来，我们全人类都需要理性，需要尊重，需要构筑一个互利共赢的美好家园，而这也是中华文化的应有之意。

现代科学和技术造成的一个最大的社会后果是"全球化"，全球化的一个最大的后果是文明的同质化——衡量一种文明的先进与落后完全取决于生产力，取决于科学技术的多少，取决于武器库里有没有足以毁灭对方的核武器……这其实是人类的一种悲哀。

大自然造物总是多元的：有大树，也有小草；有大江，也有小河；有良田，也有沙漠；有春秋，也有冬夏；有温驯的牛羊，也有凶猛的虎豹……而生活在不同地域的人群根据他们生存的环境造就了属于他们自己的文明，这些文明都应该得到足够的尊重，但是，这一切如今已经成为幻想。在今天的世界里，大国累于尊严，小国累于生存，谁都惧怕战争，可是又没有谁不为战争做准备，甚至一些中小国家都一直在为核武器而奋斗，这种决心源于弱肉强食的近代西方文明所留下的阴影，强者必霸，这在一些人心中几乎成为一种不变的法则。如果一些极端势力和极端国家真的拥有了核武器，人类的存亡就会像一个游戏那么简单，这将是十分可怕的！

我不是一个反科学主义者，也不是一个保守主义者，更不是一个极端的环保主义者，我是一个略显偏执的文化主义者。任何"外化于物"的知识都是一把"双刃剑"，这些知识究竟是可以造福人类还是祸害人类，完全取决于创造并掌握这些知识的人，而这些人也必然会受到某种文化的约束，接受某种价值导向。我一直认为，能解救人类的只有人类自己，只有构筑起对人类负起责任的核心价值体系，人类才有可能走得更远。

未来已来，在担当这一使命的过程中，中华文化的价值观意义就显得尤为突出。"仁、义、礼、智、信"这五个字几乎涵盖了所有人类文明中所体现出来的精神、品质与情怀。坚持和而不同、为而不争、兼容并蓄的原则，构筑"天下为公"的大同世界，是中华民族几千年前建立人类命运共同体的设想。当然，限于当时的技术条件，那个时候中国人心中的"天下"，可能只是局限于东亚这片土地，但是，这种局限性并没有影响中华文化中所折射出来的对人类命运负责的基本精神。

三、关于中华文化的基本架构与精神

"中华文化"是一个非常笼统而模糊的概念，因为无论从中华文化的源流看，还是从沉积下的精神与典籍看，抑或是从其存在的形态看，都让人觉得遗存过于浩瀚，学习起来总觉得无从下手，感慨于生命过于短暂，这正如庄子所言："吾生也有涯，而知也无涯，以有涯随无涯，殆已！"

中华文化中有一句非常有名的话，"大道相通"，程颐也曾经讲，"散之在理，则有万殊；统之在道，则无二致"。由此，我一直认为，学习中华文化一定要抓住

一个"道"字，"道"通了，其他问题才有解决的前提。通俗地表达就是：方向对了，才能谈政策的问题；战略对了，才能讨论战术的问题。

我理解，如果从"道"的角度看，中华文化无非体现为三个字，即"情、理、德"。情，指情怀，是一个人面对生命、面对社会、面对得失、面对生死所表现出来的一种或淡定从容，或豁达坚决，或恣意妄行，或纵横捭阖的人生姿态。理，指理性，是人类面对纷繁芜杂的时代变迁、社会变迁、自然变迁、生命变迁所表现出来的一种客观、理性、睿智而又符合逻辑的分析态度。德，指品德，是人在做人、做事中所体现出来的一种仁爱、忠信、公平、正义、勇于担当、果敢、顽强的处世方式。

基于这种认识，我对中华文化的整体架构有一个个人考虑：如果把中华文化比喻成一棵参天大树，这棵树的根则是《诗经》，这棵树的干则是《易经》，这棵树的冠则是诸子百家。这种划分虽然相对简单，或许在学理上还可以做一些推敲，但是，大模样应该没有什么问题。

学诗就是为了培养人的一种"对酒当歌"的生命情怀，在充满悲欢离合、喜怒哀乐的人生常态中能够随时提笔而赋，慷慨陈词。如果说学了中华文化，人在气质上会有什么变化的话，我觉得四个字可以概括，即"诗性情怀"。其实，培养诗性情怀，即把人培养成一个性情中人、一个有血有肉的人、一个灵魂鲜活的人、一个表里如一的人，通过诗去除人性中伪善的东西。孔子曾经评价《诗经》云："诗三百，一言以蔽之，思无邪""乐而不淫，哀而不伤"。有了这样的一种状态，人的灵魂就不会麻木，才会有和谐、豁达的境界，才会有一种发自内心的同情心和爱心，才会对家国有无限之情怀。我们常讲，诗人总是有一种"多愁善感"的情绪。很多时候人们总是从负面理解"多愁善感"，认为这是一种软弱，是一种没有必要的纠结。我倒不这么认为，在我看来，"多愁善感"恰恰反映了人灵魂深处的一种敏感的恻隐心、同情心、责任心，《诗经》中讲："知我者，谓我心忧；不知我者，谓我何求；悠悠苍天，此何人哉？"这大概是对"多愁善感"最好的注解。

《易经》是中华文化中一部非常有名的奇书，几千年来被赋予了太多的神秘色彩。其实准确地讲，《易经》是一部哲学著作，其最核心的内容是"阴阳"，阴阳变化构成易学最基本的法则。但是需要特别注意的是，中国文化中所讲的"阴阳"与近代西方哲学中所讲的"矛盾"是完全不同的两个概念。矛盾双方的边界是清晰的，尽管双方可以进行统一和转化，但是，其最核心的精神还是对立。而中国的阴阳是指事物本身存在的两种属性，阳中有阴，阴中有阳。有的事物表面为阳，其内里也有阴的一面；有的事物表面为阴，其内里也有阳的一面。比如，按照《易经》的法则，男人呈阳性，女人呈阴性，但是，男人也有其内心的脆弱，如果这种脆弱被激发出来，那种悲伤的程度将远远超过女人，正如我们通常所讲的"男儿有泪不轻弹，只是未到伤心处"。女人虽通常表现的是一种雌性的阴柔，但是在一些特定的条件下，她们身上的阳刚之气一旦迸发出来，程度甚至会超过男性。比如，在自己的子女处于危险之中的时刻，母亲的那种勇敢和顽强是超乎想象的。因此，孔子读了《易经》之后讲，"一阴一阳之谓道"，把"阴阳"二字搞清楚了，也就掌握了天地"大道"。所以，读了《易经》就会深刻地体会到，我们在生命中的任何时候都要保持一种科学的理性。得到了不要过于惊喜，失去了不要过于悲伤；得志了不要过于癫狂，失志了不要满腹绝望。一个真正有见识的人，能够做到以阳补阴、以阴化阳，无论在什么情况下，都不会走极端。

到了春秋战国时代，一个在中国延续了一千多年的社会治理模式面临着解构，国与国之间混战不止，天下百姓苦不堪言。社会究竟该向哪里去？诸子百家从不同的角度做了探讨，提出了自己的看法。现在回过头来，诸子百家的思想里都有其合理而闪光的东西。我觉得，看这段历史，不仅仅是看这些圣贤们留下的思想，更要看他们背后那种忧国忧民的天下情怀，以及他们身上所体现出来的担当精神。儒家的执着、墨家的牺牲、道家的坦荡、法家的理性构成了中华民族的大精神和大境界，这些圣贤们所架构起来的精神家园构成了中华文化这棵大树的茂盛的树冠，无论社会发展到什么程度，我们都能在他们闪光的思想和精神的深处寻找到属于我们的"矿产"和"宝藏"。那个时候，中华文化的大模样已经基本形成了，后世的很多"大儒"或"大师"也只是站在他们所处的时代对事物进行解读，没有从根本上动摇中华文化这棵参天大树的根脉。我们接下来要讲的老子，就是这"百家"中最具代表性的人物之一。

四、老子其人其事

在讲《道德经》之前，我们有必要对它的作者老子的基本情况做一个简单的介绍。

老子生活在春秋时代的末期，比孔子要年长一些，关于老子的生平记载，大多出于具有神话色彩的传说，比较权威的应该是《史记·老子韩非列传》，尽管记载得比较简单，但是，还是让我们看到了一个相对真实的老子。在这一章中，司马迁对老子的生平状况做了如下描述：

老子者，楚苦县厉乡曲仁里人也，姓李氏，名耳，字聃，周守藏室之史也。

这句话虽短，却将老子的姓名、职业、籍贯都讲得很明白。

老子是春秋时代的楚国苦县人，更具体一点讲出生在"厉乡曲仁里"。"厉乡"应是苦县下面的一个类似今天的乡镇的行政区域，"曲仁里"有些类似今天的村组，我们今天常讲"乡里乡亲"，大多也是出于古人对"近邻"的一种表达，意味着居住在一起而自然产生的一种亲情。

对于苦县究竟在哪里，长期以来一直都有争论。由于老子生活的时代久远，又是一个乱世，所以，划分行政区域的边界也确实难以被十分准确地界定，比较一致的意见是今天的河南省鹿邑县。

"老子"是人们对他的尊称，据司马迁考证，老子应该是"姓李氏"，名叫李耳，字聃，所以，后世称其为"老子"，亦称"老聃"。不过在这里有一个细节，我们可以做一点思考：司马迁讲老子"姓李氏"，并非讲老子"姓李"，一字只差，其含义则不同了。在春秋战国之前，中国人讲究"姓氏"，"姓"是大族的统称，"氏"是下面的分支。随着一个族群越来越大，为了相互区别，人们就会根据这一族的居住地，或者某人担任的官职，称之为"某某氏"。比如，我们都熟悉的姜子牙，他的名字叫姜尚，但是，很多史书称其为"吕尚"，为什么呢？因为姜子牙的姜姓一族本来生活在今天的陕西宝鸡一带，后来姜子牙这支迁到南阳一个叫吕的地方，于是这个分支就称为"姜姓吕氏"。再后来，由于氏越分越多，姓和氏的区分就不那么严格了，很多人就以氏为姓，姜尚被称作"吕尚"也就不足为奇了。历史上还有一种姓氏是君王赐封的，比如说著名的《孙子兵法》的作者孙武是陈国公子陈完的后人，本来姓陈，陈完逃到齐国后，齐国的国君姓田，陈完就随了国君的姓，再后来，陈完的后人屡立战功，齐国国君便赐姓孙氏，从此又从田姓改成了孙姓，也就有了后来的孙子。当然，随着社会的不断发展，族群不断发展并裂变，姓和氏的区别就更不明显了，以氏为姓就成了常态。如果从这个角度看，老子的祖上究竟姓什么，后人无从得知，但是，老子属这个大族中的李氏一支确实无疑，后世称其姓李，也并无大碍。

老子从事什么工作呢？司马迁告诉我们，老子是"周守藏室之史也"。"守藏室"应该类似于今天的国家档案馆，"史"是个官职，负责管理国家的文史资料和档案资料。在老子生活的时代，书籍是极其珍贵的，一般的书老百姓都很难接触到，更不要说国家的典籍了。老子之所以如此博学，可能和他的工作性质有很大的关系。其实，后世的很多名人也有在图书馆工作的经历，看来这并非偶然，饱读诗书，才能胸有天下。

在介绍完老子的自然情况之后，司马迁又在《史记》中讲了三件事：一是孔子问礼于老子，二是辞官归隐，三是函谷著书。

孔子问礼于老子在当时看来只是一件私事，或是个人求学中的一件小事，在今天看来，却是中华文化两大主流思想的泰斗级人物的一次会晤，其文化意义是非同寻常的，可以让后人清晰地感受到中华文化同宗同源的关系。关于这次会晤，司马迁的描写也非常独特，并且饶有趣味：

> 孔子适周，将问礼于老子。老子曰："子所言者，其人与骨皆已朽矣，独其言在耳。君子得其时则驾，不得其时则蓬累而行。吾闻之，良贾深藏若虚，君子盛德，容貌若愚。去子之骄气与多欲，态色与淫志，是皆无益于子之身。吾所以告子，若是而已。"（《史记·老子韩非列传》）

孔子生活的时代，交通和通讯都不发达，孔子从鲁国到周朝的都城洛阳去找老子问礼，可谓是一件非常辛苦的事。这一方面让我们看出孔子求学的真诚和执着，孔子之所以能够成为儒家思想的创始人，与这种精神是分不开的；另一方面也告诉我们，老子在当时的社会上并非一般人物，应该是闻名于天下的大学问家，至少对周礼的研究世人皆知，否则，孔子也不可能去找他。

至于孔子见到老子之后说了些什么，司马迁并没有详细记载，不过，我们可以合理地想象出当时的状态：孔子年轻气盛，面对礼崩乐坏的时代，一定是带着一种急躁而愤懑的情绪。面对孔子的这种情绪化的表达，老子显得非常冷静，对孔子的一些过激的想法进行了婉转的回应，当然，也有一种批评和引导的意义。

老子对孔子讲：你所讲的这些事，以及曾经讲这些事的人早已经连骨头都烂没了，只有一些空洞而不切实际的言语还在后世流传。真正有修为的君子应该能够看清时代发展的潮流，如果遇上机会就奋力拼搏一下，如果生不逢时，就像那野草花一样随风飘舞，任其荣枯。我听人家讲，真正富可敌国的有修为的大商人，平时都很低调，真正有学问和修养的君子，表面上看去却似乎很愚钝。就你今天的表现而言，有点过于狂躁，你应该保持理性和淡定，驱除身上的这股骄气。不切实际的欲望和超乎实际的理想已经将你团团困住，这对你的未来没有什么好处。我能够告诫你的，也只有这些了。

老子的这番话说得非常平静而祥和，但是，细细品来，他对孔子的批评还是非常深刻而严厉的。通过这番话我们也可以看出，老子是一个伟大的智者，他能够看清世界发展的大趋势，也能够明白什么可以改变，什么不可以改变，这也充分体现了道家道法自然、含蓄谦下的精神情怀。

后人常常批评道家的消极和不作为，甚至认为这是一种老奸巨猾的表现，其实不然。道家认为，万物发展都有其规律，只有清楚地认识并把握这些规律，才能够真正抓住问题的根本，不应该把过多的主观思想强加给他人及我们所生活的客观世界。因此，道家所遵循的"清静无为"是一种依乎天理的处世和做事的方式，而不能简单地被我们以"消极避世"去评价。

举个简单的例子，比如我们身上长了脓包疮，通红发紫的时候，怎么办？生活经验告诉我们，到什么医院都没招儿，我们的最佳选择就是不要碰它，让它慢慢发，等它彻底熟透了，把皮肤撑破了，再把脓血挤干净，直到看到新鲜的肌肤和血液，放一点外用消炎药，如果严重，再吃一点内服消炎药，慢慢地，新肉就会长出来，皮肤上一般也留不下疤痕。如果没有长熟你就挤它，极易感染，也不容易去根，并且会诱发其他病症，后果很难想象。

其实，社会的发展也是一个复杂的螺旋式上升的过程，不是简单的"否定之否定"。很多时候我们都为一些表象所迷惑，但实际上，在一定的时间和空间内，一些想法和做法尽管看上去似乎在"开倒车"，从长远看，却有着积极的意义。

大家想一想，20世纪五六十年代，我们的社会的价值观是"越穷越光荣"，那是一个集体主义的英雄时代，但是，真穷到了极点，人也会疯掉的，三年困难时期，那段日子可以说不堪回首。改革开放初期，小平同志说了，贫穷不是社会主义，不改善人民的生活，不发展经济就是死路一条。当年为什么革命，就是想让人民过上更好的生活。于是，我们整个社会像疯了一样挣钱，为什么？穷怕了，苦日子过怕了。但是，四十多年走过来，我们发现，一个有了钱的民族，一个有了钱的家庭，一个有了钱的生命，同样也不像我们想得那么美好而幸福。于是这个时候又来讲文化、讲德行、讲精神追求、讲知足常乐、讲过俭朴的生活，讲不能把追求金钱作为人生的终极理想，就整个国家而言，也不能把追求GDP作为唯一的发展导向。可以说，人们对物质和金钱的认识经历了一个大的循环，但是，这不是一种简单的重复，而是一种螺旋式上升的认识过程。对很多问题的认识都要有这么一个过程，无论遇到什么情况都不要慌，不要走极端，社会也有其固有的规律。

再比如，最近这次国家的机构改革，各个地方的国税和地税重新合并。其实，二十几年前，税务本来就是一家，很多人就讲，"分久必合，合久必分"，听起来似乎很有道理。其实，其间的道理远不是这么简单，分税有其背景，合并也有其道理，这都是社会发展的潮流所致，不是简单的轮回，更不是谁的主观愿望。

当然，在社会发展的过程中，总会在局部产生一些逆历史潮流的行为，当这种逆潮来袭的时候，其力量也极端强大，正能量不足以与之抗衡，这个时候去硬碰，只能是以卵击石，怎么办？最佳选择就是慢慢地积蓄力量，当世人对问题的严重性有了充分的认识之后，自然会形成一种拨乱反正的力量，一举将旧势力摧毁，老百姓常讲的"不是不报，时候未到"就是这个道理。然而，在达成共识之前，在新生力量未形成之前，让它烂，烂到最后，就自然会消亡，正所谓"沉舟侧畔千帆过，病树前头万木春"，这是文明前行的一个重要的逻辑规律。任何社会在发展过程中都会遇到这样的暗流，不必惊慌，世间自有正义，天地自有大道，正如老子所言，"天网恢恢，疏而不失"。既要积极准备，又要看清大势，"功成不必在我"，这正是道家的聪明和大气所在。

道家对这个问题认识得非常清楚，面对社会发展中遇到的问题，要跑一跑，歇一歇，管一管，再跑一跑，再歇一歇，再管一管，有些事情欲速则不达。这就如同钓鱼，如果大鱼上钩，千万不能硬拽，硬拽既有可能断竿，也有可能断线，或者把鱼嘴拽豁了，鱼自然就跑了。怎么办呢？鱼跑，就放线；再跑，就再放；它跑累了，就往回收一收；鱼可能会意识到危险，又会跑，再跑就再放线……如此几个来回，鱼就彻底没劲儿了，用力一拽，鱼就钓上来了。这就是道家的思维方式，从根本上说不是消极避世，而是一种处理社会问题的手段，是根据问题的严重程度和社会的大趋势而选择的解决问题的手段和办法。

听完老子的这些话，孔子该做什么样的反应呢？司马迁做了一个完全艺术化的表达，我认为，这应该有更多想象的成分，读起来也异常有趣：

孔子从老子的屋子里走出来了，学生们既兴奋又着急，都想听听老师见到老子之后学到了什么样的真知灼见。结果孔子一边擦汗，一边说了这样一番话：

鸟，吾知其能飞；鱼，吾知其能游；兽，吾知其能走。走者可以为网，游者可以为纶，飞者可以为矰。至于龙，吾不能知，其乘风云而上天。吾今日见老子，其犹龙邪！（《史记·老子韩非列传》）

孔子这段话的大意是：鸟，我们都知道它能飞；鱼，我们都知道它能游；兽，

我们都知道它善奔跑。能跑的，我们可以用网捕它；能游的，我们可以用钩钓它；能飞的，我们可用箭射它。但是，老子这个人，简直就是一条龙啊，腾云驾雾，深不可测，真是神龙见首不见尾。对于龙，我可不知道该怎么对付了。这就是孔子对老子的评价。

以上就是孔子问礼的整个过程，虽然叙述很简单，但是，通过问理的这个过程，道家思想的三大基本精神也表露出来了：一是强调道法自然，顺势而为。二是强调韬光养晦，隐忍待发。三是去除骄奢，淡定从容。

问礼之后，《史记》中紧接着讲了老子的第二件事，即辞官归隐。书中是这样记载的：

> 老子修道德，其学以自隐无名为务，居周久之，见周之衰，乃遂去。(《史记·老子韩非列传》)

这句话很好理解：老子一辈子修炼道德之学，这种学问的特征就是要保持一种谦下的姿态，顺应"大道"，不彰显自我。老子在周朝做史官的时间很久，看到周朝大势已去，自己无力回天，所以，便辞官隐居去了。

这句话至少告诉我们两条信息：

第一，老子在当时已经是一个很有名的学问家，主要是研究道德。当然，对于这里的"道德"，我们不能用今天的思维简单地理解为品德问题。在古代，"道"和"德"其实是两个概念，概括地讲，"道"即"天道"，指做事不背天理，"德"即"良知"，指做事要有良心。

第二，老子在周朝做官的时间很长，他之所以辞官并不是出于一种消极的逃避，而是在看清大势之后的一种理性选择。

老子的离去，留给了世界一个背影，这背影其实是对人类社会生存法则的一种思考，也是一道谜题，即人类在社会发展中如何消除欲望，更好地实现种群之间的和平相处，更好地实现与自然和谐共处，这始终是人类社会面临的两个根本性问题。

接下来，司马迁讲了第三件事，即"函谷著书"：

> 至关，关令尹喜曰："子将隐矣，强为我著书。"于是老子乃著上下篇，言道德之意五千余言而去，莫知其所终。(《史记·老子韩非列传》)

"关"即指函谷关，在今天的河南省灵宝市，实际上就是黄土高坡被洪水冲出的一道大水沟，要想西进关中，就必须通过这个沟形斜坡才能爬上去。这个沟很长，如同一个涵洞，故称"函谷关"，是历代兵家的必争之地，历史上许多重要的战争都发生在这里。老子当时在洛阳为官，向西隐退，必须过函谷关。当时函谷关的守将叫尹喜，尹喜看到老子来了很高兴，说话也很直接，通过这一点可以看出，他应该认识老子，并且与之有一定的交情。尹喜讲，你老人家就要隐退了，你那一肚子的学问总要给世人留点什么，你必须给我写一部书，否则，我就不让你出关。"强为著书"的"强"既不是勉强，也不是强迫，而是反映了尹喜的一种执着而真诚的态度。在朋友的这种强烈要求下，老子写下了五千字的《道德经》，表达了自己对世间万物的认识，然后出关西去，不知所终。从这一点来讲，我们还真的应该感谢尹喜，如果没有尹喜的坚持，或许真是为中华文化留下了莫大的遗憾。

五、道家思想的源流与特质

《道德经》的著述，标志着道家思想的真正确立，成为百家之学的重要一支，奠定了中国古代哲学思想的重要基础。在此之后的两千多年的历史传承中，中国文化实际上是儒道并称，"道"与"儒"或明或暗地影响着中国人"修身、齐家、治国、平天下"的行为选择。

关于儒、道思想的源流与特质，《汉书》中做出了在今天看来都比较客观而公允的评价：

> 道家者流，盖出于史官，历纪成败存亡，祸福古今之道。秉要执本，清虚以自守，卑弱以自持，此君人南面者之术也。合于尧之克让，《易》之嗛嗛，一谦而四益，此所以长也。（《汉书二》）

这段文字很清楚地指出：道家的这些圣贤大多数都是史官，他们从历史的发展潮流和脉络中梳理出国家兴亡、成败之道，领悟了人生旦夕祸福之理，参透了天地万物之机。所以，最终明白，无论是治理好一个国家和社会，还是让人生和家庭获得更多的幸福，都必须从纷繁芜杂的假象中跳出来，回归事物的根本，守住清静、淡定的灵魂，摒弃过多的奇思异想，使生命保持一种谦下而柔静的状态，方可以达到"道德"的境界。

所以说，道家人之所以清高，其实是把很多东西都看明白了，在他们眼里，什么都是"浮云"，他们认为切不可因为眼前利益和功名利禄而丧失生命之本真，否则，真的会走上一条不归路。而这种学问不仅可以养生，可以净化灵魂，还是一门"君人南面之术"。何谓"君人南面"？简单地说，就是能够让一个人成为一国之君。

因此，我们可以看到，历史上很多人在争夺政权，建立王朝的过程中，身边都有道家的高士作为其参谋团中的重要成员。比如，汉朝的刘邦，身边有一个大谋略家张良。张良是一个地地道道的道学高人，在刘邦夺取政权，建立汉朝的过程中，他总是在最紧要的关头发挥关键性作用，以至于刘邦得了天下之后都不得不承认，"运筹帷幄之中，决胜千里之外，吾不如子房"。言外之意："搞战略我远远比不上张良，如果没有张良这个大谋士，我刘邦何以得天下？"这绝非纯粹的谦词。另外一个鲜明的例子就是明朝的朱元璋，朱元璋背后也有一个谋士叫刘伯温。此人是个全才，明儒，达道，通史，达术，但以"达道"著称于世，朱元璋称其为"吾之子房"，并坦言："学贯天人，资兼文武；其气刚正，其才宏博。议论之顷，驰骋乎千古；扰攘之际，控御乎一方。慷慨见予，首陈远略；经邦纲目，用兵后先。卿能言之，朕能审而用之，式克至于今日。凡所建明，悉有成效。"

就思想的源流而言，道家的思想来自哪里呢？《汉书》认为，"合于尧之克让，《易》之嗛嗛，一谦而四益，此所以长也"。简单地说，道家的思想源于《易经》，特别继承了《易经》中谦虚、卑下的处世状态，以不争为争，以无为为为，强调韬光养晦、厚积薄发。

相对于"道"，儒家对问题的把握和判断似乎有所不同，其中的原因也在于源流不同。创生儒学思想的人与创生道学思想的人位置不一样，看问题的角度也自然有所不同。关于儒家的源流，《汉书》做了如下的描述：

> 儒家者流，盖出于司徒之官，助人君，顺阴阳，明教化者也。游文于《六经》之中，留意于仁义之际，祖述尧舜，宪章文武，宗师仲尼，以重其言，于道最为高。（《汉书二》）

意思是讲，坚守儒家思想的人，用今天的话说，都是行政干部，是协助君王管理社会的一些国家要员，比如司徒、宰相等，他们更加关注民生问题、体制问题、法制问题、秩序问题，以"天下大治"为理想。所以，儒家人更关注的是社会治理方面所面临的现实问题，其核心是营造一个太平盛世。因此，儒家的"道"就是尧舜的治世之道，孔子作为儒家的开天之人，他的思想被后世儒者奉为经典。由此可见，道家之功在于立世，儒家之功在于治世。

关于儒、道、释三家思想，南怀瑾先生曾经有一个形象的比喻：

儒家是开粮食店的，精进利生。民以食为天，人不吃就要饿死，不学儒家思想，这个社会的核心价值观就会跑偏，缺少仁爱和道德底线，所以，儒是必学的。所以，历朝历代，执政者培养国民，首先弘扬儒家文化。

道家是开中药店的，谦下养生。道家思想是"药"，能治人的精神病、思想病，思想上有问题必须要学，没有问题，可以放一放。但是，我认为，道家这个"药"不仅可以治病，还可以保健和养生。就今天的社会现实来看，思想上没有病的人不少，但精神绝对健康的人并不多，因此，大家都需要学一学，总没有坏处，平时"吃饭"的时候加一点道家东西，可以"预防疾病，增强免疫力"。

佛家是开百货店的，圣境无生。佛教世界，芸芸众生，无所不包，琳琅满目，大家有时间、有精力的情况下，可以到这个店里溜达溜达，看一看，需要什么买一点，弥补家用不足。

关于这三家，我也有三种看法：

一是盛世兴儒，功在安民，立足入世。儒家追求的是要成圣人，目的是追求现实的大同世界，抚恤天下苍生，鼓励人们学习知识入世为官，建立现世的功业。因此，太平年代，一般推崇儒家，弘扬仁、义、礼、智，重视德治和民生。

二是乱世兴道，功在治乱，出入兼备。道家由于参悟历史，明白兴衰，多有治乱和立世之策，所以，在社会处于混乱状态的时代，道家人就比较活跃，他们一方面可以帮助人逃离灾难，避免灾祸，另一方面，可以帮助有为之人攻城掠地，建立新的基业。一旦社会趋于平静，他们会保持一种理性的选择，或者协助君主治世，或者放下功利之心以求自保。从这个角度来看，道家既有入世的理想，亦有出世的情怀。

三是普度众生，功在净世，意在出世。就理想而言，佛家的气场最大，希望能够把整个社会的人都拖出苦难，真正达到净化社会、净化灵魂、净化万物的目的。其思想虽然也讲究入世，但核心思想还是出世，出世成佛，入世度人。实际上，没有几个人能够真正成佛，谈"救人"似乎就显得远一些了。因此，就现实而言，佛家还是强调出世，跳出三界外，不在五行中。其实，一个真正以佛教之旨意处世的人，救了自己，也就是救了世界，世界多一善人，即多一善心，不能救己，何能救人？这或许正是佛教的现实意义和价值。

六、道家是承上启下的智慧之学

学习优秀的传统文化，从哪里入手，如何学，自古以来可谓是仁者见仁，智者见智，各执一词，莫衷一是。我认为，这是一个没有答案的问题，人世间的学问，若真是能够进得去，出得来，无论从哪里入手，学到最后都是一个道理，简单地讲就是吉凶祸福，或叫进退得失，从人的角度看，也可以称作趋利避害。但是，如果非得要讲一个普遍一点的路径或者逻辑，似乎可以归纳如下：

一是少宜学儒。人之初，要更加重视对《论语》《孟子》《大学》《中庸》这些儒家经典的学习，要打好人生的品德基础，把人生的根基打牢。不管怎样，人还是要在这个社会中生存下去，要吃饭穿衣，要食人间烟火，要能够坚强地面对现实生活中遇到的困难和问题，要挺得起腰杆，走得正，行得端，才能够避免更多的灾祸。当然，其他各家，也可适当参习，多一些思考问题的角度。

二是中宜修道。人到中年，经历了一些是是非非，有得有失。得势者易失掉根本，忘乎所以；失势者易悲观绝望，消极懈怠。其实，世界既没有我们想得那么好，也没有我们想得那么糟，应该淡然处之，回归生命之根本，把握处世之要则，追求自然之境界。这个时候，道家会给我们带来很多温暖，使我们在进退和成败之间避免一些极端的选择。

三是老宜参禅。人到晚年，血气渐衰，越来越接近人生的边缘。这个时候人往往会明白，毕生所追求的所谓的财富、功名、地位其实不过是过眼云烟，带不来什么，也带不走什么，世界还是曾经的世界，我们却不再是当初的我们，因而会不自觉地黯然神伤。到这个时候，捧起佛经老卷，细思三世轮回，不觉间也会心生安慰，此生无愧于心，无愧于父母兄弟，无愧于天下苍生，亦可心有所安，此生遗憾之事，若有来世，当可一并补偿。所剩之残年，当力所能及，献微薄之力，不求回报，不尚虚名，只图一心安矣。无论是春暖花开，抑或是秋叶满地，当归之时，倚案而眠，不恋红尘，淡定此生，如烟西去，也落他个心安理得。

唐代诗人王维在仕途上还算顺利，于安史之乱中被俘，叛军给他封了官，他称病不就。因为他的行为选择，安史之乱后虽然受了一些牵连，影响也并不算大，但是，他由此参悟人生，写下了一首名作《终南别业》：

中岁颇好道，晚家南山陲。

兴来每独往，胜事空自知。

行到水穷处，坐看云起时。

偶然值林叟，谈笑无还期。

　　王维在这首诗中没有提到"少年学儒"，但是，做官是不可能不修儒学的。他在诗中明确提到"中年修道"，晚年南山参禅。通过世事变迁，以及个人境遇的变化无常，王维终于参透了世间的是是非非，万物终归于一，将功利之心化于自然之中，心性洞开，情趣满怀，即使是在山间遇到一个砍柴的老樵夫，也有说不完的话。这个时候，王维已经彻底放下了红尘中的高低贵贱，生命又一次放大并升华。正因为如此，他才写下了那么任性、那么简单的千古名句："行到水穷处，坐看云起时"。所以，真正的大作品来自大境界、大顿悟、大思维，而不是在文字堆里敲平捶仄，无病呻吟。

李清泉

2019 年 2 月 24 日

第一章

道可道，非常道

道可道，非常道。名可名，非常名。无名，天地之始。有名，万物之母。故常无欲，以观其妙。常有欲，以观其徼。此两者同出而异名，同谓之玄。玄之又玄，众妙之门。

一、道不同，不相为谋

《道德经》共81章，根据前人一贯的划分，前37章被称作"道经"，后44章被称作"德经"。由于每章没有名称，为了便于讲解和记忆，我用每章的开篇之句命名各章。

"道可道"是《道德经》的第一章，如果看完了全部的81章，我们就会觉得这一章是最难理解的，古往今来其说不一，各执一词，各家的解读令人头晕目眩，莫衷一是。《道德经》被称作"中国文化三玄"之一，玄就玄在这一章。但是，老子之所以把这一章放在首篇，自有其用意，如果这一章解释不清楚，弄不清老子其"道"，后面的内容就无从谈起了。

首先，我们看第一句："道可道，非常道。名可名，非常名。"关于这句话，世人的普遍理解是：第一个"道"是指"规律"，第二个"道"含有"理解"和"认识"之意。"道可道"的意思是：世界是有规律的，规律是可以认识的。"非常道"是什么意思呢？"常道"即指"真正的大道"，"非常道"即指我们认识的这个规律并不是事物真正的规律，或许只是一种假象和虚幻。

　　按照这样的理解，"道可道，非常道"可以这样解释：老子认为，世界是有规律的，规律是可以认识的。但是，问题在于，世人都以为自己掌握了天地大道，掌握了世间的真理，并为此沾沾自喜，甚至高谈阔论，实际上，这些人的认识只是表面的，并没有掌握天地间真正的"大道"，很多时候甚至背离了"大道"，自己却全然不知。

　　如果说，这种理解还算比较顺畅，容易让人理解，那么接下来，我们怎么理解"名可名，非常名"呢？

　　按照解释上一句的逻辑，第一个"名"可以理解为"世间万物"，第二个"名"可以作为动词来理解，即给事物"起名字"，或者"下定义"。全句意思为：对于世界上的事物，我们可以为它们命名，或者下定义，但是，我们起的名字并不是事物本来的名字，我们下的定义也不是它们真正的定义。

　　如果这么去解释，确实让人匪夷所思，不知所云。按照这种理解，我们对这个世界上所有事物的称谓都是不对的。比如说，我们叫"人"，其实叫错了，是不是叫"狗"就对了呢？叫"狗"也错了，是不是叫"猫"就对了呢？……如果沿着这个思路想下去，世界最终都是不确定、不可知的。假如这种说法成立，"道可道"的说法又怎么能立得住呢？认识规律又何从谈起呢？认识世界的意义又是什么呢？

　　我认为，历代各家在解释这句话的过程中，都存在一个普遍的问题，就是把"道"和"名"人为地分隔开来了。其实，在《道德经》中，"道"和"名"是同一事物的两个方面，不可分，不可解。"道"是内容，"名"是表象；"道"是根本，"名"是外观；"道"是先天之理，"名"是后天表达；"道"是因，"名"是果；"名"因"道"生，"道"因"名"存。

　　老子这句话是在强调：天地万物的背后运行着"大道"，"大道"是万物之源，但是，"道"是看不到、摸不着的，而我们所能够看到的，只是"道"所催生出来的可观、可视之物，即"名"。而这些纷繁芜杂的事物往往会迷住我们的双眼，让我们只知其表，不知其里，甚至陷入一种极端的主观的盲目中去，最终迷失方向，迷失自我。

在老子生活的时代，社会上展开过一场关于"名实之争"的大讨论，这场争论本来源于对社会现象的批判，最终却上升到一种关于哲学和世界观的讨论。比如说"王"这个词，它的含义是"天下之主"，为君王者当庇护众生。《道德经》中讲，"域中有四大，道大，天大，地大，王亦大"，言外之意，为王者当循"道"而行，心系天下苍生。儒家也认为，"君使臣以礼，臣事君以忠"。但是事实上，春秋乱世，君王无道，荒淫无度，战乱频发，很多君王名不副实，有其位而无其德，辜负了天下苍生，如果这样，他就不配这个"王"的称呼。再比如，父子血脉相连，父慈子孝是天经地义的事，但是，在现实生活中竟存在着父亲"吃"儿子、儿子杀爹的现象，这样，这个长者就配不上这个"父"字，幼者亦配不上这个"子"字，都是空有其名，所以儒家认为，"名不正，言不顺，则事不成"。出于这种对现实的批判，诸子皆认为，我们需要重新认识社会和我们生存的世界，只有使世间万物名实相副，才能实现社会的和谐与稳定。

正是在这样的背景下，尹喜让老子写一写他对"道"的认识。老子非常自然地写下了这样一句话，即"道可道，非常道。名可名，非常名"。老子的意思很明白：既然你让我讲一讲"道"，我可以讲讲，即"道可道"。但是，老子接着说：讲归讲，不过我所认识的"道"与你们认为的"道"可能出入比较大，请你们先对这个问题有一个充分的思想准备，即"非常道"。这六个字实际上是老子谦虚的说法，也算是给尹喜表个态，我们后人似乎发挥得太多了，甚至有点故弄玄虚了。

既然"道"是内，"名"是外，"道"是本，"名"是末，那么，"名可名，非常名"就很好理解了。老子对"道"的认识与人们常规的认识不一样，用今天的话讲，既然我们的价值观和世界观不一样，那么，我们对事物的认识当然也就截然不同了，比如对人生、对社会、对生死的判断就不一样了，因此就有了"道不同，不相为谋"一说。"名可名，非常名"讲的其实也是这个意思，是由"道"不同而导出来的一个基本的认识逻辑。

从这个角度看，我们在现实生活中，无论做什么事情，要想真正统一思想和认识，形成合力，并且保证团队永远凝聚在一起，最关键的是要寻求价值观和世界观一致的人，否则，在具体问题上一定会产生分歧，一旦如此，合作是暂时的，分裂是必然的。

二、"道"的三种境界

老子认为自己所讲的"道"不同于他人之"道"，这也意味着中华文化对"道"

有不同的理解。我认为"道"在中华文化的视野下可以分为三种境界：

一是"小道"。小道包括两层含义：第一，指我们平常行走的道路，也可抽象为实现理想的路径。鲁迅说："希望是本无所谓有，无所谓无的。这正如地上的路，其实地上本没有路，走的人多了，也便成了路。"有路就有希望，没路就没有希望，这个"路"就是小道。李白讲"欲渡黄河冰塞川，将登太行雪满山"，屈原叹"路漫漫其修远兮，吾将上下而求索"，秋瑾牺牲之前，面对中国的未来，发出无奈的呐喊："秋风秋雨愁煞人"。他们之所以迷茫，之所以愁，就是因为找不着路，找不到实现理想的具体途径，这是一个具体而现实的问题。第二，指人类积累的具体知识、做事的具体的技能和方法。比如架桥铺路、养花种树、书法绘画、生儿育女，等等。

二是"中道"。"中道"讲的是规律，是路线和方向问题，是人类在前行的过程中，在不同的领域所总结的一些具有普遍价值的规律与法则，比如治国之道、交友之道、为学之道、为商之道、为官之道、用兵之道、处世之道、养生之道，等等。相比"小道"而言，"中道"更具有某种规律特质，更加宏观而抽象，但是亦可用、可观、可触，易知、易学、易懂，是为防止后人走更多的弯路而做出的科学的总结。

三是"大道"。我认为老子的"道"不是指"小道"，也不是指"中道"，而是指"大道"。什么叫"大道"？"大道"就是世界的本原，就是对事物终极问题的思考。比如，人从何处来？要到何处去？宇宙从何处来？要到何处去？何谓生？何谓死？生命的本质是什么？人死后有没有灵魂？说到底，这是一个哲学问题，是世界观和价值观的问题。人有什么样的世界观，就有什么样的认识世界的维度；人有什么样的价值观，就有什么样的行为选择。相对于"小道"和"中道"，"大道"显得更加空洞无物，无处探寻，所以，无论是个体还是群体，都往往会把它忽略。但是，当我们落入陷阱不能自拔的时候才发现，很多事我们没有想明白，没有从"大道"上分析问题，没有以一种健康的世界观和价值观引领我们的生活，最终使我们误入歧途。

举一个简单的例子，就人而言，什么最重要？当然是生命。这个道理很简单。一个高尚的生命是为了更多的生命而活着，他为了让更多的人更好地活着，可能会选择牺牲自我，这叫"伟大"。一个普通的生命是为了让自己好好活着，不为追求外物而丧失最宝贵的生命，这叫"平凡"。总之，无论选择伟大还是选择平凡，最终都体现了生命的重要，因此，更好地活着，享受上苍赐给我们这次生的机会，这就是人生的"大道"。但是在现实生活中，人们往往为了名利，为了金钱，为了欲望而牺牲自由、健康，乃至生命，每到此时，人人都会幡然醒悟，但是，世界上没有治后悔的药物，最终只能抱憾此生。原因在哪里？就是没有把人生的"大道"弄明白。

小道、中道、大道这"三道"中蕴含着我们考虑问题的三种思维方式：一是小道思维，又叫"技术思维"，解决"怎么干"的问题，核心是技术的问题。二是中道思维，又叫"规律思维"，解决路线和方向的问题。三是大道思维，又叫"终极思维"，解决"干不干"和"为什么干"的问题。我们无论考虑什么问题，都应该坚持这样的一个思维逻辑——大、中、小。我认为，很多时候我们认识问题之所以会跑偏，一个根本原因就是缺少"大道思维"，拍脑袋就干，根本没有弄明白终极目的是什么、最终归属是什么，对可能产生的后果也缺乏有效的评估。其实，这是一个顶层设计的问题。

为了说明这个问题，我们举一个很现实的案例。这些年，我们在执着地谋发展，发展本身是硬道理，这无可争辩，不发展只能是死路一条，但是有些时候，"发展"的效果并不理想。问题出在哪里？原来我们对"发展之道"的认识有所偏颇，主要存在两个认识问题：

一是错把手段当成了目的。发展是手段，不是目的，这与钱是手段，不是目的道理一样。发展的目的是什么？是为了人的自由和全面发展，说到底，是为了人的幸福。如果发展不能带来社会的和谐与人们的幸福，再多的钱、再多的物质、再好的技术，也难以构成健康的发展。而事实上，这些年来我们中国人的幸福感并没有因为物质的极大丰富和社会的进步而获得相应的提升，人们反而要面对严重的环境问题、道德和诚信问题、官员腐败问题……我们往往为了一个简单的经济指标而付出了太多的代价，有些行为甚至透支了一个民族的未来，有些损失需要用更大的代价来挽回，而有些可能永远无法挽回了。

二是把"发展"简单地理解为一个经济学的概念。发展固然通过经济水平的进步和人们物质生活水平的提高来体现，但是，管理一个社会、谋求社会的发展不完全是一个经济问题。"发展"应该是一个社会学的概念，是一个社会系统进步的过程，不能顾此失彼，政治的、经济的、社会的、文化的、教育的、科技的、环境的等各方面应该协调发展。尽管在之前的几十年中，我们也提出了一些科学的理念，但在实际的工作中，我们还是一手硬，一手软，一手重，一手轻，一手紧，一手松，经济指标成为衡量顶层政策设计和基层政府工作业绩的唯一指标，至少是最重要的指标。为了谋求经济指标上升，人们不惜付出环境和人文的代价，甚至不顾民心、民愿，最后把整个社会武装成了一架"功利的机器"，也随之带来了整个社会价值观的扭曲，滋长了人们为了牟取钱财而不择手段的理念。"笑贫不笑娼""宁可坐在宝马车里哭，也不愿坐在自行车后面笑"这样的拜金思想在当前的社会上横行，几千年来良好的道德基础几乎被掏空，而随之带来食品安全、药品安全隐患等严重的社会问题。

由此可见，看似空洞无物的"大道"，实际上却统领着事物全局的发展方向，缺乏"大道思维"，就不可能有科学的顶层设计，也就不可能建立科学的发展理念，最后导致社会治理的困难，也就毫不奇怪了。

三、贵贱皆在一念之间

通过上面的分析，我们明白了老子所讲的"道"不是一个具体事物，更不是一个具体的方法。老子认为，天地间存在一个东西，这个东西叫"道"，既看不见，又摸不着，但是，它是实实在在地存在的，它创生了万物，同时又左右着万物的发展与发展的方向。

如果我们弄不明白这个"道"，只纠结在"名"的问题上，就容易被事物的表面现象困扰，而抓不到问题的实质。实际上，我们世人往往都陷在滚滚红尘中而不能自拔，却乐此不疲，执迷不悟，最终导致无尽的烦恼。

为了让人们重视这个问题，加深对"道"的认识，老子接着说："无名，天地之始。有名，万物之母。"

如果说"道可道"不太好理解，这句话读起来也有些玄妙，容易让人摸不着头脑。我看了一些版本，基本上都是这么翻译的：无名，是天地的开始；有名，是万物的开端。这种解释，乍一看似乎没有问题，但是细想一下，就有点糊涂了："开始"和"开端"有什么区别呢？如果没有区别的话，我们不禁疑惑：究竟"有名"是万物的开始呢？还是"无名"是万物的开始呢？于情、于理都讲不过去。

我认为理解这句话的关键点是如何理解这个"母"字。"母"在这里往往都被大家理解成了"开始"，与前面的"始"的意思一致，如果这样，就会带来我所讲的困惑。我认为，"母"与"始"的意思并不是完全相同的，侧重点也不一样。结合上文的意思，"母"在这里的含义是"归属"。老子的意思是，万事、万物本来都出于"道"，本质上并无不同，但是，自从我们人为地为万事、万物起了名字，下了定义，做了区分，那么，万事、万物就有了归属，有了门类，有了区别，有了自己的宗派，也就有了高低贵贱之分。

事实上，万物归一于"道"是道家思想的一个重要的哲学基础。道家一直强调，我们所看到的世界，或者说我们所描述的世界、所认知的世界很大程度上出于

人的主观认知，并非事物本身。因此，人类应该回归自然、"道法身然"，将自己生、老、病、死的生命过程，以及在这个过程中产生的行为方式看成是一种客观规律。人类还应该学会尊重天地、尊重万物。老子思想后世的集大成者庄子在他的著作中干脆直接作了一篇大文章，即《齐物论》，更加直白地表达了这种观念：

> 古之人，有以为未始有物者，至矣，尽矣，不可以加矣。其次以为有物矣，而未始有封也。其次以为有封焉，而未始有是非也。是非之彰也，道之所以亏也。道之所以亏，爱之所以成。

庄子讲，上古的圣贤之人，他们都谙熟"道"的法则，认为世界本来什么都没有，一切皆空，有了这种认识就拥有了最高智慧，达到了最高境界，无以附加。后来，他们认识到"道"生万物，但是，万事、万物从本质上看并没有什么不同，生于"道"，归于"道"，一切皆缘于自然。再后来，他们认为万事、万物是有所区别的，有不同的特质和属性，却没有绝对的是非、善恶之别，就开始把主观的意念强加于万物，开始带着是非、善恶的观念来认识并对待事物。从那个时候开始，"道"就被表象掩盖，人们就很难把握"大道"了。因此，我们这个世界从表面上看提倡仁爱和正义，摒弃丑陋和邪恶，但这恰恰说明，我们已经背离"大道"很久远了。

我认为，庄子的这番话完全可以作为老子这句话的注解。老子认为，我们看到的世界是"道"所生的，但是，万物在最开始并没有名字，什么花呀、草呀、树呀、山呀、水呀、人呀、狗呀、鸡呀、猫呀……我们可能对这些称谓习以为常，但是，这些名字都是人为定义的，万事、万物本来并没有名，当然也就没有是非，更没有高低贵贱之分，正所谓"无名，天地之始"。老子认为，为天地万物命名本身就带有浓烈的主观色彩，名字一旦确定，万物就有了归属，也自然就有了善恶、是非的区别，这就是"有名，万物之母"的含义。

举个例子来说，我们周围的自然界中有很多石头，在"道"面前它们都是石头，没有什么不同，但是，有人站出来说，怎么能都是石头呢？怎么可能都一样呢？你看有的既没有光泽，又不温润，你看有的晶莹剔透、色彩斑斓、触如绢丝，这个应该叫"玉"，那个应该叫"翡翠"，这个应该叫"红宝石"，那个应该叫"蓝宝石"，这个应该叫"钻石"……这样一分，石头的"身价"就完全不同了。于是，人们就有了追求，有了利益导向，也就有了纷争，一块石头可能会导致一场血光之灾，甚至引发国家之间的战争，这样一来社会就麻烦了，就乱套了。所以，社会之所以乱，就是始于人心之乱，而人心之所以乱，就是因为人们人为地界定了太多的是非和善恶，从而引发了不必要的争斗。

孔子在读完《易经》之后讲了句话，把这个观念也讲得很透彻。孔子讲，"天尊地卑，乾坤定矣。卑高以陈，贵贱位矣"。意思是，天在上称作"尊"，地在下称作"卑"，尊和卑之间其实只有一种自然的秩序，有了这种秩序，天地才能够正常运转，最终稳定下来，形成我们看到的世界，也才有了我们人类，这是一种自然现象。但是，我们把"卑"和"尊"这种自然的秩序人为地加上了"贵贱"这样的主观色彩，所以，人世间也就有了高位和低位，位于下面的人就"贱"，位于上面的人就"贵"。于是，人们就通过拼命做官、拼命挣钱的方式来武装自我，整个社会在这种争斗中开始变得混乱，没有秩序，也就自然背离了"大道"的基本精神。

大家试想，我们前面讲过，人最宝贵的是生命，但是，一个人并没有因为官大、钱多而活得更加健康、长寿，相反，更容易早亡，而那些心性淡定、心态平和、生活简单而质朴的人往往具有更高的生命质量。这说明，我们所谓的"贵贱"在"大道"面前并不成立，"大道"并没有给所谓的"贵者"延寿，也没有给所谓的"贱者"减寿，过度地求贵弃贱其实是一种背"道"的行为。

四、不识庐山真面目，只缘身在此山中

老子通过上述观点告诫后人，如果我们纠结于具体的万物，纠结于以自我意志标识的万物，就很难看清事物的本质。用什么样的方法来解决这个问题呢？老子接下来讲了这样一句话："故常无欲，以观其妙。常有欲，以观其徼。"

"无欲"即置身于事外，"有欲"即置身于事内。老子认为，一个人要想看透世界的变化，要想做个明白人，一定要做局外人，应该跳出世界看世界，跳出万物看万物，跳出苍生看苍生，才能彻底地把世界弄明白。如果我们纠结在利益里面，将永远糊涂，只有跳出来之后，我们才能看明白事物的真相。这即是"故常无欲，以观其妙"的主要含义。

我们都有一个基本的生活经历：面对一件发生在别人身上的事，我们总能说出个是非曲直，劝人也劝得头头是道；但是，当同样的一件事发生在自己身上，我们往往就会十分想不开。原因是什么？就是因为我们是局内人，这件事与我们有着千丝万缕的利益关系和感情纠葛。

　　再举个例子：我们大凡都喜欢自然，认为自然是美丽的，无论春夏秋冬，我们总能从中寻找到感动灵魂的东西。面对春风化雨、万物复苏、百花开放，我们不禁放声高歌，提笔而赋："天街小雨润如酥，草色遥看近却无。最是一年春好处，绝胜烟柳满皇都。"朋友家墙头的一枝普通的杏花，也让我们想入非非："应怜屐齿印苍苔，小扣柴扉久不开。春色满园关不住，一枝红杏出墙来。"夏日炎热，暑气汹涌，但是，在西湖边，我们也找到了夏日的美好："毕竟西湖六月中，风光不与四时同。接天莲叶无穷碧，映日荷花别样红。"突然，一阵萧瑟的秋风吹过，万物凋零，落叶纷纷，我们不禁想到了岁月的流逝："雨中黄叶树，灯下白头人。"而北风吹，雪花飘的日子，我们感受到了大自然另类的空旷和壮美："千山鸟飞绝，万径人踪灭。孤舟蓑笠翁，独钓寒江雪。"我们之所以对大自然如此宽容，总能在它的变化中感悟生命和岁月的味道，是因为我们没有办法左右春夏秋冬、阴晴圆缺、沧海桑田的变迁，我们只能置身于自然之外，平静地去感悟并欣赏。如果你是春天之神，就可能会与夏天之神斗争；如果你是秋天之神，就可能会与冬天之神斗争。

　　所以，自古以来，那些放下了功名利禄，参透了生死、是非的名士，往往会回归田园，过一种安逸而静谧的生活，因为在那里，万事、万物，包括人，只是忙着生，忙着死，生得自然，死得自然，不因生而喜，亦不因死而悲。这便是"道"所讲的"人法地，地法天，天法道，道法自然"的大智慧与大情怀。

　　但是，一旦踏入人世间，一旦介入纷争，事情就截然不同了。有首诗写得好："横看成岭侧成峰，远近高低各不同。不识庐山真面目，只缘身在此山中。"可谓一语中的，令人回味无穷。所以，老子所说的"高人"，就是要站得高一点，跳到圈子之外，一是必须要"高"，二是必须要"外"。

　　如果说跳出去之后保持着无欲的情怀就能看清纷争，但是无欲的人不能体会在里面争斗的人是什么感受，在里面折腾的人是什么感觉，而这种体悟在现实生活中也是非常有意义和价值的，只有体会到别人的苦与乐，才能决定自己的行为选择。怎么办呢？老子接着讲了这样一句话："常有欲，以观其徼。"

　　"有欲"即介入人世之间的纷争，介入之后，我们就会发现其中别有洞天，亦有其妙处，这种境界就叫"徼"。老子提出这个想法，其本意并不是鼓励大家去争、去抢，实际上，老子明白，绝大多数的人都是凡人，都是饮食男女，也免不了介入各种是非和纷争，怎么办？老子认为，有这种经历也未必都是坏事，有了这种实实在在的感受反而更容易明白"道"的境界。有时我们觉得有些东西很重要，就去争了，争了半天还真争来了，总以为争来了之后会多高兴，结果发现，也就是那么回事，甚至想想那些付出，得不偿失。怎么办，下一次就不能再干这种傻事了，这就叫"现身说法"，用事实说话。

老子的这句话实际上是在告诫我们这些生活在俗世中的人，一定要保持一种"看透红尘恋红尘"的心态，有出有入，有入有出，在出入之间能够拿捏得住，人生就坦荡、潇洒了。今天很多人跳进去，往往就出不来了，整个人就糊涂了。在当下的反腐风暴中，地方有多少省部级干部，部队有多少将军深陷牢狱，身败名裂，甚至搭上了性命！我认为如果他们理解这句话的道理，就不会干那些傻事了。

五、位高者易危

讲完这个道理之后，老子紧接着讲了本章的最后一句话："此两者同出而异名，同谓之玄。玄之又玄，众妙之门。"《道德经》被称作中华文化的"三玄"之一，恐怕和这句话有直接关系，读起来意味十足，但是，确实难得其真意，不其所云。

何谓"此两者"？根据前文，我们会很自然地感受到，"两者"即指"无名"和"有名"，或"无欲"和"有欲"。这句话的表面意思很简单：无名和有名、有欲和无欲，从其本质上来说出自一个地方，就是"道"。

但是，老子在这里为什么提出了"玄"这个概念呢？"玄"是什么意思呢？"玄"与"道"又是什么关系呢？这个问题弄不清楚，恐怕我们还不能真正理解这句话。

在古代，"玄"的本意是在搓麻绳的过程中不停地续麻，搓一节续一下，无限地搓下去，就无限地续下去，而续到最后，就根本不知道它的源头在哪里，故称之"玄"。所以，"玄"暗含了变化、衍生、延续、无极、深远的意思。"大道"的状态也无影无形，却生发万物，万物从无到有，从混沌到具体，从简单到复杂，从合一到分化，这些变化过程与"玄"的状态极为相似。在这里，老子实际上是通过"玄"来表达事物有无相生的演化过程。

我们在现实生活中常讲的"爱恨就在一念间"，表达的其实就是这样一种感觉。比如，爱一个人，有的时候我们想一想，可能真的没有太多的理由，一个眼神、一个微笑、一种直觉，就注定使我们一生对她/他魂牵梦绕；比如，恨一个人，可能一句话、一个动作、一个不经意的发现，就使我们一生不能释怀。这就是"玄"。老子认为，这种爱与恨不需要太多的理由，在本质上也没有什么不同，只是一种感觉而已，带给人世间的也都是悲欢离合的情绪而已。既然如此，还是把爱看得淡一点，把恨也看得淡一点为好。

老子这句看似空洞无物的话，实际上是告诫大家，"有"与"无"在本质上没有什么区别，无即有，有即无，有无相生，得失相伴，这种变化往往"玄"而难觉，我们往往会在不知不觉中走向期待的对立面。能够发现这种玄妙的，才是真正拥有大智慧的人。

"玄"其实也指事物变化过程中的一种混沌状态，或者说一个"窗口期"，是事物发生质变的开始，我们可以将这种状态称为"玄态"。这种状态在现实生活中往往表现为一种极端状态，比如极得志与极失落、极兴奋与极痛苦、极自负与极自卑、极富贵与极贫寒、极顺利与极不顺，极平坦与极曲折……事物往往会在这种极端下发生逆转。一般而言，期待越高，失落越大，极端得志意味着极端风险，极端富贵意味着极端祸患，极端高位意味着极端危机，极爱也意味着极恨。所以，就人的一生而言，无论在什么情况下，都要保持一颗平常心。平凡是福，平淡是境界，平和是品质，避免走极端。特别是在位高权重之时，更要保持"慎独"之精神，常怀律己之心，常思贫寒之日，常念天下之苦，方能无大过。

第二章 天下皆知美之为美

天下皆知美之为美，斯恶已。皆知善之为善，斯不善已。故有无相生，难易相成，长短相形，高下相倾，音声相和，前后相随。是以圣人处无为之事，行不言之教。万物作焉而不辞。生而不有，为而不恃，功成而弗居。夫唯弗居，是以不去。

一、假作真时真亦假，无为有处有还无

自古以来，关于儒、道之争，就其实质而言就是"名、实之争"。道家最不欣赏儒家所提倡的那些所谓的"仁义道德"。道家认为，一个社会不应该过多地去人为地界定是非善恶，即使是我们认为好的东西，也没有必要非得拿到桌面上，否则就会被有些人故意标榜而走向事物的反面。

儒家却认为，一个社会之所以会出问题，就是因为人们没有爱心，没有礼乐，应该通过教化与引导，让人明白是非曲直，知道善恶美丑，这样，人们才能够做出正确的人生选择。

其实，这个看似很大的分歧，细想起来，只是因为认知事物的出发点不同、治理社会的维度不同，其本质都是引导社会向善。

道家面对现实，希望彻底消除差异，让万物回归自然，善恶也自然就不存在了；儒家面对现实，认为必须对人性进行改造。相比而言，道家的思想更加理想化一点，儒家的思想更加社会化一点。两者各取其一，当然是最佳选择。通过本章，我们就可以更加清楚地看出儒、道两家在认识问题上的不同。

本章开篇，老子旗帜鲜明地表达了自己的观点："天下皆知美之为美，斯恶已。皆知善之为善，斯不善已。"道家认为，一个社会中，如果人们都认为这个事物是美的，那就意味着与之相反或者不同的事物就是丑的；如果人们都认为这么做是善的，那么，不这么做就是恶的。这样的结果就是，一个社会提倡"美"的行为越多，说明这个社会存在的"恶"的东西就越多。在一个大力提倡美德，到处大谈"真善美"的社会，往往是暗流、浊流、污流同时横行，老子认为，这可不是什么好事。这也正如我们今天大谈诚信和道德，说明诚信与道德离我们越来越远了。所以，没有恶，也就无所谓善，没有美，也就无所谓丑。

比如说"六一"儿童节时，小朋友们很高兴。为什么搞儿童节？因为孩子们是脆弱的，需要被爱护、保护。但是，事实上很多人不懂得关心孩子的成长，甚至有人残害儿童，因此，才设立了这个节，来保障儿童的权益。如果大家都重视儿童的成长，还搞儿童节干什么？天天都是儿童节。我们设立"三八"妇女节，给女性朋友放半天假，大家都很高兴。我说这没有什么可高兴的，说明我们这个社会还不够尊重女性，如果天下真正实现了男女平等，还要"三八"妇女节干什么？就是这个道理。

庄子在《秋水》中讲：

以道观之，物无贵贱。以物观之，自贵而相贱。以俗观之，贵贱不在己。

这段话应该是对老子观点的一种很好的诠释。道家认为，"道"本无名，而生万物。从这个角度看，哪有贵贱之分？哪有得失之论？哪有生死之惧？当万物产生之后，人带着主观感受去考量这个世界时，往往会产生一种对立面思维——我是贵的，你就是贱的；我是对的，你就是错的；我是高的，你就是低的。人往往都是觉得自己好，没有几个总是说别人好的，这样一来，纷争就出来了，斗争就出现了。如果站在社会发展的角度，站在一个宏大的历史空间中看问题，贵贱、美丑何曾有一个客观而永恒的标准？这种标准存在于社会不断发展、变迁的过程中。

比如，战国时代的楚灵王以细腰为美，文武百官为了获取君王的好感，经常不吃饭，以至于扶着墙才能站起来。文武百官都这样严格要求自己，宫中的美人为了获得君王的宠爱，更是争相追求细腰，也经常不吃饭，几近饿死。所以后人常讲，"楚王好细腰，宫中皆饿死"，当然，这或许有很多夸张和想象的成分，但是，这确实是那个时代的审美观。与之相反，我们可以从文献记载和考古发现中看到唐朝人似乎更喜欢富态的、体态雍容的女子，腰细一点或者粗一点好像不再是关注的重点，人们关注得更多的是女性的肤色和娇柔。所以，白居易在《长恨歌》中是这么形容杨贵妃的："天生丽质难自弃，一朝选在君王侧。回眸一笑百媚生，六宫粉黛无颜色。春寒赐浴华清池，温泉水滑洗凝脂。侍儿扶起娇无力，始是新承恩泽时。"不要说古代，中华人民共和国成立之后，我们的审美观也是常变。记得改革开放之前，看到那些白白胖胖的人，大家都很羡慕，因为那个时候穷，大家都吃不好，白白胖胖是家境好和身份高的象征；到今天，人们又提倡"A4 腰"，"骨感"成为人们追求的理想身段，减肥广告铺天盖地。再比如，在"贵贱"这个问题上，20 世纪五六十年代的时候叫"越穷越光荣，穷就是美"，"贫下中农"是人们追求的目标；改革开放了，我们追求富裕，讲究发家致富，越富越光荣，穷已经不再是什么资本了。

"老庄"之所以不愿意提倡"仁义道德"这些东西，就在于其看到这些所谓的"美德"往往会被一些别有用心的人利用而产生一些道貌岸然的行为和后果。从历史和现实来看，我认为一个社会过多地提倡"美德"，会带来三个比较严重的后果：

一是"易求极致，适得其反"。因为"美"这个东西没有绝对的标准，一旦这个社会对其提得太多，人们往往会因为追求极致而走向事物的反面。

举个例子来说，讲卫生是好事，爱干净本身也没有错，但是一个人如果太爱干净了，那就是一种病，叫"洁癖"，无论历史上还是现实生活中，这种例子很多。比如，明朝有一位名士，人格很高洁，生活中也特别爱干净，几乎到了无以复加的程度。他要求手下的人每天必须把房间打扫得一尘不染，生活用品更是日日更换，不染杂尘，就是院里那棵树，都要求手下天天擦，最后，竟然把树给擦死了。有一日，家里来了位客人，客人半夜里不舒服，咳了两声，这位高士就以为客人吐了痰，心里难受得一夜未眠，第二天早晨命令家人赶紧找痰，结果，家人找不到，他更慌了。在没有办法的情况下，手下的人弄了片脏树叶，说痰就在上面，找着了，这才算完事。

历史上还有这样一个故事：在孔子生活的时代，鲁国有一个习俗，或者说有一个不成文的规定：如果鲁国人发现自己的同胞在其他国家做奴隶，一定要想办

法把这个人赎回来，鲁国人不能当奴隶。赎回的过程中的所有花费，国家给予报销。这实际上是鼓励全国人民要有爱国心，要有凝聚力，当时在鲁国成为一种美好的风尚。结果孔子有一个学生叫子贡，有一次看到一个鲁国人在国外做奴隶，就给赎回来了。赎回来之后，子贡不去报销，自己都负担了。这样一来，天下人都赞美子贡，人们都说，不愧是孔门子弟，品格确实高人一等，子贡也有点沾沾自喜。结果从那以后，鲁国就没有几个人再往回赎奴隶了，为什么？因为你如果赎回来去报销，就显得不够高尚了，前面子贡已经做出了样子。仔细想一想，子贡是大商人，他可以不要国家的钱，但是老百姓没有钱，如果不去报销，根本负担不起，如果去报销，又会被人指责不够高尚，怎么办？干脆就不赎了，多一事不如少一事。孔子听了之后很生气，严肃地批评了子贡。本来很好的一件事，人们都习以为常的一件事，非得要不断地提升标准，并且做为一种美德来炒作，结果适得其反。因此，我们的古人搞教育的时候提倡"化民成俗"，也就是让老百姓把很多德行化作自己的日常行为规则，成为一种风俗，唯有如此，美德才能稳定地保持下去。

二是"易成争心，伪善生矣"。如果整个社会都认为某个东西好，这个东西就会具有经济价值和社会价值，有价值的东西就会成为人们追求的对象。一旦一种美德成为追求的对象，背后肮脏的东西就会出现，争斗也就不可避免了。所以，如果一个人不是发自内心地去追求美，仅仅为了某种目的，这种行为恰恰是最丑的。因此，我们可以看到，社会上很多看似做了好事的人，内心并不一定善良，人并不一定美，这样的事例太多了。比如，做慈善本来是一件高尚的事，做慈善的人会因此获得较高的社会声誉，这个声誉也会给他带来更多的现实利益，但是，很多人和企业就打起了慈善这张"王牌"，通过做慈善来扩大个人或企业的影响力，从而获取更多的资源来实现企业利益的最大化，那么，这种慈善行为已经完全背离了慈善的初衷。我向来不提倡迫于一种外在的压力去做慈善，有善心、有能力、有机遇就尽可能地为他人和社会做一些事情，如果没有这种真爱和力量，那么做一个老老实实的人，不危害社会，也无可厚非。

三是"易多是非，大道偏矣"。一个社会如果搬弄是非的行为太多，就更容易偏离"大道"。庄子讲：

> 道行之而成，物谓之而然。恶乎然？然于然。恶乎不然？不然于不然。物固有所然，物固有所可。无物不然，无物不可。故为是举莛与楹，厉与西施，恢诡谲怪，道通为一。（《庄子·齐物论》）

何谓"道行之而成，物谓之而然"？ "道"是人走出来的，不走便没有"道"。一个人走的是"小道"；一群人走的是"中道"；天下人都走的，那就是"大道"了。这句话实际上是告诉我们，无论做什么事情都不可过于主观，要遵循天地间的基本法则，要看大势，看清"大道"，看清民意，不可妄动、妄想、妄为。"物"既指世间万物，也指人世间的是是非非。怎么看待这世间的万物及人世间的这些是是非非，很多时候都是一念之间的事，更多是出于一种主观的认识，正所谓"说你行，你就行，不行也行；说你不行，你就不行，行也不行"，这种过度的个人意识和专权思想害了世间多少人和物啊！这就是"物谓之而然"。

庄子讲："恶乎然？然于然。恶乎不然？不然于不然。物固有所然，物固有所可。无物不然，无物不可。"这句话的大概意思是：难道你说它对就对吗？你说它不对就不对吗？凭什么呢？其实，在很多情况下，人们不敢反对你，无非是因为你位高权重，或者钱多势大。事实上，万事、万物都有其存在的道理，都有其价值，有不同的人，有不同的物，有不同的需求，有不同的表现，这都是自然的事情，从"道"的层面上看又有多少区别呢？万物终于一，天地终归于"道"，人生不过"生死"二字，看透了无非如此。

为此，庄子举了个例子，比如"举莛与楹"。"举莛"就是茅草，茅草那么细，很脆弱，风一刮就倒了；"楹"就是屋里的柱子，大树才能作柱子。庄子说，上苍既造了草，又造了大树，草当然不如大树伟岸，但是，草就没有活着的权利吗？就没有存在的意义吗？凭什么看不起小草？一棵草也许很脆弱，但是，当其一株株、一片片地遍布于原野、沟壑时，那不就是浩瀚的草原吗？它们养育了牛羊，固住了风沙，它们用特有的坚强营造了一个美丽而博大的世界。无论多么粗大的树都挡不住凶狠的飓风，但是，无论多么凶狠的风也拔不起一棵看似脆弱的小草，这正是草的伟大与坚强之所在。在社会中，这草不就相当于一个个普通的劳动者和百姓吗？英雄固然能在历史上叱咤风云，但是，民心决定成败，民意决定兴衰，那些曾经不可一世的高高在上的王侯君相，哪一个不是在百姓的讨伐中不得善终？所以，真正聪明的执政者和为官者，不能眼睛总是往上看，而应该看看百姓的疾苦，这才是守天下的基本法则。

"厉与西施"，"厉"就是脑袋上长癞的人，代表丑女，西施就是美女。哪个姑娘愿意头上长癞？但是，上帝造物各有其长短，怎么办呢？我们要懂得尊重人家，不能看到西施就丢魂了，看到头上长癞的丑女就极尽挖苦之能事。不要忘了"红颜祸水"这四个字啊，我们常讲的"家有丑妻福气大"，就是这个道理。

"恢诡谲怪，道通为一"，宏大的、诡秘的、欺诈性的、奇异的……所有的一切，从"道"的层面看，又有什么不同？然而，世界上真有那么多的是非吗？

既然如此，世界上的最高境界是什么？庄子说了，"彼是莫得其偶，谓之道枢"。意思是讲，一个人如果找不到自己的对立面，那他就真正抓住了"道"的根本，这样的人就是高人。

大家想一想，自从我们来到这个世界上，从有了一定的思维能力开始，无论是读书还是工作，我们走过的每个人生阶段，都会遇到自己的对立面，无论是做人还是做事。有对立面就会有是非，有爱就会有恨，有亲就会有疏，有喜悦就会有郁闷。其实，若干年后，大家再回忆往事，当初的一切愤怒和追逐，都将变得微不足道，甚至有点搞笑。所以，一个真正有修为的人，最关键的不是包容与自己意见一致的人，而是能够接纳想法与自己不一致的人。一个人要想保持一种美好的心情，关键是从内心化解掉自己的对立面，不合作但不一定对抗，不赞成也要多一点理解，不爱但也不要去恨，人心宽了，天地就阔了。各走各的路，各上各的船，人都要活下去，都有自己活着的方式和理由。有人喜欢跪着求生，有人喜欢立着图存，有人愿意为了理想而终结生命，有人愿意为了生命而终结理想，都由他去吧！天地之大，无奇不有，人生短暂，来如风雨，去如微尘，都要看得开，放得下，随心、随性、随意、随安、随生、随死，这就是"道枢"。

个人如此，社会亦如此。一个社会为什么不和谐，人们争来斗去？就是因为我们人为地制造了很多对立面，制造了很多阶层。其实每一类人都有每一类人的活法，每一类人都有每一类人的幸福与痛苦，不同的社会阶层之间应该学会相互尊重、相互理解。一个社会真正的文明不是平等，绝对的平等永远是幻想，社会存在层级也是社会前进的内在动力，鼓舞人们去为了改变命运而奋斗。一个社会真正的文明是懂得尊重、懂得利益之间的均衡。

古往今来，社会中有一个普遍的怪象，就是那些不愁吃喝的人在规划那些为衣食而奔波的人的命运，并且指手划脚，自以为是。一个好的社会就是要尽量制造一种各阶层都必须遵守的秩序，秩序的公平比结果的公平更重要，而不能人为地去制造矛盾和是非，这便是社会发展与改革的"道枢"。

二、绝美的风景都在奇丽的山川

讲完了故意标榜美丑、善恶会带来严重的后果之后，老子下面得出了一个更具普遍性的结论："有无相生，难易相成，长短相形，高下相倾，音声相和，前后相随。"

何谓"有无相生"？世界上的事，都是一分为二、相克相生、刚柔并济的，但是，我们看问题时往往容易看到能给我们带来利的一方面，看不到带来害的一方面。事实上，利来了，害也就来了，害来了，利也就来了。从这一点来说，世界是公平的。

比如，我们都熟悉的艺术家阿炳，二胡演奏几近完美，让人叹为观止，但是，我们也都知道，他是一个盲人，根本看不见这个世界，甚至伴随他一生的二胡他都不知道长什么样子。但是，他为什么能够拉出那么让人陶醉的乐曲？因为他有一双常人难以企及的耳朵。盲人的触觉和听觉一般比正常人发达得多，再加上他们不会为花花世界所搅扰，用纯净的心灵去倾听这个世界，用灵魂和想象来表达对这个世界的理解，以及对美好的生命的追求，那是一种生活在纷乱而嘈杂的世界中的人很难达到的一种生命境界。记得小时候，我们村也有一个姓王的老人家，吹唢呐远近闻名。他也是一个盲人，就靠一双耳朵学会了无数的乐曲，给父老乡亲带来了无数美好的感觉。因此，我们常讲，当上苍为你关上一扇门时，也一定会为你打开一扇窗，阳光总在风雨后。这就是自然的哲学，也是生命的哲学。

大自然造物也是秉承了这样的法则。大家不妨想一想，这个世界上的猛兽，比如老虎、狮子、豹子等，跑得很快，凶猛无比，但是，它们都没有翅膀，不会飞。能够展翅高飞、翱翔苍宇的猛禽，都是两条腿，落到地上都跑不快。为什么？能奔跑的就不能高飞，能高飞的就不能奔跑，这就是"有无相生"的"大道"法则，也是大自然的公平所在。大家想一想，如果老虎能飞起来，那世界该多么可怕。

对于这一点，我们往往认知不到，人的痛苦就来自什么都想要：当了官又想有钱，有了钱又想跑官；学术上有了地位又想牟利……如果这样的话，别人怎么活？为此，我们一定要记住老子的告诫："有无相生"。这边得到了，那边一定要想办法放下。做了官就少想钱的事，多为百姓谋点利益；有钱就要过个舒服日子，帮助一下穷人；成了名人就要低调一点，不能过于膨胀。否则，就会适得其反，后悔莫及。

何谓"难易相成"？老子认为，世界上的事没有绝对的捷径，无论是先难后易，还是先易后难，该经历的事哪一个也少不了。回过头来看，每个人的一生都差不太多，因此，无论遇到什么都要正确面对。人生恰如三节草，说不清哪节好。少年好了，中年不一定好；中年好了，老年不一定好；事业成功了，家庭不一定好；家庭

好了，身体不一定好。所以，人要有平常心。出身贫苦，我们就要从基础和难处着手，不要惧怕前方的风雨和泥泞的路，翻过几道梁，可能就是坦途和花径；出身富贵，或许眼前都是绝美的风景，但不要过于喜悦，走着走着有可能就会进入戈壁和沙漠。何需惊慌？该来的总会来，沙漠的那边很可能就是夕阳下的故乡。

到了我们都走不动的那天，与朋友们对酒当歌，才知道，其实每个人都经历过风雨，每个人都拥抱过朝阳。所以，我们常讲，冬天来了，春天还会远吗？其实一个真正喜欢春天的人，何以惧怕冬日的严寒？因此，生命最需要的是淡定和坚强。

有一次，看到媒体报道，一个部级干部因腐败而身陷牢狱，他的儿子也未能幸免，后来，他的儿子在反思自己堕落的过程时说，小的时候父亲每天都用自行车驮着他去上学，本来去学校有大道可行，但是，父亲从来都是钻小胡同，绕来绕去。于是，他就问父亲为什么不走大道，父亲说："孩子你真傻，大道又远，人又多，小道多好走啊！"结果，这个孩子从小就养成了一种小道思维，无论做什么事都想走捷径，都不想吃苦，都不想靠努力有所收获。后来，父亲做了大官，儿子就利用父亲手里的权力疯狂敛财，而父亲对这件事也是睁一只眼闭一只眼，最后才导致了这样的人生和家庭悲剧。他儿子的人生前面看似容易了，看似顺了，看似春风得意了，但是，等待他的是未来的牢狱生活。再想一想那些靠自身努力辛勤创业的人们，他们是苦了一点，但是，他们活得清白，活得自由，活得阳光，这就是"难易相成"的道理。

那么，老子接下来讲的三种现象——"长短相形，高下相倾，音声相和"与"有无相生，难易相成"的道理是一样的。有长必有短，有短必有长，高以下为基，音以声为调，既是天地法则，亦是人生之道。

三、无为的境界与科学的忧思

在讲完上述法则之后，老子在本章的最后得出了一个重要的结论："是以圣人处无为之事，行不言之教。万物作焉而不辞。生而不有，为而不恃，功成而弗居。夫唯弗居，是以不去。"

在这一节中，老子提出了一个非常重要的概念，即"无为"。"无为"是《道德经》乃至整个道家思想中的一个十分重要的概念。关于"无为"，我们不能简单地将其理解成"不做事"，恰恰相反，它强调的是必须要做事，但是，在做事的过程中一定要坚守"大道"，以"道"为法则的行为即为"无为"。所以，"无为"是道家做事的一个最重要的法则。

道家认为，一个真正得道的君子，一定不能背离"大道"，一定会把"无为"的法则贯彻到生活和社会治理的方方面面，即"圣人处无为之事，行不言之教"。当然，在这里，"不言之教"是对"无为"的一种具体的发挥。关于"不言之教"的问题，后面再单独分析，我们先重点讲一下"无为"的问题。

具体来讲，我认为道家所强调的"无为"应该包含下面几个重要的法则：

一是"顺势即为无为"。对此，老子表达为"万物作焉而不辞"。这句话的本意是讲，世界的发展、变化是一个循环往复的过程，"道"生万物，万物生生不息，新旧更替，你来我往，你死我活，这是一个自然的过程，有其固有的法则。老子提出这个法则，目的是让我们认识到大自然的变迁，必须要尊重这种法则而不能背离这种法则。天有阴晴圆缺，地有春夏秋冬，人有生老病死，都是自然的事情，我们不能过多地干预这个规律。但是，很遗憾，人这种动物一个最大的毛病是比较主观，总认为自己聪明，能够控制并把握这个世界，从而对天地万物缺少一种足够的尊重。庄子曾经说过一番话：

> 彼正正者，不失其性命之情。故合者不为骈，而枝者不为跂；长者不为有余，短者不为不足。是故凫胫虽短，续之则忧；鹤胫虽长，断之则悲。故性长非所断，性短非所续，无所去忧也。意仁义而非人情乎？彼仁人何其多忧也！
>
> （《庄子·骈拇》）

"正正者"即指道德至真、至纯的人。"性命"即指万事、万物本来的性情，"性"意为事物的天然特质，"命"意为事物的生死轮回。庄子认为，一个真正掌握了天地"大道"的人，就不会背离生命的本质，既尊重自己，也尊重万物。万物各有其长短，长的不能被认为是多余，短的也不能被理解为不足，都是上苍造物的一种自然状态，人不要带着主观的意愿去认知并强行改造这个客观的世界，否则，等待我们的可能就是悲剧。

庄子举例子说："凫胫虽短，续之则忧；鹤胫虽长，断之则悲。"什么叫"凫"？"凫"就是野鸭子，"胫"就是小腿。我们看到了就会不解：都是水鸟，为什么鸭子的小腿那么短，而仙鹤的小腿那么长呢？这不公平。于是，把仙鹤的腿剪下一截，给鸭子接上了。如果这样，鸭子也完了，仙鹤也完了。庄子的言外之意是：鸭子就是鸭子，仙鹤就是仙鹤，我们不用看不惯，其各有长短，我们要学会接

受和尊重，克服主观之气，回归自然的本性，才能够顺应规律而不背离规律，这就是"万物作焉而不辞"，让它自然生发，人不能介入自然太多。

当然，庄子写作时用的是寓言的形式，这种表述方式可能有点极端，其宗旨却是显而易见的。事实上，这在庄子的时代可能是寓言，然而，在今天却成了现实，比如，我们想让西瓜什么颜色就什么颜色，想让西红柿什么形状就什么形状，老鼠可以长出五条腿，我们甚至可以随意克隆生命，包括人……我们人类在这种所谓的"科学的游戏"中乐此不疲，更加漠视自然的演化法则，而这些行为会带来什么严重的后果，我们今天还不得而知。

这些年，我们的社会一直在探讨转基因的问题。对于"转基因"的具体知识，我不懂，但是，按照"老庄"的哲学思维，我是不太赞同一些所谓的"专家"的态度的。大自然的进化是一个漫长的过程，我们常讲的"物竞天择"就是这个道理。大家想一想，地球上为什么会有人？为什么会有这些生命？在漫长的进化过程中，为什么有的物种灭绝了，而一些新的物种又出现了？一定有一个自然的选择过程，在这个过程中，所起作用的远不只是气候、温度、湿度那么简单。其实，宇宙每时每刻都在发生变化，而这些变化也在时刻影响着地球上的生命，活下来的就适应这个世界，灭绝的就不适应这个世界。当年恐龙靠身躯统治这个世界，今天人类靠智慧统治这个世界，将来又会是什么物种用哪种方式来统治这个世界，我们不得而知，而今天大自然赐予我们的所有条件都是符合人类的生存的，我们必须要尊重这个现实，不要以为我们今天掌握了所谓的打开世界之门的"钥匙"，便觉得自己强大得不得了，而人为地去干扰进化的"时钟"，包括人为地干扰基因的自然进化，这种努力可能会缩短我们在这个星球上存活的岁月，今天的我们不过是宇宙进化链条上微不足道的一瞬。也许我们今天还不能证明这些转基因的食物给人类带来的危害，当然，我们也不能证明它们能给我们人类带来什么益处，在这种情况下，我们必须带着一种审慎的态度去面对。我们可以去研究、积累一些相关的知识，但是，在是否需要我们全人类去做试验品这件事上，还是应该慎之又慎。当下，科学主义正在悄然改变着人类文明中的人文精神的发展状况，工具理性横行于世，科学在服务于人类的同时，也使人类欲望膨胀，把自身推到了危险的边缘。

人类在战胜自然的同时会自我膨胀，也导致了我们在社会进化和社会治理上存在一些思维偏差，所以一些获得了统治地位的人，往往会无限地满足其权力欲，为了自己享乐而不顾及天下苍生，视民命如草芥，置民心与民意于不顾，以武力征营天下，以暴力压制天下，而这种行为最终一定会导致社会秩序的混乱和政权的衰亡。老子认为，社会的进化其实也是一个自然的过程，是一个不断尊重生命和实现人的自由与全面发展的过程，一切社会制度必须顺应这种潮流而不能违背这种潮流。

二是"无私即为无为"。对此，老子表达为"生而不有"，这句话实际上体现的是"道"的德行。"道"生养万物，但并没有自己的目的，体现的是一种顺势而为的自发行为，对生养的万物也不会据为己有。简单地说，在现实生活中做事，一般人常会问"为什么"，这实际上是在问做这件事对自己有什么好处，有好处就干，没有好处就不干，正如俗世中所谓的"人不为己，天诛地灭"。但是，真正得道的高人不是这样，他们认为符合道义的，就发自内心地去做了，很少考虑个人的得失，没有某种特定的目的，完全是一个自然的过程。所以，在这个问题上，我常讲一个观念，前面也提到过：我不提倡一个社会不断地鼓励人们做慈善，我认为，一个真正有爱心的人，不论地位高低、财富多少，都会表现出某种善行，这应该是一个自发的过程。但是，我们今天常常带着一种外力要求一些有钱人去做慈善，迫于外力去做的，不是真正的慈善。所以，老子认为，我们应该学习"道""生而不有"的德行，不断地修炼一种真正的大爱之心，才能够真正体会到"大道"给我们带来的幸福与快乐。

三是"无己即为无为"。老子对其表达为"为而不恃"，意思是为社会、为他人做了很多事，却不彰显自我。如果说"生而不有"是对目的的价值判断，那么"为而不恃"则是对过程的价值判断。道法无边，纵横天地，威力无穷，生养万物于宇内，但是从来不彰显自己的功德。天永远把光明赋予我们，地永远默默地承载着我们，这就是"道"的德行。而人在这个过程中也应该明白，无论我们有多么高的禀赋，也是上天赋予的，无论我们做出了多么大的功业，也是时势造就的，不可自我标榜，忘乎所以。

四是"无功即为无为"。老子将之表达为"功成而弗居。夫唯弗居，是以不去"。把天下治理得很好，还不居功自傲，不独占头功，甚至自动隐退，有了这种心态，功勋才能被永远保留在这里。这是道家的大智慧。所以，历史上有名的道家都对"名利"有一个正确的评价，要么不介入这些世俗的纷争，要么完成了自己的使命后就悄然隐退。前者诸如汉代的严子陵和宋代的陈抟，后者如汉代的张良和明代的刘伯温，当然，清代的曾国藩也具有某种代表性。

严子陵与汉光武帝刘秀少时交往甚密，常共同游历天下，刘秀非常欣赏其德才。他曾预言过王莽篡位和刘秀称帝这两件事。后来刘秀建立了东汉，非常思念严子陵，并希望他能够帮助自己治理天下，于是命手下人绘出了严子陵的相貌，在全国寻找，最后发现严子陵正隐居在浙江杭州桐庐富春江畔，每日反穿羊皮，垂钓于

青溪之上。刘秀三遣使者，终于把严子陵请到了京都洛阳，但严子陵卧而不起，以示并不想出山。刘秀亲自到驿馆探望，并问严子陵为何不愿扶持自己，严子陵答道："士故有志，何至相迫乎？"为了进一步说服严子陵，刘秀把他请入宫中，共饮同卧，睡觉时严子陵将腿放在刘秀的肚子上，故意表现出一种放荡不羁的姿态，再一次表达了自己的决心。刘秀没有办法，只好让严子陵归隐富春山。到现在，桐庐还有严子陵当年钓鱼的钓台。后世有人进京赶考，追求功名，往往是晚上过钓台，并赋诗云：君为名利隐，我为名利来。羞见先生面，夜半过钓台。

陈抟为宋代的道学大家，以隐居修身为务，引导君王勤政为民，不以方术为要，免入歧途，深得君王赏识，在宋代声誉极高，但是终生不仕。张良协助刘邦建立了大汉王朝，位列"汉初三杰"之首，可以讲，没有张良便没有大汉天下。在刘邦征营天下最关键的时刻，张良总是在运筹帷幄，力挽狂澜，但是功成之后，其甘居二线，不争名利，得以善终。刘伯温辅助朱元璋得到天下之后，可以说也是进退自如：君用其力，则刚直不阿，精心谋划；君不用其力，则隐居乡里，甘于宁静，心志淡泊，得以配享宗庙数世。

四、身正令自行，人正国风清

"处无为之事"讲的是做事的原则。在本章中，老子还提出了引导社会、教化社会的另外一个重大原则，即"行不言之教"。行不言之教，用今天的话说就是靠事实说话，以身作则，喊破嗓子不如做出个样子，看一个人，关键是看他干得怎么样，不是看他说得怎么样。"干"不仅是成就事业的基础，也是引导社会建立一种求真务实精神的重要前提，正所谓"空谈误国，实干兴邦"。儒学大家王阳明先生讲"知行合一"，清华大学老校长梅贻琦先生讲"行胜于言"，大凡都有这层含义。

其实，统观《道德经》全篇，老子多次强调"少言""少思"。在这个问题上，儒家也强调"敏于行而讷于言"。为什么这些圣贤如此关注这个问题，强调行先言后呢？我认为应该基于以下几种思考：

一是防止过于主观和搬弄是非。不言也好，慎言也罢，不等于不让人说话，而是强调一个人对问题有了深刻的思考和论证之后再去表达。如果一个人养成了高谈阔论的习惯，往往会不分场合、不分时机地妄言，带有浓烈的个人情感色彩和主观意味，既容易伤人，也会把问题搞得更加复杂。同时，说话不需要成本，一些巧舌如簧的人往往会无中生有，搬弄是非，混淆视听。《论语》中讲，"巧言令色，鲜矣仁"，一个巧舌如簧的人，就很难有责任心和爱心。

二是防止脱离实际，滋长官僚习气。己所不欲，勿施于人。一件事能不能干、怎么干、好不好干，不能光说，自己去干干才能知道。要以身作则，现身说法，不能想当然。指挥别人，头头是道；自己不干，人家的苦和难，你怎么能体会得到？将心比心，人心换人心，四两换半斤。战国时期的大将吴起，威信极高，每次战斗都是冲锋在前，与最下等的士兵同吃、同住、同行，"卧不设席，行不骑乘，亲裹赢粮，与士卒分劳苦"。历史上有名的"飞将军"李广爱兵如子，受到赏赐时总是分给部下，饮食起居与普通士兵无异。在行军过程中，士兵饮水不足，他也不喝水，士兵吃不饱饭，他也不吃饭，以体会士兵的疾苦。

三是防止朝令夕改，保持政策的连续性。无论做什么事，都不能今天一个想法，明天一个主意，应该最大程度地保持政策和制度的连续性，关键是要以身作则，抓好落实。

历史上有一个很有名的故事："萧规曹随"。刘邦得到了天下之后，论功行赏，文武百官都认为第一功臣应该是曹参，曹参脱下衣服后，身上有七十多处伤痕，都是在战斗中留下的。但是，刘邦力排众议，认为在打天下的过程中如果没有萧何这个后勤部长，就不可能保证持续的兵源和粮草供应，所以，萧何应是第一功臣。于是，萧何就成了大汉朝的第一任宰相，而曹参被封到前齐国（后来成为汉朝的一个郡），做了那里的宰相。后来，萧何去世，曹参到朝中为相。曹参为相后，其行为让人难以理解，《史记》记载如下：

> 参代何为汉相国，举事无所变更，一遵萧何约束。择郡国吏木讷于文辞，重厚长者，即召除为丞相史。吏之言文刻深，欲务声名者，辄斥去之。日夜饮醇酒。卿大夫已下吏及宾客见参不事事，来者皆欲有言。至者，参辄饮以醇酒，闲之，欲有所言，复饮之，醉而后去，终莫得开脱，以为常。（《史记·曹相国世家》）

本段文字的大意是：曹参代替萧何做了相国之后，萧何部署的事情，他都坚持做下去，萧何制定的法规，他完全遵照执行。在选择官员的时候，主要选择那些不善言辞、扎实做事的人。那些动不动就出新点子、新想法，爱慕虚荣的人，皆遭到批评或不被重用。他从早到晚与家人和朋友畅饮高歌。朝中文武见到这种情景很不理解，很多人都想规劝曹参。但是这些人见到曹参之后，曹参总是热情招待，常常将他们灌醉，使其该说的话最终都没有说出来，而曹参一如既往地保持这种工作状态。

这种情况必然会传到皇帝的耳朵里。当时刘邦已经去世，汉惠帝执政。汉惠帝听到这个消息自然也不高兴，就和同在朝中为官的曹参的儿子曹窋讲：你回去问一下你的父亲，天下这么多事情，他也提不出自己的工作思路，只知饮酒，怎么对得起去世了的先皇和天下苍生？于是，曹窋回家后就把皇帝的意思转达给了曹参，当然，没有说是皇帝的意思。曹参听了儿子的话大怒，打了儿子二百鞭子。惠帝得知后震怒，上朝时责怪曹参不应该鞭打儿子，并说是他让曹窋去进谏的。曹参听后免冠谢罪，为了让皇帝放心，他语重心长地讲了自己所作所为背后的真实想法，《史记》记载如下：

> 参免冠谢曰："陛下自察圣武孰与高帝？"上曰："朕安敢望先帝乎？"曰："陛下观臣能孰与萧何贤？"上曰："君似不及也。"参曰："陛下言之是也。且高帝与萧何定天下，法令既明，今陛下垂拱，参等守职，遵而勿失，不亦可乎？"惠帝曰："善，君休矣！"（《史记·萧相国世家》）

曹参的意思很明白，他开门见山地问汉惠帝：是你厉害还是你爹刘邦厉害？汉惠帝说：我怎么能和我爹比呢？我爹是开国皇帝，我不行。曹参接着问：从能力来看，我与萧何丞相比，谁更强呢？汉惠帝也直言不讳地说：你曹参可能要弱一些。听到这个回答，曹参很满意，他接着说了，既然你不如高祖皇帝，我不如萧何丞相，他们二位已经对如何治理天下指明了道路，制定了严明的法纪，社会正在沿着他们指明的方向健康地前进，我只是抓好落实，防止有人歪曲他们的执政路线就可以了，难道这么做有什么不对的吗？汉惠帝听后顿悟，一切疑惑皆消除，而文武百官也完全明白了曹参的选择。

当然，"萧规曹随"这个典故有它特定的时代背景和政治背景，它在秦末汉初百姓扰攘不安，以及惠帝少弱、吕后专权的社会大环境下不失为最好的选择，但我们不能就此而简单地认为做事必须要循规蹈矩，拒绝创新，凡事还要具体问题具体分析。

四是防止偏斜，树立执政者和管理者良好的形象。执政者和管理者只有行不言之教，以身作则，才能发挥良好的带动作用，同时也容易为自身树立良好的形象。当年季康子来问孔子如何做好官、执好政，孔子只回答了四个字："政者，正也。"做官、执政过程中不用说那么多，往那儿一站，后面的人就知道自己该怎么站了。君王正则朝廷正，朝廷正则百官正，百官正则百姓正，百姓正则天下无邪矣，纵观古今，无不如此。

不尚贤，使民不争。不贵难得之货，使民不为盗。不见可欲，使民心不乱。是以圣人之治，虚其心，实其腹，弱其志，强其骨；常使民无知，无欲，使夫智者不敢为也。为无为，则无不治。

一、大贤隐盛世，奸邪满乱朝

千百年来，使老子受人非议和诟病的可能就是这一章，尤其集中体现在本章的开篇之句"不尚贤，使民不争"上。如果从表面上看，道家似乎不重视人才，后人对此多会置疑：如果一个国家不重视人才的开发与利用，怎么可能被治理得好呢？再结合后面的内容，一些人就更加坚定地认为：道家认为，治理天下要靠愚民政策，老百姓只有稀里糊涂的，国家才能被治理好。如果这么简单地去理解"不尚贤"，并对道家思想草草地定论，似乎有些过于主观。

我认为，一种思想的产生总有其历史背景，创造一种思想的人都有他的时代特点和历史局限，我们不能完全站在今天的时代背景下去理解前人的思想，当然，我

们也不能不顾今天的实际，把前人的思想照搬过来，盲目地奉为"天书"并将其神化。面对圣人、先贤的著作，我们应该抛开其外在的形式，寻找其合理的精神内核，并结合时代之需要，创造性地加以吸收和利用。

老子在这里为什么对"贤才"有一种厌恶的情绪呢？我认为这有他的时代特质。老子生活在春秋末年，当时天下大乱，诸侯纷争，每个诸侯为了使自己在这种斗争中处于主动地位，都在招贤纳士，"养士"成为当时的社会风尚。这种状况发展到战国时期，"四大公子"闻名天下，即"齐有孟尝，赵有平原，楚有春申，魏有信陵"。这四大公子养士达数千人，这些人的主要任务就是协助国君与其他诸侯抗争，诸如怎么打败对方，怎么称霸称王，可谓是奇计无穷，搞得天下乌烟瘴气。同时，如果一个人的对策和计谋被君王看重，或者给君王带来了实际的利益，这个人就可以瞬间飞黄腾达，可谓是朝为布衣，夕做卿相，这种诱惑力是巨大的。在当时，很多人都为了这种荣华富贵而绞尽脑汁琢磨奇谋奇计，其中不乏歪门邪道、阴谋诡计，而一旦得志，就被奉为"贤者"。实质上，这些所谓的"贤者"多是不学无术之客、鸡鸣狗盗之徒，偏离"大道"远矣。

基于这样的社会现实，老子对这些所谓的"贤者"不屑一顾，认为他们的出现不仅不利于天下的治理，他们恰恰成为搅乱天下的罪魁祸首，所以才提出了"不尚贤，使民不争"的社会治理策略，这完全符合当时的社会实际。由此，我们可看到，老子并非不重视人才，不尊重贤者，他实际上反对的是那些欺世盗名的假贤者。

当然，细品道家的思想，其中确实也有一种"不尚贤"的精神内涵。道家认为"大道归一"，守住"大道"，很多问题就会迎刃而解，无须过多地计较一些具体事物。另外，天下终究要归于正道，那些真正的贤者也自然乐于隐居于民间或山野之中，怡养天年，这也是道家最高的生命追求。对此，道家的另外一位圣人鬻子说过这样一句话：

圣王在位，百里有一士，犹无有也。王道衰，千里有一士，则犹比肩也。（《鬻子》）

意思是讲，如果一个社会政治清明，民风淳朴，社会安定，即使方圆百里便有一个贤者，大家也感到像没有一样。为什么呢？因为这些贤者觉得社会已经被治理得很好了，再没有必要出来做什么事情，隐于青山绿水之间倒也逍遥自在。如果说这个社会乱了，那么就会有很多人跳出来为国家出谋划策，在这种情况下，即使方圆千里只有一个贤者，你都会感觉到天下贤者如云，遍地都是高人。言外之意，这些跳出来的人，其中或许有真贤者，但是大多数都是贪图功名利禄之徒、投机取巧之辈。

《庄子》中也讲了一个尧让位给许由的故事，进一步阐述了道家的这一思想：

> 尧让天下于许由，曰："日月出矣，而爝火不息，其于光也，不亦难乎？时雨降矣，而犹浸灌，其于泽也，不亦劳乎？夫子立而天下治，而我犹尸之，吾自视缺然，请致天下。"
>
> 许由曰："子治天下，天下既已治也，而我犹代子，吾将为名乎？名者，实之宾也。吾将为宾乎？鹪鹩巢于深林，不过一枝；偃鼠饮河，不过满腹。归休乎君！予无所用天下为。"

许由是一个带有神话色彩的道家世外高人，有一天，作为君主的尧找到许由，说自己不想干了，希望把治理天下的大权交给许由。理由很简单：尧认为许由治理天下的才能远远胜过自己，并且说得很形象，也很谦虚。尧做了两个比喻：如果说许由是天上的日月，那么，他自己不过是一支小火把，不可同日而语；如果说许由能够为天下普降甘露，那他自己不过是一个只会灌溉的庄稼汉。能力和水平差得太远了，所以希望许由能够代替自己，以君主的身份来治理天下。但是，许由的回答异常淡定，他认为尧已经把天下治理得很好了，完全与天地同道，与万物同辉，自己再出来有什么意义呢？为此，许由说：我出来能干什么呢？既然干不了什么，我又为什么要做这个国君呢？难道只是为了名声吗？对我们道家而言，名声和荣誉都是身外之物，甚至说都是累赘。因此，许由说："归休乎君！予无所用天下为。"意思是说，大王您还是请回吧，我为天下做不了什么，这件事就到此为止吧。

由此，我也常想到我们中国人常讲的一句话——乱世造英雄。但是，乱世能造真英雄，也造了很多假英雄。英雄者，要征营天下，为天下苍生服务。圣贤者"为天地立心，为生民立命，为往圣继绝学，为万世开太平"。所以，老子提这个问题就是讲春秋乱世，假贤者特别多。有些人自以为自己念过几天书，有点文化，于是忽悠君王的歪门邪道就全来了。

今天老百姓常把专家的"专"字改成砖头的"砖"，叫"砖家"，可能这个说法有点极端，但是说真话，很多专家的含金量也确实值得商榷。冯梦龙讲，做官最关键的是莫作怪。一个社会如果把一些搞歪门邪道的、貌似圣贤的人弄上来，搞得天下乌烟瘴气，老百姓苦不堪言，还认为这样做聪明得很，就麻烦了。

清代一部有名的著作《老残游记》中讲："天下事误于奸慝者，十有三四。误于不通世故之君子者，十有六七。"说天下有两类假贤者，一类假贤者表面上有情有爱，有恩有义，其实自私得要命，只知道为自己和自己的利益集团牟私利，甚至不择手段，倒行逆施，天下很多人被他们毁掉了。第二种不通世故，自以为有些知识，就大放厥词，对任何事情都敢于指手画脚，置周围民众的情况和感受于不顾。但是他们往往会察颜观色，善于阿谀逢迎，最后往往能左右政策方向，给国家和人民带来巨大的损失。

明白了这个道理之后，我们就能更加客观地看待老子"不尚贤"的观点。老子所谓的"不尚贤"不是指不尊重知识和人才，老子实际上反对的是一个社会伪智者四起、各牟其利的错综复杂的观点四起、奇谈怪论四起的现象，因为这样将导致天下混乱，人心思变，偏离"大道"。

二、物贵起盗心，炒作乱国风

讲完关于对人的认识之后，老子紧接着讲了第二个问题，即如何认识物："不贵难得之货，使民不为盗。"老子认为，人们之所以会造假，会欺骗，很重要的原因是人们追求"难得之货"。什么叫"难得之货"？就是金银财宝、奇珍异石这些世界上的稀缺之物。老子认为，这些玩意儿，它吃也不能吃，喝也不能喝，不是天下百姓安身立命的基础，对这些东西的追求不应该成为一个社会的主流。同时，一个社会更不应该故意炒作一些东西，使其成为难得之货，如果这样，就会使民心混乱，使天下百姓丧失质朴的情怀，最终被利禄迷惑而产生盗心。

实际上，从历史和现实看，善于炒作可以说是人类社会的劣根性之一，无论什么东西都有可能成为难得之货，成为人们追逐的目标。很多人在这个过程中一夜暴富，当然也有很多人在这个过程中倾家荡产，受害者往往多于受益者。举个例子，我们中国人喜欢玉，其实玉这个东西在其他国家也就是块石头，从来没有被看得像我们中国人这么重。当然，每个国家有每个国家的文化和审美观，各有其好，也无可非议。我们认为玉乃君子之器，象征着人的品德，偶而佩戴一下也可以，不过就是一件饰品，喜欢的人可以玩一玩，不喜欢的就一笑了之。但是一炒作，性质就变了。二十多年前，我到新疆去，在路边买和田玉，一百块钱随便抓，手大抓五块，手小抓三块，用现在的话说，都是籽料啊！并且都是真货。但经商人一炒作，一小块籽料几万、几十万，甚至上百万，大点的、好点的上千万。面对这样大的利益诱惑，一些别有用心的人就开始琢磨了：哎呀，干一辈子工作，努力一辈子，还不如弄块这玩意儿。于是人们争相追逐，造假之风就刮起来了。

再比如木头，有的软点，有的硬点，有的色彩和花纹丰富一些，有的色彩和花纹单调一些，各有其长短，各有其用途，因为稀缺程度不同，在价格上可以有所不同，但并无本质之别，人们根据自己的喜好与经济条件选用即可。但是现在我们看，木头被分成了那么多个品种，被不停地炒作，真假难辨，一不留神就会被骗。这些年在木材市场上有一个词叫"哄你玩"，啥叫"哄你玩"？"哄"其实是"红"的谐音，指的是红木，暗指红木市场水极深，一不留神就会掉进去。在一些商家的精心策划、合力炒作下，红木价格飙升，让人望而生畏，也催生了众多的造假高手，让人防不胜防。

我们说，人的机心来自什么？大多来自谋大利，我们日常所见的事物为什么难炒？因为它太多，不好炒。我们平常吃的小米、高粱、大豆这些玩意儿不好炒，它们比较普遍；难得之货因为少，所以相对好炒。一件货物一旦被炒起来，正如老子所讲的"贵难得之货"，随之而来，就会把整个人的机心炒出来。

在我们今天的现实生活中还有一件事比较可怕：人们不仅炒"死物"，而且炒"活物"。比如，这些年我们搞城市建设，建城市广场，不知道从哪一天开始，兴起了一股种古树、种大树、种名树之风，大树、古树、名树自然就成了"难得之货"，结果就有人动心思了。大树在哪里啊？在深山里啊，在老林里啊，挖一棵运出来卖掉，半辈子够花了，这就催生了一个产业——盗卖古树。我们有句老话讲得好，"林中难见千年树，世上难逢百岁人"。人和树是一样的，都是生命，虽然大家都想长寿，但能够活到百岁以上的少之又少，而一棵树长到上百年，甚至千余年，也是难之又难。那些大树都是接天地之气，阴阳相和，经历过多种造化才产生的，用老百姓的话讲，都是有灵性的。它们生长在那里，已经和当地的水土、自然融为一体了，你非要把它们挖出来运到城里去，那它们还活得成吗？有一次电视台对这一事件专门做了一期节目，对盗卖古树行业做了一次暗访，结果令人触目惊心：在盗卖古树的过程中，三分之一的树死于运输途中，三分之一在等待交易的过程中死去，还有三分之一或许能够当时存活，但也俨然一个个病人，毫无美感可言。如果站在

道家"天人合一"的理念下思考，杀古树之罪与杀人有何不同？这就是"贵难得之货"的恶果。

除了古树一类的名贵植物，动物也没有逃过被炒作的厄运。前不久媒体报道：海关一次就查获了两千多只被剥了皮的穿山甲。从画面上看到，那些穿山甲躺在那里，就像白条鸡一样，其状惨不忍睹。这些穿山甲之所以惨遭杀害，就是因为很多人炒作穿山甲的营养价值，说吃穿山甲可以保健，可以长寿，可以防病。实际上，我们凭良心说说，那些百岁老人，哪个是靠吃穿山甲长寿的？不贵难得之货，就不会有买卖，"没有买卖，就没有杀害"。所以说，当下使我们困惑不已的此类问题，老子在两千多年前就遇到了，他觉得社会上扎扎实实做事的人越来越少，因为靠正常工作很难改变生活，人们都希望通过炒作难得之货来牟取更大的利益，炒来炒去，没有几个人能保持平和的心态，盗心和机心也就悄然而生了。一件物品被炒得越狠，人的机巧就越多；一个领域的造假之风愈盛，愈让人们无法抵挡。

人一旦有了牟取暴利之机心，无论多么聪明的人都会失去判断力，变成疯子或傻子，到最后往往是赔了夫人又折兵。前不久看了这么一个故事，有一位考古学家，也是位老先生了，是青铜界的知名学者，有一次到乡下进行野外考察，路过一个村庄，村民正在挖地基建房。当老先生走近的时候，村民们大喊："挖着宝贝了！"并且议论纷纷。老先生好奇，走近一看，果然在土下埋了一个器物，刚刚露出一点轮廓，老先生凭经验感觉到应该是一件不错的青铜器。在这个时候，老先生动心思了，他认为反正农民不懂青铜器，更不知道它们的实际价值，就想把它买下来。就在这个时候，农民们也凑上去问："老先生，看你这样子像个有学问的，你看看，这应该是个大宝贝吧？"老先生故意装得很自然，跳下去看了看，更加坚定了自己的判断，和农民说卖给我吧，你们要它也没用。农民说不能卖给你，我们看电视了，这种东西价值连城，我们不卖！结果与老先生谈了半天，最后，这位老先生一狠心，把全家积攒的二十多万块钱全都拿了出来，把这个东西买走了。买回家，把外观清理干净，认真鉴定之后才发现，是一个地地道道的现代赝品。老先生后悔不已，又羞于告知其他人，吃了个大大的哑巴亏。老先生作为专家，为什么会上当？就是因为有了牟大利的机心而丧失了判断力，简单地认为是自己亲眼看着他们挖出来的，这个还有什么假的吗？但是他哪里知道，这是那伙农民精心设计好了的一个圈套，等着人往里面钻，看到外人来就喊，蒙上谁算谁，结果他就成了受害者之一。大家再想想，那些农民为什么要费那么大的力气，做出这样逼真的现场？

不也是为了牟利吗？不也是知道这些东西在市场上被炒作得价位很高吗？正所谓"高价之下必有傻者"。所以，大家看一看，我们这些年搞了多少鉴宝节目，把一些文物炒成一种热卖商品，让人真假难辨，搞得整个社会乌烟瘴气。如果一个社会把心思都用在这方面，想让人心宁静下来太难了。所以老子说，我们既不要到处被那些所谓的"贤人"忽悠，同样，我们这个社会也不能被那些"难得之货"诱惑，从而搅动人们的机心和盗心，如果这样，整个社会就会变得纷繁芜杂，民不知所归。

讲完这两个观点之后，老子紧跟着又讲了"不见可欲，使民心不乱"。我认为，这句话应该是对前面两句话的一个总结。前面一个讲人，一个讲物，这里用了个词叫"可欲"，"可欲"既包括人，又包括物，当然也包括人和物之外的东西，比如名，比如利，等等。这句话的意思是讲：如果人生在这个世界上，处处都是诱惑，处处都是摸得着的可带来巨大收益的东西，那么人就守不住基本的价值观和做人、做事的底线了。

所以，我们把这三句话概括起来看，就是老子认为一个社会应该走正路，走常规之大道，不要把那些非安身立命的东西标榜得太高，看得太贵，更不能让全社会的人都去追逐那些东西。我们还是需要扎扎实实地去劳动，去生产，不断推进社会生产力的发展。

当然，我们也需要艺术，需要艺术品，需要文物，但是，我们不应该过度炒作其经济价值，应该体现它们的审美价值与历史文化价值，让它们为整个社会的审美做出贡献，而不应该把它们作为获取巨额利益的载体。比如说文物，为什么叫它"文物"啊？因为它是一个民族某一种文化传承的载体，经专家研究，我们看到了一段历史，看到了一段文明，核心是它的社会价值和文化价值，而不是它的经济价值。如果天天炒这个玩意儿，就完全背离了文物背后的基本的人文精神。

三、莫为理想遮望眼，幸福缘在三分田

说完上述观点之后，老子就说了，明白了这个道理，那么治天下就有套路了。老子称之为"圣人之治"，圣人是怎么治天下、管理社会的呢？一是"虚其心"，二是"实其腹"，三是"弱其志"，四是"强其骨"，最后的结论是，"使民无知，无欲，使夫智者不敢为也。为无为，则无不治"。

什么叫"虚其心"？虚心就是灵魂清静、淡定，减少物欲。在一个社会中，每

个人都应该有一定的精神追求，有一种科学的人生观和价值观，一个社会不能把逐利作为核心追求，个人也不要总是盯着物化的东西。

什么叫"实其腹"？是指一个社会的最低标准是让人吃饱饭，也就是要保障基本的民生问题。如果老百姓吃不饱，就会造反。孟子当年见梁惠王，就对梁惠王说，一个君王治天下，最低标准就是使天下百姓"乐岁终身饱，凶年免于死亡"。乐岁，就是指年头好，对当时的农业文明来讲就是风调雨顺，在这样好的年景下，老百姓能吃得饱、吃得好。什么叫"凶年"呢？"凶年"主要指赶上战乱或自然灾害的时候，在这种情况下，国家要有一定的调控手段，使老百姓不至于饿死。所以，对一个社会来说，无论年景好坏，这都是一个最基本的要求。

什么叫"弱其志"？我们也经常因为这句话而误解老子，认为他不讲伟大的理想，不讲伟大的追求，"弱志"就是不思进取。我认为对于这句话，我们不能只从字面上去理解，需要从社会需求和个人需求两方面去理解。弱志不等于说人不能有理想，而恰恰是说明一个人必须要有理想。"弱"字的含义是：一个人的理想一定要实事求是，不能超出个人的能力和社会的现实需求去追求理想。一个社会中，如果人们不能对自己的能力和社会的未来发展做出一个正确的评价，仅仅保持一种豪情万丈，甚至是理想冲天的状态，最终也只能是事与愿违。一个真正实现了有效治理的社会，人们所拥有的一定是一种合理的诉求、有限的欲望，一定是一种平凡中的幸福和淡定、从容的生活状态。结合今天的社会现实，大家不妨想一想，为什么我们在物质层面获得了巨大进步之后，人们的幸福感和安全感并没有相应地增加，个人的欲望却在不断地膨胀？就是因为当下流行一种盲目的创业和进取思维，形成了一种浮躁的社会心态，这既不现实，又不符合逻辑。其实，茫茫宇宙间，我们一个个生命都是微不足道的，如果非要在这个群体中区分平凡与伟大，只能说，这个世界上95%的人都是平凡的人。平凡的人就应该有平凡之理想、平凡之追求、平凡之幸福，这就叫"弱志"。大家想一想，从政治上来讲，从三皇五帝到如今，有确切的文字记载以来，像秦皇、汉武、唐宗、宋祖这样叱咤风云的人物历史上也就那么几个。从思想上来讲，老庄、孔孟之后，也就朱熹和王阳明算得上广受后人公认的大家，其余的人也仅仅是昙花一现。从文学上来说，唐诗不过李杜，宋词不过苏辛，小说无非《水浒》《三国》《西游》《红楼》四大名著，其间虽偶有精品，终难成大气象。再看看我们当下的社会现实，人们为了挣钱都红了眼，如果人人都成为马云，人人都成为俞敏洪，人人都成为比尔·盖茨，这个社会不就乱套了吗？所以，老子所说的"弱其志"，其实就是指不要使国民的追求与理想没有限度地膨胀，无论什么时候，人都要懂得知足，要对自己有一个正确的评价，安其居，乐其业，司其职，这才是95%的人应该追求的理想，也是社会实现有效治理的重要的文化基础和价值导向。

什么叫"强其骨"？就是身体要健康、要有力量。老子为什么在这里强调这一点？我认为可能有两个原因：第一，健康的身体是生命的基础，没有一个好的身体什么都干不成，更谈不上拥有高质量的生活。第二，在古代，人是最重要的生产力和战斗力，人民要根据国家的需要服兵役和劳役，一个具有强健体魄的民族才能有效地打败敌人，保护自己。所以老子认为，无论从个体需要，还是从国家需要的角度，一个民族都必须要"强其骨"。

因此，通过上面的分析，我们可以看出，老子所讲的"虚其心，实其腹，弱其志，强其骨"这四大理念是一个有机的系统，是老子给统治者治理社会开出的一个药方。在一个社会中，人的灵魂干净了，身体健康了，并且拥有一个合理的人生梦想，就容易找到幸福，大多数人就会保持一种高洁的生命状态。达到这种状态之后，整个社会的心理状态自然就会保持稳定而均衡，达到老子所预期的"常使民无知，无欲，使夫智者不敢为也"，也就是本章最后一句带有结论性的话。

何谓"无知无欲"？就是指百姓没有不切实际的想法，没有投机取巧的心理，并且能够对现实生活保持一种满足的状态。何谓"智者不敢为也"？"智者"其实是指那些对国家、政权、权力、财富怀有极端企图的人，他们尽管有很多招数，有很多想法，却无法施展，为什么？因为天下百姓都不希望国家混乱，都珍惜现在的生活，也都会团结起来维护国家的安定，与这些人做斗争。如果做到了这一点，国家的安定与繁荣就能长久保持。

以老子对社会所做的美好构想对比今天的社会，我们不难发现，今天社会上出现的一些不法事件，本来都是一些极小的事所诱发，而参与这些事的人大多数与这些事件本无关系，他们之所以会参与其中，一个很重要的原因是很多人对自己的生活现状不满，借机泄私愤罢了。所以，治理社会从表面上看涉及诸多行业和领域，其实，归根到底还是个民心和人心的问题。

在本章的最后，老子直接讲"为无为，则无不治"，这看似无所作为，却能使天下井井有条。"无为"的背后，反映的是老子对执政者的劝谏：无论什么时候都应该关注天下百姓之所思、之所想，顺势而为，迎合天下人的需求，保持事物的自然发展状态，通过有效的引导和科学的政策，真正使百姓确立一种健康的人生观和价值观，不可使欲望无限膨胀，唯有如此，才能够从根本上解决问题。所谓"信仰"，也无非一个世界观、价值观和人生观的问题，中华文化亦然，核心都是"治心"的问题。

第四章

道冲，而用之或不盈

道冲，而用之或不盈。渊兮，似万物之宗。

挫其锐，解其纷，和其光，同其尘。

湛兮，似或存。吾不知谁之子，象帝之先。

一、大道尽在无形中，智慧全在有形外

本章中，老子开篇对"道"做了一个描述，即"道冲"。"冲"字一般解释为"空"或"虚"，但是，我认为，"冲"在这里还有另外一层含义，即有张力无限、威力无穷、无所不包之意。我认为，"道"虽然无边无际、无踪无影，看似空洞无物，但表现出了一种极强的张力，力至八极，气贯苍穹，神定乾坤，催生万物。并且这种力量是无休止的，取之不尽、用之不竭的，对此，老子表述为"而用之或不盈"。此处的"盈"意为"满"。道家认为，物壮则老，物极必反，器盈则覆，任何事物一旦过于充盈，也就意味着死亡。老子在这里认为"道"的力量永远用不完，并且"不盈"，也就是指"道"是永远充满活力的，不会死亡，也不会停止运转。

在对"道"的张力进行了表达之后，老子紧接着用另外一种比喻表达了"道"与万物的关系："渊兮，似万物之宗。""渊"本来形容水深之莫测，此处则形容"道"的博大与无穷尽；"宗"在此处指"归属"，或有"诞生"之意。老子认为，宇宙间万事、万物都生于"道"，"道"是万物的本源。

这是老子第一次系统地、白描式地描绘"道"的形态，希望能够给世人一个更加直观的认识。老子明确地告诉世人：大道无形，空而无物，但是深不可测，力不可尽，势不可竭，人必须要对"道"保持一种敬畏的心态。其实这句话中隐含着一个重大的人生哲学命题：要想成为一个真正得道的高人，一个有知识、有涵养的人，一个有大智慧和大境界的人，首先要放空灵魂，扩大胸襟，摒弃主观，包容万物，不囿于物质和眼前的利益，唯有如此，才能以更宏大的眼界去面对未来，以更强大的力量去迎接挑战，以更广泛的智慧去驾驭复杂的人生及社会大局。

对于这一点，汉高祖刘邦就是个很好的案例。楚汉相争之初，项羽的力量远远大于刘邦，项羽手下有一个谋士叫范增，他曾反复建议项羽杀了刘邦，特别是鸿门宴上，如果没有项羽的叔叔项伯因为与刘邦的谋士张良有故交而暗中拆台，刘邦可能真的就被杀掉了。如果真是那样，中国的历史会被改写。范增为什么如此坚决地主张杀掉刘邦呢？《史记》中做了如下记载：

范增说项羽曰："沛公居山东时，贪于财货，好美姬。今入关，财物无所取，妇女无所幸，此其志不在小。"（《史记·高祖本纪》）

范增告诉项羽：刘邦这个人在崤山以东，没有经函谷关进入咸阳之时，在本质上是一个贪财、好色之徒，但是，刘邦进入咸阳之后就像完全换了一个人，金银财宝不要，对美女也不感兴趣了，这个变化我们不能不重视。当一个人能够将金钱和美女看轻，一定说明他有了更远大的理想。范增这句话的意思是告诉项羽，一定不要小看刘邦，今天的刘邦已非昨日之刘邦，他已经从一个贪图小利的人变为一个有政治理想的人，一定要重视这个问题，最好尽快把他除掉，否则，他会成为我们最强大的敌人。

通过这段话，我们看到，范增确实是一个高人，他看问题能够做到由表及里；而刘邦的变化及后来的成功，也进一步印证了老子关于"道"的理念——心怀"大道"必然灵魂空远、志气磅礴，能够见大义而忘小利。但是，遗憾的是，项羽并没有真正听进范增的话，没有把刘邦放在眼里，最终换来了自刎于乌江的人生悲剧。

话说回来，刘邦能够实现这种转变，也是受到了得道高人张良的指导，在张良的力劝之下才实现了人生的巨大转变。想当年，刘邦刚进咸阳的时候，也确实没有抵御住锦衣玉食、华府豪堂、金钱美女的诱惑，进了秦朝的宫殿之后，立刻就不想走了，想好好地享受一把，《史记》对此记载如下：

> 沛公入秦宫，宫室、帷帐、狗马、重宝、妇女以千数，意欲留居之。樊哙谏沛公出舍，沛公不听。良曰："夫秦为无道，故沛公得至此。夫为天下除残贼，宜缟素为资。今始入秦，即安其乐，此所谓'助桀为虐'，且'忠言逆耳利于行，毒药苦口利于病'，愿沛公听哙言。"沛公乃还军霸上。（《史记·留侯世家》）

这段文字记载得非常清楚，刘邦面对秦朝王室的金银财宝和良室美姬，确实动了心思，并希望能够以此为家，好好享受。但是他手下的大将樊哙劝告他，秦朝的这些都是晦气之物，是秦王朝腐朽的标志，不应该居住于此。但是，由于樊哙出身低微，刘邦并没有听从他的劝告。

面对这种争执，张良看得非常清楚，他语重心长地对刘邦讲：秦人贪图享受，不顾天下苍生，失德于天下，失信于天下，最终背离"大道"，为天下所痛恨。在这种情况下，我们才能够乘机推翻强秦，进入秦朝宫室，这是天下百姓支持的结果。我们来咸阳是为了推翻秦朝的统治，还天下百姓一个公道。因此，我们应该保持清醒的头脑和朴素的生活状态，避免陷入奢靡的生活状态。如果我们进入咸阳，继续过秦王那样的生活，只顾自己享乐而不顾天下百姓的情感，我们和秦王又有什么区别呢？这不就是助纣为虐吗？并且我听说，真正忠诚的语言往往听起来不那么顺耳，甚至让人有些不舒服，真正能够治好病的良药吃起来总比普通的药更苦一些，所以，希望您能够听进樊哙和我的劝告，及时退出秦宫，住回军营。经过张良这么一说，刘邦终于回过味儿来，于是，将秦宫的器物都登记造册，封好大门，派人看守，以待日后处理，而自己住回霸上的军营。

通过这件事，刘邦明白了什么对自己来说最重要，男子汉大丈夫当有天下情怀，有更远大的抱负，不可为眼前短暂的利益所迷惑；同时，此事也为他在后来的鸿门宴上成功获得项羽的理解奠定了坚实的基础。鸿门宴上，樊哙理直气壮地对项羽说：

> "且沛公先入定咸阳，暴师霸上，以待大王。大王今日至，听小人之言，与沛公有隙，臣恐天下解，心疑大王也。"项羽默然。（《史记·樊郦滕灌列传》）

樊哙说得很明白，说你项羽想杀我大哥刘邦，太不公平了。你看看，刘邦辛辛苦苦地进了咸阳，进入咸阳之后，军队都没有进城，驻扎在城外等你到来，所有的财物都登记造册，美女一个不少，房屋一间都没有破坏，这都是不争的事实，你可以派人去看。你来了以后，不问青红皂白，只相信小人挑拨离间的那些话，并且因此怀疑刘邦有什么私心。如果你这样对待刘邦，天下人都不会答应，你自己的权威也会受到置疑。樊哙之所以语气这么强硬，充满自信，是因为事实就摆在那里，证据确凿。在事实面前，项羽只能默认，最终放还了刘邦。试想，如果刘邦没有按照樊哙和张良的劝告来做，项羽就会抓住刘邦的硬伤，凭项羽当时的威望与实力，杀刘邦易如反掌，哪还有后来的大汉天子和大汉天下？

但是在现实生活中，"放下"二字好说难做，而老子所讲的"道"，其最根本的特质就是要能拿能放，以空化物，以物为空，达到这种境界，即是"道冲，而用之或不盈"。所以说，学道也好，学佛也好，学到最后就是一个"空"字，即保持心性的空灵和灵魂的干净。也正因如此，很多人为了得"道"，远离尘世，隐入深山。但是，我觉得身远不如心远，正如陶渊明所讲，"问君何能尔，心远地自偏"。走到哪里才是离红尘最远的地方？陶渊明告诉我们：心远了，一切就都远了，在形式上无论跑多么远，要是心里放不下，永远还是放不下。

所以，中国老百姓有句俗话：大隐隐于朝，中隐隐于市，小隐隐于野。什么叫"小隐"？就是跑到山沟里去，盖个小房子，独居于山水之间，鲜与人来往，以减少世间烦琐之事。这种"隐"固然可以让人获得一种形式上的安宁，但是，这只是一种简单的物理隔离，如果心里放不下，照样不能够获得灵魂的升华与解脱。何谓"中隐"？就是指境界略高一层的人就生活在闹市之中，或者说就生活在我们中间，与常人无异，每日三餐油盐酱醋一点不少，但是他们灵魂宁静，不入俗流，不攀附权贵，安心于简单、质朴的生活状态，执着于立德、立言的人生追求。何谓"大隐"？"大隐"是最高层次的一种修炼，这些人虽然处于高位，权倾朝野，抑或是富甲一方，但是，他们身游刃于权势之间，心达于九天之外，心怀"大道"，命系苍生，不求虚名，此为"大隐"者也。

有一次我到河北赵州，参观了当地的一座千年古刹，即柏林禅寺。在历史上，赵州禅寺可以说是名扬天下，唐朝高僧玄奘东游时曾到过此寺院。其实，北京也有很多有名的寺院，诸如潭柘寺、红螺寺、碧云寺、卧佛寺、香山寺，等等，大多在郊区，倚山而建，向水而居，在交通并不发达的古代，也都算是偏远了。但是，我就发现这么有名的柏林禅寺，背不靠山，面不向水，建于闹市之中，其原因，我久思不得其解，后来思考老子之"道"，终于明白了其间的道理，于是作小诗一首，以达其意：

题赵州柏林禅寺

名山建名寺，名寺隐名山。

浩然千年刹，却立闹市间。

出门红尘里，归舍俗烟寒。

大道心为本，意正欲不偏。

不明穷通里，林深亦妄然。

能识回头路，方悟赵州禅。

二、黄尘隐大道，明处看愚贤

讲完了"道"的形态之后，老子的思维由"空而无物"的"道"转向人的处世法则。他讲了十二个字："挫其锐，解其纷，和其光，同其尘"。老子认为，一个人在现实生活中如果能够做到这十二个字，就可以算是体现出道家精神了。

何谓"挫其锐"？指做事和处世过程中要注意削去锋芒，保持一种韬光养晦、厚积薄发的精神状态，尽可能地做到不伤人，不害物。如果一个人总是觉得自己了不起，有一点小才能，有一点小成就，有一点有小资本就沾沾自喜，到处招摇，必然会带来无尽的祸患。凡是成就大事业的人，都能够稳得住心性，安得住精神，摆得正位置。

何谓"解其纷"？就是要最大程度地避免纷争，该退的时候退一步，该让的时候让一点，该忍的时候忍得住。人生不要斤斤计较，东边不亮西边亮，有得就有失，有进就有退，今天看着是好事，争来了不见得是什么好事，忍一步风平浪静，退一步海阔天空。

何谓"和其光"？指人要学习日月之精神，光照万物而不图索取。这主要是讲身在高位之人要居上不骄，广布恩泽；善取财者既要重视聚财，又要善于散财，财多不散就容易形成贪心，体内也会形成郁结之气而导致早亡；善弄权者有了权力之后要善于为民做事，才能够消除权力的锋芒，消除欲望膨胀之心态，在百姓的认同中获取温暖的力量。

何谓"同其尘"？就是融于红尘之中而自得其乐，不妄思、不妄想、不妄动，命贱如草而不悲伤，粗茶淡饭而不懊恼，竹杖芒鞋而自逍遥。实际上是指居下位之人，当能忍辱负重，甘于平淡，于平凡中见精神。人有十年河东，亦有十年河西，动心忍性，增益其所不能，机遇来时当掌天下于股中，时运不济，亦淡然于山水之间，其古仁人之境界也。

老子讲的这十二字，讲起来容易，做起来却难。纵览古今，能够守住这十二字的人不多，人的本性是自我炫耀和展示，一个人除非一无是处，否则，总希望把自己光辉的东西展现给他人，绝大多数人都逃不过这种人性中的弱点——虚荣心。

比如我们前面讲过的西楚霸王项羽，鸿门宴之后真正成了天下的霸主，有人劝他建都咸阳，立业关中，可以西压刘邦，东扼诸侯，以定霸王之业。但是项羽非要回彭城，也就是今天的徐州。项羽回徐州的理由特别朴素而简单："富贵不归故乡，如衣绣夜行，谁知之者？"人富贵了，不就是为了给父老乡亲们看看吗？富贵了如果不回老家，仅仅自己享受和让少数人知道，不就像夜晚穿着华丽的衣服出来，谁知道呢？又有什么意义呢？应该说这种"富贵归乡"的心态在人世间具有某种普遍性，如果说仅仅是为了展示或满足一下内心的小虚荣，还不算什么大问题，但是，当这种卖弄和虚荣膨胀到一定程度，就会使人头脑发热，失去理智和对问题的把握与判断力，会导致挫败，甚至陷入灭顶之灾。在历史上和现实中，这种例子可谓是不胜枚举。

再比如，中国历史上有一个有名的典故——"文王拘而演《周易》"。商朝末年，周文王被困在羑里，也就是今天河南的羑里县，在那里推演《易经》，最后形成了自己对《易经》的一套理论体系，也就是后世的《周易》。其实，《易经》这门学问远在周朝之前便有，传说创始于上古的伏羲氏，在夏朝的时候被称作《连山易》，在商朝的时候被称作《归藏易》，其推演的过程与卦序的排列是不同的。而文王通过自己的理解，利用被拘于羑里的那段时间创生了新的推演理念，即《周易》，也成为对后世影响最大的易学体系，因此，后人主要是通过这个典故来表达对文王身陷困境而能够有所作为的敬意。但是，我们今天想从另外一个角度来理解这个故事：文王作为诸侯王的时候，正是商纣统治时期，文王作为一个大国诸侯的首领，为什么会被抓捕呢？原因就在于文王显得锋芒毕露，引起了纣王的怀疑，担心其会与自己争天下，所以，就把文王抓了起来，如果没有手下人的努力，文王可能连命都保不住。文王被解救出来之后，姜子牙为他点破了迷津，《六韬》中就记录了姜子牙劝文王的这句话：

鸷鸟将击，卑飞敛翼；猛兽将搏，弭耳俯伏。圣人将动，必有愚色。（《六韬·发启》）

"鸷鸟"就是猛禽。姜子牙讲，猛禽扑抓地上的猎物的时候，往往两个翅膀向后一掠，低空俯冲，以极其精准的方式捕获猎物。猛兽进攻之前，往往两只后腿向后一缩，身子向后一蜷，下颌放在两只前爪上，攒足力气，迅速扑出，让猎物没有还手之力。这两句话描述了猛禽和猛兽捕猎的形态，实际上暗指一个真正能成就大事的人必须要低调，要在积累了足够的资本之后才能出手，否则将一无所成，甚至会搭上性命。"圣人将动，必有愚色"，真正有想法的人要深藏不露，甚至要让人觉得这个人没有什么追求，这才是境界。不能让人家一眼就看明白，事情还没个着落，就弄得满城风雨，那就适得其反了。

姜子牙这样讲自然有他的道理：当时，商纣王昏庸无道，残害忠良，滥杀无辜，每天沉迷于酒池肉林、花天酒地，不理朝政，同妲己寻欢作乐，不顾天下苍生，老百姓怨声载道，诸侯多敢怒不敢言，这是个事实。但是，商纣王毕竟还有强大的军事力量，还有其统治的基础，诸侯之间尚未形成一心。在这种情况下，周文王公开地壮大自己的力量，交好诸侯，抚恤百姓，与商纣王的行径形成了鲜明的对比，结果被人检举，最终身陷牢狱。姜子牙通过上面那句话劝诫文王，在表面上必须要与商纣王的步调保持一致，以消除他的疑心，私下壮大自我，网罗诸侯，待时机成熟，再商大计。

文王最终明白了姜子牙的用意，于是，"为玉门，筑灵台"，造成了荒淫无度、生活奢靡的假象，以取悦纣王。纣王听到消息后大喜过望，心里想：姬昌这小子终于上路儿了，这还差不多！终于不再把文王作为监管对象，并且赋予了文王征营天下诸侯等诸多权力。这样一来，文王通过明暗两种手段，不断地消除异己，收获民心，团结诸侯，扩大土地，最后抓住了机会，其子周武王一场牧野之战便推翻了商纣的统治，建立了长达将近八百年的周王朝基业。实际上，这场短短两个多时辰的战斗从表面上看实现了王朝的更替，背后却是两代人数十年共同的努力。

背离老子的这四大法则而招致人生惨祸的案例在历史上比比皆是，比如《三国演义》中的故事——"杨修之死"便很具有代表性。杨修可以说算得上聪明，有见地，而他死就死在了这个"聪明"上，不能够有效地控制自己的行为方式，最终触怒了曹操而被杀害。其中有几件事很突出：

有一次曹操命人为自己造了一座花园，完工后曹操来视察，他看后没有说话，

只在门上写了一个"活"字。大家都不明白曹操的意思，杨修赶紧对大家说："曹丞相对其他地方都满意，只是觉得门开得小了些，你们抓紧改造！"工人们只好按照杨修讲的办了。完工之后，曹操又来视察，见此情景很高兴，就问："谁让你们改的？"大家都说是杨修。曹操便问杨修为什么这么改，杨修赶紧说："丞相在门上写了一个'活'字，'门'内加'活'，不正是个'阔'字吗？是丞相觉得门小了，所以按照丞相的意思进行了改造。"曹操虽然嘴上称好，心里却很是不快，心想：这个人这么聪明，我想什么他都知道，就像肚子里的蛔虫一样，太可怕了！

没过多久，邻国送来一盒点心，曹操在盒子上写了"一合酥"三个字，杨修看后和大家说："吃，赶紧吃！这是丞相的意思！"大家都感到很奇怪，杨修就讲，盒上的三个字连起来念就是"一人一口酥"，意思是让大家一人一口吃掉这盒点心。曹操回来了，问怎么回事，杨修便向曹操述说了理由。曹操没有吭气，也没有责怪杨修，但是心里对杨修越来越有成见，感觉到杨修不仅特别自我，而且倚仗才高，目中无人，纵使知道自己的想法，也应该请示才对，遂起了杀心，而杨修对此浑然不知，甚至还自鸣得意。

再后来，杨修跟随曹操征战，曹操的军队与敌方相持了很久，进不能攻取，退又不甘心。在进退两难之际，有一日军士向曹操请示口令，曹操正在思考进退之事，随口说出两个字："鸡肋"，这两个字也正符合曹操当时的心态：食之无肉，弃之有味。杨修知道这个口令后就对曹操手下的大将夏侯惇讲：赶紧整理行装，丞相准备撤军了。并说明了理由。夏侯惇知道杨修一向能猜中丞相的用意，就按照杨修的要求命令手下做好撤军准备，结果正好被曹操撞上。曹操很生气，责问夏侯惇因何准备撤军，夏侯惇如实禀告。曹操大怒，将杨修抓来，杨修以"鸡肋"相对，但是，曹操毫不领情，以大敌当前，扰乱军心为由，将杨修处死。

故事讲到这里，姑且不论杨修猜得对与不对，大敌当前，形势摆在那里，杨修明白，曹操明白，难道其他谋臣和武将不明白吗？若进，当想进兵之策，若退，当想全退之法，只凭个人聪明，便令大将做撤军准备，会造成军心混乱，由此而治杨修之罪，也并不冤枉。杨修之死，曹操固然有心眼小的过错，但是，主要责任还是在于杨修本人。试想，一个如此聪明之人，为何未能在曹操手下担当大任？无非是因为杨修过于恃才放旷、盛气凌人。事实上，杨修在整个过程中所展现出来的才能大多只是些小聪明、小智慧，而在国家大事方面未见有什么建树。所以，成大器者必得"大道"，得"大道"者当懂得"挫锐、解纷、和光、同尘"的处世法则。由此看来，杨修并非得道之人。

2015 年春天，我到北京西山大觉寺参观、游览，大觉寺有一株古玉兰，已经有三百多年的历史了，被称为"京城第一兰"。慕名已久，有幸相见，但是看了之后不免有些失望，感觉名不副实：一是枝叶并不茂盛，二是花朵并不密实，三是气势并不磅礴。树下正好开了一家茶馆，便要了一壶清茶，树下赏兰。透过扭曲的虬枝，我突然感受到了蓝天下那几朵兰花的坚韧与执着、淡定与从容、超凡与脱俗，恍然大悟，于是填词一首：

江城子·大觉寺古玉兰

大觉有株古玉兰。色不妖，香不艳，年年今日，从容桃李前。独立西山三百年，荣辱事，早看淡。

又是一年春满园。登古刹，再参禅，是是非非，浮生何得闲。古佛笑看城中客，有难事，问玉兰。

讲了"四个法则"之后，老子对本章做了一个总结："湛兮，似或存。吾不知谁之子，象帝之先。"意思是讲，"道"太高深了，太深奥了，说它存在，但又看不见，说它不存在，却又实实在在地发挥着作用。老子在这里用了个词："似或存"。这三个字其实与佛经上常讲的"如来"二字异曲同工。什么叫"如来"？来了没有？没来。走了没有？没走。如来如不来，如去如不去，这就叫"如来"。道家讲"似或存"，存不存在呢？说它存在，却看不见；说它不存在，不按照"道"的法则办就会出事。存在哪里了？不知道。这就是"道"的玄妙之处。讲到这里，老子提出了道家一个非常重要的哲学命题，即"道生万物"。何以生"道"呢？或者说，世界的本原究竟体现在哪里呢？面对这个命题，老子也没有思考出最终的答案，只是无奈地说了一句"吾不知谁之子，象帝之先"——我确实不知道谁生的"道"，但我坚信"道"生了万物。

第五章 天地不仁，以万物为刍狗

天地不仁，以万物为刍狗。圣人不仁，以百姓为刍狗。

天地之间，其犹橐籥乎？虚而不屈，动而愈出。多言数穷，不如守中。

一、天地不论高与下，大爱无边空作舟

老子在本章开篇用了一个名词——刍狗。"刍狗"是古代用稻草、木棒捆扎，外面用布覆盖，形状像狗的一种祭祀用品。直到今天，北方很多地方在办丧事的时候仍然做这样的祭祀用品，不仅包括狗，还有牛、羊、马、人等多种形态，今天甚至有人做汽车、冰箱、电视机等，其目的就是希望去世的亲人在另一个世界能继续过正常的生活，表达生人对亡人的一种期待和告慰。刍狗这样的祭祀用品在丧礼举办之前是要被重点看护的，但是丧礼举行之后便被人废弃，任人踩踏，甚至被烧掉。老子在这里提到"刍狗"，其实是指刍狗是一种很不被人重视的东西。

理解了"刍狗"的意思，"天地不仁，以万物为刍狗"这句话的意思就很简单了：天地面对万物，从来没有像我们人一样，建立了那么多烦琐的，诸如仁、义、

忠、信这样的道德理念，它们对万物从来没有仁爱的态度，就像我们对待祭祀完的刍狗一样，弃而远之。而真正得道的高人，就效仿天地，对天下百姓也从来不讲仁爱之心，将之像刍狗一样对待，即"圣人不仁，以百姓为刍狗"。

这句话历来颇让人费解——天地怎么能没有爱心呢？圣人怎么能没有爱心呢？如果这样，谁来庇护天下苍生？其实，这句话是老子讲的一句反话，是在用一种极端而另类的方式表达天地的大爱之情，"都不爱"其实就是"都爱"。实际上，老子在这里要表达的是：天地和圣人之爱是一种无差别之爱，是一种永恒之爱。何为"无差别之爱"？天地和圣人对天下万事、万物都怀着同样的情感，诸如阳光惠及万物，花鱼鸟虫、山水树木、人狗鸡猫皆可享用，无所谓高低贵贱。而大地承载万物，凡生之则养之，没有强弱、上下之别，都是其子民。

老子实际上是通过这种表达反对社会上那些打着仁爱之心到处招摇的伪君子，他们所谓的"爱"都是带有自己主观的好恶，都出于自己的私人利益和企图。世界上没有无缘无故的爱，也没有无缘无故的恨，有爱必有恨，有亲必有疏，有近必有远。当一个人能够真正怀着公平之心来对待苍生，那才是真正的大爱。所以，天地和圣人对谁也不亲近，貌似没有仁爱，但是，它们心容天下，公平行事，从不以自己的喜好和取舍处理问题。这才是老子所要告诉世人的，即什么是真正的好、无边的情、永恒的爱。

老子在这里之所以用这样热辣辣的文字来表达对"仁"的看法，我认为是老子通过春秋时的社会现实，认清了人的虚伪和趋利的本性：仁义道德被随便摆弄，蒙蔽百姓，麻痹人心，背后却是见不得人的勾当。结合老子的观点，我认为，一般人之所以难以达到老子所讲的"大爱"的境界，缘于人性的四大缺陷：一是重私利，轻公利；二是重"党"性，轻"群"性；三是重人性，轻物性；四是重人道，轻天道。

二、有权当思天下事，青史最喜爱民人

何谓"重私利，轻公利"？人是一种借助物质才能生存的动物，人也是借助名望才能获得灵魂快感的高级动物。人总是有大于其他生物的欲望和索求，人性使然，与某个个体生命没有必然关系。所以，这样就带来了一个严重的后果，那就是人的行为选择总是带有某种趋利性和占有性，通俗地说就是"私心"。中国老百姓有句俗话：人不为己，天诛地灭。这句话或许讲得有些极端，却也反映了中国文化

对"人性"的刻骨铭心的认识。所以,从这个角度来说,人类社会的发展史从某种角度可以理解为一部私心与公利斗争的历史,或者说博弈的历史。人类总是试图通过教育、修炼,或者制度、法律来约束人的私心,从而更多地体现社会的公平和公正,实际上这种做法只能解决一部分问题,有些时候难免让人的私心隐藏得更深,更难以察觉,要想杜绝私心,可以说难度非常大。特别是当一个人握有资源和权力的时候,他的这种欲望就会禁不住地膨胀,当膨胀到无以复加的程度时,结果只能是灭亡。个人如此,国家和政权亦如此。《汉书》中讲:

> 自成康以来,几且千岁,欲为治者甚众,然而太平不复兴者,何也? 以其舍法度而任私意,奢侈行而仁义废也。(《汉书七·卷十九》)

"成康"即周成王和周康王,成康时代也是周朝比较辉煌的时期。这句话的意思是:自成康时期到汉朝,也已经过了差不多一千年,这期间也有一些有理想之士希望治理好国家,再造就"成康盛世",但是,像成康那样的盛世再也没有出现过,原因是什么呢? 主要是做事不讲制度,不讲规矩,私欲膨胀,恣意妄为,荒淫无度,废弃道德,即:

> 内作色荒,外作禽荒,甘酒嗜音,峻宇雕墙,有一于此,未或弗亡。(《尚书·卷二》)

这句话实际上就是在警示执政者或者有了权势的人:这四大偏好只要沾上,没有一个不亡国、亡身的。

什么是"色荒"? 通俗地说就是沉迷于女色不能自拔。夏、商、周三代之所以亡国,这是一个重要的因素。夏朝的末代君王夏桀,娶了个叫妹喜的妃子,这个妃子有三好:一是喜欢看人酒中泛舟,醉而落酒;二是喜欢听撕绢的声音;三是喜欢穿戴男人的衣帽戏耍。不说别的,就说第二条,我们不妨想一想,夏朝的生产力还相当落后,百姓仅能以麻衣蔽体,绢极昂贵,仅为了听声音就大规模地对其进行撕毁,可谓是暴殄天物,这样的国家岂能不亡? 《史记》中讲夏桀"不务德而武伤百姓,百姓弗堪",最终在鸣条之战中被商汤打败,与妹喜一起被放逐,最终二人"奔南巢之山而死",也就是死在了今天巢湖之南的某个地方。商朝的末代国君商纣更是如此。《史记》中对纣的奢靡生活记载得淋漓尽致:他极好美色,荒淫无度,宠爱妲己，对妲己言听计从。为了讨好妲己，他不惜耗巨资为其筑鹿台，以致国库空虚，专门为此增加老百姓的税负。他还残害良女，乱诛忠臣。商纣时国有三公，即西伯昌、九侯、鄂侯。其中九侯家有一个漂亮而善良的女儿，被献给纣王，而这位美人因看不惯商纣的荒淫，被商纣杀死，其父亲九侯竟然更是被剁为肉酱，商纣之凶残可见一斑。

周朝也是同样。周幽王得了一位美女叫褒姒，并且做了一件蠢事，《史记》记载如下：

> 褒姒不好笑，幽王欲其笑万方，故不笑。幽王为烽燧大鼓，有寇至，则举烽火。诸侯悉至，至而无寇，褒姒乃大笑。幽王说之，为数举烽火。其后不信，诸侯益亦不至。

这段文字所讲的就是历史上有名的"烽火戏诸侯"的故事。周幽王找的这个美人褒姒什么都好，就是不爱笑，周幽王为此非常着急，却想不出办法。一次有人出了个点子，让幽王带着褒姒上烽火台。烽火台就是古代通报敌情的地方，白天点狼烟，晚上点篝火，目的是在国家有难时，各路诸侯能够迅速前来保护。结果，在没有任何敌情的情况下，周幽王让人把烽火点了起来，各路诸侯不知道什么情况，以为真来了敌人，不远百里甚至数百里赶来救驾，结果，幽王告诉大家：没有啥事，逗大家玩玩。褒姒看到各路诸侯的这种惨相，突然笑了起来。褒姒一笑，幽王觉得很成功，也很高兴，但是，殊不知各路诸侯内心是何等气愤。如此几次之后，诸侯就再也不来了。后来，西戎的大军真的杀了过来，任凭幽王怎么点烽火，各路诸侯都不再相信，最终幽王被西戎诛杀于骊山脚下，而美人褒姒也被掠去，到那个时候恐怕她想笑也笑不出来了。

后来，幽王的儿子继位，即周平王，此时周室已经衰微，西周的京城本来在镐京，在今天的西安附近，后来周平王迁都到今天的洛阳，这就是历史上有名的"平王东迁"。从此，西周就变成了东周，虽然周王朝在名义上又延续了几百年，但是从那时起便一蹶不振，进入了春秋战国之乱世，诸侯纷争，战火不断，民不聊生，周王朝仅仅成为一种形式上的存在，或者说是一个符号。

除了"内作色荒"之外，历史上导致王朝衰亡的还有另外一个不容忽视的问题，就是"峻宇雕墙"，通俗地说就是大搞楼堂馆所和宫殿建设。君主这么做，一方面是为了满足自己的虚荣心和玩乐的需要，另一方面希望这些建筑能更多地体现

他们至高无上的地位和权威。但是，这些建筑的背后是无数百姓的血汗与生命，很多君主其实就是被这些大厦给"压死"的。回顾历史，中国历朝历代的君王都搞了大量的精美建筑，如果留下来用于今天搞旅游该多好啊！但是，事实上留下来的少之又少，在政权更迭的过程中，这些建筑大多化为尘土，其实，这个过程也体现了百姓对建筑背后的残暴、腐朽的统治的无比痛恨。因此，我们今天不能完全以不重视文物的名义来评价当时人们的那些极端行为。比如历史上有名的阿房宫，其庞大与繁华让人叹为观止，杜牧在《阿房宫赋》中做了如此的描述：

> 覆压三百余里，隔离天日。骊山北构而西折，直走咸阳。二川溶溶，流入宫墙。五步一楼，十步一阁；廊腰缦回，檐牙高啄；各抱地势，钩心斗角。盘盘焉，囷囷焉，蜂房水涡，蠹不知乎几千万落。长桥卧波，未云何龙？复道行空，不霁何虹？高低冥迷，不知西东。歌台暖响，春光融融；舞殿冷袖，风雨凄凄。一日之内，一宫之间，而气候不齐。
>
> 妃嫔媵嫱，王子皇孙，辞楼下殿，辇来于秦，朝歌夜弦，为秦宫人。明星荧荧，开妆镜也；绿云扰扰，梳晓鬟也；渭流涨腻，弃脂水也；烟斜雾横，焚椒兰也。雷霆乍惊，宫车过也；辘辘远听，杳不知其所之也。一肌一容，尽态极妍，缦立远视，而望幸焉。有不得见者，三十六年。

杜牧的描写虽然有想象和夸张的成分，但是，即使我们将这种描写缩小到其本身的十分之一，当时的阿房宫仍然是气势非凡的建筑。大家可以想象，这建筑让天下百姓付出了什么样的劳动。秦始皇统一六国，就历史趋势而言，是符合天下百姓的愿望和时代发展的潮流的，春秋、战国几百年，百姓苦不堪言，大家都希望能够有一个有作为的君王来结束这种天下纷争的局面，实现天下的统一和国家的安定。秦始皇一定天下，本来是民心所向，但是，秦之暴政代替战争给人民带来了更大的灾难。当然，今天也有学者讲，秦始皇北修长城，南筑灵渠，平蜀地，定南越，工程更加浩大，修阿房宫不算什么。我认为，如果历史地看，这种认识也有一定的道理，如果没有秦所建立的郡县制基础和文化基础，也很难确立中华民族"大一统"的历史方向，但是，站在当时百姓的角度，也可以想象大家面临的种种压力和苦难。我们不能期望秦朝百姓能够考虑到两千多年之后这些建筑所产生的历史价值和文化意义，就像我们今天不知道自己十年之后的责任一样。正是在这样的压力下，陈胜、吴广揭竿而起，天下云集响应，项羽进入咸阳之后，一把大火将阿房宫烧得片瓦无存，正所谓"楚人一炬，可怜焦土"！

秦亡之后，刘邦做了皇帝，萧何为他修了未央宫。不要看刘邦出身贫贱，但是见识还是很博大的。看了如此豪华的宫殿之后，刘邦对萧何说：这么豪华是不是有点过了？萧何说，这已经不知是秦朝宫殿规模的几分之一了，作为天子，还是要讲究一些威仪的。听了这些话，刘邦才入住了未央宫。这么看来，刘邦还真算一个有些良知的君主。

隋朝虽然持续的时间很短，但是在建设楼堂馆所方面也毫不逊色。隋炀帝杨广即位后大兴土木，修筑宫殿，开掘运河，给百姓带来了沉重的负担，最终导致民众揭竿起义，身死国灭。

唐是中华民族最有气象的朝代，也是国际化程度比较高的一个王朝。唐王朝建成了大明宫，虽然气象也不小，但是，考虑外交的需要，百姓对这倒也没提出太多的异议。

宋朝虽然守着半壁江山，却建了一个有名的景观叫"艮岳"。据说当时有一位风水先生说都城汴梁（今开封）的西北太低，风水出了问题。在我国古代，人们普遍认为西北高，东南低是正常的风水走势，于是，宋徽宗就在汴梁城的西北方向建了一座山，取名"艮岳"。"艮岳"建成后，宋徽宗非常高兴，开始大规模地在民间搜罗奇珍异宝、奇石异兽来装点这个公园。一些奸臣就利用皇帝的这些爱好和要求，大肆搜刮民财，历史上有名的"花石纲"就是打着皇帝的旗号掠夺老百姓的最有力的证据。在这种压迫下，爆发了宋江和方腊领导的农民起义，尽管起义最终失败，但是宋朝元气大伤。

尽管时代在进步，但是，从"人性"和"人欲"的角度看来，变化并不大。人有了权势之后，其私欲就会膨胀。看看这一个个逝去的王朝，尽管政权衰亡的形式不同，但实质上几乎没有差别。老子看到了这种人性的弱点，所以才不提倡所谓的"仁义道德"，他认为越是提倡，一个社会就越容易堕入虚荣的骗局。

当然，除了《尚书》中所提到的这四大物质和利益诉求外，有了权势之后，人们往往还有另外一个难以把握的关口，那就是名声。一个人如果真能够做到立德、立功、立言，也自然会有其名，名者，实之归也。但是，问题在于，一些既无德又无才的人，偏偏对虚名重视得很，那问题就来了。《体论》云：

人主之大患，莫大乎好名。人主之好名，则群臣知所要矣。

作为一个领导者，最忌爱慕虚荣。一旦沾染上这种习气，手下那些别有用心的人就会乘机而入，把你捧到天上，最后你真的就找不到自己了。有句老话讲得好：上有好者，下必兴焉。

这几年我们搞作风建设，在这一点上大家认识得都很清楚。多年来，很多领导都加入各级书协、画协，并且担当各类职务。说实在的，他们的作品真的不敢恭维，但是，很多"喜欢"的人喜欢的并不是他们的作品，而是其权力和地位，这也在一定程度上使"雅贿"行为有了滋生的温床。

所以说，对一个领导者、一个掌握权力的人来讲，最重要的是要利用好手里的权力，为百姓多做一点实事。至于会不会写字，会不会画画，这不是最根本的东西。作为一种业余爱好是可以的，但是，不能因此而找不到北，甚至迷失方向。历史上这种人还真不少。

比如南唐后主李煜，诗词写得很好，但是，作为一国之主，却不懂得经营国家，管理社会，天天寻欢作乐，国破家亡之后自身难保，光剩下伤心了。后来他悔悟了，写了一首词：

> 四十年来家国，三千里地山河。凤阁龙楼连霄汉，玉树琼枝作烟萝，几曾识干戈？一旦归为臣虏，沉腰潘鬓消磨。最是仓皇辞庙日，教坊犹奏别离歌，垂泪对宫娥。（李煜《破阵子》）

到了山河破碎，国家都完了的时候，什么宫室殿阁，什么玉树琼枝、娇妻美妾，都是人家的了，最后有的，只剩下一个"愁"字，正所谓"问君能有几多愁，恰似一江春水向东流"。但是遗憾的是，到那个时候愁都愁不了了。相传，当宋太宗发现李煜的这种悔改之心和家国之心之后，担心其会犯上作乱，连一点机会都没有给他留，赐他一杯毒酒，他便归西而去了。

前面提到的宋徽宗也是如此，论写字、绘画的才能，足以称得上"大家"，但是作为帝王，他就是个不折不扣的失败者了。我们中国有句老话，"男怕入错行，女怕嫁错郎"，宋徽宗这个人可真是入错了行，失去了江山后被金人虏到了北国。在北行的路上，哪里还有什么锦衣玉食、管弦舞女、金宇华屋？此刻的他，只是一个亡国之君。面对这种现实，宋徽宗写了四句发自内心的诗句："彻夜西风撼破扉，萧条孤馆一灯微。家山回首三千里，目断天南无雁飞。"最后客死他乡，不得不说真的十分可悲。

三、山头主义害死人，当有五湖四海心

我认为，要想做到老子提出的"天地不仁"和"圣人不仁"，须克服人性的第二大弱点，即"重'党'性，轻'群'性"。

从自然属性来说，人是一种群居动物，不在"群"中就缺乏安全感。或许基于这样的自然属性，人这种动物在社会中形成了一个非常突出的特点，就是喜欢拉帮结派，搞"山头主义"。这个特性不仅今天有，几千年来都是这样，中国如此，外国亦如此。《尚书·洪范》就此有一句很有名的话："无偏无党，王道荡荡"。意思是讲，如果一个社会没有偏私，没有党派纷争，没有利益集团作怪，天下就会浩浩荡荡，老百姓就没有怨气，各领域也会最大程度地实现公平。

观历史轮回，看时代变迁，我们就会清楚地看到，党争为腐败之源，为国家危亡最重要的祸根。一个社会一旦形成了各种各样的圈子，也就会形成各种各样的利益集团，这些集团就会捆绑政府的决策，进而导致极大的不公平。这些集团起初可能仅是为了满足各自的经济利益，但是，久而久之就会谋求政治利益，因为掌握了权力就会为自身带来更大的经济利益。利益集团一旦拥有了政治目的，并且造成了社会更大的不公平，必然会导致执政者丧失执政资本，导致政权最终灭亡。

人为什么会结党呢？《六韬》中就讲了一句很有名的话：

> 君以世俗之所誉者为贤，以世俗之所毁者为不肖。则多党者进，少党者退。若是，则群邪比周而蔽贤，忠臣死于无罪，奸臣以虚誉取爵位，是以世乱愈甚，则国不免于危亡。

这段话的意思非常清楚：作为君王和领导，往往都有一种常规的认识，认为被大多数人说"好"的人就一定是贤良之士，而被大多数人说"不好"的就是无德、无才之人。于是，一个人要想在官场上混下去，就必须要广交朋友，或者说建立起一个庞大的人脉圈子，这样，在关键时刻才有人帮助你。所以说，结党越大，获取权力和资源的几率就越高。在这个过程中，那些充满欲望和邪念的人、没有真本事的人，为了自身的利益，就更容易结党，如果这些人的数量达到了一定程度，就会迷住上司的目光，一些拥有贤德的人就很难获得升迁，一些正直的人就会受到迫害，甚至付出生命的代价。这样一来，那些奸诈之徒就会获得更高的职位，拥有更

多的资源，就会使精英远离政治核心，失去对国家的信心，天下百姓也会怨声载道，久而久之必将导致政权的危亡。

可以说，《六韬》中的这段文字简单而又深刻，无论从历史还是现实来看，在政治这个圈子里做到"不结党"是很难的。作为组织的一员，保持中立，哪方也不得罪，表面上看似乎是一种最佳选择，但是，在一些关键时刻将很难得到"帮助"，纵使有一两知己，也改变不了大势。所以，这些起初一心想"保持中立"的人最终还是会被逼到某个圈子里，因为不入圈子就不会有发展空间，甚至有的时候还很难自保。

历史上有名的"指鹿为马"的故事讲的就是这个问题：秦相赵高权倾一时，大臣纷纷与其结党，但是，有些忠诚之士看不惯赵高的言行，誓死不与其同流合污。赵高为了清除异己，有一次，他命人把一头鹿牵到殿上，在百官面前偏偏说那是马，让他们表态，凡是所说与赵高不一致的都遭到了打击和陷害。再比如，北宋末年，以高俅、童贯、蔡京为核心的利益集团几乎垄断了朝中所有的大事小情，忠臣良将处在夹缝中，敢怒不敢言。而明朝的党争更是成为葬送大明王朝最强有力的"助推器"。在清朝，纵使在"康乾盛世"的社会大背景下，也产生了以张廷玉和讷亲为核心的利益集团，在用人问题上一股独大，如果没有他们的认同，任何人都很难得到皇帝的重用。后来，刘统勋冒着杀头的危险，斗胆上书，弹劾了张廷玉和讷亲。也难得乾隆是位好皇帝，最后把他们打压下去。民国时代这个问题更为严重，"四大家族"各占其位，中统、军统争名夺利，各地军阀各自为政，党内、军内更是派系林立，整个统治集团从来没有形成一股强大的合力和凝聚力，这也是其之所以失败的一个重要原因。

党争给政权统治带来的最大、最直接的伤害还是体现在选人、用人的问题上，中国有句古话："吏治兴，则国必兴；吏治腐，则国必腐。"用人问题如果被圈子化了、集团化了、利益化了、个别人化了，那么大多数人就看不到希望和前途了，就会出现大问题。

《论语》中记载着这样一件事：有一次鲁哀公向孔子问政："何为而民服？"意思是说，我怎么做天下人才能服我呢？这个"服"有信服、佩服、服从等含义。孔子回答了这样一句话："举直错诸枉，则民服；举枉错诸直，则民不服。"意思是说：你如果把正直而有能力的人用起来，把那些奸邪的人打压下去，天下百姓自然就会信服你；你如果使用的都是那些奸邪而别有用心的人，都是和你有利害关系的亲朋故旧，老百姓就会对你失去信心，就不会服你。按照孔子的理解，用人问题是一个执政者最重要的基础工程，是构筑统治威望，打牢民心基础的关键环节。

　　诸葛亮在总结汉朝兴衰的时候也曾经说过一句话："亲贤臣，远小人，此先汉所以兴隆也。亲小人，远贤臣，此后汉所以倾颓也。"西汉之所以兴盛，很重要的一点是在选人和用人方面是相对公平的，以德、以功来取士，因此，许多有德、有才的人都得以重用。开国皇帝刘邦在这方面就是一个典型代表。得到了天下后，手下的人都称赞刘邦有本事，刘邦却直言不讳地说了一句千古名言：

　　　　夫运筹帷幄之中，决胜千里之外，吾不如子房。镇国家，抚百姓，给馈饷，不绝粮道，吾不如萧何。连百万之众，战必胜，攻必取，吾不如韩信。此三者皆人杰也，吾能用之，此吾所以取天下也。项羽有一范增而不用，故所以为我擒也。（《史记·高祖本纪》）

　　通过这段表述可以看出，刘邦虽然出身低微，但是能够正确评价自己和别人，不嫉贤妒能，唯有德、有才者而用之。张良为其规划以定方略，韩信为其出生入死而定战局，萧何不辞辛劳而安百姓，供粮草，这是刘邦成就天下大业的基础。千百年来，多少君王羡慕刘邦有这样一支几近完善的合作团队。其实，任何时代，天下都多有千里马，而伯乐甚少，位高权重的伯乐则更少，拥有天下而能礼贤下士的伯乐更是少之又少。人才者之所以兴天下，人才者之所以亡天下，政权稳定与否全在对人才的用与毁之间。

　　汉初所确立的这种良好的用人风尚，到了东汉就只有其名而无其实，造假成风，各种利益圈子盘根错节，无论百姓还是君王都看到了这个问题，于是汉明帝上台后就此颁布了诏书。

　　　　明帝即位，诏曰：今选举不实，邪佞未去，权门请托，残吏放手，百姓愁怨，情无告诉，有司明奏罪名，并正举者。（《后汉书》）

　　但是很遗憾，由于用人问题牵扯到太多的政治利益和经济利益，各种利益集团并没有因为皇帝的诏书停止其私立党羽的决心，用人腐败问题并没有从根本上得到解决。到了东汉末年和三国后期，这种现象几乎达到了顶峰，奸臣当道，忠臣被边缘化，皇权滞于宫廷之内而徒有其名……它们各自的灭亡自然就成为必然的事情。

　　之后的统治者也意识到了这个问题的严重性。历史发展到隋唐时期，当时的朝廷在选人、用人上创建了历史上一种非常伟大的制度，就是备受今人诟病的科举制度。回顾科举制度千余年的历史，从一个宏观的视角来看，其积极的意义远远大于消极的意义：这一制度至少在某种程度上实现了人才选拔过程中形式和程序上的公平，这对于以"天下为公"为精神核心的中国式的政治文明无疑具有重大的理论和现实意义。因此，这个制度一诞生，就立刻得到了统治阶层和天下百姓的拥护，以至于延续千年。所以，千百年来，凡是科举制度能够正常进行，保持相对公平的时代，一般都是政治清明的盛世，这个制度一旦被扭曲甚至废弃，社会就离乱世不远了。也正是通过这个制度，很多寒门子弟实现了自己的人生抱负。

当然，任何制度都有其局限性。但是，无论历史如何发展，无论统治和治理形式发生什么样的变化，如果不解决用人法制化和制度化的问题，其政权存在的合法性就会受到置疑。一个政权要想得到天下百姓的拥护，首先要解决人的出路问题。

今天，中国社会进入了一个至关重要的阶段，政治形态、社会形态、经济形态、文化形态都面临着巨大的转型。但是，无论现代社会在结构和形式上变得多么多元而复杂，我们必须要抓住一个社会最核心的东西，那就是用人。政策是人制定的，也是人执行的，一切从人出发，一切为了人的全面而自由的发展。因此，人永远是社会的主体，而占社会主体的大多数的，我们可以称之为"人民"或者"百姓"，当政者只有给他们一个出路、一个希望，才能够真正实现社会的转型和质变。

五千年的文明告诉我们，支撑一个社会，必然要有一个强大的精英集团，而这个集团中的人一部分来自寒门，一部分来自豪门，无论豪门还是寒门，都必须要经过一种制度性的筛选，才能获得执政的合法性。

四、人类可能会毁灭于自己的欲望

要想达到老子所强调的"天地不仁"和"圣人不仁"的状态，需要克服的第三个问题就是人类唯我独尊的心理优越感，而这一心态，我称之为"重人性，轻物性"。

《中庸》中有句话说得好，"天命之谓性，率性之谓道，修道之谓教"。一个社会为什么要搞教育？就是为了让更多的世人得"道"。什么叫"道"呢？"率性之谓'道'"。"性"是指天地万物所具备的某种特质和属性，"率"有"尊重"和"顺从"之意，"率性"就是尊重万事、万物的自然属性，尊重其生存的权利。人不能随意按照自己的意志过多地调整并改变自然的存在，否则，就可能导致巨大的悲剧。但是，人作为智慧生命，往往有一种致命的心态——唯我独尊，无论做什么都容易从自己的利益出发，而不考虑自然的法则。

一些科学家认为，正是在这种主观能动性的驱使下，人类在 20 世纪对自然和地球的破坏超过先前人类造成的所有破坏的总和。基于此，著名历史学家汤因比曾说，如果讲 19 世纪是英国的世纪，20 世纪是美国的世纪，那么 21 世纪将是中国的世纪。这句话怎么理解？我认为这位历史学家在他生存的年代就看明白了现代科学技术巨大的"双刃剑效应"，而掌握了现代科学技术的人类变得比以往更加自我，并坚信能征服自然，或者使自然为我所用，这种思维方式可能会把我们自己送入深渊。

面对这种人类文明的现实，这位历史学家清楚地看到，中华文化中"天人合一"与"和谐万物"的价值观念对于遏制人类疯狂的征服行为具有重要的现实意义，并认为中华文明将成为引领整个人类文明向前发展的重要的价值依托。从这个角度讲，21 世纪将是中国的世纪，这是站在整个人类文明形态上做出的一种文化阐释，而不是讲 21 世纪将是中国人称王称霸的世纪。所以，面对未来，人类不能天天只讲人性，不讲物性，必须要增加全人类的自然情怀。

人性是善还是恶，这是人类争论了几千年却一直没有定论的一个哲学和伦理命题。按照道家的观点，世界本无善恶，只有"生存"二字。从这个角度讲，人对自然和外物的诉求本无可厚非，但是，今天人类的行为选择已经不仅仅是为了满足生存的需求，人性越来越彰显出一种无与伦比的占有和征服欲望。而这种欲望到今天还看不到边际，然而，我们生存的这个星球已经满目疮痍、遍体鳞伤。因此，面对未来，人类不应该只爱自己，而应该爱万物，应该怀着一颗大爱之心去选择自己的生存方式，去构建自己的文明形态，这就是老子所讲的天地情怀、圣人心态。

五、人活着为什么会累

老子让我们学习天地和圣人，就是让我们克服人道思维，遵循天道思维。中国文化认为，宇宙中有两道，一是"人道"，二是"天道"。人道是人带着主观想法去确立的做事法则，天道则是指按照自然的法则去面对事物并处理事务。

关于"人道"和"天道"，庄子有一段精辟的论述：

> 物者莫足为也，而不可不为。不明于天者，不纯于德；不通于道者，无自

而可；不明于道者，悲夫！何谓道？有天道，有人道。无为而尊者，天道也；有为而累者，人道也。主者，天道也；臣者，人道也。天道之与人道也，相去远矣，不可不察也。（《庄子·在宥》）

这段文字说得很清楚：人活一世必须要做事情，要处理一些事务，但是，有些事务不能强为，而又不能不为，怎么办呢？庄子认为，最好的办法就是明白天道，只有遵循天道做事，才是大德所在。什么是"天道"？诸如春夏秋冬、沧海桑田、阴晴圆缺、云展云舒、生老病死，这都是自然的事情，不可不求，亦不可强求。人遵循天道，摒弃主观，就会进入"无为"的境地。但是，人往往背离天道而遵循人道。人道的特点就是"有为"，"有为"所表现出来的更多是主观的臆断，强行改变自然法则，违背天理，通俗地说就是折腾，折腾到最后，不仅自己身心疲惫，并且往往是事与愿违。所以，庄子说，"主者，天道也；臣者，人道也。天道之与人道也，相去远矣，不可不察也"。言外之意，人有点想法也是正常的，但是，不能过于极端，在大是大非面前，还是要信服天道，遵守无为。人无论如何也逃不出大自然，不管怎么折腾，我们仍然是自然的一分子。明白了这个法则，人世间的一切问题就都迎刃而解了。

带着这种思维来看社会，我们既不会过于悲观，也不会过于乐观。过于乐观，就容易激进；过于悲观，就容易绝望和消极。其实，社会的演化也是一个自然的过程，一代人只能解决一代人的事情，一代人也只能有一代人的目光，你今天认为最不好的东西，可能百年之后成了我们最大的财富，你今天认为最有用的东用，在未来可能会成为社会上最大的垃圾。社会发展有其自愈功能，有其自然选择的过程，我们最佳的行为选择就是按照自然法则办事，办好自己应该办的事，不急不躁，不温不火，心怀天下苍生，抛弃主观和私利，保持良知和信仰，让自己的一生在春夏秋冬中坦然度过，这既是一个生命个体的最高境界，也是一个生命群体的最高境界。

人类社会之所以种种纷争不断，就是因为人们缺少这样一种自然的情怀，总是为了自己的利益去掠夺，总是带着自己所谓的"高级文明"去强行改造所谓的"低级文明"。事实上，不同的地域会产生不同的生活习惯和思维习惯，不同的人种会创生不同特质的文化。世界真有所谓的"野蛮"与"文明"吗？其实，回顾近几百年的人类历史，我们会发现，其实都是所谓的"高级文明"把血腥的杀戮带给了所谓的"低级文明"，这种改造不仅把整个世界带入了纷争与战火，而且破坏了人类社会的宁静和多元化的文明形态。我们可去交流、去碰撞、去探讨，但是，最根本的是要学会尊重。

整个人类文明都会不断进化，不同的文明有不一样的进化路径，全球化的最大悲哀是使人类文明逐渐失去了个性，并且构筑了文明的统一参照系，从一定程度上讲，这不是人类文明的幸运，而是人类文明的悲哀。

其实，抛开所有冠冕堂皇的理由，文明之间的碰撞与纷争不是缘于责任，而是缘于利益。当地球真正变成了"地球村"之前，当民族还是以国家的形式存在时，国家的利益是真正而永恒的利益。有利益必然有纷争，而这种纷争总是由那些所谓的"高级文明"主导，这样会把那些所谓的"低级文明"逼到绝路，他们最后选择的生存手段只能是暴力。自古至今，没有哪一种文明能够通过暴力来成功推进另一种文明的进化，文明的进化都是沿着自己的路径而进行创新、改造、吸收的自然过程，我们必须要认识这一过程，尊重这一过程。当然，在这一过程中，我们可以做一些有益的事情，但是，这不是颐指气使，而是坦诚相待。

"老庄"的这种遏制人道，尊重天道的思维也可以很好地指导我们的很多日常行为。比如，中国人重视教育无可厚非，但是，在所谓的"教育事业不断取得巨大进步"的背景下，著名科学家钱学森先生在临终前发出了这样的疑问："为什么中国的教育培养不出杰出的人才？"我认为一个根本的原因是我们不尊重人的自然成长规律，人为地拔苗助长，在一定程度上导致了人性的扭曲。

《易经》中有一卦，叫"蒙卦"。"蒙"即启蒙，这一卦的一个重要内涵是探讨孩子的教育问题。该卦开篇就讲了一个重要法则——蒙：亨。意思是讲，从小对孩子进行良好的教育是一件好事，正所谓"小时成天性，习惯成自然"，从小学习一些好的习惯，学习一些知识，对人的健康成长很有好处。但是，它同时也强调"匪我求童蒙，童蒙求我"，即有些知识要不要教给孩子，不是取决于家长的意愿，而是取决于孩子需要不需要。孩子该学的一定要学，不该学的一定不要学，该知道的一定要知道，不该知道的一定不能知道，教育一定要和孩子心理和生理的发展规律相协调，这才是科学的教育。

蒙卦在卦辞中进一步强调，"童蒙，吉"。意思是说，从一定程度上讲，孩子在年少的时候越单纯，越可爱，越充满幻想和好奇，越是好事，千万不要人为地缩短孩子的这一成长过程，应该让年少的灵魂充满阳光。但是说实话，我觉得我们中国的孩子现在有一个非常大的问题，就是"早熟"。大家不要小看这个问题，早熟是人性的悲哀。今天我们的孩子懂了太多在他们那个年龄不该懂的东西，他们本来是

单纯的，却变得复杂，他们从小背负了太多，既有知识的，也有伦理和社会的。他们把学习知识当作一种负担，不让父母失望成为他们学习的最大动力。在求学的过程中，我们创造了太多的优劣标签贴在了孩子的脸上，胜利者沾沾自喜，失败者无地自容。而且中国社会真正的竞争不仅有成人在官场上和市场上的竞争，还有孩子们在教室里的竞争。而这场竞争往往以高考作为收官的标志，"成者"进入名牌大学，"败者"进入二三流大学，或者提前进入社会。

但是，令人失望的是，进入大学之后，没有几个孩子还愿意坐在冷板凳上刻苦求学，他们认为只要能够毕业就完事大吉，消遣、娱乐、恋爱成为中国大学生的生活主旋律。其实，大学阶段是人生中接受能力最强的阶段，十八九岁到二十出头正是理解力和接受力俱佳的人生黄金阶段，我们却错过了。所以，用一句话概括就是，我们中国的孩子该阳光的时候没有阳光，该刻苦的时候没有刻苦，所以，这样的教育怎么能够培养出高质量的人才？

最近几年，我走访了欧美的一些大学，给我印象最深的是那些校园里是那么宁静，无论是走着还是坐着，无论在饭堂还是在楼道，大学生们都夜以继日地吸收着知识的营养，与中国大学的学习氛围恰恰相反。而走入中小学，我们看到的是另外一种场景：中国的孩子们不停地记背着那些半懂不懂的知识，没黑没白地参加着各种辅导班；欧美国家的孩子们却在快乐地学习、生活着，也许他们没有学习太多的具体知识，但是他们了解了更丰富的世界，他们形成了对知识无边的兴趣，他们学会了思考和学习的方法，他们渴望有一天长大，去更广阔的知识海洋中遨游。所以，对于"学习"二字，我们的孩子更多地表现为在高考之后选择逃离，而欧美的孩子选择的是进入。

我国古代有一本书叫《学记》，是我国历史上第一部教育学专著。这部著作的一个重要的教育思想就是循序渐进，要尊重孩子的成长规律。它讲了三个重要法则：第一，"禁于未发之谓豫"。也就是说在孩子的坏毛病、坏习惯还没有形成之前，我们就把它们制止住了，这叫"豫"，也是"预防"的意思。第二，"当其可之谓时"。他需要学什么知识的时候，我们就教给他什么知识，这就叫"恰当其时"。第三，"不陵节而施之谓孙"。我们所教的知识不能超过他们的接受能力，这叫"顺理成章"。细细想来，我们今天在教育的问题上，有多少方法与措施都违背了这些原则！

我们不妨举个例子，就说奥数的学习问题。其实，奥数在本质上是研究一些有趣的数学现象，以拓宽孩子的思维方式，同时也可通过这个过程筛选一下在数学方面有天赋的孩子。但是在中国完全变了味道，被催生成了一个产业，不仅背离了奥数的宗旨，更把孩子们带到了一个思维的误区。对于教育主管部门这些年明令禁止再开办各种奥数学习班，也不允许再通过奥数给孩子的考试成绩加分的这项举措，我是坚决拥护的。其实，对于奥数，我并没有太多的了解，在一次偶遇之后，我才开始认真思考这个问题。一次偶然的机会，一个朋友带着读小学三年级的女儿来向我请教一道奥数题。我一边念题一边思考，没有念完我就有思路了——二元一次方程组，几步就可以解出答案！结果，在这道题的后面，有一行黑体字把我难为住了——"注：不能用方程解"。我想，方程的思路既简单又正规，还完全符合人类的思维，为啥不让用呢？结果，想了半天也没有想出个别的办法来，最后只得看人家的答案，拐了无数个弯，和我用方程解出的结果一模一样。

那一日，我就翻来复去地思考一个问题：本来到初中三年级就会迎刃而解的问题，有必要在小学三年级时就把脑袋憋得那么大吗？大家不妨想一想，我们在小学一年级为什么不学微积分，不学概率论，不学极限？就是因为孩子们没有那种抽象思维的能力。我们先学整数，再学小数，再学分数，再学负数，再学代数，然后一元一次方程、一元二次方程、二元一次方程、二元二次方程……为什么会沿着这样一个教学规律？因为这个规律就是科学的规律，符合人类的认知和思维过程，是几千年来被证明了的科学的教育方式，有些东西随着知识的不断丰富和认知能力的不断增强就自然而解了，完全没有必要用一种非常规的方法去解决常规的问题。大家想一想，今天我们的孩子有的时候想法越来越多，越来越怪异，越来越让人难以理解、难以把握，和这样的思维训练方式是极有关系的。

六、大道皆在一念中

讲完上述观点之后，老子在本章的最后得出了一个结论："天地之间，其犹橐龠乎？虚而不屈，动而愈出。多言数穷，不如守中。"

如果说本章的前一部分讲的是"道用"，那么，这一句话讲的就是"道体"，也就是"道"的形态。前面老子也讲过，"道"是看不见、摸不着的，却无处不在，他认为天地之间就充斥着"道"。并且，在这里他还做了一个比喻，把"道"比喻为"橐龠"。什么叫"橐龠"？就是风箱。

现在这个东西不多见了，以前中国的农村到处都是，是一种生火做饭时用的工具，类似于今天的吹风机。风箱的外壳是木头做的，里面是一个大空腔，空腔里

面有一块与空腔大小相仿的木板，木板的四个边缘绑上鸡毛，既可以在四壁之间滑动，又有一定的封闭性。风箱前面有两个孔，伸入两根木杆，木杆外端用横木相连，固定为一个把手，里面固定在可滑动的木板上。风箱的后面的底部有一个进风口，侧面的底部有一个出风口，两杆一拉一推，后面进气，侧面出气，就起到了给灶膛吹风的效果。

老子说，"道"这个东西我们看不见，但是其功用无穷，不就像风箱一样吗？虽然仅是一个空壳，其吹出的风却没有止境，并且越用力推拉，风越大，正所谓"动而愈出"。老子就是以风箱来比喻"道"，"道"好像是什么都没有，你静它就静，你动它就动，用之无穷。

根据对"道"的这种理解，老子劝告世人，"多言数穷，不如守中"。老子在《道德经》中多次提到不要多言，但是，这里的"多言"不能被简单地理解为"多说话"。老子一直认为，"无名，天地之始。有名，万物之母。"人对这个世界定义的东西越多，这个世界就会越主观，就越会偏离"大道"。老子这里说的"多言"的最根本的含义不是不让人说话，而是提醒人不要有那么多的奇思怪想，做事情不要一会儿一个主意，一会儿一个想法，搞得一片混乱，最后自己也晕了，与其这样还不如立正了自己，按"道"去办，按规律去办。

守中，其实就是守住中枢、守住"大道"。今天很多人喜欢研究《易经》，"易"这个字的本义就是"日月的变化"，所以，《易经》的本质就是一门研究"变化"的学问。学完《易经》就要懂得变化，要用变化的思维来看待万物，静止是相对的，变化是绝对的，世界上绝对静止的东西是不存在的。既然如此，如何"守中"呢？遵循变化就是守中，抓住变化的规律就是守中。比如，人总是要死的，所以，不要强求永生，人总是要老的，所以，不要对脸上的皱纹那么在意。人什么也带不来，什么也带不走，所以，就要对权力和钱财看淡一点。因此，"守中"就是要守住灵魂，以不变应万变，以万变去顺应历史，这就是人生的大境界、大学问。

毛泽东同志曾经推荐自己身边的工作人员读一篇文章，叫《鵩鸟赋》，文章的作者是汉代大才子贾谊。主席讲，这篇文章他一生中读了很多次，每次读感觉都不一样。其实，细品这篇文章，给人感觉最深的就是"变化"二字，作者就是希望人能够认清大自然和人世间的种种变化，正确对待生死和得失。全文如下：

鵩鸟赋

单阏之岁兮，四月孟夏。庚子日斜兮，鵩集予舍。止于坐隅兮，貌甚闲暇。异物来萃兮，私怪其故。发书占之兮，谶言其度，曰："野鸟入室兮，主人将去。"请问于鹏兮："予去何之？吉乎告我，凶言其灾。淹速之度兮，语予其期。"鹏乃叹息，举首奋翼；口不能言，请对以臆：

"万物变化兮，固无休息。斡流而迁兮，或推而还。形气转续兮，变化而嬗。沕穆无穷兮，胡可胜言！祸兮福所依，福兮祸所伏；忧喜聚门兮，吉凶同域。彼吴强大兮，夫差以败；越栖会稽兮，勾践霸世。斯游遂成兮，卒被五刑；傅说胥靡兮，乃相武丁。夫祸之与福兮，何异纠缠；命不可说兮，孰知其极！水激则旱兮，矢激则远；万物回薄兮，振荡相转。云蒸雨降兮，纠错相纷；大钧播物兮，块圠无垠。天不可预虑兮，道不可预谋；迟速有命兮，焉识其时？

且夫天地为炉兮，造化为工；阴阳为炭兮，万物为铜。合散消息兮，安有常则？千变万化兮，未始有极，忽然为人兮，何足控抟；化为异物兮，又何足患！小智自私兮，贱彼贵我；达人大观兮，物无不可。贪夫殉财兮，烈士殉名。夸者死权兮，品庶每生。怵迫之徒兮，或趋西东；大人不曲兮，意变齐同。愚士系俗兮，窘若囚拘；至人遗物兮，独与道俱。众人惑惑兮，好恶积亿；真人恬漠兮，独与道息。释智遗形兮，超然自丧；寥廓忽荒兮，与道翱翔。乘流则逝兮，得坎则止；纵躯委命兮，不私与己。其生兮若浮，其死兮若休；澹乎若深渊止之静，泛乎若不系之舟。不以生故自宝兮，养空而浮；德人无累兮，知命不忧。细故蒂芥兮，何足以疑！"

第六章　谷神不死，是谓玄牝

谷神不死，是谓玄牝。玄牝之门，是谓天地根。绵绵若存，用之不勤。

一、心怀宇宙归一统，大道思来是感恩

在上一章中，老子将"道"比喻为"风箱"，但是，风箱毕竟是一个小物件，老子感觉到这个比喻似乎不足以衬托出"道"的大气魄，于是本章中，老子开篇便用了另外一个比喻来形容"道"——把"道"比喻为"谷神"。"谷"即山谷，"神"即指山谷中蕴含的无穷的神奇与变化。

在老子生活的时代，人们的科学技术知识还比较匮乏。人们发现山谷有一个很大的特点：当你在山谷中喊话的时候，山谷会发出回声，喊得声音越大，它的回响就越大，一年四季什么时候喊，它都能回应你，永远没有死亡，永远没有疲惫，一万个人喊就回应一万个人，一亿个人喊就回应一亿个人，回声永远不沙哑，似乎有无穷的能量。于是，当时的人们就感觉很神奇，认为这山谷中一定有一位无形无

状、高深莫测的神人，而这位神人，亦可称之为"谷神"。老子在此处以"谷神"形容"道"，一方面继续表达了"道"的空灵而无形的状态，另一方面表达了"道"的变化与神奇。

紧接着，老子通过山谷展开了一种超乎常人的想象，他把山谷与另外一种事物进行了联想，即"玄牝"。"玄"在此处是空灵而无物之意，"牝"指女性，以此比喻"道"孕育万物的力量。老子认为，"道"不仅生养了我们，而且生养了天地。即"玄牝之门，是谓天地根"。天地的母亲就是"道"，"道"生养天地的过程，和雌性动物生养儿女的过程是一样的。

这样一个看似荒唐的比喻，再一次强调了"道"的伟大功用。天地万物都是"道"的子女，也正因为如此，我们应该像感恩母亲一样感恩"大道"，敬畏"大道"，尊崇"大道"，永不背叛，这就是老子在比喻背后真正想表达的文化内涵。

实际上，通过这个过程，"道"就在道家思想中拥有了至高无上的地位，成为一种精神上的引导者。在老子的比喻中，"道"更具有了母亲化的人格魅力，在后世，道家之所以能够被后人打造成为道教，与"道"这种思想认识也是分不开的。

如果说以西方的宗教特征来看中国文化，中国似乎确实没有产生过严格意义上的宗教，然而，如果以中国的文化来衡量西方的宗教，西方宗教也同样是一种精神信仰，只是被人格化了。所以，简单地否认中国没有宗教，民族便没有信仰，没有前途，只是一种过于草率而主观的臆断，在理论和现实中都是站不住脚的。

其实，无论哪一种文化，其目的无非都是打造国民的一种精神信念、一种世界观和价值观。而中国的文化在这一过程中所起到的作用更加广泛，也塑造了中国文化与中国社会独有的精神特质。从这个意义上讲，无论是今天还是明天，中国人都离不开优秀的中华文化，没有这样一种文化的支撑，想树立国民的精神信仰，只能是一句空话。

回顾历史，我们还可以看到，中国文化对社会的作用力和影响力是极度温和的，也往往是积极向上的。为什么会这样？就是因为中国的文化是作为一种知识来传播的，并且人人都可以学习，人人都可以为圣，人人都可以为贤。而圣贤一般都是以牺牲自己来扶持天下苍生的，很少带有个人的欲望，更不会代表"神"去完成某种使命。所以，文化在大多数时候总是服务于政治和社会现实，而明君和圣贤总是能和睦相处的。所以说，中华文化具有更广泛的意义。

二、道家养生的秘诀

将"道"比喻为"谷神"，并阐明了"道生万物"的理念之后，老子进一步描述了道生万物的过程，他用了八个字：绵绵若存，用之不勤。这八个字的表面含义很简单："绵绵"即绵延不断的一种状态，反映了"道"生养万物的过程是一个持续的过程；"用之不勤"即用之不尽，说明"道"生养万物的过程从未间断，并且表现出了雌性生命的一种强大的韧性，体现了"道"的宏大功用和伟大的母性品格。

但是，后人对这八个字做了很多发挥，使之成为道家修炼身心最重要的指导理念，"绵绵若存"也成为道家养生的重要的指导理念。事实上，从养生方面理解这八个字本身也没有什么问题，因为这八个字确实描述了永无止境的"道"的生存状态，达到了这种状态，自然也会陶冶身心，保持生命的活性。

细想一下，这八个字实际上暗含了养生的几个重要的价值理念：一是要静。一个人若总是气血浮躁，想达到健康的状态就很难，所以，健康的重要前提是心理健康，心理压力大，控制不了情绪，谈健康就是一句空话。二是要空。"道"生万物，没有占有的欲望，生而不有，为而不恃，随欲而安，淡定从容。一个人欲望过重则会有生杀之气，就失去了道体的这种包容万物的母性情怀。强则易折，刚则易碎，所以，人要想健康，必须要懂得放下。三是要量力。"绵绵"二字表达了一种生命的韧性，无论做什么事，都不可用力过猛，任何时候都要对自己有一个正确的评价，当进则进，当退则退，见好就收，不可由着性子来，要按规律办事。

当然，为了达到这种境界，后人总结了很多方法，比如站桩、坐禅、辟谷、隐居，等等。但是，我觉得，其实大多数人还要活在当下，活在红尘之中，这些特殊的功法不一定适合每一个人，如果真正能够达到"绵绵若存，用之不勤"的生命境界，大家记得两个字就可以了，就是"自然"。让一切回归自然，让生命回归自然，追求自然的生活方式，正确地面对生命中的是非与得失，健康也就追随而来了。我在这里送大家五句话：

第一句话，吃喝要合四季之给。食者贵养，药者贵毒，食有七分养、三分毒，药有七分毒、三分养，所以，人食五谷必然积累毒素于体内，也必然会生病，这是很自然的事情。人们常讲，少食多寿，不无道理。人所生的病大多数是吃出来的，民以食为天，吃什么很重要。在整个人类文明的链条中有一个重要的环节：不同地域的人有不同的生活习惯和饮食习惯。这是物竞天择的结果，正所谓"一方水土养一方人"，我们要尊重这种习惯，而不能随意打破这种习惯。比如，我从小生活在北方，在儿时的记忆中，北方的冬天特别冷，冰封大地，百草枯萎，基本上没有什么新鲜的蔬菜，吃的主要就是大白菜、萝卜、土豆、胡萝卜，家里条件好的偶而来一顿猪肉炖粉条。这按照今天的一些理论讲：哎呀，营养不均衡，都没有新鲜蔬菜！那又怎样？我们北方人吃了几千年，身体又高，又大，又健康。今天的情况完全不一样了。现在北方冬天里什么蔬菜都有，但是，北方人的健康状态越来越不如从前了。为什么？因为我们吃的都是一些反季节的蔬菜，是大棚里种植的反季节蔬菜。什么是"反季节"？我说得绝对一点，就是反自然、反科学、反社会、反人类。大家想一想，在农业生产中有一个重要的名词叫"保墒"，说白一点，土地也是有生命力的，也是需要休息的，土地从春天工作到秋天，地力已经基本耗尽，于是冰雪覆盖大地，大地开始进入休眠状态。经过漫长的严冬，许多微生物都被冻死了，惊蛰时一声春雷，万物复苏，土地也醒过来了，春雨降下，将各种微生物的尸体腐化为肥料，土地便可以恢复地力，开始新一年的生产，这个过程就叫"保墒"，就是保持土地的生产能力。当然，在这个过程中，农民也会采取施肥、冬灌等形式促进土地的恢复。总而言之，不能过分地使用土地。再看今天，情况不一样了：本来是冬天，土地休息的季节，我们却非得要盖上大棚，烧上暖气，让土地继续工作，这就像让一个疲惫不堪的人再跑一趟马拉松，谁受得了？土地没有那样强大的生养能力，怎么办？就是要拼命地使用各种化肥、各种营养剂来促进农作物的生长。因此，从严格意义上讲，反季节大棚里种植出来的东西不是土地的产物，而是化肥和营养剂的产物，这种东西吃多了，对身体能有好处吗？一个基础的经验告诉我们：一片土地被扣了几年大棚之后就会出现严重的碱化现象，没有几年很难改造回来。所以，我在这里劝大家一句，无论我们生活在南方还是北方、东方还是西方，吃东西尽量吃应季的，无论是蔬菜还是水果，有什么我们就吃什么，跟随自然的步伐，不要过度地求鲜、求奇、求全。

第二句话，作息要合日月之节。人生的两件大事，一是吃，二是睡。关于"吃"的问题，前面已经讲过了，那么"睡"的问题也不可小视。我们的祖先有句话，"日出而作，日中而憩，日落而息"。早晨不要睡懒觉，迎着朝阳开始一天的工作和生活，人会有一种昂扬向上的感觉。"憩"就是短暂的休息。中午，人都有一个疲劳期，需要短暂地休息一下，或者说小睡一会，不宜过长，以保持下午旺盛的精力。日落而息，不是讲太阳一落就睡觉，是指夜晚来临之后，人要把心静下来，不要再想那些烦心的事，也不要天天在外面折腾，平复一下心境，看看书，陪陪家

人，或者做一点运动，这都叫"息"。人如果晚上仍心潮涌动，就很难保证睡眠的质量，对健康危害极大。我们现代人的夜生活比较丰富，晚睡晚起、中午不注意休息、天天折腾成为常态，要想保证健康，就很难了。古人总结的这套休整的方法是有其科学依据的，我们人看似活在一个静态的空间里，其实，太阳、地球、月亮，乃至整个宇宙都处于一种动态的运转中，我们人体的生物钟要时刻与这种运转形成某种平衡。比如我们出国，大家感觉都比较明显，回来要倒时差。大家平时或许感觉不到什么，其实，无论是早晨、中午，还是晚上，人体的生命系统都处于不同的状态之下，一般来说，白天宜劳作，夜晚宜休眠，这是常态，是人体的生命系统与自然的空间体系达成的某种默契与和谐，如果我们长时期处于黑白颠倒的状态，人体就容易疲惫或衰老，所以，一些长期在夜间工作的人容易生病，就是这个道理。因此，作为常人，我们要尽可能地遵守这种自然法则，保持正常的睡眠和休息。

第三句话，居住要合天地之气。生命是离不开土地的，今天的人，特别是生活在城市里的人，越来越不接地气了，住在楼上不用说，就是走在草地上，下面相当一部分也是车库或其他地下工程，早已经隔断地脉了。若干年前，河北、山东、河南有一部分地区，刚生下的孩子都要"睡土裤"，我小时候就是睡着土裤长大的。什么是"土裤"？就是做一个连体的大的开裆裤，开很大的裆，然后到野外寻来沙土，将沙土用细筛筛几个来回，去除大的颗粒，然后将筛过的土放到一个铁盆里加热，温度适当时倒到裤子里，把孩子放到热土上，孩子如果尿了，将尿湿的土取走即可。土的保温效果特别好，几个小时都不会凉，凉了之后再换上热的。孩子躺在热土上，小脸红红的，睡得美美的，并且从来都不得湿疹，不像今天的孩子天天用尿不湿，又潮又凉。既然尿了，怎么会不湿呢？因而，长湿疹成为常态，大人也担心，孩子也痛苦。再比如，小的时候，我们在农村经常赤脚走在乡间的小路上，所以，脚上从不长脚气，健康得很，今天看上去卫生条件好了，但是，人的各种各样的毛病并没有减少。因此，从本质上说，土并不是脏的东西，生活在城里久了，一定要多到大自然中走一走，只有走在真正的土地上，我们的生命才能踏实，才能吸收天地之气，来涵养我们的身心。所以，现在很多人在城里生活久了，无论肉体还是精神，总感觉到有某种不适，于是开始在城郊或农村置业，其实这既是一种肉体的需求，也是一种灵魂的需求。有的时候，我们自己觉得掌握了科学，了解了生命，其实关于生命这种东西我们还知之甚少，但是，我们至少知道，我们生于土地，养于土地，最终也要归于土地，这是生命的一个最基本的特质。

第四句话，行常要合万世之俗。地域不同，人们的生活方式和饮食习惯也就不尽相同，这是人类社会的一种常态，而这种常态的形成既与当地的物产有关系，也与当地的经度、纬度，以及天气的温度和湿度有关系，时间久了，也就与人的生命状态建立了某种和谐的关系。比如湖南人吃鲜辣，四川人吃麻辣，西北人吃干辣是为什么？一般而言，北方人喜味重，南方人喜味轻，这是为什么？河北人、山东人喜欢喝粥，而广东、广西人擅于煲汤又是为什么？尽管我们还不能完全以科学来解释这些行为，但是，我们应该最大程度地尊重这种习惯，这是几千年，甚至数万年，我们的祖先一步一步探索出来的健康的饮食方式。我们要尊重科学，但是，我们今天也有一个误区，叫"科学迷信"——一种事物，一旦不能用今天的科学来验证，似乎就是伪科学。事实上未必如此。比如，我们中国人常用一个词——"上火"，上火不等于"发烧"，发烧可以通过体温的变化测出来，而上火时体温不一定变化。但是测不出来你就说没有上火吗？明显地满嘴起泡，事实就摆在那里，怎么能不信呢？怎么办？我们老百姓说，吃点梨就好了，可以去火，别吃桔子，容易上火。你不信，说，梨和去火有什么关系呢？桔子和上火又有什么关系呢？于是，上火了还偏要吃桔子，那你就等着受折磨吧。今天，我们中国人面临的第一健康考验就是饮食结构的一体化。现在城市化程度越来越高，交通运输也比较方便了，物资流通很快，无论走到哪里，吃的东西都很相似，特别是大中城市更是如此，这绝对不是什么好事情。天还是那片天，地还是那片地，人还是那些人，我们却不再遵守我们的祖先留下的重要的生活法则，这是要出问题的。

说到这个问题，我觉得还有必要讲一下所谓的"科学养生"。现在，我们整个社会的生活水平都提高了，人们期待健康，期待长寿，这也无可厚非，但是，我也有一句话，日常生活该粗的粗，该细的细，不要过于精致，以使我们的生活走到另一个极端，陷入另一个误区。有一次一个朋友和我说，他妈妈有一次参加了一个养生讲座，听专家讲喝粥可以长寿，于是回家开始按照专家的要求熬粥，跑了几次市场，买回来十几种米，每一种米还要根据比例用秤来称量。为了熬这种粥，他妈妈天天泡在厨房里，有的时候弄到半夜，有的时候早晨四五点钟就起床，搞得我这位朋友哭笑不得。其实，这种例子在生活中并不鲜见。我到一些朋友家串门，他们给我榨杯果汁也是七八种水果混到一起，并且大谈营养之道。其实，这种组合或许确实是专家从营养学的角度得出的所谓的"科学的搭配"，但是，这种搭配在理论上有价值，在现实生活中是否就有价值呢？每个人的身体状况不一样，是不是都能够按照这种比例去吸收养分呢？成分多元了，进入人体之后，会不会在消化、吸收的过程中出现我们想不到的后果呢？对于这些，我们不得而知。生活需要基本的科学

原理，比如营养均衡一些，在饮酒上控制一些，保证正常用早餐，晚餐吃得少一些，等等。患有某些疾病的人要按照医嘱用餐，我们正常人按照习惯用餐就可以了，没有必要过于计较。有一次，我到一个很大的医院上课，当时在场的，除医生外，还有一些营养方面的专家，我就问他们，什么理论能证明人每天早晨必须喝杯牛奶，吃个鸡蛋才能保证健康？他们说李老师，我们总觉得从营养学的角度来看，这样是对的。我说，我小的时候，家里吃不上鸡蛋，更没见过牛奶，天天喝粥，吃粗粮，身体好得很，肌肉发达，身体健壮。现在好了，牛奶随便喝，鸡蛋随便吃，我却发现肌肉退化了，身体也没有原来好了。老家那些儿时的朋友基本上还保持着当年类似的生活方式，我看他们都比我有力量，这不就是事实吗？所以，只要保持正常的饮食，一般人身体不会缺少什么，肌肉都是通过劳动锻炼出来的，与喝杯牛奶、吃个鸡蛋没有必然的关系。看看我们城里人天天讲"营养"，说起锻炼就更可笑，上二楼都坐电梯，还说周末去爬山，结果，开了三小时车，爬了一座四百米的山，还洋洋自得，这有多少实际意义？完全是心理安慰，锻炼要在平时进行，把工作、生活和锻炼结合起来才是正道。

第五句话，呼吸要合阴阳之理。老子讲"绵绵若存"，就是提醒世人，不论在什么状态下，都要保持一颗平常心，不要轻易动怒。中医所说的"通则不痛，痛则不通"，其核心就是气要通。道家在养生方面特别重视"养气"，概括来说，养气有两条路径，一是武养，二是文养。

"武养"强调的是对肌体的锻炼，通过适当的运动和功法促进气血运转，保证肌体有足够的活力，当然，道家讲究的锻炼除了各种运动之外，也有站桩、坐定等静养。从表面上看，身体似乎处于静止状态，其实是外静内动，通过精神和意念的调整来促进气血的运转，有养精蓄锐之功效，而气息的状态也确实达到了"绵绵若存"的要求。在养生的问题上，我们今天非常重视开展各种运动，运动固然可以强健体魄，但是，如果没有静养的配合，往往起不到真正的养生功效，甚至会使耗费的大量气血得不到及时补充，适得其反。所以，应该动静结合，动以取刚，静以得柔，动静适度方是养生之大道。

"文养"主要是指对文化的学习和对人生境界的修炼。参悟天地之变化，明白生死之轮回，透视祸福之相依，深谙得失之大道，放得下，想得开，心性洞明，不拘于物，不伤于情，不害于理，身在红尘之中，心在五行之外。看世上早丧之人，多是由于内心纠结而心情郁闷，最终诱发疾病而亡。所以，一个人只要保持平和的心态和正常的生活状态，大多可以自然而生，自然而去，终可颐养天年。

第七章

天长地久

天长地久。天地所以能长且久者，以其不自生，故能长生。

是以圣人后其身而身先，外其身而身存。非以其无私邪！故能成其私。

一、笑看路边花开落，闲倚危阁向秋风

老子在这一章开篇提出了一个重要的命题——天长地久。这个命题实际上是说：为什么人不能长久？老子告诉世人，天地之所以能够长久，就是因为其"不自生"，何谓"不自生"？就是不自私，心无杂念，坦荡而从容，所做的一切都是为了天下苍生，这是天地生生不息之道。

通过这句话，老子告诫我们世人，不管我们把自己标榜得多么高尚，我们都心怀私心和杂念，总是对世界和他人有无限的欲望和诉求，最终都会回到"自己"这个中心上来，生时纠结万分，死时不能瞑目。

这里的"天地"实际上指的就是"道"。老子要我们效仿天地之道，自然而来，

自然而去，来时感恩，去时无意，不害人，不伤物，放下种种不合时宜的欲念，就会达到生命的最高境界。当然，老子这里讲的"长久"并不是指永不死亡，而是指能够顺应自然的法则，不因私夭亡，不因欲折寿，一个人索取得越多，导致悲剧的几率就越大，生命越不可能长久。

面对老子的告诫，在这里我也送大家四句话：吃得多不长寿，拿得多心里慌，爱得多常伤神，恨得多易断肠。

古人语，少食多寿，这里的"少"主要指量，吃得太多会加重胃肠的负担，身体会发胖，产生各种疾病的几率就会高。其实，我认为，除了"量"之外，也有个"质"的问题——俭朴的生活、粗糙一点的饮食更有益于人的身心健康。历史和现实生活中，很多人富贵了之后就沉迷于花天酒地的生活，饮食无度，行乐无度，最终败家、亡身的不在少数。

属于自己的东西就拿，不属于自己的东西就放，不义之财物拿多了，多数人都会心里发慌，伴有恐惧之感，并没有多少成就感和幸福感可言。诸如某官员在腐败事发之后回忆，自己收第一笔钱的时候，几个晚上彻夜不眠，寝食难安，身心俱疲。当然，拿多了，有些人就慢慢适应了，甚至习以为常了，但是，还有一句话在等着他们："人心似铁，官法如炉"，贪赃枉法，终难逃脱法律的制裁。

"爱"本来是一种健康的情感，爱人是一种品德，爱物是一种情怀，但是太过了也会劳心伤神，如果对爱把握不好，爱容易转换为欲，一旦由爱转欲，事物的性质就完全不同了。比如"爱美之心，人皆有之"，"美"多指美人与美景。红尘之中美人无限，只当作一道风景即可，远而赏之亦有其乐；若见异思迁，朝三暮四，浮想联翩，最终会害人害己。美景更是不胜枚举，看到了，记在心里，也就有了，不必过于纠结。《论语》中讲了这样一个故事：孔子一日带弟子出行，正是春暖花开的季节，棠棣之花盛开，千树飞花，遮天蔽日。弟子们回到房间，难以入眠，常常想那花色之美丽，并对孔子说，自己家里要是有该多好啊。孔子感慨万千，于是乎说了这样一句话："未之思也，夫何远之有？"意思是说，棠棣的花是那么漂亮、那么迷人，它本该给我们带来美丽而快乐的感觉，现在却带来了痛苦，原因是什么？就是我们放不下，常常想自己拥有，如果没有想拥有之心，怎么可能失去呢？另外，人若痴迷上某一种事物，往往会深陷其中，不能自拔，甚至迷失自我，害人害己。比如有很多人喜欢玉，玉本是君子之物，品质之象征，拥有几块，以作欣赏和把玩，无可厚非，但是，一旦达到痴迷的状态，既失去了藏玉的意义，也会让自己失去君子之风，同玉的象征意义正好背道而驰。比如，某省一身居高位的官员生性好玉，日积月累，对玉多有了解，人们对他的收藏多有仰慕之情，对他掌握的玉知识也多有敬佩。这样一来，他自己便以"玉专家"自居，以拥有天下之美玉为乐。于是一些别有用心的商人趁机给他送玉，以套取权力，谋求私利，而他本人也乐此不疲，毫无防范，最终被以腐败治罪，身陷牢狱。所以，古人讲，玩人丧德，玩物丧志，玩女丧命，不是虚言。

最后一点，恨多易断肠。国仇家恨，不可随意抹杀，人生当有原则、有血性、有信念。但是，对于现实生活中的一些普普通通的境遇和是是非非，是不是要记忆终生，睚眦必报，那要另当别论。其实人的一生，不如意的事情总是多于如意的事情，帮助自己的人总是少于不帮助自己的人，若完全以对自己的好坏来评价一个人，那么必然怨气冲天，感叹人世无情。人的一生，几十年匆匆而过，走在人生的道路上，有寒风冷雨，亦有春风送爽。给了我们帮助的人，我们要感恩；不帮助我们的人，我们也不要抱怨。期待别人的可怜，说明我们还不够坚强。少一些怨气，多一些大气，少一些怒气，多一些和气，少一些娇气，多一些勇气，我们会发现生命的旅途上会有别样的风景。

二、后其身而身先，外其身而身存

老子讲完了天长地久之"天道"后，就开始讲"人道"了。老子说，圣人之所以成为圣人，就是因为他们把"天道"看明白了，以"天道"的法则来指导"人道"的行为。圣人是怎么效法"天道"做事的呢？老子讲了圣人处事的两大法则：

一是后其身而身先。什么叫"后其身"？后其身不是缺少勇敢精神，也不是为了逃避责任，它应该包括两个方面的含义：第一，无论做什么事情都必须要事先搞清楚，弄明白，不能盲动，更不能见利而动，甚至见利忘义，那样就会出大问题。虽然我们不可能等到有了百分之百的把握才去做事情，但是一定要循大势，明大理，对自己有一个正确的评价。所以，老子告诫我们，不能追风，不能看到人家得到了好处，自己就不顾一切地冲上去，不能看到山上有灵芝就盲目攀爬，也不能看到海里有珍馐就一跃而下，如果盲目前行可能就会带来大祸，个人如此，家国天下亦如此。所以，要沉得住心，稳得住神，抵得住诱惑，一旦看准了方向，下定了决心，不论有什么样的困难都必须前行。有时看上去似乎晚出发了一会，但是，往

往能够收获到意想不到的效果。第二，在利益面前，我们要懂得退让，不要一见好处就上，一见责任就退。很多时候，我们从表面上看似乎吃了一点亏，但是从长远看，或许会受益更多。人无论在什么时候，目光都应该放得远一点，不要斤斤计较于眼前的这点得失。

二是外其身而身存。其实，"外其身"与前面讲的"后其身"有异曲同工之意，"外其身"强调的是不要过多地纠结于是非与纷争，有些圈子能不进则不进，有些利益能不争则不争。少一些是非，就会少一些风险；少一些纷争，就会多一些安全；少介入一些圈子，就会少一些麻烦。所以，人在一生中要时刻注意与什么样的人交往，要时刻权衡对一件事的参与度，时刻对风险做出正确的评估。大的原则是：知音要少，圈子要小，信念要牢，明白要早。

关于"后其身而身先，外其身而身存"，后人读《道德经》，往往把这两大原则作为老子"老奸巨猾"的凭证，认为老子这个人既想领先，又不想出头，既想得好处，又想保全自己，这是"道"的阴谋之术。我认为，这种理解就过于片面了。纵览本章，老子其实是在讲天地的久生长治之道，也是通过天地的做法来劝告世人，不要拥有太多的私心，有了私心就会不顾一切地向前猛冲猛打，有了私心就会失去理性，这样一来，人生的风险会陡增。因此，"后其身"也好，"外其身"也罢，都是在告诫世人驱除私欲，摆脱利益纠葛。

所以，在本章的最后，老子明确地提出："非以其无私邪！故能成其私。"前面一个私是指"私心""私欲"，后面一个私是指"生命的健康与长久"，暗指人生最重要的是健康和生命，这也是人人追求的东西。全句的意思是说：虽然我们抛却了私心，我们却获得了生命中更重要的东西，诸如健康与长寿。在这个问题上，孰是孰非、谁得谁失不就一目了然了吗？这句话可谓是简单明了、入木三分。我们今天有句俗话，"年轻时拿命换钱，年老时拿钱换命"，拿命换钱或许能换来，拿钱换命就未必了。这些年一些非常富有的中青年企业家英年早逝，留下了万贯家产，让世人扼腕叹息。再比如，一些官欲旺盛的人，为了一级半级，跑断了腿，累尽了心，最后虽然得到，却也满头白发，身心憔悴，甚至突发疾病，到这时才恍然大悟，不免为时已晚。面对人生百态，我们后人曾经作过一副对联：阅尽千年史，无非功名利禄；参透百年言，不过春夏秋冬。思来想去，语言固然简单，却包含了天地、人生之"大道"。

三、先天下之忧而忧，后天下之乐而乐

在后世，"后其身而身先"与"外其身而身存"这两大法则成为中国民本精神的重要的思想支撑，也成为执政者放下私欲，心系天下苍生，守住政权的重要的精神来源。《六韬》中讲，"为国之大务，爱民而已"，意思是说，对一个执政者而言，治理国家最重要的就是不要总是想着自己，要爱惜天下百姓。《论语》中讲："道千乘之国，敬事而信，节用而爱人，使民以时。"治理国家，一定要对百姓负起责任，说出来的就一定要做到。要保持质朴的生活状态，不要铺张浪费、生活奢靡，要知道老百姓的疾苦，特别是不要因为战争和建设而耽误老百姓按时节种植庄稼，这在农业时代是极其重要的。孟子讲："爱人者，人恒爱之；敬人者，人恒敬之。"只有对别人付出爱，别人才能拿出更多的爱来回报你；如果不爱人，不敬人，当你有难之时，也不会有人伸出双手。当然，这一点主要是对执政者提出来的。后世的范仲淹在《岳阳楼记》中干脆直截了当地喊出："居庙堂之高则忧其民，处江湖之远则忧其君。是进亦忧，退亦忧。然则何时而乐耶？其必曰：'先天下之忧而忧，后天下之乐而乐乎'？噫！微斯人，吾谁与归？"

对于这一点，《孟子》中讲了这样一个典故：有一次，孟子周游列国，到了魏国，当时魏国的国君魏惠王（即梁惠王）带着孟子在公园里欣赏自己的奇花异兽，并问孟子："贤者亦乐此乎？"意思是说，你们都是读书人，都是德才兼备的君子，你们也喜欢这些低俗的东西吗？孟子听了之后回答道："贤者而后乐此，不贤者虽有此，不乐也！"意思是讲，有德、有才的君子同样也喜欢这些世俗之乐，这是人之常情，但是，这些君子们与常人不同的是，他们要等天下人拥有了这种快乐之后，再考虑自己的拥有。孟子实际上是劝梁惠王要以百姓之乐为乐。

孟子在另外一次谈话中问梁惠王："独乐乐，与人乐乐，孰乐？"意思是说，你自己快乐同大家一起快乐比，哪一种方式更快乐？梁惠王说，当然不如与大家一起快乐好了。孟子接着问："与少乐乐，与众乐乐，孰乐？"与小部分人快乐和与天下百姓共同快乐，哪种快乐更快乐呢？梁惠王说，当然不如天下同乐。孟子因此提出了自己的观点，以劝诫梁惠王："今王与百姓同乐则王矣。"作为天下之君，作为执政者，要想长久地拥有政权，就要做到先人后己，与天下人同乐。通过这番对话可以看出孟子高超的说服技巧，孟夫子不愚也，愚者是后世那些自以为自己聪明而有力量，不顾天下苍生的亡国、丧身之君。

《管子·牧民》中讲："自古以来，民不足而国可治之，未之有也。"意思是说：天下百姓穷得衣不蔽体，而君王富足得不得了，这种国家不可能长久，更谈不上富强。《论语》中记载，有一次鲁哀公问孔子的学生有若说："年饥，用不足，如之何？"鲁哀公的意思是讲，我们国家现在财政赤字，经济上很困难，你说怎么办呢？有若的回答超乎哀公的意料："盍彻乎？""盍彻"是古代纳税的计算单位，税率百分之十即为"盍彻"。哀公说，我现在纳税百分之二十，财政收入都不够，百分之十怎么可以呢？有若回答说："百姓足，君孰与不足？百姓不足，君孰与足？"意思是讲，自古以来，没有听说百姓特别富裕，而君王贫困的，如果百姓穷困潦倒，君王却长享快乐，那也是没有的事。《论语》中所讲的也是天下的大道理，与老子所强调的"不自生"也是一脉相承，只是表达形式不同而已。

当然，管理好一个团队，做好日常工作，这一点也是至关重要的。如果想焕发一个团队的凝聚力和战斗力，领导者必须要以身作则，吃苦在前，享受在后。古代著名兵书《三略》中讲："以身先人，故其兵为天下雄。"当将军的一马当先，手下的部队就可以征战天下。《六韬》对做将军的提出了以下要求：

第一，"冬不服裘，夏不挥扇，雨不张盖，与士卒同寒暑，名为礼将。"冬天来了我不先穿皮袄，夏天来了我不扇扇子，下雨了我不打伞盖，我才能知道我们的士卒的冷暖情况，这叫"礼将"。

第二，"出隘塞，犯泥涂，将必先下步，名曰力将。将不身服力，无以知士卒之劳苦。"通过一些险要关口，下雨了，路变得泥泞了，必须跳下马来，先行前进，才能够知道士卒的劳苦，这叫"力将"。

第三，"军不举火，将亦不举，以知士卒之饥饱，是为止将。"当士卒不吃饭，我就不吃饭，我才能知道他们究竟饿了没有，该不该开饭，这叫"止将"。

当然，这里是指带兵，但是，统领任何团队，也都必须要坚持这样的精神状态。

第八章

上善若水

原经

上善若水，水利万物而不争。处众人之所恶，故几于道。居善地，心善渊，与善仁，言善信，政善治，事善能，动善时。夫唯不争，故无尤。

一、人往高处走，水向低处流

前面几章中，老子为了让世人更清晰地感受"道"的存在及"道"的形态，往往把"道"比喻成一种具体的事物，比如风箱、谷神等；在本章中，老子再一次把"道"比喻为水，而这一比喻比其他比喻更加深入人心，流传至广，水与"道"在中国文化中从此就合二为一，难离难弃了。

上善若水。何谓"上善"？就是至高的境界，而这里指的其实就是"道"。老子说，"道"具有至高无上的境界，如果让我做一个比较形象的说明，就是像我们日常所见的水一样。水为什么能够成为"道"的"代言人"？老子认为水有一种特别重要的品德，即"水利万物而不争"。

放眼整个世界，我们就会明白，水是万物之源，没有水就没有生命，万物因

095

水而生，而老子从另外一个角度进行了表达，即"水利万物"。尽管水哺育了万物，但是，水从来没有因此而居功自傲、彰显自我、忘乎所以，而是"不争"。水甚至偷偷地躲在一边，无声无息地过着自己随遇而安的生活，正所谓"处众人之所恶"。何谓"人之所恶"？就是人不喜欢的东西。比如人喜欢向高处走，水喜欢向低处流；人喜欢卖弄，水喜欢低调；人喜欢彰显自我，水喜欢因地而制流。在很多时候，水的选择与人的选择往往是相反的，老子利用这种反差来映衬人的主观性和私欲。当然，这种表达只是一种类比，有一种寓言的味道，并不是让人不要奋进、不要努力，甘心过一种凄苦的生活，主要是希望世人能够放下贪欲，达到"宠辱不惊，闲看庭前花开花落"的一种生命状态。在现实生活中要能上能下、能屈能伸、能贵能贱、能荣能辱。正因为水具备了这样一种特质，所以，老子说，"故几于道"——水的表现有些与"道"类似，我们虽看不见天地"大道"，但我们总能够见到水吧？

二、何处寻道义，高山闻泉音

如果说在上一句中，老子只是在一种宏观的角度上以水说"道"，让我们效仿水的品德，来达到"道"的境界。那么紧接着，老子更加具体地描绘了水的七种品德，即"居善地，心善渊，与善仁，言善信，政善治，事善能，动善时。夫唯不争，故无尤。"

一是"居善地"。即不择地而处之，不管呆在哪里，在一种什么样的境遇下，都能够除却尊卑之心、贵贱之辱，保持一种良好的心态。在天上，我是云；在地上，我是水。夏天我洒落为雨，冬天我飘飞为雪。暖时我可以纵横万里，寒处我凝而待春。在低处，我独仰苍穹，赏而不妒；在高处，我俯瞰苍生，尊而不临。在自然的常态下，没有哪一种物质像水这样多变、这样多姿、这样有适应性。

老子讲，看到了水，我们就要学会保持一种泰然处之的生命状态，如果人没有这样一种心态，就容易心生怨恨，就很难成就大的事业，甚至会给自己带来伤害。回顾千秋百代，那些在历史上成就过大事业的人，哪一个不是经历了千难万险、起起伏伏？而他们最终能够胜出，最重要的就是怀有这样一种宠辱不惊的"居善地"的精神。

颜回是孔子最喜欢的学生，孔子在弟子们面前都不回避这一点，孔子甚至说，"颜回，吾不如也"。后来，颜回英年早逝，孔子闻讯后嚎啕大哭："天丧予，天丧予！"意思是说：老天爷啊，你可把我害苦了，你既然把这么好的学生赐给了我，为什么今天又把他夺走？你可让我怎么活啊！颜回为什么能够这么感动孔子？我想其中最重要的一点就是"居善地"。《论语》中曾这样描述颜回的生活状态："一箪食，一瓢饮，在陋巷，人不堪其忧，回也不改其乐。"颜回平常住在一条破胡同里，应该相当于天津的大杂院，而不是北京的四合院，用今天的话来说，肯定是买不起高档商品房。同时，他饮食极其简单：一碗米饭，一瓢凉水，也没有下饭菜，这种生活状态是一般人坚持不了的，所以称作"人不堪其忧"。面对这种生活状态，颜回却不改初衷，追求学问，沉迷其间，自得其乐，后人称其为"颜圣人"，不为过也。

颜回是这样，其实作为他的老师的孔子，也有"居善地"的博大情怀。孔子一生推行周礼，周游列国，却四处碰壁，受人排挤，甚至许多时候连生命都面临危胁，如"丧家之犬"。但是，孔子从来不改初衷，删诗书，定礼乐，为往圣继绝学，为万世开太平，终成千古之大业。老子本身也是这样的人，通过《道德经》我们就可以看出，老子洞观天下，明察秋毫，握天下之"大道"，但是由于时运不济而不得重用，于是他在图书馆里刻苦研读，认真思考，终成一家之言。而他的继承者庄子，宁为漆园小吏而不谋乱世富贵，写成洋洋十万言，纵横天地万物，道通千古是非，成为"道家三贤"之一。再比如被后世尊为智慧象征的诸葛亮，在没有出道之前，不为富贵而游走于诸侯之间，心性淡定，昼躬耕于南阳之野，夜读书于茅庐之中，胸怀天下大势，一旦出仕，扶汉室于危难，定蜀汉于西南，虽不能改天下之大局，却也运天下于掌股之间十数年。谈到《红楼梦》，自然会让人想到曹雪芹。曹氏家族几代为江南织造，曾多次接驾，盛极一时。但是，一朝触怒朝廷，功名尽去，曹雪芹随家人回到北京，居京城不易，后迁居西山，一边靠卖字画维持生计，一边苦心撰写《红楼梦》，用自己的笔来记述人间是非，用自己的心来洞察天地万物，他的好友敦诚曾写诗描述他当时的状态和心态："残羹冷炙有德色，不如著书黄叶村。"残羹冷炙，生活潦倒，但是生命之火不熄，人生境界不减，把一生的坎坷、一生的经历、一生的阅历通过《红楼梦》这本巨著展示给后人。正所谓"满纸荒唐言，一把辛酸泪。都云作者痴，谁解其中味？"以上诸子之所以能够取得人生的辉煌，是因为他们有一种共同的品质，就是老子所讲的"居善地"，也可以称为水之第一德、"道"之第一德。

二是"心善渊"。即指做事要有气度、有气量，心里要能装得下是非。用今天的话来讲，就做人而言，官可以不大，财可以不大，但是格局一定要大。说白了，格局也就是胸怀，心大了，什么事都小了，心小了，什么事都大了。清朝的名臣林则徐曾作了一副对联自勉："海纳百川，有容乃大；壁立千仞，无欲则刚。"事实

上，林则徐一生中一直坚守着这种做人、做事的气度。林则徐虎门销烟本是利国、利民之壮举，也得到了道光皇帝的认可，但是后来，因为道光皇帝受到外国强权的压迫，不得不把林则徐免职，并把他贬到新疆为官。如果这件事发生在今天，我想很多人都会赌气不去，甚至牢骚满腹，但是，林则徐毫无二话。不仅如此，到了新疆之后，林则徐还扎实为官，认真做事，做了很多有利于新疆经济和社会发展的事情。比如，他根据新疆温度高、日照强、水分蒸发量大的实际情况，发明了坎儿井，为新疆的葡萄种植奠定了良好的基础，直到现在都惠及乡里。面对这种境遇，林则徐说了一句很有名的话："苟利国家生死以，岂因祸福避趋之！"言外之意：国家都这个样子了，皇上也有皇上的难处，自己作为国家重臣，当为国分忧，为君解愁，甚至为国赴义而在所不惜。这种精神到今天都让人感慨不已，自愧不如。我们今天的人做官、做事，为什么没有这种气度？就是因为没有这种文化的修炼，官越大，心眼越小，钱越多，气量越小，即使有一点气度和气量，也都是官气和俗气，看不到正气和志气。要想把事业做大、做强，心胸必须宽广，目光必须远大，不能只盯着眼前那点得失。

三是"与善仁"。即给予要发自内心，不要图什么回报。比如水，化云为雨，滋润万物，你想报答云，机会都没有，云化雨则散，再来时已经不是那片云了，此云非彼云也，这就叫"与善仁"。给予就要真诚，凡是给予中有期待、有欲求，这种给予就不是纯粹的，展示的也就不是"大道"情怀了。比如如果在朋友之间、兄弟之间的相互帮助中有诉求，那还不如不帮助，久而久之便会产生隔阂。一个真正的君子应该有家、国、天下的情怀。

四是"言善信"。即言而有信，不可轻言和妄言。在没有玻璃镜子和铜镜的时候，古人一般是对水梳妆，用一个黑的陶盆装一盆水，水放平之后，就能够清晰地照出人的样子。水从来不歪曲人，这就是水的"言善信"。有句话讲得好，水平则清，人平则静，就是这个道理。"信"是中国文化中的道德基础，孔子讲，"人而无信，不知其可也""自古皆有死，民无信不立"。一个人如果不讲诚信，那他的其他品德就可以忽略不计了，或者说不足取了；一个政权若不能与百姓建立起诚信，那么这个政权就离危亡不远了。有了诚信，才会有信心，有了信心，整个民族才能够真正凝聚起来；失信于人，失信于民，个体和群体的危亡也就会随之到来，自古皆然，概莫能外。

五是"政善治"。即心怀治平之道。我们今天在日常生活中也常讲一个词——"水平"，在中国文化中，水是"公平"的象征。中国有句老话：一碗水要端平。无论做什么事，都要有公平之心，心平了，一切就都会治理好了。所以，《礼记》中

讲，"大道之行，天下为公"，"大道"盛行天下最重要的标志，就是人人能够看到希望，而希望源于公平，这是所有社会制度最核心的精神内涵，是一切制度和法制建设的基础。没有公平精神的法制和制度还不如没有，缺乏公平精神的法制与制度，其实质是保护少数利益集团的手段和工具，对社会的危害极大。

六是"事善能"。即做什么事都要有必成的能力和决心。在后文，老子曾经赞美水："天下之至柔，驰骋天下之至坚"。不要只看到水那么温柔，无论多么坚硬的东西却都能够被水穿透，这就叫"事善能"。我们老百姓有句话，"没有金刚钻，别揽瓷器活"，讲的就是这个道理。人在其位要谋其政，并且要谋好其政，没有能力就要主动地把位置让出来。"兵熊熊一个，将熊熊一窝"，身居高位的掌权人如果没有能力，没有本事，其危害大矣。治国先治吏，吏之治，关系到国之兴亡。所以，诸葛亮面对汉室之兴衰，不禁慨叹："亲贤臣，远小人，此先汉所以兴隆也；亲小人，远贤臣，此后汉所以倾颓也。"观当今之世，"用人"仍然是执政的第一要务，多少人越腐越上，多少人越清越下，有能者不得其位，无能者飞黄腾达，伤了多少志士之心！这实在值得深思。正因如此，一位将军忧虑地讲，我们这个社会缺什么？缺的就是敢于为国家担当的忠臣良将。可谓是一语中的，发人深省。

七是"动善时"。即看清事态，因时、因势而动。《孙子兵法》中讲，"水因地而制流，兵因敌而制胜""水避高而趋下，兵之形，避实而击虚"，都是强调兵家必须要效仿水的运动状态，要因时而动、因势而动。孙中山先生也讲，"世界潮流浩浩荡荡，顺之者昌，逆之者亡"。所以，无论个人、团队还是一个社会，都必须对主客观情况有一个充分的认识，有一个准确的愿景，有一个科学的政策设计。我们原来总以为自然规律是客观的，是不以人的意志为转移的，社会规律似乎是主观的，甚至是无所谓的。所以，人们往往更重视对自然规律的探索，而忽视了探索社会规律的意义，因此，人们对社会规律的把握总是滞后于社会现实的发展，从而造成社会治理和发展的困境。其实，人本身就是自然的一部分，人类的进化也是一个自然的演化过程，而在这一过程中，由人所构造的社会形态也必然会有其客观规律，这与春夏秋冬、沧海桑田的变化并无不同。就今天而言，在全球化的大背景下，在人类文化与基因大交融的复杂状态下，人类从未像现在这样成为一个"完整的集体"，共同探讨未来的生存与发展问题。

综上所述，老子所讲的水的这七德，抑或是说"道"的这七德，非常具体，涵盖极广。我们从中可以看到老子道义的精深，以及"道"对现实生活跨时空的巨大的指导意义，这具有某种普遍价值。

第九章

持而盈之，不如其已

持而盈之，不如其已；揣而锐之，不可长保；金玉满堂，莫之能守；富贵而骄，自遗其咎。功遂身退，天之道也。

一、倾覆皆因水满舟，灾祸多为强出头

如果说，前面几章，老子通过不同的具体事物来比喻"道"，目的是让我们认识"道"的形态，或称之为"道体"，那么本章讲的则为"道用"，即"道"给我们带来的一些具体的生命启示和人生智慧。本章的结构很清晰：一谈物，二讲人，三归"道"。

何谓"持而盈之，不如其已"？持，就是端着，这里指端着一个盛放液体的器具，诸如杯子或碗。盈之，就是灌得满满的。已，此处意为"适可而止"。全句的意思是讲：人如果端着把水灌得很满的碗或者杯子，就容易溢出，或者倾覆，还不如倒个半杯或多半杯更稳妥。

何谓"揣而锐之，不可长保"？揣，就是敲打，这里指制作锥子之类的物件。

锐之，就是敲击得非常锋利。保，意为保持其长期的锋利状态。全句的大意是：我们总希望把一个物件敲击得无比锋利，认为这样才可以更好地穿透我们希望穿透的东西，但是，过于尖细而锋利的物件特别容易折断，难以长久。比如我们用于切水果的刀往往比较薄，而用于斩骨的刀就比较厚。为什么？过尖的东西遇到硬物就会折断，如果锋利到一定程度，或者说尖到一定程度，其自身的强度也就没有了，虽在理论上锋利无比，在现实中却没有实用性。比如，我小的时候有一个直观的生活体验：母亲给我们做鞋子，鞋底分好多层，而用于纳鞋底的针很细，因此老人家就不敢用针直接穿鞋底，否则，针就会断掉。因为针太尖、太细，自身强度弱，稍微用力不均就会折断。于是老人家一般先用比较粗的锥子扎一个孔，然后再用针把线引过去，针的作用不过是引线。这就是"揣而锐之，不可长保"的生活体验。

老子通过这两个现实的例子，实际上是告诉我们：无论做什么事情，都不要追求极致，或者走极端。有很多时候欲速则不达，心里想得很好，但真的那么做了，却往往适得其反。端杯子的体验告诉我们：不要想一口吃个胖子。如果过满了，碗打碎了，就什么水也别想端了，什么粥也别想喝了；只要碗在，就可以慢慢来，从长计议。一般而言，做短线的干不过做长线的，急躁的干不过稳健的，着眼于当前的干不过目光远大的。而打造锐器的过程告诉我们：无论做什么事情都必须量力而行，不顾自身的能力和水平，只管向前猛冲，可能就会折戟沉沙，甚至搭上性命。留得青山在，不怕没柴烧，无论什么时候都必须保证自己有足够的抗风险能力。

二、静守底线，不忘初心

在讲了上述两个生活中的现象之后，老子紧接着将这两种现象中所蕴含的哲理推广到人世间，正所谓"金玉满堂，莫之能守；富贵而骄，自遗其咎"。老子的意思很清楚：自古以来，那些呕心沥血赚取财富的人，有多少人能够守得住底线，并且能够过上幸福的生活？恰恰相反，这些巨额的财富往往成为其生命中最大的累赘。那些有钱财而守不住本心，滋生骄傲情绪的人，即"富贵而骄"之人，可能会遭受更大的灾难，甚至是杀身之祸，这种事例无论是历史上还是现实中都多如牛毛。这也正如后世白居易诗中所讲的："只见火光烧润屋，不闻风浪覆虚舟。名为公器无多取，利是身灾合少求。"

当然，从历史上看，那些大富大贵之人，也有很多非常潇洒地化解了可能由财富带来的灾祸，比较著名的就是春秋时的大商人范蠡，史书记载，范蠡"三迁皆

有荣名"。回顾范蠡的经验，其实就是八个字："激流勇退，乐善好施"。范蠡起初在越国，不仅有钱，而且在政治上也有地位，曾协助越王勾践"卧薪尝胆"，最终消灭了强大的吴国。越国胜利了之后，范蠡通过观察，认识到勾践这个人可以同患难，而不可同富贵。他深谙道家之学，清醒地认识到："居家则致千金，居官则至卿相，此布衣之极也。久受尊名，不祥。"于是，范蠡散尽钱财，辞官而去，泛舟五湖。当然，也有民间传说讲范蠡还带走了当时的天下第一美女西施，如果那样，事情可真是完美了。范蠡走之前，曾经把自己的想法告诉了同在越国为官的好友文种，希望他也和自己一起走，但是文种放不下官职，并且认为自己有功于勾践，不肯离去，最终被杀，结局让人痛心。范蠡后来定居在齐国，为了更好地生活，再一次创业，并再一次富可敌国。范蠡不因富而骄，而是惠泽乡里，以至于齐王命其再次为相，协助自己治理天下。而范蠡作为外来之人，深刻认识到"官高多怨，财多招忌"的人间常态，再一次散尽钱财，移居宋国。在宋国，范蠡又一次创业成功，而成功后依然保持清醒的头脑，广交乡里，仗义疏财，终得善终。因此，范蠡既是商家效仿的楷模，也是以道家思想指导人生并获成功的重要案例。而后世的沈万三、胡雪岩等有名的商人，其不能得以保全的原因固然很多，但和他们在这一点上做得不够到位应该有很大的关系。

纵观老子此言，如果说"金玉满堂，莫之能守"讲的是一个客观的现实，劝导世人对财物的追求必须保持在某个度上，不可来者不拒，不知其极。那么，"富贵而骄，自遗其咎"则是讲人性的规律。在拥有了财富和权力之后，没有几个人能够守得住底线，思来想去，万祸皆缘于没有底线的贪婪之心。

明朝的张居正也算得上一代名臣，但是后来也有了垄断朝纲、中饱私囊的行为，结局不尽如人意。清朝的重臣张廷玉身为三朝老臣，却心生骄气，独揽用人之大权，最终被刘统勋弹劾。而历史上有名的大贪官和珅，本来出身卑微，深得乾隆皇帝恩宠，却不知珍惜来之不易的荣华，贪奢之心到了极致，最终命丧白绫。当然，近代有一个人却做得很好，那就是曾国藩。湘军剿灭了太平天国之后，曾国藩抵挡住了一些非分之想，去除了骄傲的心态，低调做事，左右逢源，不仅得到了皇帝和手下的信任，还得以自保，安享晚年，可谓高人者也。

关于"富贵而骄"的问题，在我们的现实生活中更是比比皆是：近年来因触犯国法而身陷牢狱之灾的那些高官，大多数出身贫寒，出道时都长期保持了质朴的情怀，但是得势之后，便在前呼后拥中慢慢地迷失了自我，最终晚节不保，悔恨终生。而在社会发展的过程中，很多人有了钱之后就沉迷于花天酒地的生活，吃喝玩乐，骄奢淫逸，最终赔上了事业，赔上了健康，赔上了性命。抚今思古，不免让人扼腕叹息：求富贵不易，守初心更难啊！

三、智慧皆因名利隐，世间谁能真读书

在本章的最后，老子得出了人世间的一个最基本的法则，即"功遂身退，天之道也"。事情成功了，实现了自己的理想，就可以向后退一退，这是天意所归。老子为什么会得出这样一个结论？原因也很简单：人在高位时，看似春风得意，但也是最危险的时候。一方面，自己可能产生骄傲情绪，犯下致命的错误；另一方面，位高权重，就极有可能成为众矢之的，危险也会陡然增加，正所谓"树大招风雨，位重易生敌"。所以，道家有一个一贯的思想，即尽量不要使自己处于欲望所归之地，无论在什么时候都要留一点空间，该放下的就要放下，这既是一种自保的生命智慧，也反映了人及万事、万物的一种普遍的发展规律。稳得住才是大境界，放得下才是真智慧。

关于这个问题，庄子在《大宗师》中讲得更加直接：

其嗜欲深者，其天机浅。

什么样的人才真聪明、真有智慧？那就是能够客观、理性地把握欲望的人。一个人如果迷恋于色与物而不能自拔，就说明这个人缺乏真正的大智慧。这里的"天机"的本义是通天地的灵性，此处指人天生的禀赋，即智慧。在这次反腐败风暴中，有一位领导，家里竟然被搜出两亿多元的现金，最终被判处死缓，而这个人的日常生活非常简单，从来没有见他大把地花过钱，这些钱对他来说毫无用处，唯一起的作用就是把他的一生葬送了。还有一位领导，曾经在前线杀过敌，做过战斗英雄，但做了副厅长后被腐蚀，最终嗜钱如命，把收到的几千万元垒成一条"长城"，经常一个人坐在"长城"前欣赏，颇为得意，最终被处以极刑。所以，庄子说，因为自己的欲望而导致丧失自由、健康，甚至生命的人，就叫"天机浅"。

人的一生如何能够把握住天机？除了与生俱来的慧根之外，还应该认真学习，修炼生命，提升对人生的驾驭能力和判断能力，关键时刻保持理性和淡定。我们今天的人重视工具和技能的学习，重视提升人的外在能力，并且只重视那些能换取财富的知识，而没有多少人重视灵魂的修炼。当下已经没有多少人读圣贤之书，甚至

称之为"无用之学"。因此，整个社会以功利为导向，利益思维充斥在每个领域和空间，人们心浮气躁，为达目的不择手段，对社会和生命缺乏敬畏之心。在这种情况下，一个人要想守住灵魂就太难了，所以，做了官，发了财就更容易迷失自我。

有一年我到五台山游览，见五台山上有一座五爷庙。据说这个庙里的佛和菩萨灵验，上香的人极多，很多人请的高香有一人来高、碗口粗细，貌似非常虔诚，结果，有两位上香人士竟因为排队的事情大打出手，打得头破血流，来了二十几个特警才平息了事端。我看后就很感慨，既然一心向佛，就应该充满爱心，懂得谦让，在佛祖面前做出这种表现，难道不怕佛祖惩罚、笑话？对于品德这样的人，佛祖如何会保佑呢？这说明，这些人心里根本就没有佛，而是带着功利心去求佛，希望佛能够保佑自己升官发财。试想，佛祖从事普度众生之业，怎么可能为了一炷高香而帮助那些品德如此残缺之人呢？

白日人如潮，香如烟，而夜幕尚未降临，已经是人去庙空，只有几位和尚清扫着庙里、庙外的一些杂物和垃圾，在这个时候一切才归于平静，五台山才更接近于佛教的净土，回归佛性的本来。有感于怀，故作小诗一首：

登五台
五台寺院不胜数，大庙小庙说文殊。
智慧皆因名利隐，世间谁能真读书？

五台山是文殊菩萨的道场，人们去五台山往往是去求智慧。但是，智慧不是一炷香就可以换来，如果灵魂干净不了，放不下无尽的欲望，佛和菩萨都帮不了你。很多高官的家里都设有佛堂，每逢初一和十五都上香祈祷，但是，佛祖并没有显灵，为什么？就是因为他们心里的正气压不住邪气。一个奸邪之人，人都不会帮助，何况是佛？其实，人为什么会做傻事，会犯糊涂啊？就是因为在名利圈里转不出来了。怎么才能够拥有真正的大智慧？就是要静下来读书、修炼和学习，提升生命的境界，有功德于世界，到那个时候，自有回报，这即是"因果之法"。

四、世间莫如人欲险，几人到此误平生

为了更好地理解老子在本章中所讲的内容，我们不妨看几个历史上鲜活的例子。首先，我们说说袁世凯这个人。客观地说，袁世凯应该是个聪明人，是个有能

力的人，否则也不可能获得这样的人生机会。他死后，北洋军阀的将士们为他捐钱在河南安阳修筑了陵墓，虽然没有盛世帝王的规制那么宏大，但是，在乱世已经算是足以告慰袁氏的在天之灵了。这也从侧面说明，袁世凯也是一个重视积累人脉、拥有追随者的人。但是，如果说他有大智慧，又为什么会身败名裂、遗臭万年呢？原因就是袁世凯犯了老子所说的错误，不知道在处于高位的情况下洞察天下大局。做了一辈子"奴才"，希望做"主子"的强烈欲望使其失去了对问题的把握力和判断力，别人再添油加醋，更加坚定了他做皇帝的欲望。而在这个问题上，他的二儿子袁克文似乎更加冷静，为了劝告父亲，袁克文曾经作诗一首：

> 乍著吴棉强自胜，古台荒槛一凭陵。
> 波飞太液心无住，云起魔崖梦欲腾。
> 偶向远林闻怨笛，独临灵室转明灯。
> 绝怜高处多风雨，莫到琼楼最上层。

第一句，"乍著吴棉强自胜，古台荒槛一凭陵"。"吴棉"实际是暗指孙中山领导的推翻帝制的革命成果，因为孙中山在南京就任临时大总统，南京古为吴郡，故称"吴棉"。意思是告诉袁世凯：你刚刚窃取了孙中山的革命成果，对你当大总统这个问题，天下人的看法不一，反对的声音也很大，这个时候中国究竟向哪个方向走还不是很清楚。此刻你应该冷静下来，静观事态发展，稳定天下大局，帝制刚刚被推翻，你怎么能逆历史潮流而当皇帝呢？看一看古往今来，那么多的帝王建了那么多的楼堂殿宇，到现在不都荒芜一片了吗？皇帝不是那么好当的，要小心谨慎啊！

第二句，"波飞太液心无住，云起魔崖梦欲腾"。什么叫"太液"？就是瑶池呀、仙境呀！哎呀，瑶池的水好漂亮呀！游个泳吧，好好享受一下。看那天上的云彩飞来飞去多好！别忘了，凡是彩云飘摇处，其下多为绝壁深渊，跌下去就会粉身碎骨，那是魔境呀！袁克文前一句是讲"仙境"，后一句是讲"魔境"。言外之意，袁世凯已经被当皇帝的梦想搞得晕头转向，只看到了当皇帝的荣耀与辉煌，没有看到其中隐藏的风险。

第三句，"偶向远林闻怨笛，独临灵室转明灯"。意思是希望袁世凯能够真正到民间走走，听听各方对他这个大总统的看法，对自己面临的困境与危局有一个正确的看法。然后进入庙堂，在佛前的明灯的照耀下回归平静的心态，想出切实可行的

应对现实的办法，不可一意孤行。

第四句，"绝怜高处多风雨，莫到琼楼最上层"。这句话的内涵与道家"物极必反"的价值理念一脉相承。越向上走风险越大，越向上走危险越多，正所谓"高处不胜寒"。袁克文实际上是以此来劝告袁世凯不要走向至高无上的地位，应该给自己留一点空间和回旋的余地。

很遗憾，袁世凯非但没有听进袁克文的劝告，反而命令人将袁克文看管起来，终于走上了一条不归路，做了八十三天皇帝梦之后，在众叛亲离、万民声讨中抱恨而亡，成为历史的笑柄。

而在这个问题上，曾国藩就比袁世凯理性得多。在协助清廷剿灭了太平军之后，湘军一股独大，势力很强，很多人就劝说曾国藩应该确立更大的人生理想，言外之意是谋求帝位。有的人甚至给曾国藩写纸条表白决心，曾国藩看后直接将纸条放进嘴里嚼了，一不表态，二没下文。于是很多人又动员曾国藩的弟弟曾国荃来劝他。面对兄弟的劝告，曾国藩从容而淡定，并赋诗一首以表达自己的看法：

左列钟铭右谤书，人间随处有乘除。
低头一拜屠羊说，万事浮云过太虚。

何谓"左列钟铭右谤书"？意思是说：兄弟啊，你可要冷静，自己不要骄傲，更不可被别人忽悠。朝廷不那么傻，一方面，他们把我们的功劳刻在钟铭上，以示表彰，但是，另一方面，很多人会嫉妒我们，会向朝廷上书，打小报告，皇帝早就防着我们呢，你以为得天下那么容易吗？我们虽然打了胜仗，那也是朝廷支持的结果，是各种力量合作战斗的结果，就凭我们这样一支部队就真能夺得天下吗？我们一旦反叛，可能形势就完全不一样了。

"人间随处有乘除"，人世间的事，翻手为云，覆手为雨，变幻莫测，何况我们处于这样一种高位之上，不知道明天会发生什么，能守住今天的成绩，保全自己就不错了，切不可居功自傲，目中无人，否则必然引火烧身。

"低头一拜屠羊说"，这一句其实讲了一个历史典故："屠羊说"是战国时期楚国一个靠卖羊肉为生的小商贩。当时，楚国有一个重臣，就是历史上赫赫有名的伍子胥，由于楚王杀了伍子胥的家人，伍子胥侥幸逃脱，跑到了吴国，做了吴国的大将，为了报家仇，带领吴军攻楚，楚国暂时为伍子胥所灭，楚昭王被迫逃亡。逃亡的过程中，屠羊说与楚昭王相识，为楚昭王复国提出了很多建设性的意见和建议。

后来，昭王在秦军的帮助下赶走了吴军，恢复了楚国。楚昭王为感谢屠羊说为其复国所做的贡献，想重赏他，结果，屠羊说不领情，对来人说：我不过是一个卖羊肉的商贩，当年楚国亡国，罪不在我，今日楚国复国，功也不在我，我没有理由接受这么重的封赏。楚国亡国的时候，我的羊肉摊子被破坏了，今天还给我，让我能够重新做生意就可以了。有人就把屠羊说的态度报告了楚昭王，楚昭王和百官更加震惊，也更加佩服屠羊说的品德，既然不贪财，就封一个官吧，可以为国家做更多的贡献，于是决定封屠羊说为上卿。屠羊说听到后说：上卿官位不能说不高，奉禄不能说不厚，我一辈子卖羊肉也赚不到一年的俸禄，但是，我既无奇功，又无良谋，怎么可以要这样的俸禄？于是，又有人将屠羊说的态度告诉了楚昭王，楚昭王更加佩服屠羊说的品德，并希望能够亲自见一下屠羊说，与他当面沟通。屠羊说对楚昭王派来的人说：大王为一国之主，所见之人都是有功、有德、有才之人，我只是一个普通百姓，我若去了有损大王的威名，你们还是回去吧。曾国藩讲的这个故事就记录在《庄子》中，曾国藩希望能够通过这个故事让兄弟明白，一个卖羊肉的人都能够明白功成身退的道理，在关键的时候都能够守住本心，何况我们这些读书之人呢？不能有了一点功劳就无限地膨胀欲望。

"万事浮云过太虚"，人世间的光鲜都是昙花一现的事，不必过于计较。

在稳住了身边的人之后，曾国藩为了给外界造成一种无欲、无求、无野心的姿态，通过家书这种形式向世人展示了自己的生活状态，以避免引起皇帝及众大臣的猜忌。他的家书中的内容都是养花、种菜这些田园乐趣，以及教儿养女的家长里短，基本上不涉及政事。在中国人心里，家书都是一个人真实心情的表露。当时凡是看过曾国藩家书的人都从根本上消除了对曾国藩的怀疑，从而保证了曾国藩的后半生能够从容度过。

当然，功成身退并不是绝对地讲成功了就一定要向后缩，其实它背后隐藏着一个重要的命题，就是一个人取得了重大的成功，或者说居于要位之时，一定要对自身和外在的形势做出正确而科学的判断，当进则进，当退则退，当守则守，不能因功生骄，更不能错判形势。关于这一点，"汉初三杰"之一的大将韩信的人生悲剧值得我们反思。

我们常讲一句话，"成也萧何，败也萧何"，我认为这句话只说对了一半。韩信之所以成功，全在萧何的赏识和极力推荐，历史上有名的"萧何月下追韩信"的典故就足以说明这一点。如果把韩信后来失败，身首异处，被灭三族的结局也归因于萧何，那就不太公平了。当年刘邦与项羽逐鹿天下，势均力敌，在荥阳一带形成了

拉锯场面；而韩信通过声东西击、背水一战、半渡而击等战术，先后灭掉了魏国、赵国、齐国，手下兵强马壮，其势力在刘邦、项羽之上，并且官拜齐王，威风不可一世。在这个时候，他手下有一位谋士叫蒯通，几次劝告韩信要把握住形势，做出正确的选择。《史记》对此记载如下：

> 蒯通说韩信曰："今两主之命县于足下。足下为汉则汉胜，与楚则楚胜。臣愿披腹心，输肝胆，效愚计，恐足下不能用也。诚能听臣之计，莫若两利而俱存之，参分天下，鼎足而居，其势莫敢先动。夫以足下之贤圣，有甲兵之众，据强齐，从燕赵，出空虚之地而制其后，因民之欲，西乡为百姓请命，则天下风走而响应矣，孰敢不听！割大弱强，以立诸侯，诸侯已立，天下服听而归德于齐。案齐之故，有胶泗之地，怀诸侯以德，深拱揖让，则天下之君王相率而朝于齐矣。盖闻天与弗取，反受其咎；时至不行，反受其殃。愿足下熟虑之。"
>
> 韩信曰："汉王遇我甚厚，载我以其车，衣我以其衣，食我以其食。吾闻之，乘人之车者载人之患，衣人之衣者怀人之忧，食人之食者死人之事，吾岂可以乡利倍义乎？"
>
> 蒯生曰："足下自以为善汉王，欲建万世之业，臣窃以为误矣。……今足下戴震主之威，挟不赏之功，归楚，楚人不信，归汉，汉人震恐；足下欲持是安归乎？夫势在人臣之位而有震主之威，名高天下，窃为足下危之。"
>
> 韩信谢曰："先生且休矣，吾将念之。"（《史记·淮阴侯列传》）

这段文字讲得很清楚：蒯通认为韩信的力量足可以左右天下大局，如韩信支持刘邦，刘邦就会胜，支持项羽，项羽就会胜。但是，无论韩信支持谁，都很难得到真正的信任，因为韩信力抵天下，功高震主，已经不可能安伏于任何一方。在这种情况下，蒯通认为韩信的最佳选择是通过自己的力量平复刘、项之争，为天下人获取和平，这样就会获得天下人的支持，并且可以分封诸侯，以弱化刘邦和项羽的力量。这样一来，韩信既可以获得民心，又可以获得天下诸侯的认同，刘邦与项羽也无可奈何，自己于是就可以号令天下，成为天下的共主。但是，韩信在这个问题上非常犹豫，韩信所想到的就是刘邦对他的好，如果没有刘邦，他韩信当不上大将，也不可能有今天，最终还是没有听从蒯通的意见。蒯通几次劝告无果后，就离开了韩信，装疯卖傻，浪迹江湖去了。后来韩信被杀，刘邦打算找蒯通算账，欲治其劝说韩信谋反之罪。蒯通很淡定地说："人各为其主，各有其忠，天下常情。我当时在韩信手下，心中只有韩信，没有陛下，又有何错？更何况当时天下豪杰辈出，很多人都想与您争天下，您难道能够把那些想与您争天下的人都杀光吗？刘邦无言，最终释放了蒯通。

　　如果故事讲到这里，我倒是很佩服韩信的忠义之举。忠诚本身并无过错，既然如此忠诚于刘邦，就应该坚持下去，但是，韩信后面的选择就有些不识时务了。不出蒯通所料，项羽被打败后，韩信被刘邦由齐王降为楚王，又由楚王降为淮阴侯，彻底被剥夺了兵权。如果韩信在这个时候能够守住初心，安于平淡、宁静的生活，也可以颐养天年。但是，没有了兵权的韩信，其心里的天平极度失衡，产生了谋反的念头，最终为吕后所杀。所以讲，人世间的事没有绝对的对错。同样一件事，你这个时候做可能是对的，那个时候做可能就是错的；同样一条道路，这个人走可能是对的，能够走通，那个人走可能就是错的，就走不通，因人而异，因时而异，因势而异。所以，蒯通劝韩信说：

　　夫功者难成而易败，时者难得而易失也。时乎时，不再来。愿足下详察之。（《史记·淮阴侯列传》）

　　很可惜，韩信没有听进蒯通的话，该出手的时候没有出手，该收手的时候没有收手。所以说，人生的关键就在那么几步，而这几步要么在得志之时，要么在失志之时，如何选择，当慎之又慎。虽然历经了两千多年，但韩信的教训仍然值得我们深思。司马迁在《史记》中表达了对这位军事天才的无比惋惜之情。

　　太史公曰："假令韩信学道谦让，不伐己功，不矜其能，则庶几哉，于汉家勋可比周、召、太公之徒，后世血食矣。不务出此，而天下已集，乃谋畔逆，夷灭宗族，不亦宜乎！"（《史记·淮阴侯列传》）

　　所以在这里，我送各位朋友三句话：第一，看得清，要有风险意识。无论在什么情况下，该收要收，该放要放，不仅要看到机遇，也要看到风险。第二，舍得下，要有牺牲意识。不可贪功，不可贪名，不可贪多，该拿就拿，该舍就得舍，不是自己的切不可心生贪念。第三，耐得住，要有战略意识。不可为得一时之志而丧终身之躯，也不可因为一时之失而忘天地轮回之道，要站高望远，淡定从容，厚积薄发。

第十章

载营魄抱一，能无离乎

载营魄抱一，能无离乎？专气致柔，能如婴儿乎？涤除玄览，能无疵乎？爱国治民，能无智乎？天门开阖，能为雌乎？明白四达，能无为乎？生之畜之，生而不有，为而不恃，长而不宰，是谓玄德。

一、风本无音，皆在一心

本章，老子接着讲"道用"。上一章主要讲要效仿"道"，保持一种谦和的状态，把欲望控制在合理的范围内，特别是在取得了成绩的情况下，更要善于把握好自我。这一章重点讲"修身"。如果说上一章可用一个"谦"字表达，本章也可用一个字概括，就是"静"。

老子在本章中提出了修身养性的六个方面，或者说六条路径，我们先看第一方面：载营魄抱一，能无离乎？

"营"是什么？这里是指人的肉体。肉体是精神和灵魂的物质基础，其结构复杂，从外观看有大脑、躯干、四肢，从成分看有血液、肌肉、筋骨，从结构看有五脏六腑、七经八脉、发肤指甲，组织严密，运行有序，有些像军营一样，故称之为"营"。

"魄"是什么？这里主要讲的是人的精气神，主要是指与肉体相对的精神层面的状态。古人认为，人活着的标志，一是肉体存在，二是精神存在。活着的精神就叫"魄"，死了的精神就叫"魂"。人活着，就靠这口气，气息越旺盛，生命力越强大，人在魄在，因此我们称之为"气魄"。人死了，气散了，魄也就散了，魄就变成了魂。魂由于没有肉体依托，到处飘荡，因此我们称之为"游魂"。所以，活人讲气魄，死人讲灵魂。我们生活中常讲"改造人的灵魂"，如果细细推究，我觉得这种表述是有一些问题的，准确地说应该是"培养人的气魄"，使人在事非、得失面前保持一种从容、淡定的人生姿态，使生命的格局更加广阔。而灵魂是死后之精神，肉体生命消亡了，灵魂飘到哪里都不知道，如何改造？

孔子在《系辞传》中讲："精气为物，游魂为变，是故知鬼神之状。"孔子认为，什么叫活人啊？死人和活人的区别是什么呢？就是这一口气。有这口气浮在肉体上，你就有精气神，你就是活人，吃饭喝酒，谈天论地，都可以。没有这个精气神，气散了，人就变成了一团硬梆梆的死肉，这个时候，人世间的一切就都和他没有关系了。我们大家去过殡仪馆，送亲人、朋友最后一程，本来曾在一起说说笑笑的满面红光、肢体柔软的亲友，如今僵直、冰冷地躺在那里，使人心生凄然。之所以给人这样的感觉，就是因为没有了这个精气神。

老子讲"载营魄抱一"，就是强调一个健康的人，必须保持肉体与精神的高度合一，精神不能外泄，不能口是心非，也不能"身在曹营心在汉"，如果精神与肉体分离，那么，肉体就没有了活性，也就不再健康。中国有一句成语叫"呆若木鸡"。何谓"呆若木鸡"？就是人在一种非常特殊的情况下，比如受到了惊吓、产生了幻觉等的时候，出现了短时间的魂飞魄散的情况，也就是老百姓常讲的"魂丢了""吓傻了"，用今天的话来说，就是看起来像个"植物人"。在这一过程中，从医学的角度来讲，人还活着，但从人文的角度看，其实他已经死了，因为精气神散了，不能履行一个人基本的义务与责任了。所以，养生的第一大道，就是要守住精气神，做一个表里如一的人，一个人整天魂不守舍，心不在焉，神情恍惚，就不可能保持健康的生命状态。

孔子讲，"巧言令色，鲜仁矣"。什么叫"巧言令色"？就是花言巧语。表面上讲得天花乱坠，内心却并不是这么想的，私下的勾当不可见于天日。孔子认为，这样的人不可能心存善良，心存大爱。所以说，守灵魂，保持生命的内外相合，既可以保持人的善良心性，也可以有功于世人。管仲则把这种内外不合并掌握国家政权

之人称为"国妖"，一个社会如果这种人多了，必会祸国殃民、危害天下。

因此，老子认为"营"和"魄"必须要"抱一"。用今天的话来讲，"抱一"就是要守心，守住本心，守住初心，便可以抵挡外物的困扰，保持灵魂的清静与淡定。其实，坚持"守心"的理念的，不唯道家，从根本上说，各类文化都强调这个问题，只是方法和方式不同而已。

如果说道家守心，讲究以守为攻、以静制动，儒家则强调以攻为守、以动制静，通过社会实践和个人的阅历参透得失，回归本来，明白人生"大道"，正所谓"看透红尘恋红尘""出淤泥而不染"。儒家精进利生，强调人的社会价值与理想，即"修身、齐家、治国、平天下"，但是，真正能够实现这个理想，必须要有一个重要的前提："格物、致知、诚意、正心"。"格物"即认识世界、认识万物，比如生死、得失、进退、祸福、男女、权力、金钱、家国，等等。把这些问题认识透了之后，才能坚定做人的信念和生命的理想，建立正确的世界观和人生观，才能够百折不挠、百毒不侵、百诱不变。孔子本身就是这样的一个人。孔子在他生活的那个年代，被人贴上了一个标签："知其不可为而为之"。其实，当时的人讲这句话的时候，带有半点讽刺的意味，认为在以力量和利益为导向的时代，怎么可以实现礼制的仁爱社会？这完全是迂腐的行为。但是，人们哪里知道，圣人之所以成为"圣人"，就在于他完全没有个人的利益诉求，其目标绝不为获取今世的荣华，而是为一个民族的万世基业奠定基础，哪怕是潦倒今生、颠沛流离，仍然在所不惜。正如后人所总结的："为天地立心，为生民立命，为往圣继绝学，为万世开太平。"

"格物"的问题若解决不好，"守心"的问题就很难做到。实际上道家和儒家都在动静之间思考着人世间的是是非非。比如关于"人"这种动物，儒、道都在思考：一撇一捺就是一个"人"字，但是，写好了很难，做好更难。人都是娘生的，一声啼哭到人世间报到，大家可以看一看人是怎么"报到"的：小拳头一攥就来了，老子把这个动作叫"握固"，抓得紧紧的，总怕失去什么。进入社会后，很多人就本能地抓钱、抓权，甚至贪美色。走的时候，咱们再看，不管什么样的人，两手一撒，归西而去，什么也带不走，金钱、权力，都成了后人的。但是，后人也不要高兴，正如一首打油诗中所讲："百尺竿头望九州，前人田土后人收。后人收得休欢喜，更有收人在后头。"一切身外之物皆在轮回之中，我们不过是过过手而已。

人寿高不过百年，衣食俱足，无病无灾乃为大幸。此生有机会，可以生活得安逸一些，此生无机会，可以生活得平常一点，不可放任自我，更不必怀死后之忧，不要以为到了那个世界还需要今世这些东西，今生就说今生的事。正如孔子所说："未能事人，焉能事鬼？"百姓常说，知足者长乐，知福者长福，理简意深，不可不察。

儒与道讲"守心"，佛教也是一样。佛家讲究"真如正觉""妙悟三乘"。什么叫"真如"？就是对人性的本真、万物的本来认识清楚了才能正觉。"正觉"就是认识清楚了，走入正常的觉悟之中，不被事物的表面现象迷惑，守住了灵魂。佛教修炼境界分三乘，即小乘、中乘、大乘，说白了就是见自己、见众生、见天地，或者说爱生以度己谓之小乘，爱物以度人谓之中乘，无爱、无恨、万物皆空谓之大乘。"妙悟"其实就是"悟妙"，参悟三乘之妙法，达佛陀之境界，其实最终也是一个忘物而守心的过程。

有这样一个小故事：一个小和尚和师父正在庙门口站着，突然一阵风吹来，庙里有一面幡立刻高高飘扬，小和尚问师父：这是幡在动还是风在动？师父讲：这其实是你的心在动啊！故事很简单，万事万物，祸福得失，皆在一念之间，心静则万物皆静，心动则万物皆动。心不动，什么都不会动，心动了，什么都会动起来，这就是佛教大义。所以，动静源于一心，得失存于一念，就现实社会生活中的大多数问题而言，没有绝对的是与非、福与祸，只是认知角度不同而已，不必过于计较，当有容人之心、容事之量。

曾经一个朋友和我说过这样一件趣事：他有一个朋友是个画家，专门画牡丹，有一次拍卖了一幅画，差不多100万。过了几天，那位买画的老板打来电话，问能不能退了。这位画家感到很好奇，想问个究竟，这位老板就如实说了：他之所以买这幅画，是因为他刚买了一个大房子，他的夫人喜欢牡丹，所以就重金买了这幅画，准备挂在客厅里。结果，夫人看后非常不高兴，因为画中有几朵牡丹画到边缘只画了一半，他夫人说这半朵牡丹象征着"富贵不全"，不吉利，所以希望退掉。画家一听笑了，他和这位老板讲：你回去和你的夫人说，这是我故意设计的，我这么画的真实的含义是"富贵无边"。老板一听，不说话了，说和夫人商量一下再决定。后来，就没有下文了，再没有说退画的事。由此可以看出，同样是半朵牡丹，既可以理解为"富贵不全"，亦可以理解为"富贵无边"，问题出在哪里？全在心中。因此，庄子，在《齐物论》中讲了一句很有名的话：

夫吹万不同，咸其自取，怒者其谁邪？

什么叫"吹万不同"啊？一阵风吹过来，有万种声音，吹到水上，吹到松林，吹到竹林，吹在麦田，吹在山上，吹在房上，声音完全不一样。庄子的意思是讲，风本无音，我们是听不到风声的，我们所听到的是风与万物相互作用的声音。万物形态各异，其振动频率不同，所以声音也就不同。声音的大小、强弱、高低皆源于自己，与风有何关系？其实，庄子是想通过这个自然的案例启发我们：人在一生中会遇到很多事情，就如同一阵阵的风吹到我们身上，我们发出什么样的声音，产生什么样的情绪，做出什么样的判断，全凭自己，和风无关。我们左右不了风，我们所能够做的，只能是调整自我。你静了风便无音，你动了风便会发出各种奇奇怪怪的声音。是爱是恨，是喜是悲，是甜是苦，是得是失，是成是败，是进是退，一切皆在身心。乐观者多风景，悲观者多逆境，自古皆然。

二、固守初心，动静等观

那么紧接着，老子讲了"修身"的第二点："专气致柔，能如婴儿乎？"关于这句话，后人有诸多解释，可谓是纷繁芜杂，其说不一，最大的分歧就在这个"专"字上。有人甚至认为，"专"应该通"抟"，"专气"即"抟气"。"抟气"就是把阴气、阳气，先天气、后天气抟合在一起，使其变得柔顺而和谐。我觉得，这种解释未免有些主观，发挥得有些过了。对老子思想的理解，有的时候我们需要展开无边的想象，但是，有的时候直取其意反而会接近其本来的意思。

我认为，"专"在这里就是"专心"的意思，是指呼吸过程中宁静、淡定、均匀的状态，这完全是对婴儿睡眠状态的真实描写。人的一生中有三分之一以上的时间是在床上度过的，睡眠质量直接关系到一个人的精神状态和健康。从人的一生来看，人的睡眠时间一般处于递减状态，新生儿一天要睡二十个小时以上，而七八十岁的老人有时睡三个小时就可以了，这是人衰老的象征。不仅时间在递减，其实，人的睡眠质量在婴儿时也是最高的，因为婴儿来到这个世界上，尚没有受到世俗的污染，心无旁骛，宁静而淡定，保持着"大道"之初的形态，所以，婴儿的睡眠显得甜美、淡定、宁静、深沉。对成人而言，游走于红尘之中，面对那么多的诱惑与是非，很难保持心性的平静，常常是茶饭不思，甚至是彻夜不眠。如果人长期处于这样的一种纠结之中，要想健康就很难。老子在这里借用婴儿睡眠的这种状态，实际上是告诫后人要守住初心，不为外物所动，保持一种纯洁的天性。

前些年，有一位女作家写了一本书叫《若人生只如初见》，销量很好，其实，这个书名就体现了一种"大道"的精神。世界上有很多事情，初次发生的时候，或刚开始的时候往往是美好的，但是，一旦处在一种状态下久了，或者被了解得深入了，当初的美好就会大打折扣，甚至让人产生厌烦的情绪。比如初到一个单位，感到很新鲜，工作有意思，同事也很好，也觉得挺知足，但是时间久了，对工作就厌倦了，和同事之间也产生矛盾了，烦恼也就随之而来了。再比如，在恋爱阶段，每对恋人的感受都很美好，甚至都觉得对方完美无缺，天天在一起缠绵，总是有说不完的话、讲不完的情，但是，一旦结婚了，长期在一起生活了，激情燃烧的岁月变为锅碗瓢盆交响曲，矛盾也就出来了，对方也不再完美，甚至让人觉得当初的选择是一个错误。其实，人还是那个人，只是我们都不能保持初心了。有人问爱情能不能保鲜，我说可以，只有一种方法，那就是在感觉最美好的时候彼此分开，永不互相拥有，这样虽然痛苦一时，却可以美好一生，成为生命中永恒的记忆。如果相守，就一定要懂得妥协。给彼此一个空间，守住曾经的承诺，虽然不一定能够保鲜，但是可以感受到彼此的温暖，这便是现实的爱情和爱情的现实归宿。没有妥协的精神，就不要期待婚姻。

记得有一次乘船去旅行，早晨起来去看日出，刚走到甲板上，就被眼前的景象惊呆了：一个姑娘和一个小伙子站在船头，并排向着日出的方向；小伙子将船上用的毛毯披在姑娘的肩上，海风吹来，将姑娘的长发与毛毯同时吹起，像飘扬的旗帜；朝霞映红了海面，而他们就那么静静地站着。他们的背影宛如一座爱情的雕像，真是美不胜收。我久久地注视着他们，如欣赏一件人间的艺术珍品。我不曾与他们相识，更不知其姓名，时光飞逝了二十多年，那幅场景却还清晰地留在我的记忆中，我想，爱情原本是那样的美丽。不知道他们是否走到了一起，也不知道他们如今生活得如何。或许他们永远不知道，在他们热恋的季节，曾经为世界创造了那么美好的丽影。但是不管怎样，我想，那种美好不可能长驻，不管什么样的感情，总会染上尘埃，在生命的历程中留下斑驳的影子。

其实，老子讲学习婴儿的状态，守住初心，也是为了让人们保持一份纯真、善良的生命情怀。就大多数生命而言，初生都是温柔而可爱的。人之初本没有什么恩怨，也没有什么仇恨，既不会害人，亦不会伤物，两不相伤，便是"大道"情怀。但是，随着时光的推移，一切纷争和恩怨也就随之产生了。守住初心，就是要逃出名利的苑囿，给他人一份宽容，正如当初相识一样，充满爱意和真诚。为了使大家能够保持这样一种守初的心性，我送大家四句话：

一要不忘道本，守空灵之气。要活得高尚一点，有一定的气节。

二要不蓄刚心，守谦柔之气。不可生害人之心、贪物之念。

三要不求害物，守中和之气。保持宠辱不惊、动静等观的心态。

四要不为世故，守本初之气。要保持灵魂的鲜活和生命的灵动。

三、静坐常思自己过，闲谈少论他人非

讲完"守初"的观念之后，老子提出了"修身"的第三个观点："涤除玄览，能无疵乎？"什么叫"玄览"？"玄"就是高深，"览"就是看法。"玄览"是指一个人在灵魂深处对一些问题的看法，其实这里暗指人的内心深处的一些别人难以洞察的、自以为是的，甚至是偏颇或肮脏的想法。疵，意为缺点和毛病。这句话的大意是：一个人在灵魂深处反思自己，在消除一些不健康的思想的过程中，能不能够做到彻底而干净？能不能真正将自己内心深处一些不健康的思想曝光于光天化日之下呢？用鲁迅先生的话讲，就是能不能把我们心里那个"小"榨出来？

人这种动物之所以复杂而难以琢磨，就是因为我们有难以看穿的灵魂。俗话讲"画龙画虎难画骨，知人知面不知心"，王阳明先生讲，"治山中贼易，治心中贼难"。一个社会中，如果人人都表里不一，说一套，做一套，用心险恶，对他人和事业不真诚，总是在心里打自己的小算盘，那么这个社会永远搞不好。所以，东西方文化都强调人要经常在灵魂深处反思自己，做一个表里如一、干净而纯洁的人。

道家的"涤除玄览"，儒家则称之为"内省"。在《论语》中，曾子讲："吾日三省吾身，为人谋而不忠乎？与朋友交而不信乎？传不习乎？"意思是讲，我每一天都从三个方面来反思一下这一天做的事，一是为国家做事我尽力了吗？尽到职责了吗？有没有应付？二是与朋友打交道、与朋友合作，我有没有真诚相待？有没有欺骗朋友的地方？三是从老师那里学来的圣贤之道，我有没有贯彻到日常的生活和工作中去，有没有把握住做人和做事的原则与底线？

对于如何达到"涤除玄览"的人生境界，庄子认为就是要保持灵魂的宁静与淡定，并且做出了形象的描述：

水静则明烛须眉，平中准，大匠取法焉。……圣人之心静乎？天地之鉴也，万物之镜也。夫虚静恬淡，寂寞无为者，天地之平而道德之至也。（《庄子·天道》）

前面讲过，没有镜子之时，人们往往将水放在一个黑色的陶盆里，对水梳妆。庄子说，只有在水很清、很静的时候，才能照清楚自己，风一吹，水面起了波澜，人的影子就碎掉了，就会产生很多镜像，人就看不清自己了。而木匠在做家具时，也是将水作为测平的最重要的依据，水静则平。借助这个自然的现象，庄子想到了人，他认为，所谓"圣人"，就是在任何情况下都能够保持心性清明的人，不像普通人一样，心态像墙头草，风向东吹则向东倒，风向西吹则向西倒，没有生命的坚定立场和对事物的原则性判断。圣人在任何时候都能够保持心静如水，就如同有一面认识世界的镜子，无论是生是死、是得是失，自立于天地之间，岿然不动。其实人世间，凡是从容一生之人，无论是指点江山的英雄，还是独守青灯的僧侣，他们看上去表现得不一样，但是，他们的共同点就是心性空灵，矢志不渝。诸如屈原，心系祖国，无力回天，抱石投江，慷慨而赋："路漫漫其修远兮，吾将上下而求索"，成为千年之浩气。文天祥面对荣华，提笔高奏："人生自古谁无死，留取丹心照汗青"，正气凛然。清代的谭嗣同修佛、修道、修禅，参透死生，用自己的生命阐释了生命的另类价值——有价值的死才能换取有价值的生，并且仰天高歌："望门投止思张俭，忍死须臾待杜根。我自横刀向天笑，去留肝胆两昆仑。"声震宇内，气动山河，真大丈夫也。从这个角度讲，保持灵魂的这种淡定是生命的大境界，能够为一个民族打造更多的伟大灵魂，培养更多的有理想、有责任、有担当、有立场的人，一个民族少了这样的人，就不可能有真正的前途。

所以，学习道家的思想，不是像一些人所讲的那样，变得狡猾而世故，变得没有现实的精神，只知道保全自我，而不知道舍生取义。其实恰恰相反，一个人对生命之理、社会之理、信仰之理参悟得越透，反而越具有一种坚不可摧的精神。

作为常人，要想清清白白地做人、做官和做事，就要保持一种"慎独"的精神，常用圣贤之道来武装自己，并且养成内省和自律的意识。为此，有三句话与大家交流、共勉：

一要消除杂念，抑制私欲。朱熹讲"世间莫如人欲险，几人到此误平生"，老子也认为，"罪莫大于可欲，祸莫大于不知足"。所以，内省之主要内容就是看一下自己有没有超出现实的欲望和诉求，有没有生忌妒和羡慕之心。要相信，世界上没有随随便便的成功，要把幸福的生活建立在立足实际、扎实奋斗的基础上，不可盲目攀比，脱离个人的实际，否则，必然会心生歹意，陷入危险之中。

二要放下主观，广听众议。做什么事都不要太自我，要多听别人的看法。"玄

览"实际上是指自己内心深处的比较主观而自我的东西。每一个人在生活的过程中都会为外物所影响，这些影响无论从正面还是从负面都会固化在记忆中，经过大脑的加工形成自己固有的意识，这种意识就会成为一个人对事物做出判断的最重要的情感因素和价值因素。往往一个人经历的坎坷越多、曲折越多，就越容易愤世嫉俗，多生怨恨。一个人的地位越高，权势越大，就越容易心生骄态。如果一个人一生都能够在成与败、荣与辱之间保持理性，并且善于听取他人的建议，他就一定不是凡人。当世之人，穷困者仇官仇富，富贵者恣意妄为，都不能正确评价自己的得失。很多穷困之人做困兽之斗，丧命于黄泉之下；很多高官达人骄奢淫逸，身陷于牢狱之内。天地之间，万事、万物皆有因由，不可不察。

第三，明心见性，返璞归真。一切繁华皆归于平淡，一切有形皆归于无形，一切生命皆归于尘埃。人生世间，不能被事物的表象困扰，特别是不要被权之荣光、钱之堂皇迷惑，要知道，富贵不能换来永生，金钱未必带来幸福，人生一世的最高境界是寻求灵魂的宁静，保持本性的质朴。神秀和尚曾经赋诗一首："身是菩提树，心如明镜台。时时勤拂拭，莫使惹尘埃。"劝告世人要经常打扫灵魂，不能被欲望污染，迷失心性。他的师弟，也是六世禅宗的掌门之人——惠能则另赋诗一首："菩提本无树，明镜亦非台。本来无一物，何处惹尘埃。"惠能之境界明显要高于其师兄，若人的一生真的能够做到"心无一物"，则可百毒不侵，终得天地之大光明。但是，作为常人而言，这种境界是很难达到的。神秀和尚的建议更具有普遍性，我们只能经常修悟，经常内省与反思，才能够在世事的变幻和人生的得失中寻找到生命的真谛。

四、心怀天下安可至，胸有万民智自来

接下来，老子讲了"修身"的第四个要素："爱国治民，能无智乎？"如果说前面讲的三点都是强调对生命和意志的修炼，那么，这一点是指人在现实的社会管理和现实的社会生活中应该保持一种什么样的心态。这句话的意思很简单——热爱自己的国家，治理社会，服务天下苍生，能不能保持一种"无智"的心态呢？

关于这句话，后人多有非议，认为老子不讲智慧，不重方法，没有智慧和方法，怎么可能治理好社会呢？其实，"无智"并不是指不让我们用智慧，老子强调的是：一个社会的执政者和管理者不要总是以自我为中心，总是以为自己聪明而恣

意妄为，如果这样，我们往往就会背离"大道"，就会失去民心，失去执政的基础。道家强调"无智"，其实是提醒执政者，"圣人恒无心，以百姓之心为心"。执政者一定要明白天下人需要什么，明白社会的大潮流与大方向，要结合实际，顺势而为，不可逆流而上，简单地说就是要循"道"而行。具体来说，应该包含以下几种含义：

一要查民情，实事求是。执政者不能高高在上，更不能以官老爷自居，一定要深入民间了解百姓疾苦，真实感受天下百姓的生存状况，急百姓之所急，想百姓之所想，不能道听途说，更不能人云亦云。千本万本，民生是第一本；千要万要，百姓需要是第一要。

二要知民本，载舟覆舟。荀子讲："民者水也，君者舟也，水可载舟，亦可覆舟。"千秋万代，与民为敌的，早晚为民所灭，得民心者得天下，失民心者失天下，这是历史发展的基本规律。无论社会怎么发展，都不要忽视那些手无寸铁的百姓，永远要把群众的利益放在第一位，才能够稳定执政基础。

三要达民意，怀孝慈之心。汉代大才子贾谊讲，天下"有不能治民之吏，而无不可治之民。……故见其民而知其吏，见其吏而知其君矣"。有些人往往做了官，有了权，就忘记了自己的"百姓本色"，总以为自己高明，百姓目光短浅，总是怀着一种"先干了再说"的态度。其实，没有民意作基础，所有的决策都会缺乏科学的依据。什么时候都必须要明白为谁做官、为谁执政的问题。所以，我们只有怀着真诚对待天下人，天下人才能怀着真诚对待我们，一定要懂得换位思考，不可太主观和太情绪化用事。

五、但将有日思无日，莫待无时思有时

老子紧接着讲了第五点："天门开阖，能为雌乎？"关于这一点，古往今来争议就比较大了。

当然，意见最不统一的是如何理解"天门"二字。综合来看有三种理解：第一，"天门"就是我们日常生活中常讲的"天灵盖"，人刚生下来，这里是打开的，慢慢地就闭上了。"天门开阖"就是讲，得道的人能够像婴儿一样，随时都可以让"天灵盖"开闭，从而吸收天地的能量。第二，"天门"就是鼻孔，通过这个孔来维持与天地的能量交换，从而保持生命的存在，正所谓"人活一口气，树活一张皮"。如果按照这种理解，全句的意思就是"人的呼吸要保持一种柔顺的状态"，意思显然与前面所讲的"专气致柔，能如婴儿乎"基本相同了。第三，"天门"即指人的

七窍，眼、耳、鼻、口这七窍是人与外界进行能量交换的七个通道。

我倾向于第三种看法。老子认为，人的生活过程实际上一直伴随着与外界的能量交换，目观其色，耳闻其声，口食其味，鼻吸其精。在这一过程中，人随时都可能被迷惑，正如后文所言："五色令人目盲，五音令人耳聋，五味令人口爽，驰骋畋猎令人心发狂。"老子在这里没有讲得那么具体，称之为"天门开阖"，其实质是指人在与外界进行这种能量交换的过程中，时刻受到外力的影响和作用，在物质上，诸如金钱、美女、权力，在精神和意识上，诸如是非善恶、功过得失、生死成败、富贵贫寒等价值理念不停地影响着人的行为选择。在这个过程中，人应该保持一种定力，不为外力所诱惑，还要保持一种平静、从容的心态。

为此，老子在这里提到一个概念——雌。雌性在中国文化中一般具有温柔、善良、包容、宁静等特征。老子以"雌"来表达，无非是告诉人们：面对各种诱惑与祸福得失，要守得住自己。

人非圣贤，孰能无欲？但是，人的欲望与兽类的不同在于，人除了生存和生理的本能之外，还有一种凌驾于生存之外的诉求，这种诉求就是虚荣、炫耀之心。这种心态一旦形成，就会使物欲达到一种没有边际的状态，最后丢掉了灵魂的质朴，成就了贪欲横行之心。

这些年，很多当官的出了事，为什么？就是不能做到"为雌"。其实很多人本来也是普通人家的孩子，后来慢慢地官越做越大。每上一步，浮一步；每上一步，躁一步；每上一步，虚一步；每上一步，对尊严呀、体面呀、前呼后拥呀感觉越来越好。最后就飘飘然了，守不住底线，成了阶下之囚，甚至搭上了性命，后悔都来不及了。

我也经常反思自己的心路历程和整个中国社会的心态变迁。原来生活在农村，基本上没有什么可吃的，能填饱肚子就不错了；没有穿的，能勉强过冬就不错了；到邻村上学，都是走路，后来到县城，也不过骑一辆破旧的自行车。生活原本简单，情怀也非常质朴，我自己如此，邻里如此，整个乡村亦如此。现在却完全不同了，在物质高度膨胀的年代，人们的欲望也高度膨胀，这种膨胀消耗了因发展而带来的满足感和幸福感，并且人与人之间开始产生了虚荣和相互攀比之心，在情感上日益疏远了。原来回到老家，人们都问寒问暖，关心对方身体是否健康、工作是否顺利；而现在问的是挣多少工资、住多大的房子、开什么样的车子、见过什么样的世面……而那些在乡间发迹的人已经不再羡慕这些通过十年寒窗苦读而走出来的"秀才"，令他们骄傲的资本无非就是停在门前的豪车与银行卡里存的钱，知识和知识分子似乎正在贬值。如果一个民族沿着这样的一种价值导向前进，势必会影响其发展的前途。

如果说一个人在"天门开阖"中不能"为雌"是个人的悲剧，那么，一个民族不能"为雌"则是国家和民族的悲剧。住进了豪宅的人，有几个还有杜甫的"秋风茅庐"之悲？当上高官的人，有几个还真正记得少年之苦、天下百姓之难？吃上了华府玉宴的人，哪个还有粗茶淡饭的情怀？穿上了锦衣美服的人，谁还晓得北风依旧强劲？享受着叱咤风云的快感的人，有几个还对前辈的鲜血有感恩之心？民风若不朴，则世风必日下；官风若不朴，则贪腐成风，江山多危矣。

我们原来总认为"仓廪实而知礼节，衣食足而知荣辱"是真理，现在终于明白，这句话不是在什么情况下都起作用的。一个社会要想保持质朴的情怀，每个人都要守住做人、做事的底线，必须要强化文化建设。一个社会良好的道德风尚的形成绝不是一个自然而然的过程，应该是社会治理的一项基础工程。孔子说，对一个社会而言，"德之不修，学之不讲，闻义不能徙，不善不能改，是吾忧也"。按照孔子的认识，我们需要反思我们的社会的道德与文化建设。

社会和人体一样，是一个系统。人要想健康，人体的免疫系统必须功能强大，免疫系统遭到了破坏，什么样的病毒都会侵入。文化和思想建设就是一个社会基本的免疫系统，它一旦被破坏，就会导致灾难性后果。庄子曾经讲过这样一个故事：

> 南海之帝为倏，北海之帝为忽，中央之帝为混沌。倏与忽时相与遇于混沌之地，混沌待之甚善。倏与忽谋报混沌之德，曰："人皆有七窍，以视听食息，此独无有，尝试凿之。"日凿一窍，七日而混沌死。（《庄子·应帝王》）

故事很简单：南海的帝王倏和北海的帝王忽到中央去游玩，中央之帝叫混沌，混沌对倏和忽非常热情，隆重招待；倏和忽非常感动，总想找个机会报答一下。后来，他们终于想出了一个办法。倏和忽发现，混沌最大的问题是没有七窍，不能看到世间万物，吃不到天地美食，不能听到天籁。于是他们齐心协力，每天为混沌开凿一窍，结果，七天之后，混沌就死了，正所谓好心办坏事。这当然是一个寓言故事，庄子实际上是想通过这个寓言告诉世人：人虽然有七窍，能观，能闻，能食，但是，也容易使病毒侵入。混沌之所以能够健康地生活，就是因为他隔断了与世间这些病毒的联系，但是，混沌的问题就是太纯洁了、太干净了，对外界没有免疫力，一旦受到攻击，生命瞬间就瓦解了。人生活在红尘之中，不可能保持混沌那

种状态，有的时候不得不面对各种诱惑、各种是非，怎么办？就是要不断地修炼心性，保持住做人和做事的立场。

六、但将冷眼观螃蟹，看你横行到几时

接着，老子讲了"修身"的第六要素："明白四达，能无为乎？"将这句话作为最后一点，老子也是别有用心的。通过对前面几点的修炼，人生会达到一个较高的阶段，即"明白四达"的境界。"明"就是心性洞明，参透天地万物，主要指对"大道"的理解。"白"就是对福祸得失、生老病死这些问题看得清清楚楚。"四达"是讲做事的能力，什么样的事情都能应付，能力达到了一个极高的水平，就是我们常讲的"君子不器"，文武兼通，内外皆和。总之，"明白四达"是一种非常高的生命境界，已经不是一般人所能及。但是，老子说，人达到了这种境界，就容易犯一个毛病，那就是骄傲。明白四达了之后，人往往就会产生指点江山的冲动、毕其功于一役的心态，容易对什么事都指手画脚。如果一个人犯了这样的错误，就可能前功尽弃，流于世俗。

怎么办呢？老子又搬出了道家的看家本领，即"无为"。"无为"在这里应该包含两个方面的意思：一是"信念坚定，顺势而为"，保持心性的淡定，于失望中看到希望，于希望中看到困难。二是"难得糊涂"，要能够包容万物，不要什么都看不惯，不要以为自己聪明就总是处处争先，什么样的人都得活着，什么样的人都有尊严，万物自有归宿，自有其生存之道，我们应当学会包容与尊重。

七、大爱无心，天地可鉴

对于如何全方位地提升生命的境界，老子假设了六个问题，从灵魂到行为，从做事到治国，系统地提出了道家关于修身养性的基本法则。在本章的最后，老子得出了一个结论："生之畜之，生而不有，为而不恃，长而不宰，是谓玄德。"

老子认为，达到了上面的六种境界，人就具有了玄德的精神。什么是"玄德"？老子提出了四个指标。

一是"生之畜之"。"生之畜之"本意是指天地生养万物，从不言弃的情怀，这里是指人无论在什么样的状态下都要接受现实，保持一颗平常心，无论什么事情，遇上了就要正确面对。前两年有一个城市，被发现有很多父母遗弃孩子的现象，于是就在市里划出了一片地，名曰"弃婴岛"，其本意是防止孩子被弃后不被发现，

导致死亡，便于发现和救治。结果，两周之内这里就收了近两百个孩子，年龄大的十四五岁，小的刚刚出生，这让当地政府措手不及。在此情况下，政府只好派人看守，凡来扔孩子的先问明白了，"该扔的扔，不该扔的不能扔"。此话听起来似乎有道理，但是细想一下，何谓"该扔"？何谓"不该扔"？孩子皆为父母身上之肉，生之便当养之。事实上，哪家不希望有一个健康而漂亮的宝贝？但是万物不同，遇到问题也是常有的事，怎么办？遇到了问题就要面对，生了就要养，这便是天地大德。一个人如果抛弃亲生骨肉如同弃物，此人又如何不能弃他人、他物？如何能够保证有高尚的德行？其实，人的一生什么事都有可能遇上，凡是相遇，皆是天缘，应淡然处之。

二是"生而不有"。其本意指天地生养了万物，从来不据为己有的"大道"情怀；这里指人要有一种无私的情怀，做一点事情，做出一点牺牲，不要总是求回报。如果一个人总是带着求回报的心态，那么就很难找到真正的平衡，也很难与他人建立起和谐的关系。我们常讲，朋友之间易清淡相处，少有利益来往。无论什么样的朋友，只要利益来往多了，都难免会心生怨愤，究其缘由，无非是一个多干少干、多拿少拿的问题。朋友之间合作，如果没有一种"吃亏"的精神，情感就会慢慢地被利益蚕食，最后分崩离析，不欢而散。

三是"为而不恃"。这句实际上是对上一句的进一步发挥。不能以为他人做了一点事为条件而苛求于他人，也不能高高在上，永远以"恩人"自居，那样的话，事情的性质就变了，人们反而会厌恶你的付出。我们常讲的"廉者不食嗟来之食"也有这样的含义。

四是"长而不宰"。本意是天地生养了万物，却任万物自然生灭，而不主宰其命运。人也是一样。我们培养了一个人，帮助了一个人，不等于永远要操控他，海阔凭鱼跃，天高任鸟飞。

老子最后的结论是：达到了这四个标准就是"玄德"。三国时代的刘备字玄德，"玄德"二字应该就是源于老子，其意思是"高深莫测之德性"，其实也就是指那种甘于付出而从不渴望占有的情感和价值观念。父母养育子女，这种德行近似于玄德。含辛茹苦地把儿女养大成人，到了晚年都不思回报，只期待儿女能够过上幸福的生活。

第
十
一
章

三
十
辐
共
一
毂

三十辐共一毂，当其无，有车之用。埏埴以为器，当其无，有器之
用。凿户牖以为室，当其无，有室之用。故有之以为利，无之以为用。

一、有无相生，利用相成

从第九章开始到本章，老子都是在讲"道用"，强调如何把"道"的法则更好
地融入做人和做事的过程中。在第九章中，老子强调，无论做什么事都必须要留一
点空间和弹性，不要把事做绝，不可追求极致，其主旨思想我们可以用两个字来概
括，即"保谦"。在第十章中，老子强调要静守天道，保持初心，也可以用两个字
来概括，即"守初"。那么这一章，老子接着讲了"道"的第三个用途，我们也可
以概括为两个字，即"用无"。

何谓"用无"？通俗地讲，就是一个人在认识事物时，不要只看到眼前有的，
还要看到眼前没有的，不要光看到实在的，还要看到虚幻的，既要看到常规思维中
所谓"有用"的，又要看到常规思维中所谓"无用"的，既要看到物质的，也要看

到精神的。按照老子的意思，在很多时候，看似无用的东西的最大价值恰在其无有之处、无用之中，这是道家的一个重要的哲学思想。为了更具体地解释这一思想，老子在本章中用了几个非常具体的事物进行了表达。

首先，老子用车子的例子来说明。老子讲："三十辐共一毂，当其无，有车之用。""辐"即辐条，古代车轮的辐条一般是木制的。"毂"即指轮毂，用一根较为粗大的圆木做成。制作车轮时，辐条呈散射状，一头插到轮毂上，另一头插到轮圈上，构成了一个完整的车轮。何谓"当其无"？这里的"无"有两种解释：一是指轮毂的中空部位，认为轮毂只有中间被掏空了，车轴才能够插入，整个车轮才能够转起来，只有车轮转起来了，车子才能够动起来，所以，没有车毂这个中空的部分，就不能做成车子。另外一种解释是，这里的"无"是指车厢的中空部分，意思是说，做车子既要有辐条，又要有轮毂等，这些实实在在的部件最终是为了组成一个车子的空间，这个空间才是真正的有用的地方，无论是人还是货物，都要放在这个空间里。

我倾向于第一种解释。老子在这里强调的其实是"车子之所以会转起来，就是因为轮毂被掏空了，没有轮毂的这个空间，车轴就无法插入"。车轴和轮毂之间实际上也是有空隙的，正是因为有这个空隙，才保障了车轮的运转，如果没有这个空隙，将车轴和轮毂之间完全塞死，轮子便无法转动，车子也就不可能行进了。这个"无"本质上是指车轴与轮毂之间的那个缝隙，老子认为这个缝隙对于车子的运转非常重要。为了使车子更好地运转，我们后人还专门发明了粘油和机油，以增强车轴与轮毂之间的润滑程度，提升运转的效率和车轮的使用寿命。事实上，无论技术如何发展，轴与毂之间的这个空隙都是必须要保留的。

老子通过这个生活中的例子得到了启发，轮毂与轴之间的这个空隙看似空无一物，但是，车子之所以成为车子，其功能的发挥全靠这个缝隙。所以，无论做什么事，留一点空间还是非常重要的，没有空间就没有回旋的余地，事物就容易僵死，这便是老子关于"用无"的第一个比喻。

紧接着，老子讲了第二个生活中的例子："埏埴以为器，当其无，有器之用。"什么叫"埏埴"？"埏"就是揉或搓的意思，"埴"就是黏土，"埏埴以为器"就是用黏土制作器具，比如杯子、碗、碟等。老子说，这些器具之所以具有某种使用功能，是因为它们都有一个空间，有了这个空间就可以盛装饭食、酒水等，如果是实心的，这些功能就不具备了。所以，我们看得见的是黏土，看不见的是空间，但是，这些空间才是我们需要的。

可能老子觉得器具还不够大，于是讲了第三个生活实例："凿户牖以为室，当其无，有室之用。""户"就是门，"牖"就是窗户。老子在这里实际上指的是建造房子的过程，具体来讲是建造窑洞的过程。我们在土坡上开凿出门窗，然后再造出足够大的空间，就可以居住了。没有门窗，没有足够的空间，就不可能成为房子。今天也一样，我们买房子，其实买的是空间，房子也是按照空间的大小来计价的。

老子讲了上述三个生活中的例子其实都为了说明一件事：万事、万物其功能所在之处就是因为创造了空间，拥有了空间才能拥有意义和价值，我们不能只看到事物的有形和所谓的有利的一面，更要看到无形和所谓的无利的一面。这个结论其实具有某种普遍的价值。

人在日常生活中，往往是过度追求其有用，而忽视其无用，过度追求占有，而不懂得放下，过度追求物质，而忽略了精神，过度追求眼前，而忽视了长远。

比如，今天的人们拼了命地去挣钱，但是，很多人没有想明白挣钱最终是为了什么。挣钱其实就是为了让我们有更大的生活空间——有了钱我们可以去度假，有了钱我们可以对酒当歌，有了钱可以去实现理想，有了钱可以帮助那些需要帮助的人……当然，最终的目的是：有了钱我们会更加轻松、愉快地生活。这就是钱为我们创造的生活空间，有了这种感觉，挣钱就更加有意义。但是，在追求钱的过程中，人们往往忘记了这种本来的目的，追求钱本身成了终极目的，致使人们疲于奔命，那么广阔的世界都不能去看一眼，那么亮丽的青春都不能去浪漫一下，那么温暖的聚会总因各种原因错过，春华不赏，秋叶不识，蓦然回首，伤病一身，垂垂老矣，生命的空间完全被金钱压缩，空余其叹，岁月难返。

再比如，我们很多人为物所累也是生活中常见之状。买个好车子，本来是为了更舒适地出行，结果，放在这里不放心，放在那里怕出事，磕下碰下睡不着，显然成了累赘。还有很多女同志喜欢漂亮的衣服，喜欢漂亮的包包，终于重金买得，结果是见水怕湿着，见火怕烧着，见土怕脏着，坐车怕蹭着，使之成了一个包袱。再比如，一些人喜欢家具，这木那木，爱如珍宝，这个不能搁，那个不能碰，每天擦拭保养，胜过对亲人的关心，这也是一种病态。所以，我们看上去获得了这些有形的物质，但是，我们失去的是生命的自由空间，我们累于物，困于物，生活不再淡定而轻松，这恰恰背离了初心。所以，物可取，但灵魂不可丢，物可惜，但空间不可无。

正是基于对上述的认识，老子最后得出了一个结论："有之以为利，无之以为用。"明白了上面老子讲的三个实际案例的主旨思想，这句话就好理解了：世界上的万物，我们所看得见、摸得着的，就可以称之为"有"。"有"给我们带来的感觉就是拥有、占有，这就是我们常讲的"利"，比如拥有了金钱，拥有了官位，拥有了荣誉，等等，都叫"利"。但是，这些实实在在的东西所构成的空间，或者说能量场，才是最有价值的东西。

比如做了官，这是个利，因为在社会上占据了一个位置。对很多人来说，做官的真正意义是这个位置会给他们带来更多的生存和生活空间，使他们在这个无形的空间中可以获取别人获取不了的机会和资源。当然，在这个空间里我们究竟做了什么，如何把握好这个空间，那是另外一个层面的问题。

总之，一个真正高明的人不会只顾抓取眼前这些物质的东西，能够操纵广博的空间才叫有大智慧。所以说，物质是基础，有形之物是基础，但是真正可用之处是它所创造的空间。

二、但见火光烧润屋，不闻风浪覆虚舟

当然，老子这句话还有另外一种含义，或者说另外一种理解：利用"有"可以创造空间，让生命获得充分的释放；但是，有的时候敢于放弃，达到"无"的境界，可能会获得更大的利益空间。一个人既要善于利用"有"，也要善于利用"无"；既要拿得起，也要放得下。人世间，凡是能够看到利处的地方，都是众矢之的，人们会蜂拥而至，为得到利益而不择手段，得不到的时候羡慕，得到了又满是纠结和彷徨，正所谓"利含双刃，无隐大用"。

这也正如我们的双手。当两手空空时，我们什么都可以去抓，有很多选择的余地和弹性；但是一旦抓住了一种东西，就意味着我们失去了抓其他东西的权利。所以，我们必须时刻要在"有"和"无"之间做出科学的权衡与考量。

比如，莫言获得了诺贝尔文学奖后，有媒体采访他："莫先生你感觉到幸福了吗？"莫言坦诚地说：让我怎么说呢，如果说不幸福吧，大家一定会说我这个人装，获得了这么个大奖还不幸福，要说幸福吧，确实没有感觉到。幸福就是什么也不想，一切都放下，而现在面临这么广泛的关注和这么大的压力，怎么能幸福呢？莫言的这种纠结其实也很实在——获得了这样一个大奖本是人世间的幸运之事，但是，随之而来的麻烦也很多，特别是很难再回归到过去的宁静的生活，很多事再也由不得自己，行动不自由，言论也会受到限制。

人身上的光环多了，是非也就来了，风险也就随之增加了。所以，道家一直强

调"功成身遂",经过繁华之后,要尽量保持淡定,回归质朴,否则后患无穷。

《庄子》中讲了一棵树的故事,说这棵树有三个特点:一是"不中绳墨,无所取用"。意思是枝干过于弯曲,很难取材。二是材质不好,"为舟易沉,为棺易腐,为器易毁,为柱易蠹"。意思是讲做船容易沉没,做棺材容易腐烂,做家具容易开裂,做柱子容易生虫子。三是根茎开裂,叶子有毒。如果手破了,碰上就会中毒,可能会导致死亡。这样看来,这棵树真是一无是处,庄子却由此得出了一个重要的结论:

> 桂可食,故伐之。漆可用,故割之。……是不材之木也,无所可用,故能若是之寿。(《庄子·人间世》)

意思是讲,我们不要瞧不起这棵树,它表面上傻而笨,其实它聪明着呢!正是因为这棵树在工匠的眼里没有什么用处,所以,才没有人打它的主意,使得它能够活着。想一想,桂树为什么寿短啊?因为桂树的皮香,容易被人取了炖肉,树没有了皮自然会死亡。漆树倒是没有人砍伐,但是一辈子被人割了无数刀,痛苦至极,为什么啊?就是人们需要它身上流出的漆啊,如果它不生产漆,谁闲着没事去割它呢?

最后,庄子得出了一个普遍的结论:"人皆知有用之用,而莫知无用之用。所有的人都知道"有用"的益处,拼命成长为有用之材,只知追求功名利禄。但是,有几个人知道"无用"的用处,并且能够放得下世间的那些诱惑呢?为此,在这里送大家四句话:

第一,无可保身。最近这些年国家抓腐败问题,很多领导干部开始慌了,慌什么?就是拿了太多不该拿的钱,办了太多不该办的事。钱拿了,事办了,想再退回去,就不那么容易了。司马迁讲,人生最大的风险是利益加侥幸。人总想谋点好处,又认为倒霉的事不一定落到自己身上,有了这个想法就危险了。天上掉下块石头,谁知道会落在哪里?比如,有一个县长被查就源于一起偷盗案件:家里来了小偷,被警察抓了,结果发现,偷的钱数目极其可观。一个领导干部家里怎么会有这么多钱,远远超出其正常的收入呢?纪检部门一查,果然有大问题。试想一下,如果家里没有那么多钱,怎么会有这种事呢?这也不能怨小偷。有一年,我们家里也来了小偷,偷走了夫人的一件皮衣和孩子的一个游戏机,以及我上衣口袋里的两千元钱,充其量是一点财产损失。从那以后,我干脆在家里的电视柜的醒目位置上贴了一个纸条，上面注明："凡来我家的梁上君子，本人乃一书生，无金银贵重之物，不必翻找，劳心费神，故留下二百元茶钱，以示真诚，若有不足，下次另当多奉送一点，感谢理解。"

第二，无可得乐。一个人在物质极度贫乏的情况下还能够保持一种愉悦的心情，这种人有没有呢？还真有，比如孔子的高徒颜回和曾子。但是，能做到这一点的都不是常人，他们都具有圣人之德。对一般人而言，有一定的物质基础，生活上没有过多的负担，才可能保持身心的放松。但是，一个人如果在物质上穷奢极欲，没有满足感，也很难获得快乐。所以，吃饱穿暖、衣食无忧、没病没灾即是人间幸事，切不可财迷心窍。事实上，那些捞取了大把钱财的人，也没有几个能过上多么幸福的生活。

曾经看到过一个故事：当年，有一位晋商，生意做得很大，老两口感情也不错，很少红脸。每日天一黑，老爷子在家里算账，老太太倒上茶伺候着，关系很融洽。两人做了一辈子生意，做了一辈子富人。有一天，两个人在一起聊天，老太太就和老爷子讲：你一辈子天天忙活着挣钱，有什么意思？一点也没有感到快乐，是非倒是不少。你看咱们隔壁那两口子，人家卖豆浆，虽然日子清苦一些，但是，两口子每天早晨起来唱着歌做豆浆，唱着歌出去卖，唱着歌回家，多么幸福、快乐啊！老爷子一听，笑了，和老太太说：我马上让他们不再快乐。于是，抓起一锭金子随手扔到隔壁。卖豆浆的两口子正好在院子里聊天，听到响声，定睛一看，原来是一锭金子！两个人真是喜出望外，卖一辈子豆浆也不可能挣这么多钱，立刻不说话了，进到屋里关好房门，熄了灯，一起盘算：这钱怎么花呢？是放家里还是放当铺？是买房还是买地？是在城里发展还是回到农村去？从此再也看不到他们卖豆浆的身影，也再听不到他们的欢声笑语了。

第三，无可明志。真正有理想的人必须要超越常人的物质欲望，才能够在关键的时刻把握住自我。比如在我国历史上第一次发动农民起义的陈胜，一直是后人效仿的有志之人，但是近两年来我研读《史记》，每次读到这里，都会掩卷而思。陈胜固然留下了"燕雀安知鸿鹄之志"的美言，但是细想一下，陈胜之所以会败，还是源于其格局太小。他心中没有天下，没有苍生，没有家国，有的只是"富贵"二字。所以，在起义刚刚取得初步成就的时候，他便称王，命令吴广劳师远征咸阳，被秦军打败，而自己也背叛了当初"苟富贵，无相忘"的诺言，杀伤乡邻，最后在众叛亲离之中被手下杀死。周恩来总理在南开中学读书的时候，便立下了"为中华之崛起而读书"的誓言，从此不改初衷，为了民族的革命和解放事业鞠躬尽瘁，死

而后已，正如后人诗中所言："自从盘古开天地，三皇五帝到于今。谁见宰相平民爱，唯独总理第一人。"而毛泽东主席青少年时便立志为中华民族谋独立、谋幸福，并且慷慨陈词："指点江山，激扬文字，粪土当年万户侯"，其志惊天地，泣鬼神，也才有了后来的人生伟业。

第四，无可养德。绝美的风景皆在奇丽的山川，美好的德行来自艰难的磨砺。我们今天常常探讨"官二代和富二代"的问题，并不是说这些孩子们生来就德行不好，主要是因为他们的生活环境比较优越，再加上社会上的浮躁之风，容易使他们养成骄奢淫逸之心态，不能保持朴素的生活方式，缺少一种艰苦创业的精神。我们常讲，生于忧患，死于安乐，一个民族在最繁荣和最安逸的时代，最需要防范的是人的精神的缺失和意志的衰退。

三、万物生来皆有用，长做利剑短做钉

老子关于"无用之用"的法则，也是道家重要的用人法则。任何人性格皆有长短，能力皆有侧重，既要知长之短，又要知短之长，一个人长处越长，往往短处就越短，所以，长短是相对的概念，关键在于用在什么地方。因此，一个真正高明的领导者不会只盯着人人都知道的长处，而能够用好人的短处。要想使人很好地发挥长处，将其用在合适的岗位上是关键。岗位用错了，长处可能变为短处；岗位用对了，短处可能变为长处。

历史上曾经有这么一个故事：战国时代著名的大商人范蠡在齐国定居期间，二儿子到楚国做生意犯了事，要被杀头，范蠡非常着急，于是和夫人商量派个人去救二儿子。范蠡希望派小儿子去，但是夫人不同意，理由很简单：小儿子从小娇生惯养、游手好闲，也没有什么社会阅历，人命关天的事怎么能够派他去呢？夫人认为派大儿子去比较合适，大儿子做事沉着，社会经验丰富，创业多年，应该能够更好地完成这个任务。范蠡说服不了夫人，于是就派大儿子去了。大儿子到了楚国后，打通关系见到了楚国的令尹，也即宰相。楚相与范蠡曾经有过一面之交，听完范蠡大儿子的叙述后，就决定想办法把范蠡的二儿子救出来。范蠡的大儿子很是感动，决意给楚相送上二百两金子。楚相是一个清官，本不想要钱，但是，范蠡的大儿子死活都要把钱留下，没有办法，楚相就留下了钱，并且打算将事情办成后再把钱还给他。第二天，楚相见到了楚王，并对楚王说，自己观天象，发现楚国的上空有吉相，按照古代的习惯，天生吉相，国君应该大赦天下。楚王听后，就按照楚相的要

求办了，于是颁发告示，决定把全国在押的死刑犯全部赦免，当然，这其中就有范蠡的二儿子。结果，范蠡的大儿子在等消息期间，在街上看到了君王大赦天下的告示，非常兴奋，感到二弟真是运气好，遇上了这种好事，一定是死不了了，但是，他并不知道这是楚相一手策划的。范蠡的大儿子高兴了没有几分钟，突然想到了给楚相送二百两金子的事情，感到非常懊恼，觉得这二百两金子花得好冤枉，想来想去，没有控制住自己，决定找楚相把金子要回来。楚相听了范蠡大儿子的来意后，二话没说便将金子还给了他，但是心里非常生气，因为自己这么良苦的用心没有换来认同。他本来想办完事情把金子还给范蠡的大儿子，并把事情讲清楚，没有想到范蠡的大儿子这么小家子气，想来想去咽不下这口气。于是第二天，楚相见到楚王说：听说这次赦免的死刑犯中有齐国大商人范蠡的儿子，并且听说范蠡派人来行贿了咱们的大臣，如果把范蠡的儿子也赦免了，岂不违背天意？有殉私情之嫌。楚王讲：那还不好办吗？就把他儿子杀了，别人正常赦免不就可以了吗？结果，全国的死刑犯都得以赦免，唯有范蠡的儿子被杀。范蠡的大儿子听到消息非常震惊，拉着二弟的遗体回到了齐国，范蠡听了事情的来龙去脉后非常生气，但是后悔莫及。范蠡把大儿子严厉地批评了一番，并且和夫人说：当初我希望派小儿子去，你非要派大儿子，大儿子虽然做事老练，生活经验丰富，但是他知道创业不易，把钱看得很重，人命关天的大事，在乎钱怎么能行呢？小儿子虽然阅历浅薄，但是他为人仗义，从来不算计钱，如果是他办这件事，怎么可能为了钱而得罪人呢？范蠡的老婆听后，觉得有道理，但是毕竟悔之晚矣。

　　我们今天理性地看待这件事，如果我们用一般的眼光来评价，范蠡的大儿子一定符合人才的标准，有能力、有工作经验、有吃苦精神，但是，小儿子是不是就一无是处呢？老子认为，这未必，长与短、是与非、优与劣都是相对的，天下万物自有其有用之处，也有其无用之处。

　　但是，在岁月的长河中，我们往往会对人和事形成自己固有的看法，优和劣、长与短越来越绝对化，慢慢地，人们对事物的认识越来越偏执，越来越"有用化"。殊不知，那些被我们认为是"最无用"的东西、"最边缘化"的东西，恰恰成为我们这个社会最紧缺的资源。所以，对用人而言，人皆有其长，也皆有其短，一个真正包容而有胸怀的领导要善于发现别人发现不了的优势，将人才用到合适的位置上，这才是用人的"大道"所在。

五色令人目盲，五音令人耳聋，五味令人口爽，驰骋畋猎令人心发狂，难得之货令人行妨。是以圣人为腹不为目，故去波取此。

一、身后有余须停手，纵欲无门早回头

老子在前面几章讲了"道体"，就是想告诉我们"道"是个什么样的形态，他举了几个例子来形容，诸如山谷、风箱、水，这三个事物尽管大相径庭，但是有一个共同的特质，即柔顺、宁静而空无，这或许就是老子对"道"的一种综合性的描述。

紧接着，根据"道"的这些特点，老子告诉我们在日常的工作和生活中要坚守"道"的精神：第一要始终保持谦虚的情怀，无论做什么都不能走极端。第二要重视修身和修心，保持灵魂的淡定与宁静，不要为外物所干扰。第三，就是要善于用"无"，在无用中寻找到大用。

讲完了这些内容之后，老子紧接着写下了第十二章，这一章的内容乍一读让

人感觉到很突兀，但是细想起来，老子写这一章的目的是为了告诉我们：有些道理讲起来容易，做起来很难，因为人的一生时刻面临众多的诱惑，在物欲横流的人世间，我们必须要慎之又慎，不可大意，否则，就可能落入深渊，万劫不复。

带着这样的一种担心，老子在本章中直入主题："五色令人目盲，五音令人耳聋，五味令人口爽，驰骋畋猎令人心发狂，难得之货令人行妨。"

何为"五色"？青、红、赤、白、黑。这实际上是指我们生活在一个花花世界中，一般人都会被这些五颜六色的东西弄晕头。

何为"五音"？宫、商、角、徵、羽，即中国古代音乐的五个音调。五音相和会使人意乱神迷，一旦陷入其中，美好的乐章便成为靡靡之音，使人丧失斗志。

何谓"五味"？酸、甜、苦、辣、咸，实际上是指世间的美食。在锦衣玉食的环境中生活久了，再吃粗茶淡饭，再着麻衣粗布，就感觉受不了，不舒服了，而这种感觉一来，人就堕落了。

何谓"驰骋畋猎"？就是玩耍。架鹰玩狗、逐兽捕鸟往往让人心满意足，喜不自胜，但是时间长了，人就会忘记正业，偏离"大道"。

何谓"难得之货"？指世间的贵重、稀奇之物，比如古董珍宝、名画书法、美玉奇石，看后就想拥有，觉得身价倍增。但是，这些东西人世间就那么多，怎么办？为了占有，就会不择手段，要么贪污腐败，重金购得，要么依靠权势，压迫强求，要么出租权力，尽其所能。这些不合常理的行为即老子所讲的"行妨"。

但是人不是神，目可进五色，耳可入五音，口可知五味，心可乱五行（酒、色、财、权、货），正所谓"马行无力皆因瘦，人不风流只为贫"。人除非没有机会，有了机会，大多数都会追求安逸之境和虚妄之感。所以，人生之不易，不唯是物质之匮乏和行路之艰辛，更多的是心智之考验、情趣之追求。天下之人众矣，哪一个生而为恶，哪一个又生而为善？善恶皆在一念之间。很多时候并非起于本心，而是起于外欲，只有远离诱惑才能拒绝诱惑。长居篱门，故不慕华堂；长穿布衣，故不慕锦服；长食五谷，故不慕玉食；常交清友，故不慕豪客；常思大道，故不求小径；常思存亡，故不入死地。"大道"何简，几人守之？

因此，老子说，何谓"圣人"？"是以圣人为腹不为目，故去彼取此"。圣人与常人的区别就在于，圣人能够控制对外物索取的量度，生而必需者，则取之，生而不需者，则弃之。圣人和常人一样，也有耳朵，也有眼睛，也有嘴巴，他也要吃，也要喝，也要看，也要听；但是圣人明白，吃喝乃生存之必需，吃饱肚子的欲求是无可厚非的，那么吃饱了之后呢？我们看到的、听到的、感到的这些满足心理

需求的东西就很难有底线了——美景之外还有美景，美女之外还有美女，美服之外还有美服，美食之外还有美食，美音之外还有美音……在这个问题上，圣人的态度很坚决，立场很鲜明："为腹不为目""去彼取此"，吃饱眼一闭，万物皆浮云。有能力可功于世人，则尽力为之，以求此心之安；无能力可功于自身，则居而不害，淡定宁静，不怨天，不尤人，不为取物伤身，更不为取物害人。

所以，古人有句话叫"腹易足而目难及"。满足肚子的需求是相对容易实现的，满足眼睛的需求就是个很困难的事了。庄子曾讲：

> 鹪鹩巢于深林，不过一枝；鼹鼠饮河，不过满腹。（《庄子·逍遥游》）

鹪鹩就是一种小鸟，小鸟在林子里飞来飞去，感觉到很快乐。但是，当它筑巢的时候，只要一个树叉就够了，再多的树叉也没有用。如果想把每个树叉都筑上巢，这个小鸟也就累死了，哪里还有时间飞来飞去地享受生活？鼹鼠是田间的一种老鼠，平常喜欢到河里喝水。每次走到河边，看到满河的水，它都很高兴，但是事实上，河里的水再少点又能怎样呢？它能喝到肚子里的就那点水。喜于河满，忧于河枯，对这只鼹鼠来说，完全是多余的情绪。所以，老子说，在这个问题上，我们必须要保持清醒的头脑，一旦"目伤于色，耳伤于音，口伤于味，心伤于狂，行伤于货"，就会被这些东西困住，很难跳出来，烦恼和痛苦也就随之而来了。

二、非淡泊无以明志，非宁静无以致远

老子通过这一章非常清楚地告诉我们：大多数人都是"俗人"，口必食，耳必听，目必视。在这种情况下，一定要保持一种"去彼取此"的理性态度，不可陷入浮华之中而迷失自我。欲望之门易开，朴素之情易失，不可不慎之。

为此，诸葛亮在《诚子书》中为儿子写下了以下语重心长的话：

> 夫君子之行，静以修身，俭以养德。非淡泊无以明志，非宁静无以致远。夫学须静也，才须学也，非学无以广才，非志无以成学。淫慢则不能励精，险躁则不能冶性。年与时驰，意与日去，遂成枯落，多不接世，悲守穷庐，将复何及！

这番话的意思非常清楚。诸葛先生告诫儿子：人这一辈子，如果能够保证自己走正路，成为一个君子，就必须要打牢"修身"这个根本，最重要的是要保持灵魂的宁静与淡定。一个人只有心性宁静，才可能识人，才可能知物，才可能目光长远，才可能确立正确而远大的人生理想。为什么这样说呢？因为实现理想需要以广博的知识为基础，广博的知识又是通过读书和学习得来的。学习最重要的是要保持平和的心绪，保持执着、专注的精神状态，没有这种精神状态，就什么都学不好。因此，如果一个人学习不专心，心态浮躁，就不可能保持一种持之以恒的精神，即文中所讲的"淫慢则不能励精，险躁则不能冶性"。这样一来，时光流逝，人会日益衰老，青春的激情就不再拥有，理想也就颓废了，就赶不上时代的潮流，最终被社会淘汰，一辈子生活在一种穷困潦倒的状态下，到那个时候，再怎么后悔也都来不及了。

诸葛先生之言可谓是言简意赅，催人深省。回顾我自己读书求学的三十几个春秋，再思老子之言、诸葛之诫，感触颇深。人生一世学无止境，对一个人而言，读书是一种最低投入、最大产出的投资，让人受益终生。只有不断地学习，才能够压住人生而俱来的浮躁心性，才能够在大是大非面前保持理性的选择，才能够在任何时候都始终保持不偏不倚的人生姿态。

放眼当今之世，世风日下，全民心性浮躁，牟利之心充斥于各个角落，没有健康的价值导向，缺少合理的人生诉求。原因就在于长期以来我们一直忽视灵魂的建设，忽视人的这个根本。细想周边之人，有几人常读修身之书，常悟为人之德？在如此的潮流下，无论做人、做事还是做官，都很难有底线，百姓不讲诚信，官员贪污腐败也就成为自然的事情。

今人对"修身"二字，往往嗤之以鼻，总认为人不能做到凭良心做事，靠自觉是不可能的，都强调以法治为根本。法固然重要，但是何人立法？何人执法？法为何而立？这三个问题不知道世人可否想清楚。其实，这三个问题背后都隐含着一个简单的命题——无论社会形态发生什么样的变化，社会的主体永远是人。法是人定的，也是人执行的，如果立法和执法之人没有起码的良知，没有正确的价值导向，所立之法一定不公，所执之法一定不平。今天之中国，缺少的不是法律的数量，而是怀着正义之心坚守法律的灵魂。从文化和人类文明的角度来看，守法其实是一种道德，遵守秩序是国民基本的文化素养。如果一个国家因为拥有特权而骄傲，如果一个国家的法律成为利益集团牟利的工具，如果全民缺少法制精神，那么，实现"法治"永远是一句空话。无德之法尚不如无法，无德之人执法，尚不如无法可执，否则，后患无穷。

因此，中国历代圣贤皆强调，治理一个国家，必须要重视立德，而要实现"立德"，就必须要重视通过学习实现对灵魂的改造，必须在全社会树立一种健康的价值导向。有句话讲得好：好的制度能够使坏人变好，坏的制度能够使好人变坏。但是，我认为，制度对人的影响相对来说还是有范围的。在这里，我们不妨加一句：在一个社会中，一种好的文化和价值潮流能够引导全民向善，一种恶的文化和价值潮流能够引导全社会向恶。

我们今人并非生而无德，我们只是缺少了一个古老文明应有的厚重感和使命感。站在今天来看，人类社会确实发生了翻天覆地的变化，但是，有一个不争的事实是，站在整个宇宙中来看我们这个星球，其实，进化得最慢的正是我们人这种动物自身。无论从生理角度看人体的结构和功能，还是从心理角度看人的价值和情感，从本质上讲，与几千年前都差不太多。我们今天之所以有那么多乖张的行为，一是由于外面的诱惑越来越多元，二是由于我们过于重视外化功能，不重视内化灵魂。

古人讲，无论一个人有什么样的家国理想，都"务以修身为本"。这个"本"如果守不住，既立不住自己，也立不住世界。《政要论》讲：

> 修身治国也，要莫大于节欲。传曰："欲不可纵"。历观有家有国，其得之也，莫不阶于俭约，其失之也，莫不由于奢侈。俭者节欲，奢者放情。放情者危，节欲者安。

今天很多出了问题的领导干部特别是高官，其实都是寒门子弟，很多人当年也是满怀一腔理想的热血，为什么后来会出事？就是想得太多，读书太少，外化知识得到得太多，而武装灵魂的知识得到得太少。位高了，权重了，奉承的人就多了，诱惑多了，享受多了，慢慢地人就飘起来了，才导致了人生的挫败及事业的大损。痛定思痛，岂不哀哉？

第
十
三
章

宠
辱
若
惊
，
贵
大
患
若
身

宠辱若惊，贵大患若身。何谓宠辱若惊？宠为下，得之若惊，失之若惊，是谓宠辱若惊。何谓贵大患若身？吾所以有大患者，为吾有身。及吾无身，吾有何患？故贵以身为天下，若可寄天下；爱以身为天下，若可托天下。

一、辱随湘江水，宠伴衡阳云

上一章，老子强调的是控制住"五官"的欲望，不要被美食、美景、美音俘获。这一章，老子强调的是要控制住"情绪"。老子认为，人的情绪失控有两个源头：一个是"宠"，一个是"辱"；或者说一个是"得志"，一个是"失志"。人往往在受宠和得志的情况下喜不自胜，在受辱和失志的情况下悲痛万分。老子认为，这两种情绪都是要不得的，都会让我们失去理性判断。基于这种认识，他才写下了这一章。

老子开宗明义地指出：人这种动物都喜欢被宠，不喜欢受辱，都喜欢顺境，不

喜欢逆境，在这个问题上几乎达到了不能自控的程度。老子在这里用了一个词——宠辱若惊，"惊"就是指人的一种大喜大悲的极端情绪。为了更形象地说明人们对宠辱的这种态度，老子接着打了一个比方："贵大患若身"。人的生命只有一次，当知道自己患上了不治之症之后，大多数人都会沉浸在一种极度的恐慌之中。老子讲，人们对宠辱看得比什么都重要，面对宠辱总是情绪过于激动，就像自己的身体得了重大疾病那么恐惧。

老子认为，人的一生要想健康，就要保持情绪稳定，但是，老子同时发现，现实生活中，人们往往过于看重身外的这些得得失失，所以，情绪也随着这种得失而异常波动。一个人如果达到了自己的目的，就会高兴得忘乎所以；如果自己的想法没有实现，就会悲伤得天昏地暗。其实，无论是过悲还是过喜，都是一种病态心理，对人都是一种巨大的伤害。

老子不禁问："何谓宠辱若惊？"意思是讲，人为什么会产生这种极端的情绪呢？其实还是缘于人们的功利之心，即"得之若惊，失之若惊"，人们都喜欢"得"，不喜欢"失"，都喜欢"富贵"，不喜欢"贫穷"，都喜欢被表扬，不喜欢被批评。讲到这里，老子却一反常态，表明了自己的态度："宠为下"。

关于这三个字，后人多有诟病。一种说法认为是笔误，应该是"宠为上"。还有一种说法认为是后人传抄有误，丢了几个字，完整的表达应该是"宠为上，辱下为"。但是，我认为，"宠为下"三字应该无误，前面两种说法只是我们常人的一种习惯性思维，没有什么依据，也恰恰没有理解老子真正的意思。其实，老子在这里是阐明与世人不一样的看法：世人都喜欢宠，不喜欢辱，所以，大家往往都坚持"宠为上"。

老子却认为，"宠"未必就是个好东西。如果人们没有"宠"这个想法，自然也就不会有"辱"的感觉。我们为什么会自取其辱？就是因为我们总想为"得宠"而绞尽脑汁，在很多情况下，往往是反受其辱。细想起来，世界上没有永恒的宠，也没有永恒的辱，那些不择手段而得宠的人，大多数都是辉煌一瞬，最终身败名裂，落迫流离，甚至客死他乡。古今中外，这样的人又岂在少数？正所谓"登高跌重"。

因此，老子认为，一个人应该保持一种健康的人生姿态，既要保持积极的生活状态，又要对得失怀有常心。期望越大，失望就越大，不能只知进，不知退，要对自己的追求有一个科学的考量，要对人世间的是是非非有一个客观、公正的看法，不可盲目攀求，正所谓"不求其宠，何有其辱？"

庄子称这种把功名利禄看得太重而时刻放不下的人为"天之戮民"，并且阐明了与老子一脉相承的看法：

> 以富为是者，不能让禄；以显为是者，不能让名；亲权者，不能与人柄。操之则栗，舍之则悲，而一无所鉴，以窥其所不休者，是天之戮民也。（《庄子·天运》）

庄子讲，特别喜欢钱的人分厘必争，锱铢必较。把名声和名气看得特别重要的人，就容易争荣誉，什么露脸的机会都抢。权力欲特别重的人，一旦握有权力，便会大权独揽、独断专行，一点权力都不愿意分给别人。这三种人都有一个毛病，就是唯恐失去金钱、名望、权力，每天都惊恐地追求并守候着这些东西，得到了怕失去，失去了痛不欲生。

庄子说，这种人活得多么痛苦啊！他们只能在别人羡慕的目光里获得一点安慰和快乐，但是，拥有得更多的是紧张，是惊恐，是不安。但是，更让人悲伤的是，他们对自己的这种状态浑然不知，对自己因此而受到的伤害及失去的生活乐趣毫无察觉，完全淹没在别人亦真亦假的鲜花和掌声里。

庄子认为，这种人真是不可救药了。其实，这些人表面上看拥有了常人没有的东西，实质上上天正是在用这些东西惩罚他们，即"天之戮民"。到了这种程度，就谁也救不了他了，能救助他的也只有他自己。只有自己早一点领悟，重新调整生活状态，散财于天下，除名于世人，用权于百姓，才能够让灵魂回归本来，钱、名、权这些东西也才能够得到准确的定位，发挥其在世间的作用。

曾经有一个故事：一个人去山上种树，很意外地挖出了一个金罗汉，真是天大的惊喜。他把金罗汉拿回去之后变卖成现金，一夜之间富甲一方，买房置地，让邻里好生羡慕。结果，高兴了没有多长时间，这个人突然不高兴了，谁也不想见，干什么都没有兴趣，要么在家里发呆，要么到山上转悠，心事重重。妻子很好奇，也很担心，就来问个究竟。结果，这个人说出了一个让人吃惊的理由。他对妻子说，挖出来的那个金罗汉下面有铭文，说是当年同时铸造了十八个金罗汉，现在我们只找到了一个，现在心里每天都惦记着另外十七个金罗汉在哪里，担心会被别人发现，所以，心理压力很大。

这虽然是一个编造的故事，却反映了我们世人的一种比较普遍的心态：渴望拥有，担心失去。欲望没有止境，自己没有，却担心别人拥有。这种狭隘的心态充斥在很多人的心里，正如老百姓讲的"怕己无，恨人有"。其实，人这一生中像挖

着金罗汉这样的事情的几率太低了，但是，在我们奋斗的过程中，我们每一个人都有别人没有的东西，有别人没有的快乐与幸福，我们却往往感受不到这种幸福和拥有，看自己时总是看到自己没有的，看别人时总是看到别人有的，最终心里是各种"羡慕嫉妒恨"，心胸越来越小，以至于迷失自我，时刻处于一种若有所失的状态下。借着这个故事，我作了一首小诗，既为告诫世人，也为告诫自己。

无题

乞佛只为求富贵，贪婪终将露本心。

十七罗汉今何在，如来亦难救戮民。

　　一个人如果到了这个份儿上，谁都帮不了你，如来也没有办法。庄子也认为，一个人要想真正地逍遥，就要把这些问题看透彻，想明白，拿得起，放得下。所以，他在《逍遥游》中讲：

　　举世誉之而不加劝，举世非之而不加沮，定乎内外之分，辩乎荣辱之境。

　　就算全世界都表扬你，都说你好，都给你鲜花和掌声，也不要忘乎所以，听听、看看就行了，要尽快把魂收回来，千万别飘飘然；全世界都批评你，都否定你，也不要寻短见，要坚持得住。当然，庄子在这里讲得有些极端而绝对，"举世"二字比较夸张，一个人怎么可能被全世界表扬或批评呢？庄子只是说，即使在这种表扬之下，你也不见得就什么都好，仍需要认真总结，保持理性，不可为成就所捆绑，即使在这种批评之下，你也不见得一无是处，也没必要彻底绝望，你有自己的优点和存在的价值。庄子认为，无论遇到什么事，都要认真反思，有所鉴别，荣辱这个东西只是一念之间的事，心态平和了，世界就平和了，这才叫真境界。

　　想当年，拿破仑第一次被放逐，后来又回到了巴黎，巴黎人一起涌向街头，欢迎这位统帅归来，可谓是掌声一片，呼声震天。面对此情此景，拿破仑并没有特别喜悦，他只是淡淡地说了一句：假如我明天要上断头台，他们照样敲锣打鼓。大家看，这就是拿破仑！

　　长沙有一个岳麓书院，书院中有一副很长的对联，读了之后，受益颇深：

　　上联：是非审之于己，毁誉听之于人，得失安之于数，陟岳麓峰头，朗月清风，太极悠然可会。

　　下联：君亲恩何以酬，民物命何以立，圣贤道何以传，登赫曦台上，衡云湘水，斯文定有攸归。

　　对联说得很清楚，无论是在如何报答国家和亲人的恩情、解决天下百姓的生活难题、传播圣贤之道这样的事业理想的问题上，还是在怎样对待是非、毁誉和得失这样的个人的问题上，什么会给我们答案？简单地说就八个字：衡云湘水，朗月清风——看看衡阳飘来的云和北去的湘江之水，赏赏岳麓山顶的明月，感受一下吹来的阵阵清风，还有什么不明白呢？一切皆在淡定、从容的生命态度中，万物皆有归宿，不可过于强求，要顺势而为、见机而动，得失从容，进退悠然，此乃生命之至高境界，亦是做事的重要法则。

二、自古雄才多磨炼，纨绔子弟少伟男

　　关于"荣"和"辱"的问题，荀子专门写了一篇文章来论述，并且提出了自己对"荣"和"辱"的看法：

　　　　斗者，忘其身者也，忘其亲者也，忘其君者也。行其少顷之怒，而丧终身之躯，然且为之，是忘其身也；室家立残，亲戚不免乎刑戮，然且为之，是忘其亲也；君上之所恶也，刑法之所大禁也，然且为之，是忘其君也。……人也，忧忘其身，内忘其亲，上忘其君，则是人也，而曾狗彘之不若也。（《荀子·荣辱》）

　　"斗者"就是争强斗狠的人。好多人都喜欢争强好胜，喜欢胜人一筹，喜欢在别人面前炫耀实力，但这既可能给别人带来致命的伤害，也可能使自己的一生万劫不复。荀子认为，这样的人貌似强大，表面上是痛快了，出了一口气，其实是缺德少能之人，后果严重。这种人忘记了三个问题：

　　一是忘掉了生命的珍贵，伤了别人必然也会害了自己，正所谓"一失足成千古恨，再回首已百年身"。

　　二是忘记了父母的期待，只逞一时之勇，一旦丧失了生命，丧失了明天，父母该是多么伤心！他们为我们所做的一切都会付之东流，甚至使家人遭受连累，因此，为了他们，我们需要理性地选择自己的行为。

三是"忘其君也",就是忘掉了国家法律的严酷。人情似火,官法如炉,一旦触犯了"王法",后果不堪设想。

荀子说,这种人虽然表面上看是人,但是,他既不珍惜自己,又不爱惜亲人,也不尊重国家的法律,这种人其实在本质上与猪和狗没什么区别。

历史上有一个很有名的故事:韩信受胯下之辱。韩信年少的时候,有一次挎着宝剑在大街上行走,遇上一个少年,这个人挑衅韩信说:你有什么了不起的,这么威风?你敢杀我吗?你若不敢,就从我胯下钻过去!韩信最终没有杀他,从他的胯下钻过,后来成了汉朝的开国大将。我们后人讲这个故事,往往是告诫人要能够容忍,不能因为一时之怒而毁掉自己的一辈子。但是,如果这个故事被这么讲,显得有些粗糙,缺少一种更深层次的教育和启发意义,我们不禁会问:韩信为什么会做出这样一种选择呢?

其实,对于韩信在面对这个突如其来的事件时的表现,《史记》记载着这样一句话,被我们后人忽视了,即"信孰视之"。我认为这四个字太重要了。韩信也是个血性男儿,面对此情此景也急了:大丈夫可杀,不可辱!但是,韩信的理性在于,他只是投之以愤怒的目光,死盯着这个侮辱他的人,即"孰视之",但是并没有马上采取过激的行为。在这注视的过程中,屈辱、愤懑、恼怒一定充斥着韩信的内心,他的大脑里一定在盘算着这件事该怎么办,是杀还是不杀,杀也就是动一动手的事。但是秦朝法律极严,如果杀了他,自己也一定难保性命,如果这样,自己这辈子就交代了,所学的兵法战策、所确立的家国理想也将灰飞烟灭。

韩信经过极短的思考之后,终于做出了理性的选择:男子汉大丈夫,忍得一时气,方成大事业。对方是流氓,他的命不值钱,我怎么可能和他比呢?正是这种选择,让韩信保护了自己,使自己度过了一次不大不小的人生危机,终于成为"汉初三杰"之一,青史留名。通过这件事我们就可以看出,韩信能够创造出战争史上那么多的传奇,与这种理性的判断是分不开的。因此,欲成大事者,一定不要计较一时、一事之得失,无论在什么情况下,都要认真琢磨,理性判断,科学分析,不要做荀子所讲的"斗者"。

《易经》集中国古代哲学思想之大成,体现了与老子类似的关于荣辱的观念。《易经》认为大多数人都喜欢"得",不喜欢"失",于是,它清楚地告诫后人:对得失这个东西一定要辩证地看,不可过于偏执。人们习惯用《易经》占卜,就是想对某件事问个吉凶。什么是"吉凶"?《易经》讲,"吉凶者,得失之象也"。得失就是吉凶的表象,得到了就是"吉",失掉了就是"凶"。因为我们把得失看得太重，所以才有了"吉凶"的概念，如果把得失看轻了、看透了，世界上就没有吉凶了，也就没有荣辱了，也就无须占卜了。《易经》告诉我们：人这一辈子，得失是常态，荣辱是常态，吉凶也是常态，不要太在意了。来风就要挡风，来雨就得挡雨，风风雨雨乃是自然的事件，没有必要那么大惊小怪。

为什么呢？《易经》认为："方以类聚，物以群分，吉凶生矣"。"方"我们可以简单地理解为"人"，人来到这个世界上，一定是归在某一类里活一辈子，诸如农民、工人、知识分子、官员、军人，等等。"物"其实是指人以外的万物，也是分门别类存在的，比如狗、猫、狼、豹子、狮子、老虎，等等。这是世界的常形，也是人生的常态。《易经》认为，人只要活着，就要面临选择，只要一选择，得失就会随之而来，吉凶也就产生了。比如选择做官，得到了权力和尊严，但可能失去了更多的自由，时刻处于百姓的监督之下；选择做生意，可能会积累很多财富，过上幸福的生活，但是，家大业大，是非也就来了；选择做农民，可能拥有更多的自由，但是也可能会占有较少的社会资源，在很多现实问题上受制于人；选择做学问，可能相对自由，也会过上一种相对有尊严的生活，但是，比起做官，没有那么大的权力，比起经商，没有那么多的财富，并且伏案苦读，需要耐得住寂寞和孤独，心一浮躁，就不是一个纯粹的学者了……总之一句话，人的一生不要追求完美，不可能只有得，没有失，不要把"得"想得那么重要，把"失"想得那么可怕。

同时，《易经》也认为，得失和吉凶只是相对的概念，"得"就一定好，"失"就一定不好吗？也不完全如此。很多时候，"失"是一种变向的"得"，"得"是一种变向的"失"。在历史与现实中，有多少人因为曲折，因为挫败，因为坎坷而变得坚强而执着，最终成就了人生的大事业！所以，《易经》讲："吉凶生大业"，意思是，当一个人能够真正把吉凶参透，把得失看淡，宠辱不惊，就可能成就伟大的事业。

关于这一点，司马迁在《报任安书》中写了一段非常有名的话：

> 古者富贵而名摩灭，不可胜记，唯倜傥非常之人称焉。盖文王拘而演《周易》；仲尼厄而作《春秋》；屈原放逐，乃赋《离骚》；左丘失明，厥有《国语》；孙子膑脚，《兵法》修列；不韦迁蜀，世传《吕览》；韩非囚秦，《说难》《孤愤》；《诗》三百篇，大底圣贤发愤之所为作也。此人皆意有所郁结，不得通其道，故述往事、思来者。乃如左丘无目，孙子断足，终不可用，退而论书策，以舒其愤，思垂空文以自见。

司马迁列举了历史上成就了大事业的这些人，这些人其实都不是一帆风顺的，甚至是饱经风霜。也正是因为如此，这些生命才变得更加豁达而坚强，最终超越常人，让自己化作历史长河中一颗璀璨的星。事实上，司马迁本人也是这样，他所撰写的《史记》被后人称作"史家之绝唱，无韵之离骚"。我认为，这一评价毫不过分，如果按照《史记》的标准来衡量，太史公之后，中国无史也。每次捧卷而读，总能心生敬意，后世人不管怎么努力，似乎永远难以达到此种境界了。司马迁为什么能够写出这样一部著作？其实，通过《史记》，我们看到了一个平凡生命背后的坚强的决心与意志，看到了一个历史学家对社会的负责精神，看到了一个学者广博的学识与博大的胸襟。

司马迁在《报任安书》中毫无保留地讲出了自己生存的困境，以及活着的烦恼，读后让人心生余悸，继而敬畏之心油然而生：

> 顾自以为身残处秽，动而见尤，欲益反损，是以抑郁而无谁语。谚曰："谁为为之？孰令听之？"
>
> ……
>
> 故祸莫憯于欲利，悲莫痛于伤心，行莫丑于辱先，而诟莫大于宫刑。
>
> ……
>
> 今交手足，受木索，暴肌肤，受榜箠，幽于圜墙之中。当此之时，见狱吏则头抢地，视徒隶则心惕息。何者？积威约之势也。及以至是，言不辱者，所谓强颜耳，曷足贵乎！
>
> ……
>
> 仆窃不逊，近自托于无能之辞，网罗天下放失旧闻，略考其行事，综其终始，稽其成败兴坏之理。上计轩辕，下至于兹，为十表，本纪十二，书八章，世家三十，列传七十，凡百三十篇，亦欲以究天人之际，通古今之变，成一家之言。草创未就，会遭此祸，惜其不成，是以就极刑而无愠色。仆诚已著此书，藏之名山，传之其人，通邑大都。则仆偿前辱之责，虽万被戮，岂有悔哉？然此可为智者道，难为俗人言也。

任安是司马迁的好朋友，后来获罪，写信希望司马迁能够救他。但是，司马迁没有能力帮助，任安非常不高兴，再次写信表达了自己的不满，司马迁无奈之下，含泪写下了《报任安书》。司马迁推心置腹地讲，自己没有什么实权，确实帮助不了他，并且如实地陈述了自己受到宫刑，并且在牢笼里饱受摧残的事实。司马迁和任安讲，对一个男人而言，还有比遭受宫刑更让人蒙受耻辱的事吗？自己强打着精神苟且地活在这个世界上，无论是精神还是肉体，都承受着常人难以承受的压力和折磨。但是，自己之所以坚持活着，无非是心里装着未尽之事业，希望将自己和祖辈留下的这些史料编辑成册，为后人留下一笔精神财富，正所谓"究天人之际，通古今之变，成一家之言"。此情之真，此意之极，读来让人泪湿衣襟，这是一个民族之所以生生不息之精神。所以，《史记》应该成为中国人的必读书目，若能通此书，天地万物之"大道"皆可通达。

带着这样一种情怀，几年前我到北京西山植物园寻访曹雪芹故居。再次回顾先生一生，不由得感慨万千：若先生无大起大落、悲喜交集之人生大变迁，如何有《红楼梦》这样的大著作？心绪难平，不由得赋小诗一首，既有怀念先生之意，也有鼓励自己之情：

秋暮游西山黄叶村曹雪芹故居

斜阳穿林洒，黄叶掩竹门。
茅舍藏幽客，薜萝映晚晖。
古槐说旧事，老井思故人。
江陵富家子，势落唯余贫。
京都居无所，西山迎客归。
残羹伴冷炙，著书黄叶村。
顽石参禅机，红楼入梦频。
古今留名客，多是落魄人。

三、悲喜千般同幻渺，古今一梦尽荒唐

在阐明了对"宠"和"辱"的这些理解之后，老子接着讲："何谓贵大患若身？吾所以有大患者，为吾有身。及吾无身，吾有何患？"人为什么会担心得病？就是因为我们有肉体，如果我们的肉体泯灭了，那还有什么可担心的呢？其实，老子的这番话也暗指人生最重要的是生命，生命本身又那么短暂而脆弱，一定要懂得珍惜。我们一生苦苦追求的这些东西都是生命的必需吗？未必。其实，生命原本简

单，多得一点、少得一点，位置高一点、低一点，又能如何？为了争一个上下高低，我们倾尽了毕生心血，让自己失落于欲望的海洋，并且为之终劳一生，甚至搭上了健康和生命，岂不哀哉？而这恰恰是背离了生命的基本精神——简单、自然。正如苏轼所讲："长恨此身非我有，何时忘却营营？"也如曹雪芹所言："浮生著甚苦奔忙，盛席华筵终散场。悲喜千般同幻渺，古今一梦尽荒唐。"

有这样一个故事：在春秋战国时代，晋国有一位高士，人称"子华子"。有一日，子华子发现韩国国君昭僖侯闷闷不乐，便问其原因。昭僖侯说，近日来，边疆又有一些土地被魏国抢去，但是，自己国家的武力不如魏国，不知道如何是好，正烦恼呢。子华子听后笑了，说：大王，我帮你把土地抢回来！昭僖侯听了很高兴。子华子说：我给你写一个文书，你如果拿着这个文书，不仅可以把失去的土地抢回来，而且还可以拥有天下。但是，你拿这个文书需要付出代价——如果你用左手拿，你的右臂就要被砍掉；如果你用右手拿，你的左臂就要被砍掉。你愿意拿还是不愿意拿呢？昭僖侯赶紧说：保持一个健康而完整的身体多好啊，我还是不拿了。子华子听后笑着说：大王，你为了保全自己的胳膊，天下都可以不要。试想一下，韩国对于天下是多么小的一部分，而魏国占领的那点土地对于韩国又是多么小的一块啊！这不过是一场边境纠纷，既然我们暂时收不回来，就要从长计议。你天天琢磨这件做不到的小事，最后把身体都搞垮了，完全是得不偿失。所以，后人通过这个故事总结了一句话：天下由来轻两臂，世间何苦重连城？

前不久去看一位刚从领导岗位上退下来的老领导。一年前他在台上的时候是那么精神矍铄，再见到，像换了一个人一样：两鬓斑白，已成老态，所聊话题也都是自己当领导时如何如何，对未来的生活却没有什么兴趣和构想。我不由得心生怜悯。一个看上去那么聪明的人，在关键的时候才看出，并非得道之人。今人修术太多，修道太少；算计别人的精力投入得太多，修炼自己人生的精力投入得太少。

其实，按照今天人的平均寿命，退休之后还会有二三十年的生活，对几十年的人生而言所占比例也不小，怎么过好晚年的生活，也是人生中的重要内容。但是，类似这位领导的变化和状态在现实中不在少数。很多人接受不了"平静"的生活状态，缺少不了被人"抬举"的生活状态，离不了"指东挥西"的生活状态，不能面对现实转换角色，老去甚快，甚至久郁成疾，不久于人世。面对这一现实，我写了一个小段子，自嘲为《新好了歌》：

能占一线占一线，一线失守保二线，二线失守保三线，三线失守去医院。

半年头发白，一年腿打颤，三年五年阎王殿。

一份简历，两句挽联，听不到、看不见，青山笑你痴，白云空哀叹。世事如棋局局新，一场秋风皆不见。

世界是变化的，一切皆在轮回和循环之中。人总要老去，三十年河东，三十年河西，每一代人都有属于他的时代，早晚都会退出历史舞台，纵使顶天立地的英雄，又能如何？所以，苏子站在滚滚东去的大江之边，不由得慷慨而赋："大江东去，浪淘尽，千古风流人物。"辛弃疾面对人生的无奈也写下了千古绝唱："千古江山，英雄无觅孙仲谋处。舞榭歌台，风流总被雨打风吹去。"因此，老子劝告我们：面对得失和荣辱，要淡定而从容，该来的总会来，该走的总会走。一个真正的智者要能够化辱为宠，得宠知辱，保持平衡的心态，淡定、从容地面对人生的风风雨雨。

在本章的最后，老子得出了一个结论："故贵以身为天下，若可寄天下；爱以身为天下，若可托天下。"这句话古往今来也有很多不同的理解，也被做了很多发挥。其实，这句话的意思与前面一脉相承，直取其意即可——什么样的人治理天下我们才能够放心？或者说我们把天下交给什么样的人治理才不会出现大的问题？有一个重要的前提："贵以身"或"爱以身"。老子认为，一个人只有珍惜自己的生命，珍惜自己的身体，才能爱惜天下人的生命，才能尊重天下苍生。一个连自己的生命都不珍惜，挥霍无度的人，怎么可能想到天下人的利益和尊严？

同时，这句话还有一个更深层次的含义：老子认为，一个人能够做到"贵以身"或"爱以身"，就说明这个人能够抓住事物的根本，把握住"大道"，放下身外那些是是非非，当然包括得失与荣辱，以天下苍生的福祉为己任，甚至可以牺牲自己。所以，"贵身"和"爱身"不能被简单地理解为过于看重自己的生命，不愿意为他人牺牲，在道家的整个思想境界，生和死都是自然的事情，既要懂得珍惜，又要懂得付出。

第十四章

视之不见，名曰夷

视之不见，名曰夷；听之不闻，名曰希；搏之不得，名曰微。此三者不可致诘，故混而为一。其上不皦，其下不昧。绳绳兮不可名，复归于无物。是谓无状之状，无物之象，是谓惚恍。迎之不见其首，随之不见其后。执古之道，以御今之有。能知古始，是谓道纪。

一、大道隐于无形，祸福藏于心中

如果说老子在前面几章讲的是"道用"，强调如何把"道"的大法则用到现实生活中去，这一章老子回过头来又讲"道体"。事实上，关于"道"的形态，老子在前面讲过多次，但是，在上述章节中，他都是以非常具体的事物比喻"道"，比如水、山谷、风箱等。在这一章，老子对"道体"采取直描的方式，让人们从视觉、听觉和触觉的角度来感受"大道"。

老子讲："视之不见，名曰夷；听之不闻，名曰希；搏之不得，名曰微。此三者不可致诘，故混而为一。"何谓"夷"？是指无形无状、目不可视的东西。何谓

148

"希"？是指耳朵听不见的东西。何谓"微"？是指极小之物，也就是触觉感受不到的东西。这三种东西超出我们的常规思维，我们也很难通过各种感受去认识它们。也正因为如此，我们很难对它们做出清晰的划分和界定，所以它们最终归为一处，即"混而为一"。实际上，这里的"一"就是指宇宙初诞时的混沌状态。在那个时候，万物皆合为一体，没有区别，没有性状，当然，也就没有天地，更没有人类与今天我们所看到的一切，自然也就没有生死，没有得失，没有荣辱，没有贵贱，没有纷争。那个世界什么都没有，一切都是那么宁静，我们什么都感受不到，那才是真实的世界，整个世界都体现出"道"的德性。

当然，这是老子想象中的世界，也是老子渴望的世界，是道家对宇宙起源之时的景象的描述。老子看透了人心，厌恶争斗和虚荣，也为人类的某些短视行为感到无助而悲哀。老子之所以辞职西去，不知所终，正是因为他心中充满了这种无奈的伤感，他想去寻找他心目中的理想世界，那是一个充盈着爱与道义的王国。

通过"夷""希"和"微"这三个概念，老子进一步强调了"大道"的不可知性、不可观性、不可闻性，也强调了我们不能用通常的思维去理解"道"。在一个"大道"盛行的世界里，人们不会像我们今天这样拼命地去追求那些有形的东西，为权丧命，为钱丧身，为了那点微不足道的虚名而纠结不堪。

紧接着，老子再一次描述了他理想中的世界："其上不皦，其下不昧。绳绳兮不可名，复归于无物。是谓无状之状，无物之象，是谓惚恍。"向上面看，它并不像太阳那么耀眼，向下面看，也没有像地狱那么黑暗，是一种幽幽暗暗的状态。同时，这个世界又是那么博大，绵绵不断，若即若离，无法触摸，真不知道该怎么表述它、形容它。但是，当我们走到这个世界的边缘，一切存在的东西似乎都化为云烟，都归于虚无，这是一个多么神奇的世界！这种无可名状的状态，这种本不存在的幻觉，可以勉强用两个字来形容，即"惚恍"。

其实，老子的这番描述与前面的描述本质上是一样的，都是带着一种无边的想象来探究宇宙的本原。如果说前面只是通过视觉、听觉和触觉来告诉世人"大道"的无踪无影、不可捉摸的形态，那么这一段描述好像把我们带到了一个幽冥的世界里，这个世界是那么博大，如云如烟，我们似乎看到了什么，又似乎什么都没有看到，一切仿佛都触手可及，抓到最后却什么也没有抓来，而到最后发现，一切都变得空无，只有自己飘在无边空际的长空。

这种描述看上去是那么空远而毫无意义，但是，老子实际上是在用这样一种极端的对比告诉我们，我们在这个世界上苦苦追求的东西能够带走吗？金钱、美

人、权力、尊严，都是人类的一种幻觉，我们却在这种幻觉中乐此不疲、执迷不悟。其实，最终一切都会"复归于无物"，如同一场梦幻，但是，有几个人能够活明白啊！

庄子在《齐物论》中就详细表达了世人的这种"梦态"：本来糊涂，却自以为是：

> 梦饮酒者，旦而哭泣；梦哭泣者，旦而田猎。方其梦也，不知其梦也。梦之中又占其梦焉，觉而后知其梦也。且有大觉而后知其大梦也。而愚者自以为觉，窃窃然知之。"君乎！牧乎！"固哉！丘也与女，皆梦也；予谓女梦，亦梦也。是其言也，其名为吊诡。万世之后而一遇大圣，知其解者，是旦暮遇之也。

庄子讲，梦里饮酒作乐的人，醒来之后原来一贫如洗，甚至伤心、痛苦。梦里伤心、痛苦，不知何及的人，醒来之后却是富贵满堂，驰骋田猎。但是，做梦的时候，谁知道那是在做梦呢？该哭的时候也哭了，该笑的时候也笑了，其实也很真实，也感受了属于自己的苦和乐。人的一生中三分之一以上的时间都是在睡眠中度过的，做了那么多梦，谁能说那梦里的痛苦与快乐不是真实的生命体验呢？特别是梦中又梦见自己在做梦，并且占卜自己梦中之梦的吉凶，一旦醒来，哪个是梦，哪个不是梦，就彻底搞不明白了。只有大彻大悟、明白"大道"之人，才知道人生不过一场大梦。而有一些人自以为很聪明，好像很明白，其实自己还是在梦里。如果真明白，怎么可能还天天高喊君啊，臣啊，东啊，西啊，极尽追求之能事？实在是愚蠢至极，难以救药。庄子讲，孔子所谓的那些关于道德的理想，最终也都是一场梦。我说你在做梦，我庄子对世界与期望的一切难道就不是做梦吗？正因为如此，我们人世间的一切变得那么真实而又扑朔迷离，这种感觉可以称之为"吊诡"。在这样一个充满功利和争斗的世界上，不知道什么时候，甚至一万年之后，能不能真正出现一个明白"大道"的人？估计很难，这就如同期待早晨遇到晚上一样，恐怕只能是一种期待了。

二、大道无形何处寻，于细微处见精神

既然"得道"是一件如此"吊诡"的事情，那该怎么办呢？在本章的最后，老

子讲："迎之不见其首，随之不见其后。执古之道，以御今之有。能知古始，是谓道纪。"

老子认为，追求天地"大道"可不能像我们常规做事一样。"道"无形无状，你在对面迎接它，却看不到它的开端，你在背后追随它，又看不到它的影子。怎么办呢？老子认为，"道"是亘古不变的，古之"道"与今之"道"本无不同，把"道"生万物的过程掌握了，就可以驾驭我们今天面临的一切现实问题。

何谓"古之道"？也即前面所讲的"无名，天地之始。有名，万物之母"，任何事物都是从无到有，又从有到无，一切有形、有状之物皆会归于"无"。当然，这种"无"不会无端地消失，也会产生新的"有"，世界就在这种周而复始中循环。不要看到今天的世界与昨天的世界有很大的不同，这都是表象，万事、万物最终的结局必然是消亡，而新的事物必然也会随之产生。因此，对旧事物的离去不要过于留恋，也不要对新事物的产生过于好奇和排斥。如果把这个问题认识清楚了，就是"道纪"，也就是掌握了"大道"的轨迹和规律，我们就会理性地分析并看待有形世界中所发生的一切。

因此，一个真正聪明的人，最重要的体现是能够见微知著，通过现实生活中的一些细微的变化来预测世界发展的大势，并且决定与哪些旧事物决裂，与哪些新事物同行。如果这样，也就称得上"得道之人"了。大家不妨想一想，在历史上，那些具有大智慧之人，基本都具备这个素质，诸如姜太公之所以要扶持文王，范蠡之所以会舍弃富贵而远走江湖，张良之所以会选择刘邦，诸葛亮之所以会选择刘备，刘伯温之所以会选择朱元璋，就是因为他们从一些细微之处看清了人的本质和世界可能发生的变化。

纵览古今，关于"有无相生"的问题，也形成了几个普遍性的认识，可以给我们带来一些启示：

第一，广生于微。人世间一切大的风雨和风暴，或者大的变革，都会从百姓的日常行为和言行中被察觉到端倪，不是执政者要不要变化的问题，而是必须要变化，不变化就可能导致天下大乱，政权倾覆。所以，要真正懂民心、察民情、会民意，以民为本，方能够把握住执政之"大道"。

第二，明生于暗。新事物的产生一定会经历一个漫长的晦暗期，不会是一帆风顺的，甚至会付出沉重的代价，谁坚持到最后，谁就是真正的胜利者。千百年来，胜利没有诀窍，一是目光卓绝，二是永不言弃。说白了，一是方向问题，二是意志问题。

第三，清生于浊。真理越辩越明，身正不怕影子斜。人生在世总是有些是是非非，与其不让人说话，还不如让他们说去吧，当这些庞杂的观点在讨论和实践中被摧毁之后，清风正气也就来了。有的时候，越怕混浊，越想阻止混浊，反越混浊。也正因为如此，汉文帝执政之后推出了一个重要的政治举措，即除"诽谤"之罪，有则改之，无则加勉，到最后，大家无话可说，无言可对，最终开启了"文景之治"的中华盛世。

第四，序生于乱。世界本来混沌而无序，经过"大道"轮回，成为今天这个有序的世界，但是，"有序"是暂时的。科学证实，宇宙仍在扩张，到了一定程度，今天有序的宇宙必然会破裂。到那时，宇宙将是星光辉映，星系坍塌，万物殒灭，又进入一种混沌状态，经过一番轮回，可能又会形成有着另外一种秩序的宇宙，这是自然的法则。人世间也是一样，一种秩序不可能长存，只有善于打破旧秩序，才能建立新秩序。秩序的建立是一种能量平衡的过程，这一过程也是能量消耗的过程，能量一旦耗尽，这种秩序必然衰亡，这时候社会就需要新的力量来构建另外一种新秩序。所以，一个英明的执政者不会被动地等待旧秩序被推翻，而是能够积极地认识到旧秩序存在的缺陷与问题，在不断地修正旧秩序的同时创建新的秩序体系，才能够保持一个社会的活力，真正达成一种有效的治理。古往今来的一切社会变革，从根本上说，都是在打破与生产力的发展不一致的旧秩序，建立一种新的与生产力的发展一致的秩序。

第十五章

古之善为士者，深不可识

古之善为士者，微妙玄通，深不可识。夫唯不可识，故强为之容：豫兮，若冬涉川；犹兮，若畏四邻；俨兮，其若客；涣兮，若冰之将释；敦兮，其若朴；旷兮，其若谷；混兮，其若浊。孰能浊以止？静之徐清。孰能安以久？动之徐生。保此道者不欲盈。夫唯不盈，故能蔽而新成。

一、暮然苍茫看劲松，乱云飞渡仍从容

老子在本章重点讨论的是一个真正明白"大道"的人是一个什么样子，或者以什么样的姿态生活在这个世界上。老子很坦白地讲，这种人确实"微妙玄通，深不可识"，难以去形容、把握。尽管如此，老子还是尽可能地向我们展现了得道之人的形象，即"强为之容"，并且用了七个非常形象的比喻，比较全面地为得道之人画了一幅多元化的肖像。

一是"豫兮，若冬涉川"。"豫兮"就是犹豫不决的样子、对一种事物拿不定主意的状态。老子用了一个生活中的例子来形容这种犹豫不决，即"冬涉川"。尽

153

管冬天河面结了冰，但是面对偌大的冰面，我们总还是犹豫：能不能踩着冰过去？万一塌了怎么办？一旦掉入冰窖，基本上是死路一条。老子通过这种比喻，无非是想告诉我们：一个得道的人，无论什么事情都要严谨对待，认真分析，不能太任性，否则就可能出大问题。就今天的现实来看，我们管理社会的方式就缺少这种"豫兮"的状态，一张嘴就说，一拍脑袋就干，一抬腿就迈，结果没走多远，就发现错了，但是，想返回来就难了，有些损失可能永远无法挽回。比如前些年，面对乱停车、超载、超速、闯红灯等交通违规问题，某位领导大喊一声："闯黄灯也罚！"结果怎么样？现实告诉我们，如果没有了黄灯作过渡，会造成更大的交通问题。最终，该项规定还是以一句"闯黄灯暂不罚"而草草收场，让人们感觉到执政的随意性，给政府的治理情况减了分，也让执政者丢了面子。再比如，面对金融市场的不稳定，有关人士抛出了一项制度——"融断机制"，结果导致了更大的市场恐惧和乱象，以及极其严重的社会后果，不得不于执行两天后被迫终止。

二是"犹兮，若畏四邻"。"犹兮"就是担心和忧虑的样子，像自己做了错事或者偷了东西怕被人发现一样。这句话实际上是劝人要保持一种"慎独"的精神，不管自己是不是暴露于阳光之下，是不是处于众目睽睽之下，都要严格要求自己，不能松懈对自己的要求，始终要怀有戒惧之心。有句话讲得好，"要想人不知，除非己莫为"。

三是"俨兮，其若客"。"俨兮"就是庄重而含蓄的样子。就如同自己到亲戚、朋友家做客时不能手舞足蹈、嬉笑怒骂、说话毫无边际，应该保持一种沉稳而庄重的姿态。其实就是强调，人无论在什么时候都不要过于主观、过于自我。人在一生中更多的时候是以"客"的身份出现，无论遇到什么事情都要放下架子，懂得尊重别人，听听别人的意见和想法，不要过于强势。真正强大的人总是虚心而平静的，不争于眼前和表面，而是冷静于头脑，淡定于精神，安然于行为。

四是"涣兮，若冰之将释"。"涣兮"就是散去和失去的样子。面对得失，应如同面对春暖花开、冰封融化一样，没什么大惊小怪的。春夏秋冬、生老病死、沧海桑田乃是自然的事情。实际上，这就是前面所讲的：人无论在得志时还是失意时，都要保持一种宠辱不惊的状态。

五是"敦兮，其若朴"。"敦兮"即诚实、质朴的样子。"朴"在古代即为"朴实无华"之义，是事物最本质的表征和反映，没有任何人为的装饰。保持质朴的状态一直是古人的一种普遍的情怀。但是，伴随着社会的进步，我们人类掌握的知识越来越多，也在自然界中越来越强大，就容易产生骄奢淫逸之气、酸臭腐朽之风。

所以，孔子讲："文质彬彬，然后君子"。"文"即后天的学习，"质"即先天的质朴，一个人有知识和学问，并且不失其质朴的本性，才能算是真正的君子。我们今天常讲财气、官气、学究气、脂粉气，其实质都是讲一个人受后天环境之影响，变得不再朴实，多了虚荣甚至狡诈之心。老子认为，一个得道之人，淡定死生，无谓得失，穿越荣辱，也就不会轻易为外物所改变，永远保持一种"敦兮"的样子。

六是"旷兮，其若谷"。"旷兮"即心胸开阔，有包容万物的情怀。老子说，得道的人，其心胸一定像山谷一样空旷而博大，永远装不满，具有无限的包容性。世界很大，纷繁芜杂，事物不尽相同，人的性格各异，一个人不能因为个人的喜好而排斥异己，应该有能囊括宇宙之心、容纳万物之情。不仅如此，而且能够静下心来，吸取前人和别人的经验和教训，听取今人的意见和建议，不可妄自尊大、迷失自我。

七是"混兮，其若浊"。"混兮"指看上去迷迷糊糊的样子，就如同一汪浑水一样，既说不出个一二三，也讲不出个四五六。郑板桥先生曾经写下了非常有名的四个字："难得糊涂"，很多人将之理解为一种"事不关己，高高挂起"的做事状态、一种"混世魔王"式的处世态度，其实不然。老子这里所讲的"混兮"是一种完全超然的人生状态，是一种融合万物的生命姿态，也即宇宙初生时的混沌状态——无是无非、无得无失、无成无败、无恩无怨、无你无我、无生无死，完全达到了一种物我两忘的生命大境界，这是一般人难以企及的。

老子对得道之人的这七种描述，既有其独特的内涵与侧重，又有其共同的文化特质。如果简单地概括一下，老子认为一个得道的人应该做到以下几点：第一，无论在什么样的状态下都要有一种谦让的精神，不要过于露锋芒。第二，无论在什么样的状态下都必须保持一种"慎独"的精神，如履薄冰，如临深渊，心怀敬畏之心。第三，无论在什么样的状态下都要保持虚怀若谷的气度，包容万物，与万物和谐。第四，无论在什么样的状态下都要保持一种变化思维，进、成不喜，退、败不忧，居安思危，处乱思变。

二、热情不能取代规律，梦想不能脱离现实

老子在为我们刻画了得道之人的形态后，接着说："孰能浊以止？静之徐清。孰能安以久？动之徐生。"

老子通过这句话告诉了我们处理问题的两个重要法则：一个是静，一个是动。

该静的时候必须静下来，该动的时候必须动起来，动静之间蕴含着无穷的艺术。

老子首先通过一个生活中的例子讲了"守静"的问题：一杯浑水摆在我们面前，我们若想让浑水变清，最好的办法就是搁置不动，只要时间足够，悬浮物就会下降，水就会慢慢变清。如果我们心里着急，不停地摇晃、搅动，只能适得其反。

通过这一自然现象，老子认为，人世间的混浊不是源于世界自身，而是缘于人的不断的搅动、不停的折腾。我们总以为自己抓住了事物的实质，看清了世间万物，其实，我们一直被假象、表象迷惑，一直在背离"大道"的道路上徒劳地"奋斗"，很多时候，前行得越猛，损失反而越大。

因此，老子告诫我们世人要静下来。一方面，我们对行为的选择要慎重，不可偏执；另一方面，我们的灵魂要静下来，要对得失、荣辱、贵贱、进退、生死这些东西做出符合"大道"的科学判断。这样，才能够达到心性洞明的状态。这种静，其实质是一种淡定、从容的人生态度，以及尊重自然、和谐万物的世界观，或者叫宇宙观。

讲完了"静"的问题，老子接下来讲了"动"的问题："孰能安以久？动之徐生。""安"与"久"是我们常常期待的两种状态，对国家来说即是长治久安，对个人来说则是保持平安、富贵、长寿。怎么能够做到这一点呢？老子强调，必须要保持一种"动"的状态。这里的"动"应该包括两个含义：一是顺势而为，不能逆潮流而上；二是勇于创新，不能僵滞不前。

读到这里，大家可能会产生一种疑问：老子一会儿让人静，一会儿让人动，究竟是该动还是该静呢？其实，道家认为，"静"是相对的，"动"是绝对的。"静"的目的最终还是为了"动"，为了让人克服狂躁的心态，看清"动"的方向，寻找到科学的突破点。

如果站在更大的宇宙空间来看我们生存的这个世界，我们更会切身体会到：大静为动，大动为静。这正如我们的地球每天都围绕着太阳高速地旋转，而我们并没有特别的感觉。大地是那么宁静，而在这宁静的世界里，每时每刻都在创生着生命，孕育着变化。这与我们常讲的"大音希声""大方无隅""大道无形""大德不器"属同一种思维体系，老子在这里强调"动"与"静"，实际是在强调循"道"而行。

当然，在我们人类可感知的世界里，老子所强调的"动静思维"也具有极其独特的人文价值。"静"其实就是指我们要放平身心，不可妄动；"动"强调我们要认清潮流，顺势而为，不可固守常理。所以，该收手的时候，不管遇到什么样的利益都要勇于放下，该出手的时候，不管面临什么样的困难都要迎难而上。处理不好这个问题，就可能会在现实中陷入困顿。

在这里，还有一个问题需要注意：老子无论强调"动"，还是强调"静"，都要求做到一个"徐"字。"徐"就是慢慢来，不要着急，无论是静等还是进取，都要稳得住心神，不能"毕其功于一役"。事物的演变都需要有一个从量变到质变的过程，即使我们的出发点是对的，但是如果没有足够的耐心和决心，也就可能看不到事物的变化，甚至失去信心，最终走到错误的道路上去，正所谓："古今成大事者，不唯有超世之才，亦必有坚韧不拔之志。"我们常讲的"好事多磨"也是这个道理。

根据老子的思想，回顾一下近百年来中国革命和建设的历史，有很多东西需要我们认真反思，特别是一些"左倾"和激进的思想给革命和建设事业造成的巨大的伤害。比如在武装革命之初，中央就命令毛泽东同志带领秋收起义的队伍进攻像长沙这样"武装到了牙齿"的大城市，结果，三路部队都受到了不同程度的损失。当革命事业稍有起色，我们的队伍中就出现了一些急躁情绪，甚至有人提出了"会师武汉，饮马长江"这样的充满主观豪情的革命方略，以及"拒敌人于国门之外"的不切实际的战略和战术，给革命造成了巨大的损失，以致苏区丢失，我们的部队被迫展开了二万五千里长征。在抗日战争时期，面对"亡国论"和"速胜论"两种不切实际的情绪，毛泽东主席写出了《论持久战》这部光辉的著作，使中国的抗日战争走上了正途，最终取得了胜利。

回顾中华人民共和国成立七十年的历史，我们同样也没有完全把握好"静之徐清"和"动之徐生"这两个问题。改革开放之前的近三十年里，几乎每一个中国人的血液都是沸腾的，"赶英超美，大踏步地奔向共产主义"成为那个时代的主旋律。随之而来的是大炼钢铁、大跃进，最终的问题是革命的理想与经济同社会发展的规律相背离，我们的事业并没有沿着我们期待的道路前进。热情不能取代规律，梦想不能脱离现实。现在，我们来反思这段历史，可以用两个字总结：太急。

再想想，改革开放之后的这四十年，中国社会之所以取得了巨大的成就，就是因为能够实事求是地看待中国的实际、世界的实际、经济和社会发展规律的实际，创造性地提出了中国特色社会主义道路。但是，如果总结一下这四十年来存在的问题，我认为还是两个字：太急。追求富裕、谋求发展本身无可厚非，然而，在这一过程中，穷怕了的国人对"钱"迸发出了无限的豪情，经济指标成为衡量社会发展和官员政绩的"唯一"标准。产业化和商业化充斥到社会的方方面面，由此而带来的环境问题、道德问题、教育问题、社会治理问题等不断蚕食着经济发展带给中国

人的幸福感，不断腐蚀着执政党本身，不断摧毁着中国人固有的价值底线。在这种外力的压迫下，我党终于提出了科学发展、和谐社会、以人为本、全面依法治国这样的社会发展理念，较好地遏制了社会发展的不良走向。

因此，老子在本章的最后讲："保此道者不欲盈。夫唯不盈，故能蔽而新成。"能够坚守"大道"的人，无论什么时候都不能走极端，要保持一种谦虚的态度，想明白的就大胆地干，想不明白的就慢慢地干。欲速则不达，只有保持一种探索的精神，才能在很好地保护旧有传统的基础上获取新生。直到今天，我们才明白，社会的发展是一个系统进化的过程，绝对不只是一个经济的问题。社会的发展是否健康不是取决于经济指标，而是取决于人民所怀有的幸福感与安全感。与此同时，当一个社会在观念、制度、教育、文化等方面还缺少有效配套的情况下，也不可能保持经济持续、有效地发展。因此，无论做什么工作，都一定要加强"顶层设计"，立足实际，深入思考，积极探索，稳妥前行，不可慌里慌张。只有保持这样的姿态和心态，我们才能克服前进中存在的困难，最终实现民族复兴的伟大梦想。

第十六章

致虚极,守静笃

致虚极,守静笃。万物并作,吾以观其复。夫物芸芸,各复归其根。归根曰静,是谓复命。复命曰常,知常曰明。不知常,妄作,凶。知常容,容乃公,公乃王,王乃天,天乃道,道乃久,没身不殆。

一、静中乾坤大,空中日月长

如果说老子在上一章为我们描绘了一个修道者的形象,或者说,一个真正得道的人是一种什么样的状态,那么在这一章,老子告诉我们的是一个人应该如何去修道。

老子开宗明义地提出了修道的"六字秘诀",即"致虚极,守静笃"。这六个字是本章的核心,也是道家最基本的修炼路径。

什么叫"致虚极"?"致"是"达到"的意思;"虚极"就是把灵魂放空,空到不能再空为止;"致虚极"就是要求人把自己所有的想法都放下,使大脑一片空白,人世间的一切概念,包括生死、荣辱、得失、祸福全部化为乌有,完全融入自

159

然之中。

　　什么叫"守静笃"？"守"有"守护"或"坚守"之义；"静笃"，即灵魂宁静到无声无息，一切外物皆不能干扰自己，达到"物我两忘"的状态。此处的"静"与前面的"空"本质上并无不同，空极则静，静极则空。

　　庄子把这种内外合一、心气相通、空静无物的忘我状态称为"心斋"：

　　　　若一志，无听之以耳而听之以心，无听之以心而听之以气。耳止于听，心止于符。气也者，虚而待物者也。唯道集虚，虚者，心斋也。（《庄子·人间世》）

　　道家提出的这个修炼路径并不是唯一的，事实上，中国的儒、道、释都强调一个"空"和"静"的问题。心中欲望太强，灵魂不宁静，就不可能让生命进入一种"忘我"和"无我"的状态，没有这样一种状态，人就不可能跳出世界看世界，就会陷入世俗的视听之中而不能自拔。"静"与"空"是灵魂干净的体现，也是一个人保持理性的生活状态的需要。达到这样一种状态就不会被一些表象诱惑，无论身处庙堂之上，还是俯拾于乡野之间，都能把握好自己。

　　我们大多数人从生到死都困顿于得失，忙碌于生计，幻灭于贵贱，灵魂能够真正静下来的人并不多。很多人还没来得及思考便离开了这个世界，所以，很少有人能够体会到生命在"静"的状态下是一种什么感觉。我少年习武，老师要求我们站桩入静，起先不知道其中之奥妙，但是，一旦入静之后，往往会感受到气血的运转、意识的流动，人会进入一种恍惚之状态。这种恍惚不是"晕"，而是一种很难形容的舒畅感，在这种感觉中站久了，不仅会生发出一种力量，功力大长，并且，无论遇到什么样的事都会保持一种心性的淡定和从容。所以，"入静"无论是对于身体还是灵魂，都是一种修炼。

二、人生白驹隙，万物皆浮云

　　达到了"致虚极，守静笃"的境界之后，能产生什么效果？老子接着讲了："万物并作，吾以观其复。""静"到一定程度，"空"到一定程度，一个人就会彻底放下，摆脱与万物的纷争与纠结，置身于万物之外。如果能够达到这样的境界，就能够看清万物的本来模样，就不会被万物的表象迷惑。那么，"万物"是什么样子的呢？老子用了一个词，即"并作"，何谓"并作"？就是万物之间你来我往、你生我死、你动我静、你上我下的相互作用的过程。这个过程就如同我们站在海边，看大海翻波涌浪，看天上云蒸霞蔚一般，热闹非凡。人往往到这个时候才明白，自己在现实中苦苦追求的东西在整个宇宙之内又算得了什么？自己为此所获得的欢悦和悲辛又是何等的微不足道。

老子认为，在万物你来我往的作用中，我们还会发现宇宙间的万物还存在一个基本的规律，就是"复"。何谓"复"？就是指事物周而复始的循环状态。道家认为，万事、万物都循环而生，循环而死，一切皆在轮回之中；世界是圆的，无中生有，有中又生无。

所以，老子说："夫物芸芸，各复归其根。归根曰静，是谓复命。"一个生命不管多伟大、多坚强，有生必有死，终要归于"无"，即"归根"。到这个时候，万物就达到了真正的"静"的状态。就如同人，不管什么样的人，活着就不停地忙活，等到死了，也就彻底安静了。从有到无，从生到死，从动到静，完成了这样一次循环，就叫"复命"。"命"就是指事物最本质的状态，回归到最本质的状态就是"复命"。在道家看来，人在世间所看到的一切皆为虚幻，最终都要幻灭。世界本来就是混沌一片，终要归于混沌，那是一个充满光影的世界，即生即死，即存即亡，一切来于自然，复归于自然，不可妄想，不可强求。

道家的这种宇宙观和世界观看似空无，实际上却告诉了我们两个重要的处世法则：第一，世界变化的法则就是反复，生死、死生，有无、无有，一切皆在轮回之内。存时当思亡道，亡时当有存心，凡事有此思想则可立，无此思想则必废。第二，万物运行的终极法则叫"归根"，我们所苦苦追求的这些身外之物不仅带不走，而且早晚会同我们的生命一样化为乌有。人生苦短，知足常乐，莫为一己之利而丧终身之躯。

三、天地本无得失意，只因妄念故扰之

在本章的最后，老子得出了这样一个结论："复命曰常，知常曰明。不知常，妄作，凶。知常容，容乃公，公乃王，王乃天，天乃道，道乃久，没身不殆。"

"复命曰常"即指万物从无到有、从生到死的这一过程是自然的常态，任何人和事都逃不出这一循环和过程。

"知常曰明"，知道了事物的上述变化规律，才可称得上是一个真正的心智开明之人。

"不知常，妄作，凶"，不懂得事物的这种变化规律，恣意妄为，最终必然导致严重的后果。

"知常容，容乃公，公乃王，王乃天，天乃道，道乃久，没身不殆"，知道天地轮回的这种大法则的人，心胸会更加宽广，面对生死、得失、荣辱等会淡定而从容。有了这样的心态，也就能够公平地看待是非，先得必后失，先失必后得，也就能够放得下了，对事物的把握就不会走极端了。我们常讲"天道为公"，心生公平，也就达到了"天"的境界。达到了"天"的境界，也就真正"得道"了。一个人如果得道，他的生命就不会夭亡，他的身体就不会受到非自然的伤害，他的精神就会永存世间。

纵览老子的这句话，实际上是告诫世人，不要心生妄念，对利、对名、对功、对色、对生、对死、对爱、对恨都不要太过极端。这一点与佛家也是相通的。我有一次进一座庙宇，大殿门前挂了一副对联，上联是："世上人，千般计，计千般，最终曰尽计计皆空"，下联是："人间事，不得了，了不得，到头来看不了了之"。世上有多少人工于算计，到最后来看，哪有什么输赢，都归于殒灭，败者或许很惨，胜者也满身疲惫。把自己站正了，天塌不下来，不求功盖天地，但求无愧于心。

去岁到苏州的寒山寺，又重温了寒山和拾德两位高僧的那番有名的对话，人到中年，对之更是感慨万千。寒山问拾德："世间如果有人谤我、欺我、辱我、笑我、轻我、贱我、恶我、骗我，如何处置乎？"拾得曰："只是忍他、让他、由他、避他、敬他、不理他，过十年后你且来看他。"拾德这种处置问题的方式看似消极而没有个性，其实却暗含着天地万物轮回的"大道"之理。因此，古今欲成大事者，都须有容人之量。这种容忍不是懦弱，不是缺乏个性，其本质是能够公平地看待万物的情怀，能够以足够的空间和时间来换取事物的转化，而不在一时一利的问题上让自己陷入困境。

第十七章　太上，下知有之

太上，下知有之；其次，亲而誉之；其次，畏之；其次，侮之。信不足焉，有不信焉。悠兮，其贵言，功成事遂，百姓皆谓我自然。

一、自古皆有道，何须重刀兵

在本章中，老子提出了对治国、理政的认识，他认为治理天下应该有四种层次：

第一，"太上，下知有之"。关于"太上"，后人说法不一，但是从整章的结构和内容上看，"太上"应该有最上、最高、最好之义。具体来说是指上古的圣贤之君治理天下的时代，天下百姓虽然知道这些人的名字，却不知道他们具体做了些什么，在这种情况下，整个社会依然安然无恙。老子认为，这些人之所以能够不知不觉地把社会治理好，是因为他们采取的都是"无为而治"的方略，不突出自己，不背离天道，一切按照自然规律办事，春种、夏长、秋收、冬藏，不违农时，不违民意，老有所依，幼有所养，急百姓之所急，想百姓之所想，他们的所作所为与"天

道"和"人道"完全一致，一切是那么和谐，老百姓都觉得那是理所应当的事，根本没有意识到君王个人的意志。这是道家认为的治理天下的最高境界，以百姓之心为心，以百姓之需求为执政的根本方向。

第二，"其次，亲而誉之"。到了第二个层次，整个社会仍然被治理得井井有条，但是，执政者存在的问题是守不住本心了，开始彰显自己的文治武功，爱慕虚荣。这个时候，别有用心的人就开始去接近执政者，利用各种手段去鼓吹他、赞誉他、奉承他。道家认为，如果一个执政者或者说管理者有了这种居功自傲的心态，是一个很危险的信号，就有可能失去民心，有可能被一些别有用心的人利用，有可能在一片赞美声中迷失自我，最后脱离实际，好大喜功，导致前功尽弃。所以，一个真正得道之人，无论取得了什么样的成绩都不会忘了初心，保持本色和心性的淡定。

第三，"其次，畏之"。到了第三个层次，执政者和管理者没有建立属于自己的权威，过多地主观行事，违背了天下人的意志，必然遭到了天下人的反对。怎么办？只有采取高压的态势，利用武力和强权来威慑天下。但是，道家认为，老百姓迫于生计，当然"畏之"，但是，这样的执政模式是不可持续的，强权下的安宁是一种暂时的安宁，看似稳定的社会中必然暗流涌动、危机四伏。在这个问题上，秦王朝的迅速崩塌就是典型案例。汉代大才子贾谊对此进行了全面而深刻的反思：

> 乃使蒙恬北筑长城而守藩篱，却匈奴七百余里，胡人不敢南下而牧马，士不敢弯弓而报怨。于是废先王之道，焚百家之言，以愚黔首。隳名城，杀豪杰，收天下之兵聚之咸阳，销锋镝，铸以为金人十二，以弱天下之民。然后践华为城，因河为池，据亿丈之城，临不测之渊以为固。良将劲弩守要害之处，信臣精卒陈利兵而谁何？（贾谊《过秦论》）

应该讲，秦始皇统一六国，建立郡县制是符合历史潮流的，但是制度的合理性不能取代执政智慧的科学性。由于秦朝外用强权，内用峻法，权臣当道，最终激起民怨，伴随着陈胜、吴广揭竿而起，天下云集响应。史书记载："众郡县苦秦法，争杀长吏，以应涉。"老百姓的怨气都爆发了出来，把"县长"和"市长"都杀了，刚刚统一的政权迅速土崩瓦解，天下大乱，楚汉纷争。所以，作为执政者和管理者，不要为表面的稳定所迷惑，也不要被百姓畏惧的表象迷惑，天下人如不从内心佩服你，要想做到长治久安是不可能的。

第四，"其次，侮之"。到了第四个层次，天下就彻底失控了，执政者既控制不了执政团队，又控制不了天下百姓，人人对政权都没有敬畏心，离心离德。到了这个时候，政权的衰亡就只是一个时间的问题了。

通过这四个层次的划分，我们可以清晰地看出道家的执政思想和社会治理理念。道家认为，社会是一个具有自我成长规律的主体，有其特定的发展规律和自我完善机制，这种规律是自然规律的一部分，具有其客观属性。作为执政者，应该顺应这种潮流，而不应该背离这种潮流，不能过多地介入个人意志。靠强权、靠暴力是不足以支撑社会的正常发展与稳定的。

二、自古皆有死，民无信而不立

当然，老子在上面讲的这四个层次是一种递进关系，也是其对社会发展规律的一种认识。老子认为，虽然从表面上看，社会在不断发展，技术在不断进步，物质在不断丰富，但是，上古时期好的执政理念并没有得到有效的继承，执政者往往不顾民生，崇尚武力。当控制力强大的时候，社会在暴力的统治下或许会获得暂时的安定，而这种控制力一旦不存在，社会就会陷入混乱。因此，道家认为，社会之乱是乱于执政者偏离"大道"的恣意妄为，乱于人们对社会规律的认识的缺失。

如果执政者偏离"大道"，最可能出现的问题是什么呢？老子认为，就是失去诚信，导致执政者与百姓之间的距离越来越大，也就是我们常讲的丧失民心，这是执政者最大的风险。所以，老子讲："信不足焉，有不信焉。悠兮其贵言，功成事遂，百姓皆谓我自然。"

如果一个执政者以自我为中心，执政过程中充斥着个人的利益和诉求，那么，他就不可能信守"执政为民"的承诺，这样也就会失去老百姓的信任。想想那些上古的圣贤之君，他们表面上看并没有做什么，甚至显得无所事事，社会却得到了良好的治理，想办的事情都能顺利完成，老百姓甚至都弄不清这是为什么，只能认为是自然而然的天意所为。

在这一段论述中，老子提出了一个非常重要的执政理念，就是"取信于民"。老子认为，天下之所以会乱，就在于"信不足焉，有不信焉"。执政如此，做管理如此，治国如此，治家如此，为官如此，为商亦如此。如果一个团队中人和人之间没有爱，没有信，这个团队是不可能搞好的。

关于"诚信"的问题，道家与儒家不谋而合。有一次，子贡问政于孔子，孔子讲了一句话："足食，足兵，民信之矣。"孔子认为治理天下有三个要素：第一要

足食，就是要解决民生问题。老百姓不能挨饿，没饭吃就会造反，对他们来说，基本的物质条件还是需要的。第二要足兵，不能受人欺负，要让老百姓有安全感。第三，民信之矣。如果能够获得老百姓的信任和拥护，执政者振臂一呼，天下就会云集响应。子贡听后接着问老师：如果万不得已要去掉一个，应该去掉哪个呢？孔子说，那就去"兵"吧，反对战争，爱好和平。子贡又问：如果再去一个呢？孔子想想说，那就去"食"。子贡不解：不吃饭不都饿死了？孔子说，"自古皆有死，民无信而不立"。谁早晚不是死？对一个民族来说，饿死几个人不可怕，就怕失掉了信用，失掉了信用我们就守不住江山了。当然，孔子讲得有些极端，但是，也确实说明我们古代的先贤们对执政基础的认识，就是要取信于民。欲安天下，必安民心。

关于取信于民与执政的关系，孔子还讲了一句非常有名的话：

道千乘之国，敬事而信，节用而爱人，使民以时。（《论语·为政篇》）

"乘"就是古代以马为动力驱动的战车，相当于今天的主战坦克。孔子说，一个拥有一千辆"主战坦克"的国家就是大国了，治理这样一个大国靠三样东西：敬事而信、节用而爱人、使民以时。孔子认为，作为一个执政者，首先要做到的是"敬事而信"，何谓"敬事而信"？就是无论做什么事，都必须谨慎、认真、严肃地对待，做出科学的判断和决策。一旦决定了的事，就必须要兑现，要讲信用，不能欺骗天下百姓。只有这样，天下百姓才能够相信你，才能够保证政令畅通、政权稳定。如果一个执政者做事随意，判断随意，决策随意，并且朝令夕改，就会失去权威，失去民心，危机也就随之而来了。

最后，老子用一句话告诫后人："悠兮，其贵言，功成事遂，百姓皆谓我自然。""悠兮"指的是一种飘逸、自然的状态，这里当然指的是上文所讲的"太上"那样的拥有贤德的人。他们生活的状态虽然很悠闲、很自在、很轻松，但是他们说话非常谨慎，即"贵言"。之所以如此，就是因为他们怕说出来却做不到，失信于民。因此，他们总是先认真做事，当事情做好之后，却站在一边，从不表功，从不炫耀，即"功成事遂"。而天下百姓把这一切都看在眼里，都认为他们所做的事情是符合天道的，这就是古代贤者的境界。从这个意义上讲，执政者不可轻易发言，亦不可轻易废言，这是一个很重要的执政法则。

大道废，有仁义；智慧出，有大伪。六亲不和，有孝慈；国家昏乱，有忠臣。

莫言心机巧，更有机巧人

本章的内容表面看来比较简单，是沿着上一章的逻辑写下来的。在上一章中，老子推崇"太上"的境界，就执政者治理社会的境界来看，却是"一代不如一代"，社会的治理越来越功利化，越来越技巧化，越来越暴力化，执政者也逐渐守不住初心，好名图利，与道家所倡导的"无为而治"的精神相去甚远。与此同时，主流社会却抛出了一套"仁义礼制"的价值体系，而整个社会也在这样的一种价值体系下曲折前行。面对这样一种现实，老子毫不客气地指出：这是"大道不行"的表现，是一种舍本逐末的行为方式。他劝告世人不要被这些东西迷惑，应该回到一种清静、无为的生命状态中去。

为此，老子鲜明地表达了自己对社会现实的态度："大道废，有仁义；智慧出，

有大伪；六亲不和，有孝慈；国家昏乱，有忠臣。"

老子所生活的春秋末年、战国初年这段时间，社会上开始标榜"仁义"，并且以"仁义"为核心价值建立了一套完整的礼教体系，并成为社会的主流价值体系。更让老子失望的是，统治者和社会既得利益阶层往往打着"仁义"的幌子行不仁、不义之事，天下杀伐不断，百姓苦不堪言，而"仁义"的本真内涵也在这一过程中被扭曲，社会中背离"大道"的行为比比皆是，但是，人们乐此不疲。也正如庄子所言：道隐于小成，言隐于荣华。仁义成为粉饰执政者行为的遮羞布，以此而建立起的各种礼制成为约束百姓的桎梏。所以，老子开宗明义地指出：仁义本不存在，是社会偏离"大道"之后，人们对个人和社会行为做出的一种主观考量，公说公理，婆说婆理，孰是孰非莫衷一是，与其在这样一种是是非非中争论不休，导致人们无所适从，还不如回归"大道"，返璞于自然。

其实，这并非一种反现实的行为，而是老子一贯坚持的哲学精神。老子在这里所提倡的"大道"与"仁义"的关系与第一章所讲到的"道"与"名"的关系，以及"有"与"无"的关系是一脉相承的。道家一直认为，"道"生万物，万物归"道"，万物都处在从无到有和从有到无的周而复始的自然循环过程中。站在宇宙之内看世界，本无是非，亦无得失，更无贵贱，都是自然的过程，也即庄子所讲的"方生方死，方死方生""方可方不可，方不可方可"，而大多数人往往认识不到这个问题，用主观的是非观念、得失观念、贵贱观念、生死观念来认识世界和自身，最终形成了一套主观标识体系，诸如仁义、智慧、孝慈、忠贞等，而这种东西一旦形成，就会反作用于人，使人越来越偏离事物的真实。社会如此，人们对自然规律的认识亦是如此。人类探索自然的过程其实也是一个不断否定自我主观认知的过程。"科学"本来是人类界定的一个概念，目的是准确地把握我们生活的世界和宇宙。到今天，科学界达成的一个最为一致的思维是"一切皆有可能"，科学只能无限地接近真理，而达不到真理的彼岸，人类也只能是"大道"轮回中的一个瞬间。所以，就人的一生而言，自然地生，自然地死，留一点好心情面对世界是最恰当不过的选择。

如果说"大道废，有仁义"体现了道家的关于"名"与"实"的哲学精神，那么"智慧出，有大伪"则是实实在在的劝世之学。道家一直认为"德荡乎名，知出乎争"，"智慧"这种思维的背后总带着某种目的性，而这种目的性往往是以自我为中心，以个人利益和某个集团的利益为中心，你用这种智慧去获取利益，那么受损的一方就会用更大的智慧来弥补自己的损失，人与人、家与家、国与国的争斗就会没完没了，最终的结果是两败俱伤、身心俱疲。

　　道家认为，就天地而言，只需心生敬畏即可，不可背离自然之法则；就社会而言，治理天下，公平而诚信即可，别无他途；就人的一生而言，安时处顺，动静等观即可，无须过于纠结。老子讲的"大伪"，其实就是与我经常说的"智慧"相对的一个概念，意指与我们的意志相对立的另外一种"智慧"。因此，一个人无论在什么时候都不要故作聪明，最终害人害己，后患无穷。由此可知，我们生活的世界之所以越来越复杂，究其原因，每个人都希望通过捷径，通过超出常规的方法去达到自己的目的，这样一来，人性的恶就会极大地暴露出来，整个世界就淹没在了欲望的海洋里。

　　因此，庄子用寓言的形式讲了这样一个故事：

　　　　跖之徒问于跖曰："盗亦有道乎？"
　　　　跖曰："何适而无有道邪？夫妄意室中之藏，圣也；入先，勇也；出后，义也；知可否，知也；分均，仁也。五者不备而能成大盗者，天下未之有也。"
　　　　由是观之，善人不得圣人之道不立，跖不得圣人之道不行；天下之善人少而不善人多，则圣人之利天下也少，而害天下也多。

　　春秋战国时，有一个闻名天下的大盗，名叫跖，此人手下的盗窃团伙有八千人，都特别彪悍，横行天下，很多诸侯小国都怕，无人敢惹。有一天，跖手下有个人问他："盗亦有道乎？"意思是说，我们这些做强盗的人也有"大道"吗？跖说，那当然了，干什么行当能没有"道"呢？言外之意，没有"道"，怎么可能干得这么大？紧接着，跖总结了自己做大盗的经验：在行窃的时候，一眼就能够断定屋子里的东西值不值得偷的，就可以叫作"圣人"；在抢劫的时候，敢于一马当先，不念生死，那就叫"勇敢"；抢劫结束后，能够掩护别人先走，自己断后，那就叫"义气"；看到抢劫对象，能够断定可不可以抢，就叫"智慧"；抢劫或盗窃回来后，能够按照功劳分配赃物，那叫"仁爱"。如果不具备上面的素质，想成为天下大盗，那是绝对不可能的事情。

　　通过跖的表达，我们可以看出，他虽然把自己的行为标榜为"圣人""勇敢""义气""智慧""仁爱"，但是，与儒家所实际倡导的精神完全背离。庄子实际上是用这件事情说明，人类所标榜的所有美德，包括智慧，其实会成为人们欺世盗名的工具。因此庄子认为，儒家所讲的这些仁义道德，以及社会上所提倡的种种智慧，既

成就了善人，也成就了恶人，既有利，亦有害。所以，道家认为，我们对这些东西提倡得越多，就越容易被坏人拿来做坏事，还不如归于"大道"。万物归于本真，我们的社会才能归于宁静。

老子紧接着讲了"孝"和"慈"的问题，子女善待父母为"孝"，父母关怀子女为"慈"。道家认为，父养、子孝本是血缘关系使然，是天经地义的自然本能，本来无所谓德行，是应有之责任和义务，但是，社会把"孝"和"慈"标榜为一种极其高尚的道德。老子认为，这恰恰说明我们这个社会的人性已经沦落，人们连起码的义务和责任都不尽了，在这样的社会环境中，人们怎么可能爱自己的家国，怎么可能崇尚责任和忠诚？

由此看来，道家不是不提倡孝慈，而是认为这是人之本能，是一个人信守道德的行为基础，无须过多地进行渲染和标榜。在这一点上，其实质是与儒家一脉相通的。孔子讲："君子务本，本立而道生。孝悌也者，其为仁之本与！"意思是讲，一个人如果不能够做到善待父母，友好兄弟，这个人对国家、对社会、对朋友，就不可能具有真正的爱心，即使其偶尔表露出某种爱心和责任，也一定是为了达成某种不可告人的个人目的。

老子在本章的最后提出："国家昏乱，有忠臣。"细想此话，再回顾千秋历史，我们会清楚地看到，那些立德、立功、立言的王侯将相，大多数出于乱世和君王昏庸之时。而盛世之中，君王心系天下，百姓相安无事，百官各司其职，天下是一派其乐融融的状态。大忠者隐于朝野，大奸者不敢妄为，这也是道家追求的治世。从这个意义上讲，国家还是少出点忠臣良将的好，天下人皆乐其业，安其家，享其福，那该多好啊。

第十九章
绝圣弃智，民利百倍

原经

绝圣弃智，民利百倍；绝仁弃义，民复孝慈；绝巧弃利，盗贼无有。此三者，以为文不足，故令有所属；见素抱朴，少思寡欲。绝学无忧。

一、心思算尽反自误，却是无招胜有招

在上一章中，道家旗帜鲜明地提出，社会上提倡的仁义、智慧、孝慈、忠臣等，表面上看似乎是非常好的美德，背后折射出的却是"大道"的缺失，也意味着人类离质朴的自然情怀越来越远了，如果这样下去，只能导致人心越来越复杂，世人的心思也越来越机巧。怎么办呢？老子在这一章中开出了治疗社会问题的"药方"，这个药方包括三个方面的内容：

第一，"绝圣弃智，民利百倍"。这句话实际上是对执政者和用权者提出的忠告。老子认为治理天下不能故弄玄虚，执政者更不能以"圣贤"自居，为了显示自己的聪明才智和与众不同的想法，今天一个招数，明天一个套路，折腾来折腾去，不仅会给国家造成巨大的损失，也会让百姓无所适从，表面上看是为百姓好，但是，百

姓并没有得到什么实际的好处。当然，如果打着为百姓服务的幌子牟取个人或者某些利益集团的利益，其后果就更加严重了。其实这种例子在现实中比比皆是，不胜枚举。因此，老子认为，作为执政者，应该保持平和的心态，真正信守"大道"，以百姓之利益为第一要务，放下自己的私心和名望，顺应天时，符合地利，以一个普通人的身份融入百姓之中，方能知百姓之疾苦、天下人之需求，真正达到"无为而治"的至高境界。由此看来，老子反对"圣与智"，不是反对那些真正洞察"大道"的圣人和智者，而是揭露那些居于高位却自以为是、背离"大道"、自作聪明、祸害天下的执政者和王侯将相。

第二，"绝仁弃义，民复孝慈"。关于这个观念，老子在前面已经做了反复的阐述，这也是道家一贯的思想和精神。事物都是相克相生、形影相随的，如果我们把一些人的行为标榜为"高尚"，那么另外一些人的行为自然就是"低俗"的，社会的对立情绪也就来了。当然，在这个过程中，一些人也会为了达到自己的目的而不断伪装自己的行为，掩盖其真实的内心，使人性更趋于恶。与其这样，还不如将一切美德融于"大道"之中，安时处顺，乐天知命，忘情、忘物于江湖，人心也就会归于平静，世界也就会重新归于质朴。另一方面，"仁"和"义"也是人类自身所界定的概念，时代不同，界定不同，其在反反复复的是非争论中也容易扭曲和变形。

第三，"绝巧弃利，盗贼无有"。这与前面所讲的"不贵难得之货，使民不为盗"的道理是一样的。人们为什么会挖空心思去算计？就是因为我们从主观出发，对天地间的事物进行了分类，为它们贴上了标签，使它们高低贵贱各有归属，所以人们争相追逐高贵，厌恶低贱。但是细想一下，不管一个人地位多么高贵，拥有多少财富，他也未必就比一个山野村夫活得更惬意、更长寿。在最宝贵的生命与幸福的问题上，"大道"总是公平的。所以，人们算计了一生，最后都化为一抔尘土，与其如此，倒不如与他人和平共处、相安无事来得更容易，活得更快乐。其实，关于这个问题，大多数人都是在经历了沉浮之后，在人生的暮年才能够想清楚，但那只能是人性的悲哀了。曹雪芹在经历了一番浮华之后，潦倒西山，苦著《红楼梦》，其实无非是讲了一个人世沉浮，一切皆空的故事，只有世间的几个女子还值得留恋。

二、少思寡欲真君子，道貌岸然是小人

开出了上述"药方"后，老子意识到自己的观点可能会受到世俗的置疑，于是又进一步做了阐述，并提出了对这些问题的处置办法，即"此三者，以为文不足，

故令有所属；见素抱朴，少思寡欲，绝学无忧"。

"此三者"即指前面讲的三点，"文"即指文饰。老子认为，如果仅仅从这三点出发，还不足以治理天下，只能是一个"表面工程"，即"文不足"。老子认为，治理一个国家，最根本是教育人民，引导人民守住本心，从内心去认识问题，真正保持一种质朴的情怀，少一点不切实际的想法，更不要出现妄念和妄欲，即"见素抱朴，少思寡欲"。如果人的心被物欲迷惑，一个国家和社会就永远不可能被治理好，一切发展的成果都会被这种欲念抵消，让人们找不到幸福感和归属感，整个社会也会在欲念和人心的动荡中充满不确定因素。

我经常回到自己出生的农村。客观地说，当地农民的生活水平相比于三四十年前有了大幅度的提高。人们都住进了宽敞明亮的大瓦房，喝上了自来水，开上了汽车，大米、白面和肉食也比较充足。按父亲的话讲，中华人民共和国成立前拥有几千亩土地的地主的生活都不如今天的普通百姓。但是我发现农民的幸福指数并没有提高多少，大家仍然对社会有着一些莫名的怨气。经过了解才知道，整个村庄中充斥着一种攀比的气氛，人们对物质的需求在这种攀比中不断上升，没有几个人会拿今天的生活同过去比，人与人都在暗自较劲，或者经常与大城市里的人们比。在这种比较中，人们无休止地去追求物质生活，希望在物质的不断丰富中寻找幸福感，到最后只能是身心俱疲。

举一个简单的例子：在过去的农村，娶一个媳妇，有一个地方住就可以了，做几件衣服，买几床被子，送一点土特产，男女双方亲属在一起吃顿饭，见证一下也就可以了。现在一定亲就要给女方18万，还要在农村盖个小院子，在县城买楼房，再加上办婚礼及来来往往的费用，至少需要几十万，甚至上百万，这对于一个农民家庭，简直就是天文数字。一对农村夫妇把儿子养大成人，给他娶上媳妇，如果没有举债，就是很好的家庭了。所以，表面上看，社会获得了长足的进步，物质生活也极大地丰富了，但是，人们为什么感觉到有压力？最根本的原因就是在追求物质的过程中失去了质朴的情怀，忽视了活着的意义和价值。作为农民，他们也许不能像学者那样理性地去思考一些问题，作为生活在社会中的人，他们的行为也总为一种普遍的社会价值潮流所绑架，最终成为受害者，劳其一生，苦其一生，却不知为何，这便是中国当代农民之哀。

所以说，一个社会确立一种什么样的价值导向，直接关系到全民的幸福感和人们的行为取向，也最终决定执政基础是否稳固。"见素抱朴"，简单地讲就是知足常乐，守住初心。"少思寡欲"也就是指不要在物质上有那么多的超出实际需求的想

法。人追求物质上的进步，让自己活得舒适一点是无可厚非的，但是沦落为物质的奴隶，无休止地去追求那些没有止境的东西，那就是社会和个人的悲哀了。

在本章的最后，老子得出了一个饱受后人争议的结论："绝学无忧"。关于这四个字，很多人认为应该是后人搞错了，可能是下一章的开篇句，不应该放在本章中。我认为，这四个字作为本章的结尾还是比较合适的，因为这四个字与老子前面讲的内容一脉相承，很顺畅，并且也反映了老子关于社会治理的一个重要的思想和精神。

何谓"绝学"？这个"学"不是修身养性之学，而是充斥在社会上的那些奇怪的想法、阴谋和技巧，也包括前面讲的那些所谓的"道德"与"仁义"。老子认为，这些东西才是真正扰乱人心的罪魁祸首，学这些东西还不如不学。学得越多，人虚荣的一面就会暴露得越多，被激发出的人性的恶也会越多。

其实，关于这个问题，儒家也是这么认为的：

质胜文则野，文胜质则史。文质彬彬，然后君子。（《论语·雍也》）

贤贤易色。事父母，能竭其力；事君，能致其身；与朋友交，言而有信。虽曰未学，吾必谓之学矣。（《论语·学而》）

儒家这里所讲的"文"与"质"的关系，与道家基本是一样的。儒家也意识到，在当时的社会中出现了一些道貌岸然的伪君子，说起来头头是道，但是心性狡猾，充斥着虚荣和欲望，不断地挑拨着人与人、家与家、国与国之间的关系，这是导致春秋时期战乱不断的一个重要的原因。所以，儒家认为，所谓"君子"，必须"文"与"质"两个方面共同发展。一个人不学习，可能就会成为没有规矩的野蛮人，但是，一个人如果把质朴的情怀都丢掉了，那么就可能会成为"酸溜溜"的伪君子。儒家同时强调，所谓"学问"，就是对国家要忠诚，侍奉父母要尽力，对待朋友要讲诚信，如果能够做到这三点，那就是真的有"学问"了。而如果站在道家的角度，这三点是做人的起码原则，是遵循"大道"的行为。由此可见，无论是儒家还是道家，都特别强调教育对一个社会的重要作用，如果教育让人失去了心性，丧失了质朴，忘却了本心，还不如不教育。

谈到这一点，我们也必须要反思这些年我们的教育的现状。几十年一路走来，我们的国民教育在很多方面都保持着一种急功近利的心态，以功利性和实用主义为特征，忽视了对人的精神与灵魂的改造，导致国民缺少集体意识、向心意识，缺乏起码的做人准则，导致整个社会诚信缺失，道德下滑，官员腐败，弄虚作假成风，进而导致实体经济不断萎缩，房市一股独大，基础研究和重大科技发展滞后。北京大学的钱理群教授有一句话讲得好：我们今天的教育在培养一个一个的"精致的利己主义者"。如果就文凭和掌握的知识而言，今天的国民素质无疑是历史上最高的，但是，如果从心态和道德的角度去衡量，不能说最低，至少是与时代的要求不相一致的，与自己的文化水平也相去甚远，所以，健康的精神状态和价值观的缺位是当前中国面临的第一困境。人的思想问题解决不了，就不可能真正走出困境。无论社会怎么发展，我们都不要忘记，人永远是一个社会的主体。忽视对主体的改造，客体的发展也会背离其应有的方向。

细想起来，本章体现了道家对人类文明规律的一种认知态度。道家认为，人类在前行的过程中一定要小心，在貌似充满智慧、充满知识的时代里，我们的灵魂却容易塌陷和迷失。一个社会绝不会随着物质文明的进步而自然产生高尚的社会道德和精神，一个人有了财富和知识不一定就会自然成为一个高尚的君子。社会越是向前发展，人类的外在功能越是强大，人们越需要进行内省，本真的情怀和朴素的心性会越来越成为稀缺资源。

通过上面的分析，我们可以看出，老子写的文章看似简单，里面却有严谨的组织和逻辑，最终都能够找准问题的症结和解决问题的路径与方法。所以，《道德经》看似写得很空、很大、很虚，但是细想起来，人世间的大原则都包含在内，执行起来也很简单，关键看我们有没有一个正确的认识和态度，这便是经典的魅力。

第二十章 唯之与阿，相去几何

唯之与阿，相去几何？善之与恶，相去若何？人之所畏，不可不畏。荒兮，其未央哉！众人熙熙，如享太牢，如春登台。我独泊兮，其未兆，如婴儿之未孩；儽儽兮，若无所归！众人皆有余，而我独若遗。我愚人之心也哉，沌沌兮！俗人昭昭，我独昏昏。俗人察察，我独闷闷。澹兮，其若海；飂兮，若无止。众人皆有以，而我独顽似鄙。我独异于人，而贵食母。

一、是非善恶谁可辨，一声长啸问苍天

纵观本章，可以说，老子为世人画了一幅百态图。看世间芸芸众生，熙熙攘攘皆为利往，攘攘熙熙皆为利趋，尔虞我诈，争来斗去，却乐此不疲；唯独老子端坐于山水之间，似呆似傻，似麻似木，茫然而不知所归，他困顿、迷惑、无奈、纠结，不知道是自己不明世理，还是世人远离"大道"。

老子讲，"唯之与阿，相去几何？""唯"是指赞美之意，"阿"是指奉承之心，

表面听起来都是好话，但是又有几个人能搞明白？正所谓"画龙画虎难画骨，知人知面不知心"。特别是身居高位，有钱有势的人，每天都面对那么多的鲜花和掌声，但这鲜花和掌声的背后，真是发自内心地对你充满敬畏吗？人与人之间表面上都是那么的和谐，但是，又有几个人真正能够从内心真诚地对待他人？世间多少虚荣、狡诈都掩盖在甜言蜜语之下。所以，老子讲，一个人不要得到了一点赞美就忘乎所以，任何时候都要对自己有一个正确的评价，不可沾沾自喜，否则必生骄气，最终会身败名裂。现实生活中不也是这样吗？很多领导干部之所以出问题，就是在人们的奉承中迷失了自己，在人们的吹捧中膨胀了自我，最终走向了深渊。

"善之与恶，相去若何？"善良与邪恶之间又有多少距离呢？一念之差就可能由善转恶。比如，见到一个孩子掉到水里，我们毫不犹豫地把他救上来，自然是善举。但是，如果一个人天天在水边转，希望有人掉到水里，自己好实施善举，这当然就是邪恶的想法了。比如，帮助人本来是好事，但是，一旦在帮助人的过程中有了期待感恩和回报的心态，也就不能称其为真正的善良了，善良也就成了寻求"积德"的一种行为方式。所以，善心一旦超出了界限，很可能就变成了邪念，善恶之转换是一件再容易不过的事。

"人之所畏，不可不畏"。关于这八个字的解释，古往今来分歧很大，大体有两种解释：第一，别人所畏惧的事情，自己也要心存畏惧。这种解释主要强调，人活在一种社会潮流中，应该顺流而动，不能过于自我。第二，人们畏惧你，你同样也要畏惧别人。这种解释主要是对执政者而言，因为你有权力，所以大家都惧怕你，但是，你同样要对天下人充满敬畏，不能忘乎所以。我认为，单从字面来看，这两种解释都能讲得通，但是，存在的共同问题是与前面讲的内容离析太大，没有什么逻辑性，显得过于突兀。在我看来，第一个"畏"是"敬畏"的意思，其实就是指老子前面所讲的人们对赞美之词的追求，或者说对功名利禄的追求。第二个"畏"是"畏惧"的意思，暗指人要有警觉之心。老子认为，当一个社会中人人都去追求某些东西的时候，不能随波逐流，更不要人云亦云、人往亦往，要保持冷静的思考和淡定的心性，不要被这些东西诱惑，否则就有可能招致灾祸。从历史上看，学"道"之人基本上都信奉这样一个原则。比如刘邦得到了天下之后，人们都争功、争名、争利，唯独张良无所求，终得善终，而那些争争抢抢的人没有几个有好结果的。比如明朝的刘伯温在协助朱元璋打下了天下后，也是保持淡定的心态，不与他人争名夺利，终无大祸。再比如清代的曾国藩在帮助清庭剿灭了太平军后，大兴田园之趣，以避朝庭诸人的猜忌，终得以颐养天年。因此，当社会上形成某种大潮，

也意味着这种潮流的终结，这正是道家"物极必返，物壮则老"的宇宙哲学的体现。因为新的潮流一旦兴起，一定会打压旧的潮流，有很多在旧潮流中得志的人会为此付出代价。

老子接着说，"荒兮，其未央哉！""荒"是一个形容词，在这里有广大、无际、浩渺、茫然之意。面对人世间的现实，老子发出了这样的感慨：世界是这样浩大而没有边际，人世间也是你来我往、我来你往，究竟哪里才是天的尽头？哪里才是生命的彼岸？哪里才是宇宙的中心？这是一个智者发出的呼喊，是一个哲人面对浩瀚的宇宙发出的感叹。

二、莫怨浮云遮望眼，只缘身在云中行

一声长叹之后，老子独坐高山之上，面对茫茫人海开始了带有自我解嘲式的反思：众人熙熙，如享太牢，如春登台。我独泊兮，其未兆，如婴儿之未孩；傫傫兮，若无所归！众人皆有余，而我独若遗。我愚人之心也哉，沌沌兮！俗人昭昭，我独昏昏。俗人察察，我独闷闷。澹兮，其若海；飂兮，若无止。众人皆有以，而我独顽似鄙。我独异于人，而贵食母。

"众人熙熙，如享太牢，如春登台。"大家熙熙攘攘为名、为权、为利斗啊，闹啊，高兴得忘乎所以，就像在明媚的春日，沐浴之后，登上高台，徜徉在和煦的春风里，赏花、观月、品茶、饮酒、论诗，优哉游哉，乐此不疲。"太牢"即古代祭祀社稷的盛典，祭祀之后，供品被分配给参与祭祀的人享用，大家可以饮美酒、吃美食，是非常隆重的事情，老子以此来形容人们追逐名利的状态和心情。

但是，在这种世俗的潮流下，老子不愿意随波逐流，正所谓"我独泊兮，其未兆，如婴儿之未孩"。老子说：我的心情就像一个人坐在一艘孤舟中，漂泊在浩渺的大海上，晃晃悠悠，迷失了前行的方向，不知道向何处航行。这个时候，我感到是那么的无助，就如同一个刚出生的婴儿，既不会说话，又不会行走，只能在摇篮里呆呆地望着这个既熟悉而又陌生的世界，不知道为何而生，亦不知道为何而死。

"傫傫兮，若无所归！众人皆有余，而我独若遗。我愚人之心也哉，沌沌兮！""傫傫"即迷茫、惆怅、纠结、疲惫之状。老子讲：我一个人真的感觉好累，多么想回到家中休息一下，但是，哪里是我的故乡？我心何属？我身何属？看看身边那些人，大家都如数家珍地清点着自己的所获，享受着名利给自己带来的快乐，

没有人会关心一个老者的落寞与孤独。难道我生来就是这么愚钝而另类吗？我是真的这么笨拙而呆傻吗？我真的是迷糊了。

"俗人昭昭，我独昏昏。俗人察察，我独闷闷。澹兮，其若海；飂兮，若无止。众人皆有以，而我独顽似鄙。我独异于人，而贵食母。"老子讲：世上的人看上去都活得那么明白，满嘴都是道理，并且发出耀眼的光芒；我却显得那么迟钝，不明世理，每日昏昏沉沉。世上的人都是那么目光犀利，洞察秋毫，抓住一切机会牟取自己的利益；而我似乎对那些东西打不起兴趣，我真的不知道我这是怎么啦。我心迷丧，如烟、如雾漂泊在无际的大海上；我心迷丧，心被飓风吹起，无法平静，只能站在山巅发出两声凄厉的长啸。每个人似乎都找到了自己的归属，并且固执己见；我却苍老，自知不能改变这一切，但是，我仍然信守着所谓的浅陋的誓言和理想。不管人们怎么看我，我都知道追求真知的道路是那么漫长；不管人们如何鄙视我，我都知道坚守理想必须付出代价；无论如何，我都不会为那些世俗的东西而浪费生命，我不会改变初衷。"大道"是我的母亲，我永远爱着她，我相信我不离她，她亦不会弃我而去。

上述解读或许过于文学化而感情化，但是，我还是认为只有这样解读，才能让我们看到一个有血有肉的老子，看到他的执着、他的坚强、他的智慧、他的孤独。每次读这段文字，我也会看看今天的世界，想想昨天的历史，看看别人，也想想自己。人从自然中走来，然而随着人的社会化程度不断提高，人越来越远离自然。我们来于自然，也一定归于自然，这是人的宿命，而这种宿命的背后隐含着一种积极的人生态度：人生短暂，不可过于苛求。人来到这个世界上本没有带来什么，又何必去苛求带走什么？一切泰然，随风而行，随欲而安，随心而定。生如草芥，就安于那原上的沃土，一岁一枯荣，自有春风夏雨，何必仰慕云端？生如春花，就不要辜负了东风，绽放天地之间，炫一个姹紫嫣红，谢了就回家；生如青松，就要有一点志气，斗他一回天地，任尔东西南北风。

第二十一章

孔德之荣，惟道是从

孔德之容，惟道是从。道之为物，惟恍惟惚。惚兮恍兮，其中有象；恍兮惚兮，其中有物；窈兮冥兮，其中有精。其精甚真，其中有信。自今及古，其名不去，以阅众甫。吾何以知众甫之状哉？以此。

道不远人，人自远之

在这一章中，老子对"道体"的形态进行了描绘。因为"大道"无形、无状，为了便于人们理解，老子在前面借用了风箱、山谷、水等具体事物进行了表述，当然也有直接描述"道体"的时候，诸如第四章和第十四章，特别是第十四章中，老子用"惚恍"二字来形容"道"的形态，与本章的表述非常类似。但是，第十四章的主旨是通过对"道体"的描述告诉世人，追求到"大道"确实不容易，一个最好的方法就是让精神和思想回归，看清古法，更知今意，即"能知古始，是谓道纪""执古之道，以御今之有"。而本章的主旨在于：老子非常明确地提出，虽然"大道"无形，但是其核心精神还是非常清楚的，那就是"信"。通过这个"信"，我们就可以看清人世间古往今来的一切成败得失。

老子在开篇讲："孔德之容，惟道是从。""孔"的本义是"深"或者"深入"，此处引申为"大"。"孔德"就是"大德"。老子认为，一个具有大德精神的人，其最根本的体现是时时刻刻、方方面面都遵循"大道"的法则，而从来不背离"大道"。

但是，"道"这个东西是那么恍惚不定，看不见，摸不到，即"道之为物，惟恍惟惚"。既然如此，我们又该如何去遵循它呢？这虽然是老子的表达，但显然也是世人对这个问题的看法，或者说很多人都以此嘲讽老子，认为他搞的这套东西有点太玄了。

显然，老子对这些议论非常清楚，他接着讲："惚兮恍兮，其中有象；恍兮惚兮，其中有物；窈兮冥兮，其中有精。""大道"从表面上看是惚来恍去、如光如电、如风如影、晦暗难测的，但如果我们认真思考，认真观察，用心揣摩，就会发现，这个无形的"大道"其实是可以看得到的，即"象"。如果把"象"看透，就会发现里面有内容，即"物"；如果认真分析这个"物"，就会发现"大道"最核心的精神，即"精"。我们为什么把握不到"大道"的核心精神？就是因为我们没有认真去思考和修炼，心静不下来，为人世间的滚滚红尘所挟持。

老子实际上是通过这句话告诉世人："道"虽无形，但是，能体现"道"的三个东西我们是可以看到的，即"象""物""精"。什么叫"象"？"象"就是天象，《易经》讲，在天成象，在地成形。挂在天上，可观而不可及的叫"象"，如日月星辰、云聚云散等。地上有形有状、可触及的东西就叫"物"，如草木山河、鸟兽鱼虫、芸芸众生等。物由何而来？道家认为，那是精气所聚，也正如孔子读《易经》之后所讲："精气为物，游魂为变，故知死生之状"，所以，透过万事、万物的表象，我们可以寻找到其"精"之所在。那么，这段文字其实包含着道家追求"大道"的一个思维逻辑：人若寻其精，则必知物，而物由地生；人若知物，则必效法于地，而天地相和则生万物。故欲效地，则必知天，欲知天，则必观象，象之所现，必为"大道"所为。这也就是老子在下文中所讲到的"人法地，地法天，天法道，道法自然"。

因此，一个人如果真正能够把握"大道"，活得明白，看清世界，就要在"象""物""精"这三个方面下功夫。

象者，阴晴圆缺，昼来夜亡，观天之所得。抬头看天，天的变化本也简单，阴晴圆缺，就这四个变化。白天走了，晚上来了，日中则移，月圆则缺。通过这个变化看什么？看得失。通过天能够明白什么是得失。你认为最好的东西，可能也是最坏的东西；你认为最得意的时候，可能也是风险最大的时候；你认为成功了，其实

失败已经紧紧相随。所以，人生在世莫求极致，凡是得意处，必有失意来。人生有缺憾不可怕，可怕的是追求完美。

物者，春夏秋冬、沧海桑田，观地之所得。地之变化无非四时，春夏秋冬，春种夏长，秋收冬藏，这是自然的事情。沧海桑田，万物变迁，我们阻挡不了，这是"大道"所为。因此，好事来了，莫要张狂，歹事来了，莫要绝望。冬天来了，春天还会远吗？草虽小，飓风奈之若何？木虽坚，多折于风雨之中。

精者，生老病死、悲欢离合，观命之所得。人乃万物之精、大自然之造化。人作为大自然的精灵，最大的特点就是聪明，聪明到最后就是自我，自我到最后就是自私，自私到最后就是失去诚信，为达目的不择手段，从而成为背离"大道"的一个群体。这就是人类，这就是社会。所以，道家一直认为，不管人类的社会化程度多么高，都不能脱离自然，应该把自然的法则融入社会的治理与管理中，使社会的发展与自然界的发展和谐一致。

为此，老子接着讲："其精甚真，其中有信。""精"指精气，也即化物之气，这种气是真实存在的，并且，这种"气"中包含着"大道"向人世间传递的最核心的精神，那就是"信"。我认为，这个"信"与我们一般意义上所讲的"诚信"和"信任"还是有所区别的，这应该是一个哲学概念，是构成"大道"之气的最基本的要素，有些类似前面所讲的"朴"。当然，老子之所以用"朴"或者"信"来描述"道"的构成要素，也与这个字所传承的基本的人文精神相关。"朴"即"朴素"，返璞归真、守素抱朴都是道家的基本精神。当然，老子在这里把"信"作为构成"大道"之精的基本要素，体现出"大道"的基本精神就是诚信、执着、坚定、责任。如果说"朴"只是表达了"道"的基本特质，那么"信"则传递了"道"的核心精神，或者说，对"大道"而言，"朴"为其表，而"信"为其里。

当然，如果从指导现实和实用的角度来看，把"信"理解为"诚信"也未尝不可。老子认为"大道"的最基本的精神就是诚信，人类应该把这种诚信传承下来，如果人人都能够守住"信"这个底线，很多问题都可以迎刃而解。关于这个问题，老子在第十七章中讲得更加直接：政权的衰亡归根到底是执政者"信不足焉，有不信焉"。

老子最后讲："自今及古，其名不去，以阅众甫。吾何以知众甫之状哉？以此。""众甫"即众生。老子的意思是：作为史官，千秋万代的事情我看了；作为一个老人，今生今世我也基本看明白了。其实人世间没有什么特别复杂的东西，信立则事立，信废则业废，再没有从哪个角度看问题比这更明白的了，从国家到个人都一样。所谓的"大道至简"或许体现在老子的这段话中。

第
二
十
二
章

曲
则
全
，
枉
则
直

　　曲则全，枉则直；洼则盈，敝则新；少则得，多则惑。是以圣人抱一为天下式。不自见，故明；不自是，故彰；不自伐，故有功；不自矜，故长。夫唯不争，故天下莫能与之争。古之所谓"曲则全"者，岂虚言哉？诚全而归之。

一、静心忍性任风雨，自有艳阳高照时

　　简单地说，这一章讲的是"道用"，反映了老子的处世哲学，也是人们在日常工作和生活中引用得比较多的一章。老子在本章的开篇就讲了处世的三大原则。

　　老子认为处世的第一原则是："曲则全，枉则直"。

　　什么叫"曲则全"呢？很多人都这么理解：委曲了就能保全，别硬来，硬来死得早。我认为，尽管这种解释对人的现实生活有较强的指导意义，比较容易让人理解并接受，但是，境界和格局显得小了些，是对现实的一种被动选择。

　　那么，该怎样理解"曲则全"才算正确呢？《易经》讲"曲成万物而不遗"，

意思是我们生活的这个宇宙是弯曲的，这显然是古人借助观察而产生的一种直觉认识。但是，今天的科学也证明，空间是可以弯曲的，所有的星球都是圆形或接近圆形的，所有的星球都在椭圆形的轨道上运转，绝对平直的物体是不存在的。那么，这种弯曲有什么好处呢？古人认为，正是因为宇宙具有这种弯曲，它才能把万物包容在内，如果它是平直的，就只能伸向并消失在无际的星空，也正是这种包容成就了万物，成就了人类自身。这实际上包含了中国人的一个重要的哲学观——"曲"是一种精神、一种状态、一种牺牲自己生养万物的责任。宇宙如此，我们人也应该如此，在现实生活中必须要有胸怀，能担当，能坚强地面对所遇到的一切。

因此，如果把"曲则全"仅仅理解为一种自我保护的处世哲学，就显得有些功利而肤浅了。大家不妨想一想，世界上没有随随便便的成功，要以宽广的胸怀去面对坎坷，这是生命的大境界。孟子说："天将降大任于斯人也，必先苦其心志，劳其筋骨，饿其体肤，空乏其身，行拂乱其所为，所以动心忍性，增益其所不能。"

"枉则直"是什么意思呢？"枉"有"弯曲"和"倾斜"之意。有的时候拐个弯，走个弯路反而能达到近直的目的。就算一个人一辈子走弯路、一辈子吃亏也很正常，此路不通，我们就换条路走。曹雪芹曾在《红楼梦》中说："身后有余忘缩手，眼前无路想回头。"人不要较劲，更不能认死理，该转弯就得转弯，世界上的事没有那么多的"为什么"。《三国演义》中吴国的大都督周瑜最著名的一句话就是：既生瑜，何生亮？这就是较劲的表现。难道天下人唯有你周郎最聪明才对吗？正确的想法当是：遇到诸葛亮这么聪明的人应该高兴，应该去研究他、分析他，应该借助大家的智慧，结合汉末的形势做出正确的判断。只是较劲有什么用呢？最终也只能含恨而亡，这就是教训。

通过"曲则全，枉则直"的法则度过危难，走向成功的例子，历史和现实中有很多。

比如，中国历史上有一个赫赫有名的人物，即西楚霸王项羽。关于这个人，我们一般认为他生性暴躁，遇事不拐弯，其实，这是一种想当然的主观看法。项羽之所以在短暂的一生中创造了那么多的传奇，有一个非常重要的原因，就是在他人生最不得志的时候，甚至饱受侮辱和蔑视的时候，他选择了忍耐，最终躲过了风险，迎来了人生的曙光。当年，陈胜、吴广揭竿而起，项羽和他叔叔项梁在江东起兵。后来，陈胜、吴广起义失败，项梁就成为各路义军的公认首领。为了更好地号令天下，项梁把楚国国君的后人熊心请出来，立为楚怀王，项羽以楚国大将的名义继续与秦军作战。后来，由于项梁骄傲轻敌，为秦朝名将章邯所杀，楚怀王熊心乘机夺取了义军的实际领导权，项羽被剥夺了兵权，封为鲁公，实际上就是被边缘化了。在这种情况下，项羽非常生气：没有他和叔叔项梁的努力战斗，怎么可能有楚怀王？但是，项羽明白，自己毕竟年轻，在军队的影响力同叔叔项梁没法比，如果动怒一定会为楚怀王所害，于是，项羽选择了接受这个现实。再后来，楚怀王决定派人西进攻秦，并许下诺言："先入关者为王。"项羽认为这是一个很好的机会，一来可以为叔叔报仇，二来可以展示一下自己的才能，同时，作为义军中的重要将领，他也具有这个资格。但是，当项羽提出这个要求之后，楚怀王手下的老臣却说项羽为人奸猾、心狠手辣，每到一处即杀人、屠城，不得人心，他去一定不会有好结果。项羽又碰了一鼻子灰，可谓是心灰意冷。恰在这个时候，赵国受到秦军的攻击，派人到楚国求援，项羽再次请求北上救赵。但是，楚怀王此次任命了一个轻狂、自私而又不懂军事的宋义为大将，封他为副将，配合宋义行动。结果，宋义在北上救赵的过程中不敢与秦军面对面决战，裹足不前，并且每日饮酒作乐，项羽几次建议，都被宋义驳回，并且说话极其难听。面对宋义的侮辱，项羽还是强压怒火。面对即将失去的战机，项羽非常伤心，当时正值天寒落雨，将士们也对宋义的行为非常愤怒。项羽在做了充分的考察之后，认为将士们还是拥护项家，叔叔项梁在军中的影响力还在，大家对他本人也抱有期望。感到时机确实成熟了之后，项羽毫不犹豫地闯入了中军大帐，假借楚怀王的名义杀掉了宋义，夺取了兵权，号令三军，并且之后不久，他便以破釜沉舟的勇气大败秦朝名将章邯，威慑天下诸侯，成为天下义军实际的领导人，真正开启了通向霸业之路。

　　试想，在这个过程中，如果项羽没有"曲则全，枉则直"的处世原则，一味诉苦，一味发牢骚，一味激进，就不可能迎来破釜沉舟的机会。所以，任何成功人士的背后都有常人看不到的心酸与纠结，这才是生命的常态。

二、海纳百川，有容乃大；壁立千仞，无欲则刚

　　老子讲的处世的第二大原则是："洼则盈，敝则新"。

　　何谓"洼则盈"？我认为应该有两个理解角度：

　　一是就人生的修为而言，一个人无论在什么情况下都要保持谦虚、谨慎的态度，只有这样才能够真正听进别人的建议，才能不断地为人生补充新鲜血液。《易经》八八六十四卦，仔细研读，每一卦都是吉凶兼备、利弊共存，而唯独谦卦相对而言是六爻皆吉，这也反映了古人对谦德的重视。"谦虚"二字，说到容易，做到很

难，特别是当一个人有了一定的身份和地位之后，要想发自内心地去向他人学习，真诚地听取别人的意见，确实很难。官气、财气和学究气都容易伤人的谦虚之德。但是，大家想一想，历史上真正有大作为的人有一个共同的特点，就是能够听进别人的意见。比如刘邦入咸阳之后，曾经迷恋秦朝宫室里的金银财宝和美女珍馐，最终还是听进了张良的劝告，封存了秦朝宫室，还军霸上，一方面赢得了民心，另一方面也为逃过鸿门宴上的危机打下了基础；而项羽不听范增之言，在鸿门宴上放走了刘邦，最终兵败垓下，自刎乌江。刘邦的儿子——汉文帝刘恒继承了刘邦的这一品德，登上皇帝宝座之后，立刻颁布诏书，废除"诽谤"之罪，鼓励文武百官积极献言献策，开启了历史上有名的"文景之治"。文帝在诏书中讲：

> 古之治天下，朝有进善之旌，诽谤之木，所以通治道而来谏者也。今法有诽谤妖言之罪，是使众臣不敢尽情，而上无由闻过失也。将何以来远方之贤良？其除之。民或祝诅上以相约，而后相谩，吏以为大逆。其有他言，而吏又以为诽谤。此细民之愚，无知抵死，朕甚不取。自今以来，有犯此者，勿听治。（《史记·孝文本纪》）

大家读新、旧《唐书》时会感到，唐太宗李世民这个人在谦虚纳谏方面也很有代表性，没有这一点，也很难有"贞观之治"。唐太宗这个人给人的表面印象似乎比较有文化，事实上，他是一个典型的马上皇帝，特别勇敢，特别能战斗，经常率领几百或几千人冲入几万人的敌军队伍中，敢拼敢杀。没有李世民的这种战斗精神，唐王朝也不可能被建立起来。因为生在这样一个时代，李世民并没有读过太多的书，但是，他的高于常人之处就在于，虽然身居君位，却能够正视自己的不足，深刻认识到天下可马上得之，不可马上治之。他一方面请各位大臣将有关历代君王的修身养性、治国治家之道汇集成册，即今天可以看到的《群书治要》，认真研读；另一方面积极听取诸大臣对国家的建议，勇于改过自新，敢于打破旧制，建立新规，为唐王朝后来的统治奠定了坚实的基础。后人对唐太宗的这种谦虚纳谏的行为给予了高度的评价：

> 太宗富有天下，贵为天子，功业皆其所自致，而能俯首抑意，听拂逆之辞于畴昔所恶之臣。呜呼！此其所以致贞观之治，庶几于三代之王者乎？（陆九渊）

君人之大德有三：一曰谦虚纳谏，二曰知人善任，三曰恭俭爱民，后世人君之德未有过焉者也……后世制度之美，莫能加也……至精至妙，后世人才之盛莫能及也……（《明季历代论书汇编》）

朕观古来帝王，如唐虞之都俞吁咈、唐太宗之听言纳谏，君臣上下，如家人父子，情谊浃洽，故能陈善闭邪，各尽所怀，登于至治。（爱新觉罗·玄烨）

治道在人主所力行耳，孰不可为太宗乎？及其成功，复归于下，此前世帝王之所不及也。（范祖禹）

而我们今天的很多领导干部就相形见绌了。现在很多领导干部都喜欢别人称其为"专家型领导"，无论在什么场合都以"专家"自居。很多"专家论证会"完全可以改为"论证领导英明会"，专家还没有说，领导自己先发表半天看法，态度鲜明，目的明确，专家还能说什么呢？正是因为这个原因，许多论证会、听证会都形同虚设，领导的决策缺乏了有效的理论和技术支撑，最终导致许多错误决策的出现，给国家和人民带来了巨大的损失，也极大地损害了政府的形象。

有的领导和我说，他们也有学历，也有职称，怎么就不能算专家呢？我说，人的位置一变，对问题的看法就不一样了，官员有官员的价值取向，专家有专家的价值取向。如果两者能够负责任地结合，就叫"科学决策"；如果两者各谋其利，那就是"利益决策"。如果专家一味地附庸于执政者的意图，就不是真正的专家了；如果执政者把自己当专家，那就叫"专制"。所以，一个健康的社会，专家必须要有独立之精神、独立之思想、独立之学术，而政府也必须要从对人民负责任的角度面对重大决策，两者必须在理论与实践、科学与现实、眼前与长远的角度进行碰撞和探讨，才能够最终拿出功在当代、利在千秋的决策方案。

在社会结构体系和技术体系越来越庞杂的现代社会，任何人都不可能是通才，政府却时刻面临许多技术性很强的决策，怎么办？政府必须要敢于坐下来当学生，领导必须要能够虚下心来听进专家和百姓的意见，让大家能够把心里话说出来。而政府的职能就是在这种充分调研的基础上权衡利弊，之后做出判断。说到底政府还是当家人，但是，这个家必须当得有理、有利、有节。

以上便是"洼则盈"的第一种含义，核心是劝导人，特别是身居高位的人要有一种谦虚的精神状态，才能够容得下不同的意见和建议。

关于"洼则盈"的第二种解释是对执政规律的总结。"民不足而可治者，自古及今，未之尝闻"，这也是老子对执政者的一种委婉的劝告，希望执政者要关心天

下百姓的疾苦与得失，这实际上暗含着六个字：民若足，君则足。我们在第七章讲过的鲁哀公问政于孔子的学生有若的故事即很好地说明了这一点。

孟子继承了有若的看法，并且认为，天下百姓如果没有一定的资产，不仅会导致君王利税不足的问题，更会使自身心神不定，道德败坏，甚至危及政权。为此，他说了一句很经典的话：

> 无恒产而有恒心者，惟士为能。若民，则无恒产，因无恒心。苟无恒心，放辟邪侈，无不为已。及陷于罪，然后从而刑之，是罔民也。焉有仁人在位，罔民而可为也？是故明君制民之产，必使仰足以事父母，俯足以畜妻子，乐岁终身饱，凶年免于死亡。然后驱而之善，故民之从之也轻。（《孟子·梁惠王上》）

孟子讲，如果一个人没有相对富裕的物质生活，能够保持平和的心性，没有牢骚和抱怨，珍惜生命，遵守法律，忠于国家，那简直太难了，恐怕只有那些超凡脱俗的真君子才能够做到，一般人是做不到的。对大多数人而言，如果没有一个好的生活保障，他们就会变得放荡不羁、游手好闲、坑蒙拐骗，甚至祸害一方。在这种情况下，国家一定会用严酷的手段来制裁这些人。但是，如果他们的行为是因为政府不作为而导致的，或是因为贫穷、落后而不得已为之，政府应该对此负主要责任。一个政府如果不把国家治理好，只知道用刑法来制裁犯罪的人，这就如同把网放到水里等鱼往里钻。犯罪固然应该受到处罚，但是，一个活不下去的人为了生存铤而走险，也是值得同情的。所以，真正的明君应该着手把国家治理好，要让老百姓衣食无忧，并且拥有一定的财产，能够让父母和妻儿都过上幸福的生活。如果遇上灾荒之年，可以保证不被饿死；如果年头好，可以过得富足而美满。

应该说，有若和孟子的这些论述是我国历史上关于税收、居民收入与社会发展关系的最简洁而经典的论述，把中国人常说的一句谚语：小河有水大河满，大河无水小河干讲得再清楚不过。道理本无大小之分，只是体现的方式不同而已。

何谓"敝则新"？我认为"敝则新"也有两个含义：

一是强调继承与发展的关系。"敝"就是陈旧，越陈旧越能更新。也就是讲，只有不断积累，才能打下坚实的基础，有了这个基础，才具有创新的前提条件。任何新事物都是从旧事物上慢慢生发出来的，因此，创新不等于完全否定过去、否定前人，任何时代都有它的局限性，任何时代也都有它闪光的东西。随着时代的发展，我们必须要有一定的改革精神去面对未来，不能故步自封，更不能唯古是从。在创新的过程中，我们还必须要明白过去的问题出在哪里，要敢于向问题发力，这样，创新才有针对性。与此同时，过去的好的东西，我们也要敢于拿来。在一个新时代，能够有分辨地去继承，这本身也是一种创新。对于中国这样一个文明古国，我们的包袱很重，同时，我们的文明积淀也很厚，所以，在探索民族复兴的"大道"的过程中，我们既要与保守主义做斗争，也要与历史虚无主义做斗争，应该坚信"越是民族的，也越是世界的"。

"敝则新"的第二种含义是：不破不立，不打破旧的观念和模式，新的观念和模式就建立不起来。事物的发展都有其生、老、病、死的固有规律，正如庄子所言，"一不受其成形，不亡以待尽"，任何事物，不管其初生时多么强大，等待它们的唯一结果都是死亡。但是，对这种死亡，我们永远不要惧怕，旧的不去，新的不来，"沉舟侧畔千帆过，病树前头万木春"。作为人，我们在自然中应该保持着一种淡定的心态，一方面，我们不要因为死亡而过于悲哀，因为我们无法阻挡天地间这一基本法则，另一方面，面对这样的客观规律，我们要冷静地选择，是待其自然死亡，还是通过有效的手段来促进旧事物及时向新事物转化，这就是一门学问了。

三、乐得知足处，祸起贪念间

紧接着，老子讲了人生的第三个法则："少则得，多则惑。"

老子之所以提出这样一个问题，是因为他看清了世人的一种心态：除了病和祸之外，人们对名、利、色等东西，当然也包括对知识的追求，都希望越多越好、越快越好。老子认为不然，任何事物都有个度，在这个度之内，这些事物往往是正能量，体现出对人生的正面作用，如果超出这个度，人生可能会陷入另外一种隐忧或困顿。

大家都希望房子大点好，但是，房子的面积要与人的实际需求和人气一致，一个人如果住在一套500平方米的房子里，就不会有舒服感和安全感。古代大户人家的卧室比较大，床一般都是带床架和围帐的，目的就是为了聚住气。卧室过大就不容易收住气，人容易生病，并且睡眠质量一般也不太好。大多数人都希望钱多一点，但是，大家放眼望去，那些真正幸福的家庭一般称作"富裕"，而不能称作"富有"。富裕只是不困于物质，能够较轻松地满足一些正常的想法和需求。而一个人到了富可敌国、富甲一方的程度，是非也就随之而来了，并且自己的心态也

会随之改变。前几年我外出上课，班上有一位做房地产的女老板，装束高端，气宇非凡，资产数亿。吃饭期间交流，她说听完课去美国，我问她是去美国学习还是旅游，抑或是做生意，她说去跳伞，她对目前我们一般人玩的这些东西都不感兴趣，在朋友的推荐下，参加了美国的一个跳伞俱乐部，找了专门的教练，要定期到美国参加跳伞活动。她和我说跳伞很有意思，很刺激，并邀请我方便的时候也去跳跳。我说：我还没有活够，我这个年纪也不是追求刺激的年纪了，几卷诗书，几杯清茶，偶酌小酒已经很惬意了，没有必要去美国折腾那些玩意。不过对于这件事，我也很感慨：衣食无忧，钱多得花不完，于是就开始寻求刺激了。当然，这位女老板跳跳伞还算好的，有些人有了钱就会养成一些恶习，因此而毁掉一生的也不在少数。

当然，在教育的问题上，贪多的心态也普遍存在，幼儿园小学化、小学初中化、初中高中化、高中大学化的倾向很严重。这种急功近利的教育态度造成的最严重的后果就是使孩子丧失了求知的乐趣，学习成为一种负担，一旦考上大学，他们便认为人生得到了解放，于是大学光阴就在这种厌学和庸懒中悄然逝去，这不能不说是一种悲哀。其实，人在十八九岁的年龄既有精力，又有了一定的认知能力，记忆力也很强，人生也有了相对明确的方向和目标，可以说，这是掌握知识的最佳年龄。但是，我们看一看当下大学里的学风就会明白，对很多人而言，读大学仅仅是修够了学分，混了张文凭，青春并没有与知识为伴。我们再看一下世界上一些一流的大学，校园是那么宁静，图书馆里到深夜都灯火通明，人们走着路、喝着咖啡的时候都在探讨问题，那才是真正的大学。所以，我们一定要反思我们的教育方式，在基础教育阶段，应更多地教给孩子们做人的原则和学习的方法，培养他们求知的兴趣，掌握具体的知识是其次，因为有了能力和兴趣，一切皆有可能。

面对老子"少则得，多则惑"的至理名言，我在这里也送大家四句话：

第一，幸福的人生源于生活的简单和灵魂的宁静。

第二，有价值的财富是低调而淡定的生活状态。

第三，美好的社会状态是富人富得安心，穷人穷得塌心。任何社会，富人一定是少数，穷人一定是多数，多数人穷，少数人才能富，这是法则。中国人不可能都像马云一样，美国人不可能都像比尔·盖茨一样。但是，一旦富了，要安心。为什么能安心？因为财富是靠正当手段谋取的。为什么有的人富了却不安心？是因为他们的钱来路不正。如果没有赚到足够的财富，甚至穷了点，但是能吃饱穿暖，日常的事情能办得下去，也就可以了，这就叫"塌心"。人的痛苦都是比出来的，没有钱，可以比心情、比健康、比和谐，每类人都有各自的活法。今天国人之所以痛苦，就是因为总拿自己的短板与别人的长项比较。孔子说："富与贵，是人之所欲也，不以其道得之，不处也；贫与贱，是人之所恶也，不以其道得之，不去也。君子去仁，恶乎成名？君子无终食之间违仁，造次必于是，颠沛必于是。"孔圣人的意思是：保持一颗爱心和从容的心情比什么都重要。

第四，完美的执政者从不多要一份不属于自己的权力。社会管理中最大的问题是权力的分配，权力大了，责任再履行不好，管理自然会陷入困难。

四、但省灵魂深处，莫要故步自封

如何才能做到上面几点呢？老子又就如何加强个人自身的修炼提出了自己的建议："不自见，故明；不自是，故彰；不自伐，故有功；不自矜，故长。夫唯不争，故天下莫能与之争。古之所谓'曲则全'者，岂虚言哉？诚全而归之。"

"不自见"即不要对什么事都那么有主意，更不能固执己见，要多听听别人的意见和想法。只有弄清楚了别人的想法，才能够更加精准地把握自己的想法；只有这样做的，才是一个真正能够洞察功过、得失的聪明人。

"不自是"即不要自以为是。如果说"不自见"只是就问题的认识而言，反映的只是个人认识的观念与态度问题，那么，"不自是"的含义就更加丰富。老子认为，一个人如果总是认为自己处处都强于他人，什么人都瞧不上，永远都是一副"我才是天下第一"的模样，即使客观上看他或许有一定的才能，但是，如果他抱着这种心态不放，其所有的才能也都会被这种无知的自负掩盖。事实上，天下之大，无奇不有，能者如烟，高手似云，只看到自己而看不到别人，就不可能不断地进行创新，取得进步，最终故步自封，被时代淘汰，为世人所弃，即老子所讲的"不彰"。

"不自伐"即不要自吹自擂，主要是为了劝诫那些有了成就和功劳就到处炫耀的人。道家一直认为，天地最大的品德就是"生而不有，为而不恃"，人应该学习它们，把事情做好，什么话也不用多说，更不要期待人们的赞扬和回报。人人心里都有一本账，你为别人做了什么人家都记得，在关键的时候也会伸出援助之手，这也正如古语所讲的：但行好事，莫问前程。

"不自矜"即不骄傲。如果说喜欢"自伐"的人把话说到表面上，大家一目了然，还容易在别人的劝导下及时纠正错误，那么一个容易骄傲的人往往表面上很谦

虚，心里却谁也不服，自以为是。老子认为，一个人如果从内心滋生了这种情绪，纵使取得了一些成绩，也不可能长久，即我们常讲的"满招损，谦受益"。但是，一个人能够从内心做到谦虚又是谈何容易！

老子在本章的最后讲："古之所谓'曲则全'者，岂虚言哉？"通过这句话可以看出，本章最核心的精神还是"曲则全"这三个字。道家认为，万事、万物都是在曲折中前行，万事、万物都不要过于彰显，万事、万都处于轮回和变迁中，壮则近老，极则近反。

当然，通过这句话，我们也知道，在老子生活的年代，"曲则全"的理念已经形成，并非老子原创。由此看来，《道德经》不是老子拍着脑袋想当然地写出来的。老子作为一个大学问家，这应该是他在总结前人精神的基础上结合自己的人生体验，通过参悟人生、社会、自然而撰写的一篇哲学论著，体现了中华民族的先人们面对生命和宇宙所做的系统思考。

第二十三章 希言自然

希言自然。飘风不终朝，骤雨不终日，孰为此者？天地。天地尚不能久，而况于人乎？故从事于道者，同于道；德者，同于德；失者，同于失。故同于道者，道亦乐得之；同于德者，德亦乐得之；同于失者，失亦乐得之。信不足焉，有不信焉！

一、习习暖风至，悠悠百花开

表面看上去，本章与上章似乎没有什么关系，但是，细品此章，我们就会发现，本章内容与上章一脉相承，是上章内容的延伸。老子在上章强调"曲则全"，认为这既是人生哲理，亦是天地"大道"，如果背离这样的精神，事业就不可能长久，天地甚至都必须要遵循这门法则，何况我们微不足道的人类世界？

所以，他开篇就讲"希言自然"。"希言"二字用今天的话讲就是"简单说说"，这两个字也暗含了谦虚的意味。老子的言外之意是：自然之事如此博大，知之甚少，因此，只能简单地表达一下自己的认识。所以，老子只举了两个例子："飘风

不终朝，骤雨不终日，孰为此者？天地。天地尚不能久，而况于人乎？"

"飘风"即飓风、暴风，或是台风。"骤雨"即大雨、暴雨。老子说，这两种自然现象我们都看到过，但是大家想一想，飓风很猛烈，但很难刮一个早晨，刮一会儿就过去了，即"不终朝"，瓢泼大雨来得很凶猛，但也很难下一整天，即"不终日"。刮风和下雨那是天地才能做到的事，但是，如果天地背离了"曲则全"的法则，恣意妄为，行为都会被禁止，人的能力有天地那么大吗？既然没有，就更要保持谦虚、谨慎的态度，保持一种柔和、淡定、从容、谦下的姿态，诸如春日之和风，习习而来，习习而往，日日拂面而不倦，年年吹花而不骄，也如江南之梅雨，细细如织，软软绵绵，滋润万物，三月不绝。

老子通过这些自然现象告诉世人：暴不可久，急不可长，怒不可生，速不可求。所以，无论是个人去追求事业，还是国家保持长治久安，都要把力量使匀了，要保持住韧劲儿，坚守住初心，守得住理想，耐得住寂寞。就国家和执政者而言，一定要保持政策的连续性，不能长期对社会进行运动式的治理，更不能一天一个想法、一天一个变化，如果这样，百姓就会无所适从，天下就会陷入混乱。

面对圣人的劝导和历史的经验，一个领导者和管理者只有能够正确地评价过去，才能更好地走向未来。创新需要勇气，继承同样需要勇气，在时代的前行中执行好既定方针本身也是一种极具挑战性的工作。"人亡政息"是中国历史上一种普遍的现象，究其原因，是人的自我意识在作怪，好像不拿出个新举措、新办法，就是没有智慧、没有能力、没有朝气。但是，由于人事变化很快，政策和制度自然也会变化得很快，由此而带来的社会动荡和损失难以估量。

有一次和一位朋友交流，他说他们县这些年换了多任县领导，每个人的想法都不一样，这个来了搞工业兴县，那个来了搞贸易兴县，再来一个大搞开发，现在又要搞农业兴县，搞得乌烟瘴气，到现在县里也没有形成自己的特色产业。

前段时间看到了一个案例，很感动：山西有一个县，这个县有广袤的沙漠，改革开放之后换了二十多个县长、县委书记，这些任领导始终如一地坚持改造沙漠，开发沙漠旅游，一代接一代，从不松懈。经过几十年的努力，大片的沙漠变成了绿洲，不仅广大群众的生活环境获得了极大的改善，并且，当地的沙漠游的影响已经遍及当地和其他省份，成为县里的支柱产业，为当地农民增加了很多收入来源。

二、天作孽犹可为，人作孽不可活

当然，细品老子的这句话，其中除了暗含了他要进一步解释"曲则全"的渐进式理念外，还暗含着中国哲学中的另外一种人文情怀：即"天作孽犹可为，人作孽不可活"。飘风也好，暴雨也罢，都是破坏力极强的自然现象。老子说，即使是天地，如果不讲仁爱，乱施暴力，都会为"大道"所制止，而人如果胡作非为，倒行逆施，同样会受到严厉的惩罚。道家的这个观点，其实与儒家所讲的"仁德""仁政"是一脉相承的。

"仁"是中国文化中一个非常重要的核心精神，诸子百家的学问尽管表达的形式不同，但都是围绕着一个"仁"字展开的。

道家的"仁"讲的是效仿天地，回归自然，去除是非，忘情忘物，守住本心，因为道家认为，人只要有了欲望，就一定会搬弄是非，牟取私利，在这个过程中必然伤人害己。

儒家将"仁"定义为"仁者爱人"。"仁"成为一个社会学的概念，因此，儒家的"仁"以家国为中心，以孝忠为体现，在人生的修养上强调"忠恕"，在行为方式上强调"己所不欲，勿施于人"。

墨家讲究"兼爱""非攻""节用""天志"，把"兴天下之利，除天下之害"作为自己的理想，恪守法制，推崇生活简朴、吃苦耐劳，崇尚勇敢、顽强的精神。其思想的产生实际上主要针对两个问题：一是连续不断的战争使天下百姓苦不堪言，墨家认为能够制止战争是"仁"的第一要务，"非攻"成为其工作重点。二是墨家对社会上，特别是儒家所强调的各种礼仪并不认同，认为不仅浪费了大量的财物，而且使天下百姓身心疲惫，所以强调简葬和节用。

兵家虽然提出了很多关于战争和战术的规律，表面上是为了战争，实际上，兵家的核心精神却是反对战争的。既然战争无法避免，兵家强调：第一，战争要谨慎，即"兵者，国之大事，死生之地，存亡之道，不可不察也"。第二，必须出师有名，若必须兴师，当举正义之师。第三，攻心为上，攻城为下，以"不战而屈人之兵"为最高战争艺术。这些都体现了兵家的仁爱之心。

因此，"仁"成为中国文化的一个最核心的精神，成为提高个人修养和治理国家重要的价值取向。孔子当年曾经劝自己将去做官的学生说："己欲立而立人，己欲达而达人。"每个人都有一种爱自己的天性，让别人做一件事情，首先问一下自

己是不是喜欢，如果自己都不喜欢，或者觉得有困难、有伤害，那么，就不要勉强别人。这实际上是孔子劝导人如何实现"仁"的一种路径，即由己及人，从自己的感觉出发去体悟别人的感受，就能够真正传递一种仁爱的精神。孟子继承了这一理念，并做了一定的发挥，说了一句中国文化史上著名的一句话："老吾老，以及人之老；幼吾幼，以及人之幼。"在赡养自己家的老人、抚育自己家的孩子时不应忘记其他与自己没有血缘关系的老人和孩子。言外之意是，我们不能欺侮别人，不能欺侮弱者，做任何事都要将心比心。

当然，关于仁爱思想与执政之间的关系，老子和孔子就讲得更加具体了。老子讲，"圣人恒无心，以百姓之心为心"，孔子说，"为政以德，譬如北辰，居其所而众星拱之"。这些话都清楚地说明，从中国文化的大范畴看，无论执政形势如何复杂，无论社会如何发展，爱惜天下苍生，都应该是执政行为最核心的精神内涵。贾谊在《过秦论》中也从这个角度对秦朝的速亡做了总结：仁义不施而攻守之势异也。所以，"仁"奠定了中国人对执政行为进行考量的最基本的价值取向，也成为中国人书写历史的最重要的价值评判标准。

当然，也有一些学者认为，对执政者而言，历史而辩证地看，用杀人多少和死人多少去评判一个执政者或者一个时代，有失公允，中国的历史价值观应该被修正。但是，我仍然认为，中国的历史观从来都是不否认杀人的，也从来都是不惧怕死人的，关键在于为何而杀、为何而死。杀人可以杀一时，但不能杀一世；人也可以死，但要死得其所。在历史的转型时期和政治制度重构的过程中，社会总会陷入某种程度的灾难，当然，这个过程成就的是英雄，而损失最大的是百姓。而百姓为什么能够忍受这种苦难，甚至参与这种"新时代"的打造过程？因为他们希望从黑暗走向期望中的光明。得民心者，自然会成为造世的英雄，百姓也会对他们在这一过程中的某些偏激行为表示理解。问题是，当你有了天下之后，如何经营天下，如何对待曾经拥护你的百姓，就是另外一个大问题了。

秦朝的兴亡使我们很清楚地看到这一点：自秦襄公有秦地到统一六国，其间经历了近六百年的历史、三十余代秦王的共同努力。秦地处西陲，实际上是受东部所谓的"发达国家"排斥的，而西北部又有戎狄的侵扰，在这种情况下，秦人所采取的最有效的措施是兴仁义之师。当年周幽王烽火戏诸侯之后受到戎狄攻击而被杀，面对国家的危难，那些平常嘴上像抹了蜜一样的诸侯都闻风而散，唯有秦襄公奋力救周，送周平王东迁洛阳，才暂时稳住了天下大局，开始了历史上有名的东周，而秦襄公由此才位列诸侯。再后来，周朝边境的人民受到西戎攻击，损失很大，秦文公不惧强敌，出兵伐戎，大获全胜，秦文公将周朝人民一并护送到岐山以东。后来在与诸侯的交往中，秦人起初一直保持着质朴的情怀。比如在秦穆公时，晋献公死，晋国内部为争国君之位打得不可开交，而晋国有一位公子夷吾请秦穆公把他送回晋国争夺王位，并答应一旦当上国君便将"河西八城"赠与秦国以示报答。秦穆公帮助夷吾回国，夷吾也如愿以偿地当上了晋国的国君，却没有兑现承诺。很多人都劝秦穆公说晋君无道，应该趁其国内空虚出师征伐，秦穆公却以种种理由没有做趁火打劫的事。没过多久，晋国遭遇大旱，百姓多饿死，晋国派人来向秦穆公借粮。秦穆公问手下的大臣，有的说不能给，有的说能给，但是，秦穆公听取了公孙支和百里奚的建议，摒弃前嫌，顾全大局，借粮给夷吾。用百里奚的话说就是："夷吾得罪于君，其百姓何罪？"道理听起来简单，但作为一国之君，做起来未必就那么简单。令人恼火的是，几年后秦国也遭遇了大旱，在向晋国借粮时，晋国却一颗也没有借给秦国，不仅如此，还乘秦国无粮之机大举进攻秦国，并且伤了秦穆公。秦人愤怒，奋起反击，生擒了晋君。即使如此，秦穆公在综合考虑后，还是将夷吾放归回国。由此看来，谁胸怀大，谁胸怀小，谁心有百姓，谁心无百姓，一目了然。

关于如何治理天下，《史记》中记载了这样一番对话：

> 戎王使由余于秦。由余，其先晋人也，亡入戎，能晋言。闻缪公贤，故使由余观秦。秦缪公示以宫室、积聚。由余曰："使鬼为之，则劳神矣。使人为之，亦苦民矣。"缪公怪之，问曰："中国以诗书礼乐法度为政，然尚时乱，今戎夷无此，何以为治，不亦难乎？"由余笑曰："此乃中国所以乱也。夫自上圣黄帝作为礼乐法度，身以先之，仅以小治。及其后世，日以骄淫。阻法度之威，以责督于下，下罢极则以仁义怨望于上，上下交争怨而相篡弑，至于灭宗，皆以此类也。夫戎夷不然，上含淳德，以遇其下，下怀忠信，以事其上。一国之政，犹一身之治，不知所以治，此真圣人之治也。"（《史记·秦本纪》）

这段话的意思是讲：由余本是晋国人，后来受到迫害而流落西戎，并被重用。有一次，西戎的首领派由余出使秦国，秦缪公（即秦穆公）知道由余是一个贤德之人，于是带领由余在秦国做了比较详细的实地考察，目的是听取一下由余对自己治理国家的看法，当然，也有那么一点炫耀的意味。由余看了秦国高大的殿堂和丰富的积蓄之后，对秦穆公说：你每天太累了，如果让鬼干你这些事情，都会晕头；如

果让人干你这些事情，老百姓会苦不堪言。秦穆公听后有些不高兴，但也不太明白由余的意思。秦穆公问：经过文化浸染的中原大地治理国家，都是把诗、书、礼、乐作为自己的执政基础，我们这些荒蛮之地靠什么治理呢？是不是更困难？由余笑笑说：其实你所讲的，也正是中原大地为什么混乱的理由。其实，自黄帝以来，天下开始有礼乐之治，而黄帝能够身体力行，尽管如此，那也只能是小治，或者说天下勉强获得了一些安宁。到后来，执政的这些人打着礼治的幌子招摇撞骗，骄奢淫逸，法令不行，以个人好恶而随意处置天下之事，百姓苦于奔命。而天下有识之士无用武之地，心生怨气，于是，人们上下一气谋划杀君灭宗之策，你看一下当今亡国的，不都是这样吗？而你们那些所谓的没有文化的夷戎之地，它们看上去似乎没有什么治理国家的文化理念，但是，它们的人民和国君都保持着质朴的情怀，国君心系天下，天下忠于国君，整个国家的人团结在一起就像一个家庭一样，每个人都认为做好自己的事情就好了，这才是真正的圣人之治。

这段话可谓是言简意赅、入木三分，与道家的思想不谋而合。欲治天下，必守质朴之心，必怀天下之爱。儒家所提倡的仁义礼治固然很重要，但是，如果执政者对其没有一个正确的认识，就很可能流于形式，甚至成为愚弄百姓的工具。这也是为什么孔子一生周游列国而不被重用的原因。那些身居高位的人非常明白，孔子之言是对的，但是，在一个礼崩乐坏的时代，人们苟且偷生于乱世，得过且过于当时，哪个能有万世之情怀？当然，这段话也从一个侧面告诉后人，秦人虽处偏远之地，但是心怀质朴，励精图治，才有了后世的基业。但遗憾的是，当其拥有了天下之后，在如何守天下的问题上过度依赖杀伤和刑治，似乎又走到了事物的另一个极端，这大概也是秦亡的一个重要原因。

纵观历史，秦也好，汉也罢，包括历朝历代，为什么会陷入一种历史的轮回？元代文学家张养浩一语参破：兴，百姓苦；亡，百姓苦。就今天而言，单从物质生活来看，应该是历史上最好的时代。大家不要以为老百姓吃饱了肚子就会有幸福感，就不会对政权发难。人的幸福是比出来的，人的幸福很大程度上是对制度的满意程度所决定的。如果任由腐败盛行，利益集团横行，官员不作为风行，那么，天下亦有忧患，不可不察。所以，近几年来，各类政策都把人民的利益提高到了一个新的高度，这是执政观念的大转变，是善政之举，是良政之始。要切记，与民为敌，早晚为民所灭，这是历史的客观法则。

因此，老子在本章告诫后人：天下之事虽然繁杂，但万变不离"道德"二字。但是，可能很多人把"道德"二字理解得很抽象，也认为很难达到这个境界，但是老子认为，要达到这个境界并不难，关键是要对"道德"充满信仰，身体力行。所以，他讲："故从事于道者，同于道；德者，同于德；失者，同于失。故同于道者，道亦乐得之；同于德者，德亦乐得之；同于失者，失亦乐得之。信不足焉，有不信焉！"

　　这句话通俗地讲，就是"道不远人，人自远之"。老子讲：你遵循"大道"，"大道"就保护你；你信仰大德，大德就保护你；你不讲道德，道德自然会离你远去。没有道德的保护，最终只能是有权的丢权，有钱的丢钱，有名的丢名，当然，能不能保住命，也很难说了。

　　老子接着讲：我说的这些话，也许听起来很玄，空洞无物，正因为如此，能有几个人信呢？你不相信它，自然不会信仰它，你不信仰它，自然不会印证我讲得对或错，最后"道"也就远离我们而去，即"信不足焉，有不信焉"。

第二十四章

企者不立，跨者不行

企者不立，跨者不行。自见者，不明；自是者，不彰；自伐者，无功；自矜者，不长。其在道也，曰余食赘行，物或恶之，故有道者不处。

智者止于至善，愚者亡于速功

如果说老子在上一章借助"飘风"和"骤雨"两个自然现象来阐明"天地虽大，亦不能背道而行"的道理，那么在这一章，老子接着又回来讲人生哲学。老子在这一章中讲了五大人生哲学，但是有四个方面前面已经讲过了，只是表述的方法不同：前章采用的是否定式写法，诸如"不自见，故明；不自是，故彰；不自伐，故有功；不自矜，故长"。本章则采用了肯定的写法，即"自见者，不明；自是者，不彰；自伐者，无功；自矜者，不长"，但是，意思没有什么大的区别。其实，《道德经》中像这样重复性的表述不唯此一处，表面上看似乎有些拖沓，却有一种强调的意味，古人学习，重视诵读，这样反复的诵读可以更好地提升人们对这些问题的认识。

200

需要注意的是，老子在这四大人生哲学的前面加了一句，即"企者不立，跨者不行"。"企"即用脚尖支撑着站立；"跨"即将腿抬起来向上迈，亦指超出正常的步伐前行。全句的意思是：一个人如果用脚尖站立，不可能支持太长时间；一个人用跨步的方式前进，不可能走得太远。细想一下，老子在这里举出的"企"与"跨"，是指人站立和行走的两个极端行为，与前面讲的"飘风"和"骤雨"正好对应，显然，老子再次把自然的法则推引到了人世，这是道家效法自然的又一例证。

借助"企"与"跨"这两个现实生活的案例，老子告诉世人：高点、低点没有什么关系，不要非得和别人比个高低，站稳了才是关键，硬撑着不行。想前进可以，但是太急了不行，很多事情往往是欲速则不达，因此我们必须要对自己的力量有一个正确的认识，必须要按照正常的规律前进。在现实生活中，很多人都喜欢走捷径，希望能够一夜暴富、一晚成名，走仕途的人则喜欢不择手段，使自己的升迁速度远远超过别人，但是，即使真正做到了，又有几人能够善终？

其实细想一下，就大多数人而言，人的一生最终能够有多少区别？同一个圈子里的人，最终也差不太多，高一点，低一点，快一点，慢一点，没有什么本质的不同，但是人们往往纠结于这个过程。到了满头白发时，河边相遇，蓦然回首，只有相视一笑，笑的却不是别人，而是自己。人往往是前几十年比"高""大""多"：职务高、位置高、职称高、名气大、房子大、财产多……到了后几十年，则又开始比"低"：血压低、血脂低、血糖低……"大道"的公平在于，一个人不会因为占有得更多而有更长久的生命和健康。

虽然老子说得很清楚，能够守住这些法则的人却并不多，无论是伟人还是平常人，都一样。从主观上看，得志者易狂，失志者易颓，易狂则心焦，易颓则志废。从客观上看，得势者易偏左，失势者易偏右，左则失功，右则失勇。从历史和现实来看，"左"的东西比"右"的东西更吸引人，也更害人，因为很多人一旦有了机会和可能，就有可能忘乎所以，失去客观的判断和理性的分析，最终会前功尽弃。

在本章的最后，老子讲："其在道也，曰余食赘行，物或恶之，故有道者不处。"何为"余食赘行"？通俗地讲，你本来吃两个馒头就饱了，非要再多吃一个，就叫"余食"，即"食之余"。当然，也有人讲，"余食"即剩饭。如果单就"余食"这两个字而言，可以这么理解，但是如果这样，它和后面的"赘行"的关系就不太好解释了。所以，"余食"其实就是贪得无厌、不知道节制之意。因为吃得太多，

超过了需要，自然就会长得肥头大耳，一身赘肉，行动起来自然不方面，故称之为"赘行"。这句话是在讲：一个人无论在什么时候都要量力而行，适可而止，把握好事物的进度和强度，如果好大喜功，反而会把好事办坏。这正如吃饭，饱了就可以了，肚子是自己的，天天暴饮暴食只会导致体态臃肿，甚至难于行走，所以，一个得道的人不会干这种傻事。

第二十五章

有物混成，先天地生

原经

　　有物混成，先天地生。寂兮寥兮！独立而不改，周行而不殆，可以为天地母。吾不知其名，强字之曰"道"，强为之名曰"大"。大曰逝，逝曰远，远曰反。故道大，天大，地大，王亦大。域中有四大，而王居其一焉。人法地，地法天，天法道，道法自然。

一、我本大道生，还归大道去

　　本章是老子第三次直接描写"道"的形态。老子在前面的第十四章、第二十一章描写过"道"的形态。"道"给人的总体感觉是混沌而模糊的，尽管如此，老子认为我们在可看到的宇宙空间里还是可以捕捉到"道"的一些痕迹的，可以给我们一些生命的启发。

　　在第十四章中，老子所说的"执古之道，以御今之有。能知古始，是谓道纪"其实就是在强调"大道"处于无中生有、有又生无的循环状态。我们不要总认为过去是愚昧而落后的，我们都是从远古走来，随着社会不断前行，其现象更加多元，

203

形态更加复杂，正因为如此，人更容易偏离"大道"，迷失方向。基于此，看一看古代圣人治理天下的理念，会对今天的我们有更好的启发。

在第二十一章中，老子强调：我们虽然看不见"道"，但是天、地、人是"大道"运行的产物。观观天象，看看地理，想想人世，也就会明白"大道"的寓意了。

在本章中，老子在进一步描写了"道"的这种无物之物、无状之状的形态后，再一次明确地告诉我们如何去追求"大道"。

老子在开篇讲："有物混成，先天地生。寂兮寥兮！独立而不改，周行而不殆，可以为天地母。吾不知其名，强字之曰'道'，强为之名曰'大'。"

"混成"即混沌一片。老子讲，世界上有一种东西，就是指"道"，其形成的时间比天地还早，但是，这种东西很难用我们现实生活中的这些具体事物去描述，其结构和成分也不尽相同，给人一种恍惚若梦的感觉。"寂兮寥兮"即空旷、悠远，既摸不到，也看不清楚，深不可测，远不可及。这与前面所讲的"恍兮惚兮"的大意类同。

但是，尽管如此，这个东西亘古未变，也不以人的意志为转移，谁都难以左右它，即"独立而不改"。它的运行轨迹是往复的，并且充满着无穷的力量，无时无刻不在主宰着万事、万物的生老病死，即"周行而不殆"。因为它先于天地生，并且创生了天地，才有了人类和我们看到的万物，所以，它的地位如同生养我们的母亲，即"可以为天地母"。对于这样一个功能强大而又看不见的东西，我确实不知道该如何去称谓它，因为我们都沿着它的轨迹走来，并且要沿着它的轨迹走去，干脆就称其为"道"吧，即"吾不知其名，强字之曰'道'"。如果还可以勉强用另外一个称谓来表达它的话，我们也可以称其为"大"。

通过这番反过来，倒过去的表述，老子无非是想进一步表达他心中的"道"是个什么样的形态，并且表达自己对"道"的敬畏之情。他也想告诉世人：人活在世界上是不能离开"大道"的，无论什么时候都应该对"道"有一种信念和敬仰。

后人创立了道教，尊老子为道教的祖师，其实，老子在《道德经》中并没有树立自己的神学权威，反而将自己"无为化、平民化、自然化"。因此，中国的文化最终只能形成一种世界观、价值观和宇宙观；也因此，中国的文化只能通过教育的途径来提升人的品德，并且期待以"积德"的方式来获取现实意义上的回报，这也使中国文化多了一些实用和功利主义色彩。所以，中国人往往根据现实生活中的表现，将人分为四类：

一是俗人，即为功利和世俗生活奔波一生而不能自拔的人。

二是贤人，即在现实生活中不得志而能超脱的人。

三是伟人，即在现实生活中得志但能够心系天下的人。

四是圣人，即能够把现实利益和世俗追求彻底放下，为千秋万代立德、立功、立言的人。

二、大道无遗处，王者必慎之

如果把这段论述与第一章结合起来理解，就更容易明白我为什么会在第一章中那么简单地解释"道可道，非常道"这句话了。事实上，老子在开篇讲出的这六个字并没有太多的高深含义，只是我们后人对这六个字过于敏感，总想上升到哲学的高度，因此做了太多无谓的发挥。实际上，老子只是想通过这句话向大家表明一下自己的态度。世界上有很多人在研究"道"的问题，但是老子讲：我所研究的"道"与大家平常讲的"道"不同。人们所谓的"道"只表现为对自然和社会中的一些规律和方法做总结，目的是指导现实工作和生活，它是具体的东西；而老子讲自己所研究的"道"是看不见的，体现的是对宇宙和世界本原的更深层次的认识。并且，他将这个东西定义为"道"也是权宜之计，这个东西究竟是什么，他自己也不是很清楚。老子说：如果给这个东西换一个名字也可以，那就叫"大"吧。

当然，老子将"道"更名为"大"也是有其内涵的，含有"道"无所不包之意。老子从"大"这个称谓出发，进一步对"道"的形态和性质做了描述："大曰逝，逝曰远，远曰反。故道大，天大，地大，王亦大。域中有四大，而王居其一焉。"

"大曰逝"即一种事物大到无边无际，就离开我们了。"逝曰远"即离开我们了，自然是越来越远。"远曰反"即远到一定程度，它又回来了，正所谓无往不复。道家一直认为世界是圆的，事物都在不断地轮回，看着一种事物向远处走去，最终它还会从相反的方向回来。这也正如我们如果在地球上沿着一条轨道一直走下去，最终还是会回到原点。老子实际上是通过这三句话告诉世人："道"之大，无所不包括，万事、万物都在"大道"的作用下周而复始地轮回，这是"道"的形态。

其实，这一点对现实生活也有很强的启示作用：个人也好，社会发展也罢，总是在轮回中前进，在螺旋式地上升，到最后往往还是会回到起点上。有人讲，虽然回到了起点，但是不同于以前，因为高度不一样了，境界也不一样了。表面看似乎如此，实际上，细想起来又有多少不同？就个人而言，无非是多了一些见识；就社

会而言，无非是获得了一些进步而已；但就人自身的幸福感和满足感而言，并无大的差别。

比如三十年前，人们都往城里跑，现在又发现，还是农村好，又纷纷要到农村去安家。三十年前，人们为了追求生活的便捷，不断地开发交通工具和通讯工具；现在可好了，十几个小时就可以飞到地球的另一端，拿起手机就可以低成本，甚至没有成本地与任何人交流，但是，人们又开始向往没有手机的安静生活，怀念慢节奏的生活状态。三十年前，人们都喜欢穿"的确良"这样的化工面料做的衣服，显得科技含量高，而且洋气；而现在，纯棉的老粗布反而供不应求。就人的一生而言，又何尝不是如此？人一生都在渴望华丽，有一天真的华丽了，却总想回归质朴，但是，回去就难了。不要以为平凡比辉煌更容易实现，辉煌不易，平凡亦不易啊！这个世界上又有多少人甘愿平凡？正是这种不甘让人们丧失了道德和理性。其实，平凡才是大多数人的生命历程，在平凡中保持淡定的生命状态，收获到属于自己的温暖和幸福，这才是生命的大境界。

老子接着讲："故道大，天大，地大，王亦大。"关于这句话，如果按照常规理解，就非常困难了。古往今来，人们的解释莫衷一是，细品起来，各家之言虽各有优长，但总是不能让人信服。我觉得，这句话最核心的问题是如何理解这四个"大"字。这个"大"不能简单地理解为"广大""博大""浩大"等意思，应该与前面的表述联系起来进行理解。老子前面所讲的"大"与"道"应该是一个意思，并且讲明了"大"的循环状态，即"大曰逝，逝曰远，远曰反"，所以，这里的"大"应该是指"道"的周而复始的状态。

如果这样理解"大"，老子的意思就非常明了了。这句话的意思是说："道"是周而复始的，"天"是周而复始的，"地"是周而复始的，那人呢？人也是周而复始的。细品这句话，老子从"道大"入，从"王大"出，实际上强调的是"人"的问题，而"人"的问题最重要的是"王"的问题，"王"在这里也代表政权。老子实际上是在通过这句话劝告那些天下的君王们，不要以为自己身为人君，拥有生杀之大权，就以"唯我独尊"的姿态立于天地之间。实际上，王也在"道"的控制之下，同样要遵循周而复始的规则，如果不把握这个规则，不能谨慎地处理好执政过程中遇到的问题，就会失去权力，甚至会招致灾祸。

为了加深世人对这一观点的认识，老子最后再次强调了"王"的问题，即"域中有四大，而王居其一焉"，"域"指宇宙。全句的意思是：宇宙浩瀚而苍茫，王作为人世之主，实际上一直是"大道"监管的对象，不可背"道"而行。

老子通过这一段话，再一次拉近了"道"与人的距离——"道"不远人，人也不可能脱离"大道"的控制。尽管你是万乘之君，贵为王公，亦需要遵循"大道"的精神，取信于民，筑牢执政的基础，否则，必然会丢掉江山，身败名裂。

结合前面一节，我们可以清晰地看出，老子再一次向我们描绘了他心目中的"道"的状态，概括来说有三点：

第一，"道"为万物之源，先天地而生，即"道生万物"。从这点看，"道"具有某种信仰的味道。

第二，"道"为万法之源，独立而不改。"道"可以左右我们，我们却左右不了"道"。我们不能把自己想得太高大，任何人如果背离了"道"，都会受到惩罚。

第三，"道"为万动之源，无往而不复。"道"是循环的，生命是轮回的。

三、万物皆有迹，大道归自然

在本章的最后，老子写下了深刻地影响了中国人两千多年的一个重要的人文法则："人法地，地法天，天法道，道法自然。""法"有"效法"或"学习"之义。这句话的表面意思是：人要向地学习，地要向天学习，天要向"道"学习，"道"要向自然学习。

这句看似简单的话，细细琢磨起来，却意味深长：

第一，就天、地、人而言，人是离"道"最远的，人这种智慧生命最大的特点就是过于自我，容易产生偏离"大道"的思想和行为。

第二，就"大道"的精神内涵而言，万物归一；但是，其在天、地、人这三个层次体现出的特点是不一样的，天有天道，地有地道，人有人道。同时，从表象上看，这三道也有一个层次上的差别："天道"更近于"大道"，其次是"地道"，再次是"人道"。所以，从"人"这个层次上来说，若想不断地接近"大道"，就需要一步一步地提升自己。首先要向脚下的大地学习，在春夏秋冬、沧海桑田、生老病死的境物变迁中感受"大道"的要义；其次要静观日月、星辰的变化，洞明阴阳、圆缺的哲理，从而追寻"大道"的踪影，也即《易经》中所讲的："仰以观于天文，俯以察于地理，是故知幽明之故。"

第三，"大道"最本质的精神是自然。何谓"自然"？自者，万事、万物生死幻灭的境象；然者，淡定、从容之态度；自然者，生死同归，悲喜同遇，动静等观，随心、随境、随性之心态。这正如春来花自开，秋来叶自落，夏日飘雨，冬日

飞雪，皆是造化弄物，人力何能及也？人生世间，最重要的是看清规律，弄清大势，任尔东西南北风，我自岿然不动。

"道法自然"是老子所提出的一个非常著名的哲学命题，这个命题的背后展示的是这样一个事实：人类不需要费尽心机去创造什么智慧，只要让灵魂与自然合拍就可以了。事实上，人类今天掌握的大智慧和大哲学也确实源于对自然的观察与领悟。古人讲："阅尽千年史，无非功名利禄；参透百家言，不过春夏秋冬。"一个人无论多么伟大，也逃脱不了自然的往复与轮回，人的生命过程本身也是一个自然的过程，而在这个过程中所体现出来的规律和法则与自然规则无二。

所以，道家一直强调，把自然的轮回看清，就可能洞察世界上的一切。回顾人类文明史，无非一个认识自然、学习自然、利用自然而又归于自然的过程。所谓"科学"，就是不断地打破人的自我意识和主观臆断，不断地与反自然的行为做斗争。

举个例子，我们在生活中离不开的水，给了东西方哲学家和圣人、先贤们多少智慧和启发，成为人类哲学精神的思想源头。比如，孔子站在大江边，面对滔滔东去的江水，突然想到了头上的白发，想到了永远回不来的青春，想到了人生苦短，突然意识到这流水与那逝去的光阴几乎没有什么不同，并且它们每时每刻都在流逝，我们却无可奈何。于是乎孔夫子仰天长叹："逝者如斯夫！"这流逝的何尝是水，不就是我们最宝贵的生命吗？如果不珍惜，怎么后悔都来不及。于是他又加了半句："不舍昼夜"，要珍惜青春啊，珍惜有限的年华。通过对水的观察，儒家劝告世人：要努力奋斗，积极拼搏，让短暂的生命绽放出绚丽的色彩。而老子站在水边，显得更加淡定，他似乎看到了"大道"的精神，恍惚不清又飘乎不定的"大道"立刻变得鲜活起来，于是提笔写下了对水的千古绝唱："上善若水，水利万物而不争。处众人之所恶，故几于道。居善地，心善渊，与善仁，言善信，政善治，事善能，动善时。夫唯不争，故无尤。"这即是我们前面讲的《道德经》第八章的内容。站在海边，佛说"大海不容死尸"，再肮脏的东西被扔到水里，只要有足够的时间，万事、万物都能化掉，水仍然是清澈无比的。当然，这句话也有另外一种解释：人死后被泡在水里，肿胀后浮力变大，会漂浮起来被推到岸边。佛借助这个现象告诉世人：水是至清、至洁之物，海虽大，却不会容得下一具尸体，以此来表明，佛国虽大，但不是藏污纳垢之地。但是，不管如何理解这句话，它都表明，水也是佛家参悟人生真谛时常悟、常思之物。

近年来常到清华大学讲学，清华大学东南门口有一块大石头，上面刻着八个大字：自强不息，厚德载物。这是清华大学的校训，本出于《易经》的乾坤二卦，也体现了中国文化最核心的精神。很多学员问我这八个字是怎么来的，我说很简单：抬头一看，见到了太阳，太阳总是那么顽强地"工作"，旦夕复兮，周行而不殆。正是这种"永不熄火精神"催生了万物。所以，古人从这里得到了启发，认为一个民族、一个团队、一个人必须要学习太阳的这种执着的精神和意志，不向困难低头，敢于迎接挑战，只有这样，才能够度过困苦，走向光明，这也正是中华民族历经磨难而不朽的最核心的人文精神，这就是"自强不息"的内涵。这正如我们常讲的：一件事，一百个人想到了，十个人去做了，一个人坚持到底了，这个人就是成功之人。其实，任何成功，都是精神的胜利、意志的胜利、理想的胜利，一个人也好，一个国家也好，不能没点精气神。今天的人也不能说没有精气神，问题是，"精气神"背后的价值导向有问题。太阳自强不息是为了用光明哺育万物；今天的人们自强不息是为了一个字而奋斗，那就是"钱"。因此，"大道"不只是一种行为导向，更是一种价值导向。

何谓"厚德载物"？低头看看大地，便可得出这个结论。"载物"是对地球形象的描述：地球每天周而复始地运转，并且身上背着那么多的东西——山啊、水啊、草啊、树啊、人啊、兽啊，负担多重啊！但是，大地总是默默地承载着，这是一种多么厚重的品德啊！与大地相比，我们人就显得狭隘了。诸如，人总是有那么多的好恶，喜欢这个，不喜欢那个；总是有那么多的是是非非，你对我错，我对你错，闹个不休；但是，在地球看来，它上面的生命并没有高低贵贱之分，所生长的万物它都一样对待，都当成自己的"儿女"，从来没有开除过谁的"球籍"。通过这四个字，我们每个人都应该检视一下自己的行为：人与人之间为什么处不好关系？很大程度上是因为我们自身的德行不够厚重，我们总习惯无限放大别人的缺点，压缩别人的优点，对自己则正好相反。如果带着这样的观念去待人接物，时间久了一定会出问题。实际上人各有其长，亦各有其短，有德行的人往往能够给他人以更多的包容，能够在心里压缩对他人负面的看法，扩大正面的看法，这样一来，就会消除厌恶和抱怨的情绪，久而久之，关系就会多出几分融洽。

细读中国的很多经典著作，我们都会看到"道法自然"的思维轨迹。诸如《诗经》，作为中国最古老的诗集，那是中华民族远古的声音，是先民们对生活和生命的颂歌，里面有很多做人的价值、情感和智慧都是来源于先民对自然的观察与感悟。比如《诗经》中有首诗叫《蟋蟀》，全诗如下：

> 蟋蟀在堂，岁聿其莫。今我不乐，日月有除。
>
> 无已大康，职思其居，好乐无荒，良士瞿瞿。
>
> 蟋蟀在堂，岁聿其逝。今我不乐，日月其迈。
>
> 无已大康，职思其外。好乐无荒，良士蹶蹶。
>
> 蟋蟀在堂，役车其休。今我不乐，日月其慆。
>
> 无已大康，职思其忧。好乐无荒，良士休休。

　　这首诗其实简单地讲了一个小故事：几千年前的农历九月的一天，我们的一位先人早晨起来，发现被子里有一只蟋蟀，由此引发了一系列的感想。他把感想记录了下来，就成为今天我们看到的这首诗。

　　几千年前，古人发现蟋蟀怕冷，季节性很强，且它有一个重要的生活规律，即"七月入室，八月入堂，九月上床"，这些月份当然都是指农历。如果在床上发现了蟋蟀，就说明又到了农历九月，相当于我们现在的十月。在农耕时代，农历九月，农作物基本上被收割完毕，人和大地要休养生息了，同时，意味着一年又要过去了，即"蟋蟀在堂，岁聿其莫"。"莫"通"暮"，全句是"一年到头"的意思。并且，在三个段落中，他对这种岁月的流逝反复咏唱，更增加了一种感情的色彩。与此同时，他在每段中还专门对岁月的流逝进行了形象的表达，即"日月有除""日月其迈""日月其慆"。"除"只是对时光流逝的一种客观表达；"迈"有些比喻的味道，岁月的流逝就像人大跨步地前进一样；"慆"则是一种更宏大的形容，即时光如江水一样滚滚流逝，挡也挡不住。全诗对时光流逝的描述层层递进，触人灵魂，这也反映了《诗经》伟大的表现力和不朽的艺术魅力，真是越自然，越接近艺术的本质。

　　面对这种时光的流逝，我们这位先人再一次感受到生命是那么的美好而又短暂，最美好的岁月也就是二三十个春秋的流转，基于此，他才写下了对人生直接而深刻的思考。这位先人认为，既然人生苦短，就要保持一种"今我不乐"的人生态度。何谓"今我不乐"？通俗地讲就是"我为什么不去快乐地生活呢？为什么去纠结那么多没完没了的是非呢？"但是，这里的追求快乐不是纵情放欲，不顾一切地追求享乐，诗中对什么是快乐给出了明确而又健康的界定：

　　第一，"无已大康"。关于"小康"，大家都很熟悉，其实就是指人要过上一种物质相对富足的生活，不能穷困潦倒，美好的生活还是需要一定的物质保障的。但是，如果一个人在物质的追求上没有止境，放纵自己的欲望，极尽骄奢之能事，那就是"大康"的状态了。所以，我们这位先人非常明确地指出：人生的痛苦很大程度上来自对物质的欲望，对身外之物一定要量力而行，适可而止。

第二，"职思其居"。人的一生，无论从家庭还是社会的角度来讲，都有需要履行的责任和义务，要对得起天地和良心。当然，如果有精力，还应该关心一下国家大事，具有天下情怀，即"职思其外""职思其忧"。

第三，"好乐无荒"。一个真正的君子要悠然、潇洒、快乐地生活，但是不能因为这种快乐而荒废对生命价值的追求。人的一生应该有理想、有梦、有境界，应该能够让短暂的生命在无尽的星空中留下一道亮丽的倩影。

四、悲秋伤春处，自有情万端

谈到"道法自然"，中国的文化境界中有两种情绪值得我们品味：一是悲秋，二是伤春。

关于悲秋，大家了解得比较多。曹雪芹讲："花因喜洁难寻偶，人为悲秋易断魂。"当然，最有名的还是杜甫那首诗：

登高
风急天高猿啸哀，渚清沙白鸟飞回。

无边落木萧萧下，不尽长江滚滚来。

万里悲秋常作客，百年多病独登台。

艰难苦恨繁霜鬓，潦倒新停浊酒杯。

这首诗是杜甫离开草堂，乘船往东走，走到四川的夔州时所作。这个时候的杜甫年纪已经很大了，当年"致君尧舜上，再使风俗淳""会当凌绝顶，一览众山小"的豪情已随时光的流逝而去，面对滚滚江水和一身老病，知道命不久矣，这位大才子不由得心生伤感而写下此诗。看看那飘落的秋叶，不就像一个个消逝的生命吗？人这一生和一片落叶在本质上又有何不同呢？我们每一个生命来到这个世界上的时候都豪情满怀，但是，到最后我们又能改变什么？与此同时，换位思考，我们又何必要改变什么？我们挡不住光阴的流逝，也正如挡不住这东去的江水，到头来，更多的是对苍老生命的哀怜。

　　杜甫这种与秋同行的悲伤就是典型的悲秋情怀，其实这种悲就是"天人合一"的灵魂共振，人在这种共振中会感受到岁月的流逝和生命的短暂，也会因此而变得更加坚定而深刻。

　　因此，"悲秋"不是一种文人自伤的情怀，而是生命的自然属性的体现。杜甫的这种悲情并没有影响其生命的伟岸，这种悲怆的生命气息反而彰显了其人格的高大与坚强。正因为他生命宏大，目光悠远，才能写出"星垂平野阔，月涌大江流"这种千古绝唱。正因为如此，我在《人间诗话》这本著作中给予了杜甫高度的评价。我认为杜甫虽然没有改变世界，但是他用高尚的灵魂和生命的境界打造了平凡的生命中不平凡的精神，体现了一种"天人合一"和"道法自然"的人生情怀，他表现出的不是绝望，而是对生命的内省、对岁月轮回的深刻体悟，这是给后人留下的一笔无与伦比的精神财富，值得我们去琢磨。

　　当然，除了悲，人们在秋色中也会有另外一种情怀，即与"悲秋"相反的昂扬情怀。诸如杜牧的《山行》："远上寒山石径斜，白云生处有人家。停车坐爱枫林晚，霜叶红于二月花。"这首诗体现了一种"不经历风雨，怎么见彩虹？"的生命精神。再比如刘禹锡的《秋词》也表达了同样的情怀："自古逢秋悲寂寥，我言秋日胜春朝。晴空一鹤排云上，便引诗情到碧霄。"刘禹锡之所以能够写出这样的诗句，也与其人生的不幸和坚强息息相关。刘禹锡当年与柳宗元等人积极推行"永贞革新"，后来因为皇帝早亡，新皇帝上台后政治风气大变，参与变革的人被清算，刘禹锡和柳宗元都未能幸免，柳宗元被贬永州，刘禹锡被贬连州，自此开始了长达二十三年的贬谪生活。但是，刘禹性格豪放，一生不曾向困难和生活的坎坷低头，始终保持着饱满的精神状态和不屈的生命精神，正因如此，他才能写出上面的诗句。

　　在现代，最能体现出悲愁情怀的当属毛泽东主席最有代表性的作品《沁园春·长沙》。这首词创作于1925年，那时中国共产党已经成立了，但是还没有进行武装革命建立自己的队伍，面对军阀混战和外敌林立的局面，革命究竟向哪个方向走，对很多人来说仍然有些迷茫，主席也不例外，这首词开篇几句即体现了主席当时的心态："独立寒秋，湘江北去，橘子洲头"。"寒秋"两字清楚地反映了主席忧思天下的情怀，而这种情怀因为秋色的渲染而更加清晰，一江湘水更是增添了一种凄凉的气氛。但是，主席并没有被"寒秋"困扰，在满眼的秋色中，主席突然感受到了另类的激情："看万山红遍，层林尽染；漫江碧透，百舸争流。鹰击长空，鱼翔浅底，万类霜天竞自由。"在举目远眺时，一种无穷的责任和决心突然涌入主席的心间：人生一世何须过于悲观？秋色何其美哉！天高云淡，水清气爽，自己年幼时便立志报国，要一改中国的旧山河，这不就是创造世界的最佳时机吗？想到这里，寒秋便真正成了风景，主席立刻变得豪情万丈："怅寥廓，问苍茫大地，谁主沉浮？"通过主席心态的变化，我们可以清楚地看到，自然的变迁与主席的灵魂已经发生了一次无言的对话，这对话即是对秋的思索，更是对生命、对中国未来的思索。细品主席的诗词，其之所以充满一种宏大的气势，非常人所能及，很重要的一点是主席总是能够在大自然中寻找到生命的正能量，最终化作一种改天换地的勇气。

我自然不能同先贤和伟人相比，但是，作为一个诗人，我确实对自然充满一种难言的情怀，在春夏秋冬的变换中体悟着生命和生活，倒也是自得其乐。比如，有一年秋天，北京下了场比较大的雨，再到香山，已是落红遍地，秋色摧折，不由得心生悲情，遂填词一首以达情怀：

满江红·秋雨

秋雨一夜，愁煞人，独抱孤衾。登高望，红叶未赏，零落黄尘。世间美景皆易逝，人生有意奈何为？空与恨，万物终归一，唯早迟。

春风来，秋风去，花余香，叶化泥。风雨任自然，何谓得失？区区名利何所寄，万里江山入画诗。老去时，一支清江曲，哀何必！

在中国的文化中，与"悲秋"相对应的还有另外一种情感，即"伤春"。如果说秋风凉、落叶飘、霜雪起会自然引起人们的伤逝之情，那么，伤春就让人不好理解了，春光明媚，百花盛开，似乎与忧伤并无关系。

其实，如果说"悲秋"是一种生命的正向思考，那么，"伤春"则是对生命的逆向思考。春天是美好的，但是，美好的事物总是那么短暂，总让人想起青春，想起往事，想起那段情与爱，想起那段是与非，但是，往往是物是人非、燕去楼空，正可谓"无可奈何花落去，似曾相识燕归来""年年岁岁花相似，岁岁年年人不同"。正因为如此，崔护的诗虽然那么简约，却感动了一代又一代人："去年今日此门中，人面桃花相映红。人面不知何处去，桃花依旧笑春风。"而坚强的刘禹锡在春色里也禁不住提笔写了千古名篇《柳枝词》："清江一曲柳千条，二十年前旧板桥。曾与美人桥上别，恨无消息到今朝。"这些诗句总是在不知不觉中撩拨着人们心底的情愫，让人不能释怀，并且总能让人感受到一种"落花人独立，微雨燕双飞"

的曼妙情境。

去年春归时，我也是心绪难平，提笔填词一首，以表心情：

虞美人·春逝

年年春来悲客心，落红太伤人。竹篱小径又芳菲，聚聚散散合合总断魂。

桃飘李飞燕正归，莫笑葬花人。人生能有几度春，悲悲喜喜欢欢又几回。

通过"悲秋"和"伤春"这两种文化情怀，我们可以看到，老子所讲的"道法自然"的理念已经深深地印在了中国人的脑海里，而回归自然的生命也才更加淡定而从容，灵魂也更加鲜活。生命本是自然地来，当然也会自然地走，我们有了这样的情怀，或许在现实中会更加释怀一些。

第二十六章

重为轻根，静为躁君

重为轻根，静为躁君。是以君子终日行，不离辎重。虽有荣观，燕处超然。奈何万乘之主，而以身轻天下？轻则失本，躁则失君。

一、重为轻根，静为躁君

本章延续了上一章的逻辑，是上一章内容的细化与深化。老子在上一章中讲道，人学习"道"，首先要做到的就是效法地，要学习大地的厚重与坚实，否则就会变得轻浮。因此，老子在开篇就讲："重为轻根，静为躁君。"

老子认为，一个人也好，一个社会也好，最怕的就是充满轻浮和燥热之气，如果稳不住心神，人生和社会就有可能跑偏。所以，老子强调，治疗轻浮的顽疾，最好的方法就是追求生命的厚重感，保持灵魂的淡定与宁静，无论遇到什么样的问题，都应该保持理性的姿态，对问题做出科学、全面的分析，不能头脑一热，想当然地去判断，更不能太任性。

对这个问题，孔子与老子的认识是一致的，在《论语》中，他从不同侧面强调

了一个人和一个国家保持审慎态度的重要性：

> 道千乘之国，敬事而信，节用而爱人，使民以时。（《论语·学而》）
>
> 季康子问："使民敬、忠以劝，如之何？"子曰："临之以庄，则敬；孝慈，则忠；举善而教不能，则劝。"（《论语·为政》）
>
> 子曰："君子不重，则不威；学则不固。主忠信。无友不如己者。过，则勿惮改。"（《论语·学而》）

第一句话是站在国家和社会的治理层面看问题。孔子认为，治理国家的一个非常重要的前提就是"敬事"。所谓"敬事"就是对任何事物都要保持一种淡定而从容的态度，不能一哄而起。

第二句话是站在人生修为的角度看问题。季康子来问孔子：一个人怎么做才能够让老百姓敬重他、忠于他，并且充满一种向上的精神与力量？孔子很明确地讲，一个人要想让别人敬重，就必须"临之以庄"。"临"就是指在别人面前，"庄"即庄重。孔子认为，一个君子无论在什么样的状态下都必须保持心绪平和、表情庄重、态度理性，如果能够做到这一点，别人自然会对你心生敬意。

第三句话实际上是讲"不重"的危害。孔子认为，一个人如果不能够保持一种厚重而宁静的态度，就不可能威严。通俗地讲，一个人自己都不知道尊重自己，别人怎么会尊重你呢？如果这样的话，即使读再多的书，也不能入心、入脑，只能得其皮毛。孔子非常重视学习对于人生的意义，认为一个人的学习能不能收到实效，最根本的还是看他有没有一种扎扎实实的学习态度。

《学记》讲："玉不琢，不成器。人不学，不知道。"书读多了，就会对人生、社会和自然有正确的看法，心中才能升腾起"大道"的光辉。今天的人浮躁，社会也浮躁，一个很重要的原因是"想得太多，读书太少"，对问题一知半解，便急于发表看法，对情况还不了解，就大放厥词，别人的意见还没讲一半，就肆意打断或攻击。王蒙先生讲，我们今天的社会有一种现象："点击代替阅读，片断代替经典"，此言极是。有知识还是没有知识，有文化还是没有文化，是真素质还是假素质，是真能力还是假能力，到关键的时候就能够看清楚了。

《论语》中有这样一个故事：

> 子路问："闻斯行诸？"子曰："有父兄在，如之何其闻斯行之？"

冉有问："闻斯行诸？"子曰："闻斯行之！"

公西华曰："由也问'闻斯行诸'，子曰'有父兄在'；求也问'闻斯行诸'，子曰'闻斯行之'。赤也惑，敢问？"

子曰："求也退，故进之；由也兼人，故退之。"（《论语·先进》）

有一次，孔子的学生子路问孔子："闻斯行诸？"意思是一个人是不是想到什么事，或者看到什么事就马上付诸行动？孔子说：这怎么可以呢？你要想一想，你还有父兄在，遇到什么事都不能鲁莽，要三思而后行。结果，没过多久，孔子的另一个学生冉有向孔子问了同样的问题。孔子回答：那当然，行胜于言，一个人不能什么事都只停留在口头上。后来，又一个学生公西华听说了这件事，非常不理解地问先生：您为什么对同样的问题却给出了近乎相反的意见？孔子说：子路这个人做事容易冲动，好感情用事，我担心他会出什么事情，所以我鼓励他要注意退让；而冉有性格温和，甚至有些懦弱，所以，我怕他做什么事都前怕狼，后怕虎，所以我鼓励他前行。

通过这件事，我们可以看出，孔子作为万世师表，不仅深深地了解每一个学生，而且发自内心地爱每一个学生，处处为他们着想。但是，尽管如此，子路还是没有善终，孔子对此也异常伤心。由此我们也可以看出，进与退、动与静不是一对绝对的事物，该进则进，该退则退，但无论进退，都必须是理性思考的结果。有了客观而理性的分析，无论在表面上看多么激进或者多么保守，都达到了老子所讲的"重为轻根，静为躁君"的境界。

纵览古今，凡是成就大事业的人，都能够做到"泰山崩于前而面不更色"，在关键时刻都善于把握自我，客观地看待面临的形势和问题，去掉轻浮之病。比如汉高祖刘邦，按照楚怀王"先入关为王"的约定，他应该被封王关中，却被西楚霸王封到了汉中。但是，面对项羽的强大，刘邦选择了忍耐，在汉中起用韩信，明修栈道，暗度陈仓，终成大事。再比如李世民随父亲李渊起兵反隋，但是，李渊生性懦弱，在遇到挫折后回到了旧地太原。李世民面对天下形势，义无反顾地劝说父亲要敢于面对强敌，而他自己一马当先，置生死于不顾，终于助父亲成就了大业。可以说，没有李世民的勇敢就没有历史上的大唐王朝。而清朝的康熙帝八岁登基，在内有权臣把控，外有藩王自威的不利形势下，他在祖母的帮助下先除掉内患，又外除三藩，终于稳住了大清的基业。

再比如，在抗日战争时期，社会上流传着两大论调：一是亡国论，二是速胜

论。亡国论一味地强调日本的强大，悲观地认为中国不会有图存的希望；速胜论则认为日本只是弹丸之地，中华民族振臂一挥，日军即刻土崩瓦解。第一种论调会导致军民丧失斗志，第二种论调会导致军民盲目轻敌，危害均极大。毛泽东主席经过认真思考之后，写出了光辉著作《论持久战》。主席的基本结论是：战争是持久的，全国军民一定要有长期作战的思想准备，但是，最终的胜利一定是属于我们的。主席为什么会得出这样一个科学的结论？抗日战争的实践也证实了主席的预测，这完全取决于主席对事物的客观分析和对形势的科学判断。主席认为，在这场战争中，敌我双方有四个鲜明的要素，即敌强我弱、敌小我大、敌退步我进步、敌寡助我多助。第一个要素决定了战胜强敌不会是一朝一夕之功，后面三个要素决定了胜利一定是属于我们的。在此基础上，他预言了战争将经过三大阶段：战略防御、战略相持、战略进攻，后来的战争进程完全按照主席的规划进行。抗日战争胜利之后，日本有关人士拿到毛主席的《论持久战》后叹为观止，俯首称道。

抗日战争结束之后，蒋介石摆出了一副"要和平，不要内战"的姿态，并且邀请毛主席到重庆谈判。明白人一眼就看得很清楚：蒋介石的实际意图是"假和平，真内战"，此去重庆风险很大，前景难料。去还是不去，既考验中共的智慧，又考验毛泽东主席的定力。经过慎重的思考之后，毛泽东主席毅然决然地选择赴重庆谈判。就实际效果来讲，重庆谈判并没有取得实质性的收获，但是其战略意义非同小可：第一，共产党向全国人民和世界人民真诚地表明，我们是拥护和平的，只要实现和平有一线希望，我们都会尽最大的努力去争取，因而在政治上获得了实实在在的一票。第二，我们摸清了蒋介石的底线，使全党和全军都放下了幻想，准备战斗，很好地统一了大家的思想。谈判期间，我们打了一场漂亮的上党战役，蒋介石明明心里痛，脸上还得露出笑容，他也真正明白，今日之毛泽东非昨日之毛泽东，今日之共产党非昨日之共产党。第三，毛泽东赴重庆的义举不仅在党内，而且在全国乃至全世界的范围内树立了党的领袖形象，中国共产党真正通过奋斗和实力走上了中国的政治舞台的前台。

二、功名富贵若流水，祸至萧墙始重根

老子接着讲："是以君子终日行，不离辎重。虽有荣观，燕处超然。"有德、有才的君子，无论走到哪里都拉着车，载着各种吃、穿、住、行的用品。实际上，这是一种形容的说法，强调君子无论走到哪里，处在什么样的境遇中都不会有危险，

都会有应急的预案。正所谓"常将有日思无日，莫待无时思有时""生于忧患，死于安乐"。

"荣观"指身居高位，享有荣华富贵。"燕处"就是如同燕子点水一样轻盈，暗指能够正确对待眼前的荣华，不被其诱惑而迷失自我。老子的意思是：一个真正的君子即使拥有了荣华富贵，也不会为目前的拥有所迷惑，而是能够淡然处之，给自己留一条后路，即使一旦失去荣华，亦有保全之策和安身立命之所。

这么简单的道理，为什么很多人都不懂呢？甚至那些身居高位的君王们都会犯这样的低级错误，真是太可惜了。所以，老子讲："奈何万乘之主，而以身轻天下？轻则失本，躁则失君。"

为什么拥有天下、拥有财富的人对经营天下不那么重视呢？是为了一己私利而忽视了天下百姓的诉求。如果这样的话，轻则失掉执政基础，重则连命都会保不住。司马迁讲，"《春秋》之中弑君三十六，亡国五十二"，这些亡国之君大多犯了同样的错误。后世的大秦帝国，威风不可一世，自襄公建秦至始皇帝统一华夏，历时五百余年，历经了三十多代君王的共同努力。但是，其一旦成功，便忘却了前辈创业之艰辛，以强权立天下，视仁义如粪土，贱民命如草芥，最终民夫一呼，天下云集响应，政权崩于瞬息之间，何其之悲！自秦以来，历朝历代在历史之轮回中都逃不出这种宿命，归根到底还是"以身轻天下"之祸。

第二十七章

善行无辙迹，善言无瑕谪

善行，无辙迹；善言，无瑕谪；善数，不用筹策；善闭，无关楗而不可开；善结，无绳约而不可解。是以圣人常善救人，故无弃人；常善救物，故无弃物，是谓袭明。故善人者，不善人之师；不善人者，善人之资。不贵其师，不爱其资，虽智大迷，是谓要妙。

一、善行无辙迹，善言无瑕谪

老子在本章中描述了一个掌握"大道"的智者是如何处理问题的。老子将这种人的行为用一个字来表达，即"善"，"善"可以被简单地理解为"善于""擅长"，但是它在这里还有一种"极致"和"最高境界"的含义，与前面所讲的"上善若水"中的"善"有类似的人文内涵，不是生活中一般意义上的"擅于"。

老子在开篇先从五个生活的侧面表达了得道之人与一般人的不同，即"善行，无辙迹；善言，无瑕谪；善数，不用筹策；善闭，无关楗而不可开；善结，无绳约而不可解"。

"善行，无辙迹"即善于行走的人不会留下车辙和印迹。从现实生活的经验看，这句话根本立不住，无论是坐车还是步行，只要经过，就一定会留下痕迹。老子的这句话实际上有暗喻的意味，"善行"不是指走路，而是指做事情。这句话的意思是：一个善于把事情做成功、做漂亮的人，往往看上去很轻松，不会留下什么遗憾，在不知不觉间便完成了别人认为很难完成的任务。这种人做事不像我们一般人，要么雷声大雨点小，只会吆喝，做不成事，要么虽然做成了一点事，却弄得沸沸扬扬，甚至会留下很多不良后果。善于做事者为什么会有这样的做事状态？简单地说就是遵循"大道"的法则，效法天地，顺应民意，不以身轻天下，去除私利，淡泊名利，参透生死，功成而不就，毁誉而不惊。

　　"善言，无瑕谪"即善于言谈和表达的人不会给人留下话柄和是非，从而自身也不会有什么灾祸。中国有句老话：病从口入，祸从口出。人的一生，不经意间的一句话就可能带来很多是非，在特定的历史条件下甚至会带来灭顶之灾，这在历史和现实生活中是常有的事，所以，孔子强调"敏于言而慎于行"。在《论语·为政》中有这样一个故事：孔子的学生子张准备去做官，并请孔子给予好的建议，孔子说了这样一句话：

　　　　多闻阙疑，慎言其余，则寡尤；多见阙殆，慎行其余，则寡悔。言寡尤，行寡悔，禄在其中矣。（《论语·为政》）

　　这句话很容易理解。孔子认为，做官有两个要素：一个是说话，一个是做事。无论是说话还是做事，都要注意了解一下别人的想法和做法，把问题都弄明白了再表达自己的看法，做出自己的选择，如果这样做，说话和做事就不会有大的闪失，就会少有遗憾，就会成为一个好官了。孔子为什么会这样说？因为做官者掌握着权力，他们的一言一行都会影响政权的形象，关系到百姓的福祉，因此和一般人相比，他们的言行显得更加重要。《易经·系辞传》中有这样一段话，表达了类似的观点：

　　　　君子居其室，出其言善，则千里之外应之，况其迩者乎？君子居其室，出其言，不善，则千里之外违之，况其迩者乎？言出乎身，加乎民；行发乎迩，见乎远。言行，君子之枢机。枢机之发，荣辱之祖也。言行，君子之所以动天地，可不慎乎？

当然，我们的先人们强调的"善言"并不是指不让人说话，而是强调对待问题要严肃而认真。人的一生不可能不交流，面对社会发展中出现的现象也不可能不讨论，对一些新发生的问题也需要及时发表意见，而这些意见未必就一定是正确的。但是，如果一个人说话时顾虑太多，或者唯取自保，总是保持无原则的沉默，当老好人，社会也就不可能进步。话还是要说的，关键是说什么，或者怎么说，语言绝对是一门艺术。正因为如此，老子认为"善言"在人的一生中的作用异常重要。

二、聪明常被聪明误，祸到临头空自啼

接下来，老子讲了第三个法则：善数，不用筹策。"善数"即擅于计算。"筹策"即砝码，这里指用于计算的工具。老子讲，一个真正擅于计算的人，不需要借助这些外在工具就可以把一切问题算清楚。其实，老子这里讲的"算"不是生活中具体的计算，更不是指会计工作，实际上是指对人生中面临的得失与进退的考量，说白了，就是对什么时候该进、什么时候该退、什么东西可取、什么东西不可取之类的问题一定要搞明白。一个真正胸怀大志、把握天地"大道"的人不会因为眼前的一些小利益而失去大的机遇和未来。但是，无论现实生活中，还是历史上，总有那么多貌似聪明的人，最终把自己算计进去，老百姓有句话说得好，这叫"聪明反被聪明误"。

老子认为，真正会算账的人根本就不用什么算盘，也不用什么计算器，也不用什么筹码，为什么？这种人能够把握三个原则：第一，算大账而不算小账。第二，算总账而不算细账。第三，算长账而不算短账。

就人的一生而言，做到了上面三点，就可以让生命的格局更加广博，做人也好，做事也好，都会把握住大的方向。现在，很多领导干部之所以出了问题，就是因为没有明白这个简单的道理，一旦手里有了权力，有了资源，就会在利益的蛊惑下迷失自己。一个人降生到这个世界，被父母辛辛苦苦地养大成人，再加上自己的拼搏和奋斗，终于坐到了领导的位子上，过上了有尊严的生活，父母为之骄傲，亲朋为之自豪，此时利用手里的权力做一些有益于天下的事，无论于公还是于私，都是一件有意义的事。人生百年，最终都不过是一抔黄土，纵使金山银山也不可能换来生命的长驻，怎么可以为之而耗费生命？人的一生，无论什么时候回首往事，都要对得起天地和良心，无论世事如何变迁，都能泰然处之，只要三餐俱足，纵使粗茶淡饭，亦可甘之如饴。人世间，多少人守着金山银山、锦衣玉食、华堂豪舍，却是食之无味、穿之无心、睡之无眠，岂不哀哉？

前些年社会上有三句流行语：常到监狱走一走，才知道自由的重要；常到医院走一走，才知道健康的重要；常到公墓走一走，才知道活着的重要。这三句话虽然通俗，却也是简单中透着真谛，实际上也是在讲人的一生要学会算账。

当然，一个社会要想把事情做好，也要学会算账，同样也要遵循上面所讲的三个原则。最近这几十年，我们的社会追求发展，这本身没有问题，但是，由于我们简单地把"发展"理解为一个经济学的概念，总是以经济利益去衡量发展的效果，最终在环境、科技、教育、社会等问题上欠债较多。现在看来，如果把这些问题解决好，需要巨大的物质投入，也需要花费很长的时间，这样算来，我们的实际收效并没有想象的那么大。更为严重的是，有些损失我们可以挽回来，有些损失却是挽不回来的，如果从这个角度上看我们当初的一些政策，我们就会明白，当时的算盘没有打清楚。所以老子说"善数，不用筹策"，讲的就是这个道理。

三、花开无声处，风起叶自飘

紧接着，老子讲了另外两个"善"，即"善闭，无关楗而不可开；善结，无绳约而不可解"。这句话的表面意思是：一个善于关紧门的人，根本不需要用门插就可以让人打不开；善于把人或物捆住的人，不用将绳子打结，别人就解不开。这两句话看起来也是在现实生活中讲不通的。事实上，这又是老子做的两个比喻。老子借关门防人和打结捆物这两件事告诉世人：如果只从表面上解决问题，纵使你用再强有力的方法，最终还是会被别有用心的人破解，真正的高人于无为处见精神。

比如，对一个社会而言，把一个社会管理好，根本的方法不是采取强有力的行政手段和严酷的刑法来约束百姓，而是要关心天下百姓的疾苦，将人心收拢起来，把握好人心向背才是执政的关键所在。再比如，把一个企业团队管理好，最根本的不是建章立制，也不是不断地提高待遇，这些东西只能激发人一时的积极性，其核心应是让人看得到未来，感觉得到温暖。

再比如，在抗日战争时期，我们建立了很多抗日根据地。这些根据地并没有非常明确的边界，也不可能都修上院墙，安上大门，但是侵略者进不来，为什么？因为老百姓拥护八路军，无论侵略者从哪个地方进来了，老百姓都会通过各种途径通知八路军，大家群策群力想办法，最终会把入侵者消灭掉或者赶走，这就叫"善闭"。

这些年北京还有一件事，很多明星因为吸毒被警方抓捕。大家细想一下，这些人都住在一些高档小区里，外有保安，内有门禁，躲在自己的房间里吸毒为什么

会屡屡被发现？大家开玩笑地讲，北京警方有一支很强大的力量，即"朝阳群众"，无论哪个明星吸毒都逃不过他们的眼睛。所谓的"朝阳群众"，说白了就是老百姓，大家痛恨毒品，支持警方的工作，所以，我们才能够取得卓有成效的战果，这就是"无绳约而不可解"的道理。

其实，如何做到"善闭"和"善结"是中国文化关于社会治理和为人处世的一个重要命题，其基本思想就是要善于从"道"的角度考虑，不要在"术"的角度上煞费苦心。《孝经》中就有一段关于社会治理和处理人际关系的著名论述：

> 教民亲爱，莫善于孝。教民礼顺，莫善于悌。移风易俗，莫善于乐。安上治民，莫善于礼。礼者，敬而已矣。故敬其父则子悦，敬其兄则弟悦，敬其君则臣悦，敬一人而千万人悦。所敬者寡而悦者众，此谓之要道也。

这句话的意思是，一个国家是否得到了好的治理，主要看四个方面：一是人与人之间有没有建立和谐的人际关系，即"民亲爱"；二是老百姓守不守规矩，即"民礼顺"；三是有没有建立良好的道德风尚，即"移风易俗"；四是社会是不是上下安定、团结，即"安上治民"。这四个问题都是治理国家的"重头戏"。但是古人认为，要想从根本上解决这些问题，不能采取"头痛医头，脚痛医脚"的策略，更不能采取过于强硬的手段。如果这样做，只能收到表面上的成效，暂时达到一种极其脆弱的平衡状态，如果真正想要解决这些问题，应该找准其切入点，而这些切入点看上去似乎与要解决的问题并没有多大关系。

《孝经》认为，解决好上述问题，其实只抓住四个字就可以了，即"孝、悌、礼、乐"。诸如，要解决好社会上人与人的关系问题，最基本的工程就是推行孝道，每一个人都应该尊重自己的父母，具有感恩精神，一个人只有具备了这种精神，才能发自内心地去善待别人，一个对父母都弃之如物的人，怎么可能会有爱心面对社会？中国人所讲的"百德孝为先"就是这个道理。所以，孔子讲："君子务本，本立而道生。孝悌也者，其为仁之本与！"

关于"善闭"和"善结"的问题，历史上曾经有这样一个故事：汉文帝时期，其夫人窦皇后在一个偶然的机会，找到了两个失散多年的兄弟，哥哥史称窦长君，弟弟史称窦少君，窦皇后对他们爱护备至。当时的大臣周勃和陈平感到非常担心，因为当年刘邦的夫人吕后就是推崇自己的吕氏一族，从而导致外戚专权，朝中混乱。为了避免重蹈覆辙，防止悲剧再次发生，两个人经过深思熟虑，采取了一种非常规的方法。他们对皇后说：您的两位兄弟这些年漂泊在外，也没有接受过好的教育，不读圣贤之书，怎么可以有大的作为呢？皇后一听，觉得非常有道理，于是，周勃和陈平就请了当时最知名的大儒教授他们知识和礼仪。经过一番教化，兄弟两人不仅知书达理，而且深悟为人之道，做事谦和，姿态端正，成为文质彬彬的君子，没有任何野心，皇帝无忧，皇后无患，百官无怨。这就是老子所讲的"善结，无绳约而不可解"。试想，窦皇后的两位兄弟身为国舅，地位极高，再加上皇后的宠爱，如果只是一味地对他们进行说教，或者通过外在的手段对其进行约束，定会生出很多是非，未必会达到期待的效果。

四、聪者听于无声，明者见于未形

谈完上述法则之后，老子把目光转回到人世间，告诉我们什么样的人才是治理天下的高手，他说："是以圣人常善救人，故无弃人；常善救物，故无弃物，是谓袭明。"

这里的"圣人"是指真正高明的执政者或管理者。老子认为，正因为这种人掌握了前面所讲的善行、善言、善数、善闭、善结，所以，他们才能真正地救天下人于水火之中，什么样的人都不会被抛弃，但是，这种人在表面上看似乎又没有做什么，为什么呢？因为没有恶人，所以无须惩恶；因为没有穷困之人，所以无须行善。达到了这种境界，就是"袭明"。简单地讲，"袭明"就是对外不彰显，内心却充满正能量的光明状态。

怎样做才能够达到"袭明"的状态？纵观历史和现实，无非有两种手段：一是化天下事于无形之中，即前面我们强调的通过一些看似温柔而简单的途径收获民心，获得天下大治的状态。二是对任何事物都要采取预防的姿态，真正做到明于未萌、治于未乱，不能等到问题大了再解决。这也正如孟子所讲：如果君王不能够做到治民于先，等到他们犯了错误再去惩治，就如同张开网等待鱼往里钻，也如同设了个圈套让人往里钻。孟子将这一行为称为"罔民"。《长短经》中也讲："上失其道而杀其下，非礼也。"

前几年有一部电影，演的是延安时期的一个故事：当时红军中有一名高级将领，即黄克功，当时为红军第二教导大队大队长，参加过长征，在二渡赤水中还立过大功，是标准的"老红军"。由于忙于战事，很多红军的高级将领尚未解决个人的婚姻大事。到了延安后，生活稍微安定，再加上很多革命青年奔赴延安，于是，

一些高级将领就与来到延安的一些女青年谈恋爱。这本来是一件正常的好事，但是，由于在出身、年龄、爱好、兴趣、文化素养等方面存在差异，也发生了一些不愉快的事。其中最有名的是黄克功案件。黄克功当时与一个姓刘的山西女孩谈恋爱，可是最后，女孩觉得两个人不合适，决定分手。黄克功于是非常恼怒，竟然在延河边将这位女青年枪杀。案件发生后，延安上下都感到震动，而国内外一些新闻媒体也借机炒作。根据有关法律和规定，延安法院召开宣判大会，最终判处黄克功死刑。在他被拉出去执行枪决的时候，法官接到了毛主席的来信。很多人都以为主席爱惜将才，可能会在关键时刻给黄克功留下一条命。而黄克功之前也给主席写过信，希望能够去抗日前线，宁可死在抗日战场上，也不愿意倒在自己人的枪口下。然而，工作人员读完毛主席的来信后都陷入了沉思。毛主席在信中说："黄克功之卑鄙自私，以致此种程度，他之处死，是他自己的行为所决定的。一切红军指战员、一切革命分子都以黄克功为前世之鉴。"黄克功之死，再加上主席的坚决态度，深刻地警醒了当时所有的红军将领：虽然有功于革命，但是不能居功自傲、为所欲为，如果那样，必将受到严惩。从那天开始，所有的高级将领再没有干出像黄克功这样的傻事。可见，毛主席看似无情的处置背后，却饱含着对更多的将领的爱，展现的是对革命的负责精神。如果任由这种势头发展下去，等更多人犯了错误再处置，个人和组织都会付出惨痛的代价。

再比如，中华人民共和国成立初期，毛主席为了防止腐败之风盛行，及时、果断地处置了刘青山和张子善事件，在党内引起了极大的震动，警醒并教育了更多的干部。我们抓反腐倡廉工作的根本目的不是为了打压人，也不是为了抓人，更不是为了杀人，而是为了教育更多的人不要走上这条不归路，正所谓"人情似铁，官法如炉"。这就是老子所讲的"是以圣人常善救人，故无弃人"。

在本章的最后，老子得出了一个很自然的结论："故善人者，不善人之师；不善人者，善人之资；不贵其师，不爱其资，虽智大迷，是谓要妙。"

"善人"即前面讲的"善闭""善结"和"善救人"的人。这些人做事都遵循天地之"大道"，他们是我们一般人的老师，我们应该学习并效仿他们。"不善人"即没有达到"善人"的境界的人，他们在做事的过程中留下了很多教训，这些教训对"善人"而言却是很好的财富，认真反思这些过失，会帮助他们更好地找寻"大道"。如果一个人没有谦虚的精神，向高于自己的人请教，没有科学的态度，认真吸取他人的教训，即"不贵其师，不爱其资"，那么，无论他天资多么聪明，都会陷入困顿。掌握了这个法则，就达到了"要妙"。

要妙，通俗地讲就是"一切妙法的要害之处"。老子认为这个要害就是谦虚，要怀有谦下之精神，向天地万物学习，使自己的灵魂回归到无为、无欲、无知的状态，体悟到宇宙和生命的本原，最终走向"大道"。

　　在现实生活中，很多人看似水平很高，智商超群，确实也收获了常人难以收获的成就，最终却不能善终，总是重复着前人和别人的悲剧。说到底，这些人有的是小聪明，而不是大智慧。大智慧者，无智慧也，以质朴之情怀、淡定的姿态面对人生中的得得失失，不妄想、不妄念，以草芥为师，以天地为炉，修炼身心，生者如至，死者如归。

　　近日夜读《史记》，重温了孙膑与庞涓的故事，不禁感慨：我们一般人总是把这段历史当成一个励志故事——孙膑被师弟庞涓陷害之后忍辱负重，最终在马陵之战中将庞涓杀死，报了血海深仇。事实上，司马迁在《史记》中对孙膑有另一种评价，却被世人忽略了。

　　语曰："能行之者未必能言，能言之者未必能行。"孙子（膑）筹策庞涓明矣，然不能蚤救患于被刑。吴起说武侯以形势不如德，然行之于楚，以刻暴少恩亡其躯，悲夫！（《史记·孙子吴起列传》）

　　这句话是说：孙膑对庞涓那么熟悉，对他的性格了解得那么透彻，以极其精准的方法打败了庞涓，但是，为什么不能让自己避免遭受刑戮之苦呢？尽管他报了一箭之仇，但毕竟也成了一个残疾人，这岂不是很可悲的事吗？如果用一句话来总结，我认为就是"利益加侥幸"。孙膑虽然知道庞涓的为人，但是，面对庞涓所做出的优厚的承诺，孙膑还是没能守得住底线。在春秋战国时代，一个人要想获得更好的发展机会，主要靠毛遂自荐的方式，一旦说服了君王或社会上层的某一权贵，就可能会飞黄腾达，但是，这一过程往往是艰辛的，比如苏秦的一生就很好地说明了这一点。对孙膑而言，通过师弟庞涓引导，就更容易获得魏王的信任，比自己去闯荡要便捷得多，这不能不说是一种巨大的利益诱惑。在这种情况下，孙膑唯一说服自己相信庞涓的理由，那就是庞涓毕竟是自己的亲师弟，何况还有师父鬼谷子先生在中间，因此庞涓不至于加害自己，最多是处不好再分开了事，他没有想到庞涓会下如此大的狠手。

　　所以，按照老子的观点，从某种角度来看，孙膑应该不算一个完美的成功者，他没有在关键的时候守住自己的灵魂，让自己的身心受到了难以弥补的伤害。孙膑的战术固然精良，但其道行似乎尚待修炼。

第二十八章

知其雄，守其雌

知其雄，守其雌，为天下溪。为天下溪，常德不离，复归于婴儿。知其白，守其黑，为天下式。为天下式，常德不忒，复归于无极。知其荣，守其辱，为天下谷。为天下谷，常德乃足，复归于朴。朴散则为器，圣人用之，则为官长，故大制不割。

荣华散尽方知本，大德才是大精神

如果说在上一章，老子在"道"的层面给我们指明了做事的原则，那么，在本章中，老子则讲了做人的法则，或者说修身的法则。老子认为，做人应该坚守三大法则：

第一，知雄守雌。"雄"指的是事物刚强而凸显的一面，"雌"指的是事物谦逊而含蓄的一面。一般人都喜欢雄起，喜欢彰显自我，喜欢收获鲜花和掌声。但是老子认为，真正的高人虽然知道怎么做可以收获荣耀，在关键的时候却能够主动退后一步，把光鲜留给别人，自己则保持一种沉默而淡定的姿态，这是一种人生的大修为。一个人如果能够做到这一点，就如同山间的溪流一样，徜徉于青山之间，不以低下而卑，不因静谧而烦，悠然自得，既能得天地之灵性，又不害人伤物，最终亦可归于大海，成就翻波涌浪的大业。这其实就是道家一贯的"功成身遂"之理。人的一生，有能力、有机遇，是为了做事，而不是为了做官，是为了让天下走上坦途，归于"大道"，而不是为了彰显自己的存在。如果一个人达到了这种境界，就是"常德"，也即"天地大德"，就能够做到如同婴儿一般，保持纯真的心性，不伤人，不害物，而人也莫之能伤。

第二，知白守黑。如果说前面的"雄""雌"指的是人的处世状态，即要保持低调，不能过于张扬，这里的"白""黑"则是指对事物的判断。道家认为，人世间的很多纷争就是缘于是非之心。其实，是非之间穿插了很多个人的好恶，很多时候，世间并没有绝对的真理，都是利益在作怪。人们都说是对的，未必就真对；人们都说是错的，未必就真错。得道之人立于天地之间，心怀宇内，无是无非。面对人世间的种种嘈杂，不可过于偏执，有的时候，简单的退让可能会化解很多矛盾和问题。真理不辩自明，"大道"无为自通，不可逞口舌之强。如果一个人达到了这样的境界，就具备了"大道"的精神，而他自己也会达到一种无忧无虑、无烦无恼、无得无失的无极状态。

第三，知荣守辱。关于荣辱的问题，老子在前面做过深刻的分析，就其实质而言，荣辱也就是对得失的判断。人往往喜得患失，以得为荣，以失为辱，在得失中惶惶不可终日，甚至失去性命。此处，老子再一次劝告世人：要知荣守辱，正确面对得失。很多时候，"得"不一定是好事，"失"也不一定是坏事，该放下的时候一定要放下。在荣与辱面前，要真正有一种"宠辱不惊，闲看庭前花开花落；去留无意，漫随天外云卷云舒"的胸怀，同时，更要有一种"行至水穷处，坐看云起时"的大度与睿智。有了这样的胸怀，就如同峡谷一样博大而空旷，无所不包，小水成川，大水成渊，云来迎宾客，花开自春天。达到了这种境界，就是德行饱满，无以复加。正因为如此，才表现得更加质朴、单纯、厚重、宁静，也就是具有了"朴"的状态。

老子在本章的最后讲："朴散则为器，圣人用之，则为官长，故大制不割。""朴"是"道"的另外一个称谓。老子认为天地间这个看不见的"大道"是很难被命名的，称其为"道"也只是权宜之计，在《道德经》中，"道"还被称为"大"或"朴"。"大"体现了"道"无所不包、创生万物的状态，这是一种宏观的描述；"朴"体现了"道"极尽精微之精神，是构成"道"的基本要素，体现了"大

道"的精神内涵，这是一种微观的描述。

　　作为得道的圣人，他们由于掌握了"朴"这个"大道"构成的要素，所以，轻轻一挥衣袖就可以解决人世间的一切疑难和困惑，这完全是一种"无为而无不为"的状态。做到了这一点，统治天下不但不会有太大的困难，而且不会有任何副作用，即"大制不割"。这里的"割"除了有"伤害"之意外，还有"利益分割"的意味。一般人治理天下，总是通过利益分割来达到自己的治理目的，但是"利益"这个东西是永远难以摆平的。因此，那些没有掌握"大道"的人或许在现实生活中也能够做一些事情，却很有可能造成很大的动荡，甚至会伤害到很多人的利益。通过权势或许可以暂时把对立面压制住，但是，久而久之就会造成反弹，使社会进入另外一种纷争。在历史和现实中，这几乎是一种常态。

　　纵览这一章，老子实际上是通过雄与雌、黑与白、荣与辱来劝告世人：一定要保持谦下的精神和宁静的灵魂，正确对待进退和功过得失，不要过多地搬弄是非。治理一个国家，不要总是通过打压和利益驱动来完成，应该多站在绝大多数人的利益和长远利益的基础上来考虑问题，这才是真正的大智慧，也是国家长治久安之道。

第
二
十
九
章

将
欲
取
天
下
而
为
之

将欲取天下而为之，吾见其不得已。天下神器，不可为也。为者败之，执者失之。故物或行或随，或嘘或吹，或强或羸，或挫或隳。是以圣人去甚，去奢，去泰。

得天下难，守天下亦难

老子在前面两章分别讲了做事和做人的原则，本章则是围绕天下的治理谈了他自己的看法。老子认为，治理天下应该以"无为"为最高境界，以百姓之心为心，不可过于任性，随心所欲。

老子在开篇讲："将欲取天下而为之，吾见其不得已。天下神器，不可为也。为者败之，执者失之。"这句话的意思是：如果一个取得了天下的人玩弄天下于掌股之间，随意操控，恣意妄为，结果一定是"不得已"，即不得善终。何为"天下神器"？古人铸九鼎，以象征华夏九州，后来，"九鼎"也就成了天下的象征、政权的象征，也称"神器"，有些类似后来的传国玉玺，拥有"天下神器"就意味着

拥有天下。

老子这里讲"天下神器"，实际上是讲治理天下是一件很神圣的事，一定不能胡来，如果不顾百姓的意愿和天下的安危，为所欲为，则必然会失去人民的拥护，最终失去政权。

回顾中华民族几千年的历史，老子的这句话一次又一次地成真。得了天下的人，没有几个能够守得住初心，荒淫无度，脱离群众，横行霸道，最后渐渐由创业者沦为败业者，只能归于尘土，多么可悲！

夏、商、周皆毁于女色之祸，秦崩于劳民之甚，汉渐衰于外戚专权，唐日殒于党派之争，宋折于君王不务正业，明亡于君王荒淫无道和宦官专权，清败于八旗之腐败和目光之短浅。商之鹿台、秦之阿房、汉之未央、唐之大明、宋之艮岳都只能辉煌一时，留给后人的只是史书中的那一点惨淡的记忆，建者伤民，毁者害物。无论在当时看来多么"恶"和多么"善"的事，最后都在岁月的流逝中被湮没了是非，留下的只是一个个供后人把玩的故事。其实，这些轮回的背后，就是老子所设下的谶语：天下神器，不可为也。为者败之，执者失之。

纵览古今，关于天下得失，大凡有三个重要法则：

第一，顺势者得之。古往今来，能全得天下者，都是大势使然。历史的最初选择都是正确的，皆无例外，用一句形象的话来表达，就是"小头接大头"。刚得的天下，气势往往很盛大，但是，几代之后便出现了衰亡之态势，到最后化为烟云，被后来者收取，改旗易帜。所以，前朝气息不尽，欲得天下，往往受挫居多，成功鲜有，而有识之士往往能够看清大势，奋起一搏，则可号令天下。

第二，有道者兴之。历史打造了盛世的君王，他们所处的时代不同、工作机制不同、性格不同，但是，他们的一个共同点就是从某一个或某几个角度体现了"大道"的情怀。周王朝建立之后，周公顺应天道法则，建立以礼乐为核心精神的社会治理体系，构造了中华文化的大模样。到了春秋时代，各路诸侯以武力征营天下，导致了礼崩乐坏的现实，分封制的社会治理模式受到了怀疑。秦国的崛起创生了以中央集权为特征的郡县制，这也是"大道"使然。但是，秦朝由于在现实的执政过程中没有能够很好地处理新的政治结构与旧贵族的关系，没有把民生的问题考虑好，最终失了天下。需要说明的是，秦亡的是政权，秦制的核心精神却一直延续了下来，直到今天。汉朝建于刘邦而兴于文景，"文景之治"的一个重要的精神内涵是兴黄老之治，爱护苍生，克勤克俭；武帝虽有治边之功、威武之势，但在位后期亦有黩武之嫌，给百姓造成了痛苦。唐兴于太宗，太宗之兴在于开启选人、用人之先河，并建立了开放、发展之格局，科举制度自此而兴并传播千年。凡是科举规范之世，则为盛世；科举混乱甚至被废弃之世，则为乱世。礼曰："大道之行也，天下为公。选贤与能，讲信修睦。"尊重人的自由与全面发展乃是"大道"之举。自唐以来，无论是基本的政治制度还是社会治理结构，抑或是选人、用人和谋划发展，各朝皆无根本性的创造，或有小举，而无大为。可以这样讲，中国社会的文化大模样定于春秋；中国社会政治结构和社会治理的大模样始于秦制，定于汉唐。

第三，无德者失之。治理天下如无敬畏之心，执而为之，鲜有不败。秦始皇之狂躁、隋炀帝之淫荡、宋徽宗之偏爱、明朝诸皇之昏庸无道、清朝诸帝之保守而自我，犹如一面一面的明镜，警示着后世之人。但是，虽有前车之鉴，又有几人能够虚心而思之？故悲剧往来不断。正如杜牧所言："秦人无暇自哀，而后人哀之。后人哀之而不鉴之，亦使后人而复哀后人也。"

所以，老子最后讲，"或行或随，或嘘或吹，或强或羸，或挫或隳。是以圣人去甚，去奢，去泰。"世上的事不会是一成不变的，都是相互转换的，不要以为今天拥有就会永远拥有，今天强大就会永远强大，今天繁华就会永远繁华，今天无所谓的事明天也无所谓。因此老子认为，做事情时究竟是积极前行，还是尾随其后，是缓而行之，还是毕其功于一役，是强势出场，还是示弱于人，是承担小损失，还是玉石俱焚，都必须慎重考虑。真正的得道高人，几乎都拥有避免走极端、避免骄奢、避免安逸之态度，真正做到了居安思危、防患于未然。凡事预则立，不预则废。

第三十章

以道佐人主者，
不以兵强天下

以道佐人主者，不以兵强天下，其事好还。师之所处，荆棘生焉；大军之后，必有凶年。善有果而已，不敢以取强。果而勿矜，果而勿伐，果而勿骄，果而不得已，果而勿强。物壮则老，是谓不道。不道早已。

一、自古知兵非好战，后来治蜀要深思

老子在本章和下一章谈的都是军事问题，但是，老子所讲的不是具体的用兵之术，而是谈对战争和军事的看法，也可以说展示的是道家的战争观和军事观。从本质上看，道家是反对战争的，但是，道家并不回避战争这种社会现象。道家认为，需要用战争解决问题的时候也可以发动战争，但是，战争必须被控制在一定的强度范围内，一旦达到了解决问题的目的，就要及时结束战争，避免无限制地扩大战争，并且不能将战争作为国家解决问题的常规手段。在今天看来，这些观点对现实有较强的指导意义，特别是在高技术战争时代，在核战的背景下，这些指导思想有

着更重要的意义。

老子在开篇讲："以道佐人主者，不以兵强天下，其事好还。"老子认为，一个真正得道的人在协助君王治理天下的过程中，不要总是鼓励君王用武力解决问题，纵使靠武力解决了问题，其"后遗症"也会更多，会激发更多的仇恨，导致矛盾加深，甚至会很快遭到报复，即"其事好还"。历史也不断地证明了老子的这种论断，靠战争、靠军事、靠强制力来使自己强大的国家都不会持久，中国史如此，世界史亦如此，特别是近代以来的大国兴衰都验证了这一命题，从西班牙、葡萄牙、荷兰、英国，再到后来穷兵黩武的德国和日本法西斯，都是如此。

道家之所以对战争保持审慎的态度，是因为道家深刻地认识到了战争的危害性，即"师之所处，荆棘生焉；大军之后，必有凶年"。战争延伸到哪里，哪里的老百姓就会惊慌逃命，导致家园废弃，田园荒芜，杂草丛生。在农业文明时代，如果在种植或者收获的季节遇上战争，就可能导致两年甚至更长时间的饥荒，即"必有凶年"。

因此道家认为，一旦使战争达到了抑制战争和保卫和平的目的，就要善于停止战争，不能为了夺取胜利而逞强好胜。因此，老子讲："善有果而已，不敢以取强。""善"即善于，含有"坚决"之意。"果"即结果，这里指战争达到了期望的正当目的。"强"即逞强好胜。

战争是人类社会中最激烈的一种冲突形式，对社会具有极大的破坏力，也可以讲，战争是人类为了获取利益而采取的一种极端行为，这种行为与道家"道法自然"的生命情怀是完全背道而驰的。因此，在本章的最后，老子通过战争这种事物得出了一个具有普遍价值的结论："物壮则老，是谓不道，不道早已。"

"物壮则老"这四个字既是道家思想的精髓，也反映了中国人和中华文化对事物发展规律的一个基础性认识。道家认为，世界上一切有形的事物都是一种暂时的存在，有存在就一定有消亡，在存在与消亡的转换过程中有一个重要的节点，即"壮"，指事物发展到最强大的时候，也正是其转向消亡的开始。所以，道家认为，无论做什么事情，都不可走极端，如果要保证一种事物更长久地存在，就要保证其发展的节奏，控制其规模，在其发展的过程中不断地修正自我，调整目标和方向，推陈出新，最终才能够保持事业的长久和永恒。

走极端是一个人和一个社会最容易犯的低级错误。挫败的时候容易绝望，甚至自暴自弃；胜利的时候容易心生骄奢，以为自己无所不能。对一个人有了好的看法，就认为他好得不得了，近乎完美；对一个人有了坏的看法，好像这个人就没有任何可取之处，如同烂透了的柿子。有些人为了面子，即使在一件事上做错了，也

没有悔改之意，将错就错；为了虚荣，即使完全脱离了现实，也往往会一意孤行。有了这样的极端思维，一个人就不可能客观、理性地对事物做出判断，就可能导致更为严重的后果。

几年前我到陕西宝鸡，专门到五丈原参观，三国时期的蜀汉名相诸葛亮就是殒落此处。登上五丈原，看着前面的大平原和缓缓流淌的渭水，再看看蜀相祠堂前的参天古木，觉得历史和现实之间的距离是那么遥远，又是那么贴近。思来想去，感慨万千，不由得作了一首小诗：

过五丈原

刀笔相从三十年，非非是是万千千。

奇计常使闻风丧，隆中一对定江山。

三顾焉能成重负，六出无力回苍天。

双表泣尽英雄泪，忠魂香飘五丈原。

无情未必真豪杰，有情何以乱全盘。

定蜀方为百年计，自古进退非笑谈。

诸葛先生一生，充满了传奇色彩：居隆中时即胸怀锦秀，断定天下三分之象。刘备闻其名，三顾茅庐请其出山，终扶刘氏于危难之中，历经千辛万苦立业于西南一隅。蜀汉立国，诸葛先生当属首功。然而诸葛先生晚年却没有看清天下之大势，不顾蜀地之实情，固执己见，"六出祁山"未果，不仅自己殒身于五丈原，而且使蜀汉元气几乎丧尽，无力支撑。诸葛亮死后，蜀汉开始走上了衰败之路，而后主刘禅也给后人留下了"乐不思蜀"的笑谈。诸葛先生晚年呕心沥血，频频攻魏以求复兴汉室的举动，我认为虽然勇气可嘉，却未免有些极端，有背老子所讲的"顺应自然"的法则。

诸葛亮一生聪慧，为何犯这样的低级错误，其实很重要的一点，可能就是刘备在白帝城托孤时，诸葛亮在特定的情境下和特殊的情感状态下，承诺刘备协助后主光复汉室，这既是一种情感的表态，又是一种政治战略的表态，也是一种人品的表态。刘备死后，诸葛亮的这一承诺成为压在他心头最大的磐石，而这种挤压使得充满大智慧的诸葛亮终于丧失理性和科学判断能力。在当时的蜀汉，没有人的威望和职权能与其抗衡，"光复汉室"最终成为蜀汉的战略方针，每当国家的财力稍有积累，诸葛亮便率军北伐。

当时蜀汉和魏的边界在今天太白县的五里坡，是秦岭两道主峰之间的一条南北走向的山梁，过了五里坡还有汉中作缓冲，过了汉中还有天然屏障剑门关，过了剑门关还有几百里的崎岖难行的古蜀道，因而自古以来，蜀地都易守难攻，当然，出蜀地也是非常困难的事情。如果诸葛亮能够把主要精力用于耕耘蜀汉，内强经济，外强边防，安抚好各集团的利益关系，固守蜀地，在短时间内，吴国对其构不成威胁，而魏的主要利益交汇点都是和吴国相关，蜀汉只要暂取守势，魏也不会拿出更大的力量远攻西蜀。在这种情况下，蜀汉再通过外交智慧，使吴、魏之间产生更多的利益纠葛，然后伺机而动，一定会获得实实在在的利益。但是，由于诸葛亮的既定方针，使得魏国把蜀汉当作主要的敌人，乘机西进，不仅遏制了蜀军，消耗了蜀汉，而且极大地强化了魏、蜀边境的力量，使诸葛亮光复汉室的梦想更加遥远。

今天我们到成都的武侯祠，会看到一副非常有名的对联，即我们常讲的"攻心联"，全联如下："能攻心则反侧自消，从古知兵非好战；不审势即宽严皆误，后来治蜀要深思。"这副对联的作者是清代的赵藩，他当时写这副对联的目的，是劝告四川总督岑春煊要采取诸葛亮"七擒孟获"时的攻心之术，在镇压义和团时不要滥杀无辜，否则会激起民怨，后果不堪收拾。但是，我们今天细品这副对联，如果抛开赵藩的写作背景和现实目的，这副对联岂不也真实地反映了诸葛亮后来的人生悲剧，正是源于"不审势"而导致的战略性失误吗？

二、世间本无双全法，但守初心向春花

尽管"物壮则老，是谓不道，不道早已"这个结论是老子通过对战争这种极端的人类社会现象进行深入分析而得出来的，但是无论从社会哲学的角度还是从自然哲学的角度看，这句话都具有普遍的价值和意义。"物壮则老""物极必反"构成了中国传统哲学重要的思维特征。中国古代的哲学著作《易经》的内容包罗万象，涉及宇宙和人世间的方方面面，但是，如果对其中的六十四卦进行逐一研读，就会发现，《易经》中所包含的最基本的哲学精神便是上面这几个字。

前面讲过，《易经》中有一卦叫"蒙卦"，其中一个重要的内容是讲人的启蒙教育，并强调循序渐进。但当下我们往往有意无意地违背孩子自然的生长规律，带着成人的眼光对孩子进行没有节制的教育。这样非但达不到理想中的教育效果，反而会适得其反，甚至造成孩子在一些方面的"早熟"，这不得不说是当前中国教育的

一个突出的问题。

其实，不仅是教育，综观今天的社会现实，人们之所以找不到幸福感和归属感、安全感和成就感，并且事业也常中途夭折，很重要的一个原因就是背离了老子的哲学精神，做人、做事过于极端，为达目的不择手段，只看眼前，不看长远，只顾自己，不顾他人，只求物质，不求精神，有钱的任性，有权的张狂，得志的守不住初心，失望的满腹牢骚……如果人们都怀着这样的心态，怎么可能找到幸福，实现社会的和谐？

对此，有三句话与大家交流：

第一，给生命留一点空间。人在一生中不要把自己压迫得太紧，要留一点空间释放自我。要有理想，但不能不切实际；要有目标，但不能好高骛远；要有决心，但不能一意孤行；要有办法，但不能不择手段；可以有爱，但要保持理性；可以有恨，但要懂得宽容……

第二，给希望留一点时间。中国有句老话：有心栽花花不开，无心插柳柳成荫。人的一生究竟能在哪一点上获得突破，既有必然，也有偶然，很多时候是很难预知的。正如贾谊所言："命不可说兮，孰知其极！"我认为这不是宿命，而是对现实的人生的总结。没有哪一个人是想好了才来到这个世界上的，我们也没有办法选择自己的家庭和时代。因此，人生最重要的是信心，是坚持，是在实践的过程中不断地修正并调整自我，是敢于面对失败和嘲讽。我们今天的人最大的特点就是总想少付出，多获取，短付出，长获取，速成思想充斥在中国社会的方方面面，所以，一旦制定的目标没有实现，人们往往就会陷入一种极度的悲观，留下的只是一串长长的牢骚和抱怨。任何时代都有得志的，任何时代都有失落的，得志的总是比失落的少，因为没有几个人在面对坎坷时能重新昂起头。所以，苏轼讲："古今立大事者，不惟有超世之才，亦必有坚韧不拔之志。"朱熹先生曾经写过一首诗："昨夜江边春水生，艨艟巨舰一毛轻。向来枉费推移力，此日中流自在行。"努力到了，时机到了，春水涨起，巨舰则如鸿毛一样顺风而下，扬帆沧海；努力不到位，时机未成熟，纵使费尽心机，也无能为力。

第三，给此生留一点遗憾。从一定程度上讲，追求完美实际上也是追求极端的一种表现。人在一生中总希望万事圆满，其实，世界上并没有完美的事物，无论多么伟大的人物，一生都会留下这样或那样的遗憾。只要有选择就会有得失，有时候，遗憾也是生命中的另一类美丽。没有遗憾，就算给你再多的幸福，你也不会体会到快乐。在遗憾中体悟得失，在遗憾中守住初心，在遗憾中享受那种曼妙的幻想，确实也是生命中独特的味道。

第三十一章 夫唯兵者，不祥之器

夫唯兵者，不祥之器，物或恶之，故有道者不处。君子居则贵左，用兵则贵右。兵者，不祥之器，非君子之器，不得已而用之，恬淡为上。胜而不美，而美之者，是乐杀人。夫乐杀人者，则不可得志于天下矣。吉事尚左，凶事尚右；偏将军居左，上将军居右，言以丧礼处之。杀人之众，以悲哀泣之；战胜，以丧礼处之。

战火起处千家泪，一将功成万骨枯

本章与上一章衔接，老子进一步阐述了自己对战争的态度，不过本章探讨问题的角度比较独特，是从"礼"的角度来表达中华文化中的"慎战"情怀的。就人世间的一般情况而言，取得成就应该像举行婚礼一样隆重，取得战争的胜利却应按照丧礼的形式进行庆贺，因为战争总是伴随着一个个生命的消逝。

老子在本章的开篇即阐明了观点："夫唯兵者，不祥之器，物或恶之，故有道者不处。""兵"即制作得很精良的兵器，精良的兵器意味着可能会杀掉更多的人。

所以，老子讲，越是精良的器物就越是不祥的器物，得"道"的人都很厌恶它，不会随身携带这些东西。

"君子居则贵左，用兵则贵右。兵者，不祥之器，非君子之器，不得已而用之，恬淡为上"。按照中国的传统文化观念，"左"为上，"右"为下，所以，有德、有才的君子，世人都让其居于左位。但是在军营中，这个规矩正好反过来了：往往是军级越高的军官，越居于右边，这表达了人们对军事和战争的厌恶之情，当然，对军人本身也有一种警示作用。无论如何，战争对于双方都不是好事，精良的兵器也不是君子所追求的东西，就算是在必须利用战争才能化解危局的情况下，也要保持一种适可而止的态度，即"恬淡为上"，不能好大喜功，以征伐为荣，更不能痴迷于武力带来的"辉煌"与"快感"。

"胜而不美，而美之者，是乐杀人。夫乐杀人者，则不可得志于天下矣。吉事尚左，凶事尚右；偏将军居左，上将军居右，言以丧礼处之。杀人之众，以悲哀泣之；战胜，以丧礼处之。"在战争中取得了胜利，不能过于粉饰和鼓吹，因为战争的背后是流血和牺牲，是百姓的苦难，如果鼓吹战争的成果，就意味着鼓吹"杀人是一件好事"。一个总是喜欢靠杀人来达到目的的人或政权，其得志只是暂时的，必然会遭到天下人的反对，最终也会身败名裂，吞下自己制造的恶果。如果想不明白这个道理，看一看古代圣贤们所倡导的礼仪就知道了。在举行各种隆重的纪念活动时，凡是吉祥之事，最尊贵的人都居于左位，凡是不吉祥之事，最尊贵的人都居于右位。按照这个规矩，我们可以看到，凡是征战归来，人们为军队举行庆祝仪式时，往往上将军居于右侧，偏将军居于左侧，并且，仪式上所奏的都是丧礼上奏的低沉、哀婉的乐曲。为什么呢？即使在战争中取得了胜利，很多将士毕竟也倒在了战场上，很多家庭因此而残缺不全，胜利的背后饱含着无尽的辛酸。所以，考虑到这些家庭和那些不能归来的将士，纪念仪式不能搞得太热烈，应该表现得更加凝重而悲伤，整个纪念活动的安排更多是参考丧礼的礼制，以追思为主调。

第三十二章

道常无名

原经 ···

　　道常无名，朴虽小，天下莫能臣也。侯王若能守之，万物将自宾。天地相合，以降甘露，民莫之令而自均。始制有名，名亦既有，夫亦将知止，知止可以不殆。譬道之在天下，犹川谷之于江海。

··

一、敬畏生道心，朴聚降甘霖

　　老子在前面两章讲了自己对战争的态度。在老子看来，战争是人类背离"大道"的最极端的行为，只能是不得已而用之，战争不能够从根本上解决问题，解决问题的最有效的途径还是要归于"大道"，所以老子写了本章，再次提醒人们重视"大道"。

　　关于"道"，老子在前面讲了很多，如果总结起来，无非包括三个方面的内容：

　　一是"道体"，即对"道"本身的形态进行描述。因为"道"是一种形而上的东西，谁都难以通过观察和直觉得来，所以，老子用一些常见的事物对其进行了形容，诸如水、风箱、山谷等。当然，也有对其进行直接描写的时候，诸如"恍兮惚

兮"、"幽兮冥兮"。但是，无论怎么描写，老子呈现给世人的"道"都是空灵的、柔顺的、静谧的、能量无穷的、广无际涯的、无处不在的。

二是"道用"，即如何把"道"的精神运用到日常工作和生活中去，老子对此也提出了很多法则，比如"持而盈之，不如其已""揣而锐之，不可长保""曲则全，枉则直，洼则盈，敝则新"等。

三是"道法"，即"大道"以一种什么样的形式完成事物之间的轮回。老子认为"道"是往复不息的、流而不居的，壮则必老，极则必反，生即为死之始，死即为生之始。

但是，由于"道"的这种形而上的特征，世间很少有人能够尊重"大道"，甚至认为"大道"是荒谬至极的、空洞无物的。正因为如此，人们往往会对自己的行为无所顾忌，喜欢走极端，喜欢用武力征营天下，喜欢滥用权力，喜欢为达目的不择手段……基于这样一种社会现实，老子语重心长地写下了本章的内容。

老子开篇便讲："道常无名，朴虽小，天下莫能臣也。侯王若能守之，万物将自宾。天地相合，以降甘露，民莫之令而自均。"

老子在前面已经反复强调，他所谓的"道"不等同于一般人认为的"规律"，更不能被简单地理解为我们行走的"道路"，而是他自己的一种价值观和宇宙观，是对万事、万物背后一种超能量存在的表述和信仰。当然，老子认为自己把这种超能量的存在表述为"道"未必合适，根据他对"道"的理解，他也先后称其为"大"和"朴"。"大"所体现的是"道"的能量无边、大而无外的状态，"朴"所体现的是"道"无处不在、小而无内的状态。在本章中，老子从"朴"的角度探讨了"道"的问题。

对于"朴"，我们也可以将其简单地理解为构成"道"的一种最基础的要素，或者是构成"道"的最基本的单元。当然，老子以"朴"来表达"道"也有其特定的人文内涵，即体现了"道"本身所具有的朴素、不争、宁静的道德与情怀。

老子同时告诉世人，"朴"这个东西虽然很小，貌似很弱，并且看不见，摸不着，但是，谁也不能使它屈服，即"天下莫能臣"。因为"朴"代表着"道"的伟大功能，所以谁也不能欺负它，谁也不能统领它，它却能统领万物。老子紧接着讲了遵循"大道"的两大表现：

第一，从人世间来看，"侯王若能守之，万物将自宾"。如果执政者或者说管理者遵循了"大道"的质朴情怀，沿着"大道"的轨迹前行，天下人自然会追随他。何为"执政大道"？老子在前面已经讲了几点：一是"信"，二是"爱"，三是"无为"。

第二，从自然界来看，"天地相合，以降甘露，民莫之令而自均"。天地如果信奉"大道"，则必然会阴阳和谐，春秋分明，甘露普降，众生平安。老百姓并没有发出号令，雨露则可均匀分布，无旱涝之灾。

当然，我们也可以把这两部分内容联系起来理解：作为执政者的侯王，如果能够行"大道"，不仅天下百姓信奉他、追随他，天地都会为他服务。老子的这种理念被后人发挥，特别是经过了汉代董仲舒的加工，形成了以"天人感应"为核心的一种哲学形态，也成为中国文化中的一种重要的人文情怀，构成了中国人灵魂深处的一种敬畏精神。

中国老百姓常讲"人善人欺，天不欺""不是不报，时候未到""多行不义必自毙""上天都会惩罚你""天地良心"等。这些观念都表明：中国人相信在"人"的背后有一种超自然的力量，这种力量会坚守正义，驱除邪恶，所以，人做事情一定要有底线，不可以为所欲为，否则上天都会惩罚他。这一观念构成了中国人内心深处的道德基础，对建构中华民族的道德精神具有非凡的影响力和作用力。

但是，在今天的现实世界中，在中国人几千年来所建构的这种人生哲学的情感基础被打破了之后，人们不再相信"大道"，内心深处对任何事物也不再有敬畏之心，也自然地认定，在这个世界上，除了人之外，没有什么力量可以惩罚人，"坏人"倒霉只是一种偶然事件。在这样的认识维度下，道德的天平也随之失衡，人们做人和做事的底线也就不存在了，使得人们只相信权力和金钱的力量，只相信实力，只追求现世的荣光，不关心未来的事业和灵魂的归宿，从而变得急功近利、为所欲为。

所以，"信仰"二字说到底是相信品德和精神的力量，相信高尚的灵魂可以获得回报和重生，这是一个人坚守生命底线的一种价值基础。没有这样的人文精神作保障，一个人也好，一个团队也好，一个民族也好，若要期待活得幸福、和谐而高尚，那简直是痴人说梦。如果一个民族在精神层面缺少了上述信仰，任何构建道德的外在手段和行为只能是虚幻的。这些行为和手段只能约束那些既得利益者，以及那些期待通过权力获得利益的人，而在那些为了生存而奔波的人眼里，一切高尚的说辞全是无稽之谈，是毫无意义的谎言，是愚弄弱者的工具。

二、法是成文之德，德乃无文之法

老子接着讲："始制有名，名亦既有，夫亦将知止，知止可以不殆。譬道之在

天下，犹川谷之于江海。"

　　道家认为，"道"本无名，"无名"的状态是混沌的状态，是自然的状态，是没有是非的状态。而人作为万物之灵降临到这个世界之后，便按照自己主观的好恶来划分世间万物，而世间万物也深深地印上了人的痕迹，高低贵贱也就产生了，是非恩怨也就到来了，到这个时候，"大道"也就离我们越来越远了。与此同时，人类也开始在自己的主观世界内狂欢，其行为也更加难以理解，甚至变得更加乖张。

　　为此，老子讲，尽管人类前行的过程中我们无法规避这样一种现实，但是，人起码要做到一点，那就是适可而止，无论做什么事都要有限度，即"名亦既有，夫亦将知止"。想长寿就去追求长寿，但也不可求其极，因为死是必然的。追求财富可以，但不可追求金玉满堂，不要被物欲劳累终生，应该懂得享受生活。想做高官可以，但是，在其位要谋其政，要对天下百姓心怀敬畏，不能忘乎所以。人有点情绪很正常，得了可以喜，失了可以悲，但是，不要悲喜过度，最后弄得人财两空。心里有些是非和好恶也可以理解，但是，爱一个人也要知道他的缺点，恨一个人也不能把他想得一无是处，心胸要适当大一点。这就如同大海与江河的关系，懂得包容，敢于接纳，适当妥协，这也是信守"大道"的一种形式，当然也反映着道家顺应社会潮流的一种处世哲学。

　　纵观本章，其实可以用两个字来表达，即"抱朴"，达到了这种境界，"万物"就可以"自宾"，天地相合，万民追随。而这种观念与儒家所讲的"守德"几乎完全一致，孔子在《论语》的"为政"篇中讲："为政以德，譬如北辰，居其所而众星共之。"细细品来，"众星共之"与"万物将自宾"从精气神上是如此之相似，儒、道两家在这个问题上又实现了一次思想的交汇。其不同在于，道家所强调的是一种形而上的价值导向，而儒家将其转化为一种具体的社会行为，即德行，突出表现为礼制。孔子强调：

　　　　道之以政，齐之以刑，民免而无耻；道之以德，齐之以礼，有耻且格。
（《论语·为政第二》）

　　孔子认为，一个社会如果能够实现真正的治理，不能只靠强有力的政治手段和严峻的刑法。如果只靠这些手段，尽管老百姓惧怕受到处罚，会约束自己的行为，但是，这只能构成人的一种基本的行为底线，并且是在强大的外力作用下所促成的，一旦外力失守，这种底线就会彻底崩溃。另外，在严法之下，老百姓会慢慢丧失对统治者的感情，甚至会积累怨言和仇恨，一旦有导火索，他们就会给政府制造麻烦，甚至成为推翻政权的主要力量。秦朝二世而亡就说明了这个问题，陈胜、吴广揭竿而起之后，史书记载："诸郡县苦秦吏者，皆刑其长吏，杀之以应陈涉。"所有的老百姓都杀掉了地方长官，天下大乱。

所以，孔子认为，要想消灭统治者与天下百姓之间的这种冲突，一定要重视道德与文化的建设，要重视软实力和软手段，要让人民对生活有信心，对社会有信仰，守住做人和做事的底线，这才是社会治理最根本、最重要的法则。但是，人类社会的实践一次又一次地证明，拥有权力的一方总是容易轻狂、骄傲，容易在彰显权力中迷失自我，容易为表面的太平所迷惑。弱势一旦成为真正的弱势，必然弱中生强；强势如果成为绝对的强势，必然强极而生弱。这就是政权变迁的辩证法，千秋万代，与民为敌的，早晚为民所灭。

我们今天都在讲"依法治国"，这是社会前行的必然法则。随着社会分工的变细，以及社会形态的多元化和多样性，一个社会如没有完善法制和制度基础，就很难保证正常运转，这一点几乎没有争议。但是，我们必须要明确一点：法治最基础的任务不是约束人、制裁人和打击人，而是服务于人、服务于社会，是为了一个社会更加有序地运转；法制只能产生秩序，不能催生和谐和道德。从这个意义上来讲，一个社会不能完全"迷信"法制，如果一个社会完全在法制的约束下运转，这一定是一个冷酷而缺少温情的社会，不会唤起人们内心的自觉、生命的激情和对民族的大爱。

所以，一个真正的法治社会一定要建立在一定的道德高度之上，无论人类文明怎样发展，都不应该忽视一个事实，那就是："人"永远是社会的主体，立法的是人，司法的亦是人。如果"人"这个主体失去了"大道"的精神和人性的底线，那么，一切法都不可能是良法，一切司法都不可能公平。

就中国法治建设的事实而言，我们当前最缺少的不是成文之法，而是无文之法，也就是人们内心的法制精神、法制信仰和规则意识。"守法"对于任何一个国家的任何一个公民，都应该是一种起码的道德。如果一个社会以特权为骄傲，以打破秩序为光荣，那么，实现法治就只能是一个神话。而打造一个民族的法制精神，建立主流的核心价值观，这不是法制的任务，而是文化的任务，不只是司法机关的任务，而是全民的任务。

第三十三章

知人者智，自知者明

知人者智，自知者明；胜人者有力，自胜者强；知足者富，强行者有志；不失其所者久，死而不亡者寿。

得失千层浪，祸福一念间

本章句式精炼，思想集中，启发心智，点破人生，是《道德经》中流传较广的一章。老子在本章实际上描写了八种成功人士：智者，知人之人；明者，知己之人；胜人者，在竞争中胜出的人；自胜者，能克服人性弱点的人；知足者，能把握住尺度的人；强行者，有决心克服困难的人；不失其所者，懂得珍惜的人；死而不亡者，真正参透"大道"的人。他将这八种人分为四类，进行了精辟的分析，启示深远。

第一，"知人者智，自知者明"。在现实生活中，我们都喜欢做一个有智慧的人。什么叫智慧？老子认为，能够把别人看透、把外物看透就是智慧，老子不否定智慧，但是从老子的这句话里，我们可以明显地感受到：老子认为看透别人固然重

246

要，但是，认清自己才是根本，才是大光明。在历史和现实生活中，有很多人确实很聪明，把人世间的事参得很透，做到了洞察秋毫，也通过这种智慧获得了权力和金钱，最终却身败名裂，为什么？就是因为没有看清自己，没有看到自己的灵魂随着身份的不同而正在发生着背离"大道"的变化——位高而不知道低调，财多而不知道收敛，名大而不知道谦逊，最终只能是"青山依旧在，几度夕阳红"，留给后人几声叹惋、几句哀声。当然，"自知"除了守住初衷之外，还有另外一层含义，就是无论在什么样的情况下，都要对自己有一个正确的评价，不能产生妄想、妄念和妄觉，得志的人应如此，不得志的人亦应如此。每个人的生命都有一个节点，辉煌之后终要归于平淡。洗尽铅华之后，当有垂钓渭水之心。所以，杜甫就讲，"志士幽人莫怨嗟，古来材大难为用""名岂文章著，官应老病休。飘飘何所似，天地一沙鸥"。正是因为有着这种淡定的心态，他才保持了一生不变的刚骨，也才写出了"星垂平野阔，月涌大江流"这样的浩然大气的诗句。

第二，"胜人者有力，自胜者强"。能战胜别人，这是力量的象征。但是老子认为：一个真正强大的人是能够战胜自己的。老子把这两句话放在这里，实际上是告诫那些有智慧、有力量的人，他们固然可以过关斩将收获成功，但是胜的人越多，树的敌自然也就越多，胜的人越多，也就越容易滋生骄傲情绪，越容易催生幻觉，觉得自己无所不能，欲望也会随之膨胀，最终走向极端，误入歧途。我们老家曾经有一个司机，在县里号称"第一快"，凡是坐过他的车的人都这么赞美他。在这种赞美声中，他自己也越来越觉得他的开车技术无与伦比，每次上路，看到前面有车就不舒服，该超的超，不该超的也超，最终命丧车轮之下。所以说，被淹死的人都是会游泳的，不材之木都是生长得快的。人无论在什么情况下都要正视自己所取得的那点小成绩。当然，"自胜者强"与前面的"自知者明"也有一定的逻辑关系。"自知"是指对自己有了一个正确的认识，但是，有了正确的认识还不够，还要有决心把这种认识落实到现实中来，这就需要战胜自己，不要被一些风波扰动。

事实上，从在理论上认识问题到在现实中能够战胜自己，这个过程是很难的。这两年我经常给一些官员授课，也常讲这个问题。能够战胜自己不仅能体现出一种高尚的境界，也会收获幸福。做官的人最大的怨气来源于职级的升迁。当然，渴望通过走仕途获得一个较高的位置也是人之常情，但是，大家也不要忽视一个现实问题：做官是一个职业，是一种谋生的手段，通过为社会做事，用国家给的一些报酬养活家庭，这是一种常态心理，但一个人怎么可能被不停地提拔呢？官场是一个金字塔形的层级机构，每高一层级，编制就大幅度缩减，到了省部级以上更是少之又

少。在县级以下单位工作，能到科级的就是精英了；在地市级单位工作，能到处级的就是精英了，没有几个能到厅局级；在省级单位工作，能够到厅局级的就是精英了，没有几个能到省部级。这是客观现实。人在一生中总会收获属于自己的成功，早来、晚来，都会来，努力和机遇、主观和客观等多种原因决定了一个人会到什么样的岗位上。就一个单位内部而言，绝大多数人最终差距不大，而人的痛苦就是走在人生的征程上计较于一时、一事之得失，而看不到生命的最终归属。

第三，"知足者富，强行者有志"。老子认为，一个真正富有的人容易知足。其实，这里的"富有"并不是客观上真正的富有，而是一种心态的表达。一个人为什么要去追求富贵？无非是为了过上自己希望的幸福生活。但是在现实生活中，幸福和财富似乎并不能完全对等起来，很多拥有巨额财富的人却往往身心疲惫，这种负面情绪要么源于因财富而带来的是非，要么源于自己更多的物质追求。所以，老子认为，人的一生并不是都能收获大富大贵，大多数人都是比上不足，比下有余。人生最重要的是摆正心态，不要只看到自己没有的，而要看到自己有的，得到了就知足，便会收获幸福。

紧接着，老子讲了第二种人，即"强行者"，何谓"强行"？简单地讲就是"知其不可为而为之"，排除一切干扰奋勇向前的人。老子认为，能够达到这种境界的人不是追求物质，而是追求精神、追求梦想、追求理想，所以称其为"有志"。一个人在物质上要容易知足，在精神和灵魂方面、理想和信念方面可以永无止境。老子为什么会提出这样一个理念？因为，安贫乐道对一般人而言是难以坚守的，达到他前面所讲到的"虽有荣观，燕处超然"的境界是极其困难的，没有一种坚定的信念，就容易被现实中的利益诱惑。在这方面，老子是这样做的，庄子是这样做的，孔子和颜回也是这样做的，正因如此，我们才称其为"圣人"。孔子一生追求"仁义礼智"，因不被诸侯和世人理解而四处奔波，但是，他从不改初衷，真正做到了"人不知而不愠"。而颜回信守学人风范，"一箪食，一瓢饮，在陋巷，人不堪其忧，回也不改其乐"，成为千古佳话。那么，如果反过来理解老子的这句话，就是只有有着坚定的人生信念和理想的人，才会成为真正的"强行者"，克服万难去实现自己的梦想，让短暂的生命绽放出与众不同的辉煌。

第四，"不失其所者久，死而不亡者寿"。什么叫"不失其所者"？就是能够把握住今天所拥有的一切的人。老子认为，这样的人不会犯什么大错误，因此能走得更久远。实际上，这句话与前面的"知足者富"是一脉相承的，知足的人才能够珍惜拥有，珍惜拥有就容易坚守底线，也能够规避更多的风险。

对于"死而不亡者寿"这句话，古往今来的理解很多，这里谈一点个人的理解：道家认为，天地轮回，无往不复，生死如旦暮之变，莫知其所终始，生亦死，死亦生，只表现为物质形态的变化。"死"是肉体的消失，"亡"是精神的殒灭，一个得道之人，其合于"大道"，"大道"不亡，其精神亦不亡。肉体虽然消失，其精神长存，那才是真正的永生和长寿。这里，道家还是在强调：一个人不要徒劳于肉体的永生，应该追求精神的永恒。道家所强调的这种"精神的永恒"体现为自身的价值和对后世的影响，即以我之高尚来换取后世之高尚，以我之高洁来换取后世之高洁，以我之光明来照耀后世前行的方向，这也是中国文化中"道不远人""人人可为圣""人人可成仙"的价值导向。宋代张载讲，何为圣人？即"为天地立心，为生民立命，为往圣继绝学，为万世开太平"之人。这种精神对现实的世界极具教育意义。但是，今天的中国人变得越来越"现实"，只管今生，不管来世，只管眼前，不管长远。因为看不到灵魂，我们就抛弃了灵魂，成了实实在在的物质的奴隶，这或许也是一种另类的可悲吧。

第三十四章

大道泛兮，其可左右

　　大道泛兮，其可左右。万物恃之以生而不辞，功成不名有。衣养万物而不为主。常无欲，可名于小。万物归焉而不为主，可名为大。是以圣人之能成大也，以其终不自为大，故能成其大。

度人先度己，凡圣自有心

　　上面一章，老子实际上是在强调：人一生之最关键不是战胜别人，而是战胜自己，使自己的精神和灵魂归于"大道"。本章则是沿着这样一个思路，再次强调"大道"浩瀚无边的威力、谦下无为的状态。圣人之所以最后能够成就他人难以成就的事业，最重要的是他们能使自己的理想与追求合于天地"大道"。

　　"大道泛兮，其可左右。万物恃之以生而不辞，功成不名有。衣养万物而不为主。""大道"如同滔滔江河一样汹涌澎湃、声势浩大，谁也左右不了。它左右着万物的生死轮回，以自己特有的德行辛勤地生养着万物，但是，它从不以"救世主"自居，更不曾将万物占为己有，这是多么伟大的品德，多么伟岸的胸怀！

因为"道"的这种表面上看来无欲无求的状态，很多人忽视了它的贡献和伟大，甚至认为它很渺小。如果从这个角度上来看，"道"也可以被称为"小"，即"常无欲，可名于小"。但是，尽管如此，万物仍自愿归于"大道"。"大道"具有绝对的领导权威，然而，"道"不愿意高高在上，从这个角度上来看，"道"的情怀又是那么的博大，所以，"道"也可以被命名为"大"，即"万物归焉而不为主，可名为大"。

老子的上述描述从表面上看似乎有些矛盾，既将"道"称为"小"，又将"道"称为"大"。其实细想一下，无论是大是小，老子彰显的都是"道"无边无际的作用。中国哲学有一个著名的论断，即"其大无外，其小无内"，大到无所不包，小到无所不入，强调的就是"道"的伟大功用。老子的言外之意是：不管站在一个什么样的角度，"道"都不会远离我们，它要么在遥远的星空注视着忙碌的我们，要么在我们身体内的某个细微之处佑护着我们，不管我们怎么看待"道"，它从来都不会远离我们。

正因为如此，圣人们谙熟"大道"的价值与意义，所以，他们小心地守护着自己的灵魂，当社会需要他们付出的时候，他们就会不顾忌自己的荣辱与得失，奔走于天地之间，为民请命，纵使会失去性命，亦不停下脚步。天下一旦得到大治，他们便会隐居于陋巷和山林，粗茶淡饭，倚草木，闻鸟音，观流水，任天寿到来，而淡定于生灭之间，无喜无悲，如待朝暮之至，即"是以圣人之能成大也，以其终不自为大，故能成其大"。

所以说，圣人无论"为"与"不为"，皆是根据天下大势而定，无论有多么大的功业，都不会居功自傲，而是淡然于是非之外。

历史记载，明朝有一位密云禅师，一生未曾正式读过书，但是后来修为极深，深得天下同人器重。后来有人问他"圣人"和"凡人"有什么区别，这位大师说了一句意味深长的话：

具足凡夫法，凡夫不知；具足圣人法，圣人不知。圣人若知，即是凡夫；凡夫若知，即是圣人。

这句话就是讲：一个真正的圣人，别人看上去或许很高深，但是他从来不认为自己高深，认为自己只是在坚守"大道"而已。一个缺少慧根的凡人，却总是认为自己极度聪明，自命不凡，得志时到处炫耀，失志时满腹牢骚，这就注定了他永远

是一个凡人。如果圣人意识到自己是"圣人"了，那么，他便真正地沦落到凡人的行列里去了；而凡人如果能真正地认识到自己的平凡，安于自身的实际，扎扎实实去完成一个凡人应尽的义务，达到这种境界，那他与圣人也就没有什么区别了。

密云禅师的这番话其实与老子所讲的"衣养万物而不为主""万物归焉而不为主"的"大道"情怀是一脉相承的。所以说，人一生中能够真正做到认识自己真的很难，认识了自己而又能安之若素更是难上加难。

执大象，天下注。注而不害，安平泰。乐与饵，过客止。道之出口，淡乎其无味，视之不足见，听之不足闻，用之不足既。

大象天上挂，兴衰几人知

如果说上一章是讲"道用"，老子告诉世人，"圣人"与"凡人"的不同之处就是圣人具有能够坚守"大道"的品德，那么在这一章中，老子劝告位高权重的执政者同样不能忘掉"大道"。老子已经不是第一次讲这个问题了。

"大象"即"大道之象"，"执大象"即循"道"而行，遵循"大道"的轨迹。如果一个人治理天下，能够不背离"大道"的精神，天下人自然会追随你，即"天下往"，这与前面所讲的"万物将自宾"是同一道理。当天下人追随你的时候，不要骄傲，更不能高高在上、自以为是，应该坚持"无为而治"的状态，即使有所为，也不要对天下百姓构成伤害。如果始终能坚守这个底线，天下就会长治久安、太平无事，即"安平泰"。

老子的这番话看上去很简单，但是细想起来，含义颇深。这句话至少有以下两层含义：第一，历代凡能得天下者，皆是天时、地利、人和综合作用的结果，是"大道"使然，用今天的话讲，叫"历史的选择"。正因为如此，天下百姓才会拥护你。大多数政权建立之初都会出现这种万民齐拥的局面。第二，老子认为，出现这种局面，作为执政者不要骄傲，不要总是把功劳归于自己，应该保持谦虚、谨慎的态度对待天下人与天下事。人们今天拥护你，不等于明天拥护你，明天拥护你，不等于永远拥护你，因而必须始终把人民的利益放在第一位，千万不能伤害他们。为所欲为，必自食其果。

但是，老子也语重心长地讲：守住初心太难了，特别是在拥有了权势之后更是如此。所以，老子形象地讲："乐与饵，过客止。""乐"就是靡靡之音，"饵"就是世间的琼浆玉液。荣华富贵这些东西对于人太有诱惑力了，大多数人在这种利益的诱惑面前都会停下前行的脚步。打天下的时候，人们都有理想、有境界，但是，一旦坐了天下，人的心态就会发生变化，在锦衣玉食面前失去了抵抗力。如果这样地背离"大道"，丢掉天下就是很自然的事了。所以，遍览古今中外，不管创业者有过多么远大的理想，付出过多么大量的心血，往往都是不出几代，精神便萎靡不振，理想便消失殆尽，肌体便腐烂变质，最后在万众的声讨中，一切梦想都付之一炬。

因此，老子讲，既然如此，那就不要不把"大道"当回事，还是早做防范为好，人无远虑，必有近忧。但是"大道"至简，闻之无味，听之无声，执之无力，在事情没有真正发生的时候，可以说没有几人能够信服"大道"，当问题来了，再去后悔，往往又来不及了。这就是人世间最无奈的悲剧轮回，即"道之出口，淡乎其无味，视之不足见，听之不足闻，用之不足既"。老子所言，也可能正是其无奈之处，所以，他才离周而出关隐去。

在老子感叹于"道"之难行的同时，孔子也正在为"德"之不行而难过。他在《论语·子罕》中讲："吾未见好德如好色者也。"没有见过人们对德行的追求像追求美色那么上心的。这句话可能也是孔夫子气急了才说出来的，有一种恨人不争的味道。他的后继者孟子的境遇也比他好不到哪儿去。孟子周游列国到了魏国，魏惠王向孟子请教治国之策，以对抗西边的邻国秦国。孟子劝其施行仁政，魏惠王却嗤之以鼻，认为行仁政发展太慢，不切实际，气得孟子也说了一句历史上很有名的话："挟太山以超北海，语人曰'我不能'，是诚不能也。为长者折枝，语人曰'我不能'，是不为也，非不能也。"孟子的意思很清楚：让一个人挟着泰山去飞越北海，他说不能，这完全没问题。让一个人为长者折一根树枝作拐杖，以防止摔跤，你说不能，那就不是不能，而是不作为了。当然，也有人将"为长者折技"解释为"为长者行礼"，此句还有为长者捶腿、按摩之意，但不影响其大意。

事实上，守住道德是人世间最简单的事，也是成本最低、收益最大的行为。作为人，守住良知就可以了，不必求于外物、求于他人。如果人人都能守住良知，那么人世间便不会有坑蒙拐骗，每个人的生活成本都会降低，每个人都会有安全感。但是，人类文明的实践反复证明，在任何时代、任何社会，让全民守住良知几乎是不可能的事，所以，我们才需要用强有力的法律来约束人。而在法治的思维下，人们往往又忽略了教化的力量，同时，每个人又仅会用法律的底线来衡量自己的行为，守住良知便成为遥远的事，道德只能成为少数人所谓的"高尚的行为"。这种恶性循环一直伴随着人类文明的发展过程。

所以，法律，特别是惩戒性的法律越全面、涉及面越广，就意味着人们的良知丧失得越严重，执政者就不得不通过提升惩罚的强度来强化对社会的威慑力。不容忽视的另外一个事实是，强法和暴政只有一线之隔。同时，对于那些别有政治企图和阴谋的人，他们不会在乎违反法律的后果，而是会利用民众的情绪从事违法活动，其结果自然是可想而知的。所以，作为一个政权，无论如何都要守住底线，解决好民生和百姓的信仰问题，让绝大多数百姓珍惜安全、稳定的社会环境，尽管这些听起来淡而无味，但这确实是"大道"。

第三十六章

将欲歙之，必固张之

将欲歙之，必固张之；将欲弱之，必固强之；将欲废之，必固兴之；将欲取之，必固与之。是谓微明。柔弱胜刚强。鱼不可脱于渊，国之利器不可以示人。

退一步任尔横行，拽一杖西山独登

老子在上一章中不免表现得有些哀婉，他感觉世人不重视"大道"、不理解自己的最根本原因是人是一种很现实的动物，对一件事重视与否可以说完全取决于这件事带来的现实收益，有利处就选择，没利处就不选择。但是，细细想来，人生也好，社会、历史也罢，最大的悲剧都是源于这种过于功利而现实的想法。有的时候，生命需要放松一些；很多时候，衡量一件事的价值，不一定非要看眼前的利益，多往远处想一下，不见得是什么坏事。"大道"虚无飘渺，自然也就很难让世人感觉出味道，即老子所讲的"淡乎其无味"。"道"真的没用吗？老子沿着这样的思路，写下了本章。

本章实实在在地讲了"道用"。很多人之所以会认为道家做事圆滑，心有诡计，可能与老子在本章中提出的观点多少有一些关系，其实，这是一种误解。道家所得出的这些处世哲学与做事准则并不是出于人性的险恶，而是源于对自然法则的认知。整个宇宙的运行都是遵循着"大道"的法理。很多时候我们以为自己很聪明，在"道"看来，那不过都是小聪明，而大智慧就是一种无为无智、安时处顺的生命情怀。其实这一章可以用八个字来概括——以退为进，以柔克刚。

"将欲歙之，必固张之"，这句话的表面意思很好理解："歙"即把一个东西收紧，或者闭合。老子认为：如果想把一个东西真正捆住，首先要让它放松，松得越彻底，捆绑得也就越彻底。我小时候的一个基本的生活经验可以证实这一点：那个年代农村没有收割机，割麦子主要靠人工。人们割完麦子用草绳将其捆扎起来，再用车拖回来晾晒。记得大人们在捆麦子的时候，都是把麦子抖一下，松一松，顺一顺，然后用绳子一围，用膝盖一压，打个结，就捆好了，动作非常娴熟。这样做不仅捆得结实，捆的数量也相对较多。为什么呢？因为捆之前，麦子是一把一把的，每一把的松紧不同，并且麦秆之间都较着劲儿，这样就很难将每一棵麦子都理顺。因此，"张之"的过程实质上就是让事物彻底泄掉内部能量的过程，内部没有了张力，也就不会有内耗。很多时候我们之所以做不成事，就是因为内部的张力太大，各利益集团相互掣肘，这些张力都会对外力产生排斥，导致改革无法推进，新事物缺少生存的空间。怎么办？老子认为，还不如就干脆把事情挑明了，大家有什么说什么，把所有的问题都摆在桌面上做一下权衡。一个人不能只站在自己的立场上看问题，看清了，看透了，怨气也就发泄出来了，在这样的情况下再去寻求推进事物的方法，阻力自然会小很多。如果在内部没有达成基本的共识，只靠外力推进，一是代价大，二是阻力大，就会逼着我们用更强硬的手段做事。一件事本来是对的，出发点也是好的，但是，如果手段的强度超过了人们的承受力，那么当初的美好预期都会大打折扣。

"将欲弱之，必固强之"，这是一种战略思维，也是避免两败俱伤的最好方法，可以达到孙子所讲的"不战而屈人之兵"的目的。一般而言，弱化、瓦解对方最好的手段是尽量限制敌人，防止其获得更大的发展，但是，老子不这么认为。老子认为，任何事物都不可能永远强大，也不可能总是在最高位上徘徊，"强"和"弱"是相互转换的，当事物强大到一定程度时必然趋弱，这是自然界中存在的一个普遍的法则。所以，面对一个所谓的"强者"，我们一定要量力而行，尽可能地避免以卵击石，最好的办法就是任其欲望不断地膨胀，产生幻觉和骄傲的情绪，使其在表

面上达到最强点，将其潜能全部消耗掉，就会达到削弱对方的目的。比如在冷战时期的美苏对抗过程中，美国实际上就是采取了这种战略，最终将苏联拖垮。20世纪50年代，世界进入冷战时期后，美、苏之间的对抗主要是核对抗，两国不惜一切代价研发并储备核武器，苏联后来者居上，从核武器的数量和质量上都略胜一筹。但是，美国看明白了一个问题：双方拥有的核武器足以使人类毁灭若干次，再增加储备已经没有任何意义，另外，核大战最后的结果是没有胜利者，在这个方向上竞争显然没有什么出路。同时，美国也看准了一点：在过去二三十年的核竞争中，苏联付出的代价也极其巨大，特别是人民的生活水平并没有得到明显的提高，老百姓怨声载道。与此同时，其政治制度暴露出来的问题也比较突出，如果能够制造军备竞赛的新热点，进一步消耗苏联，其政权极有可能崩塌。于是，美国炮制出了一个新战略，即"战略防御计划"，也就是老百姓熟知的"星球大战计划"。美国提出要建一个太空防御体系，使苏联的核武器在太空轨道上，甚至还没有进入空间轨道时即被摧毁。这一战略的提出立刻引发了全世界的轰动，当然，最受刺激的还是苏联，于是，苏联的军备竞赛热点转到了外层空间。从结果来看，苏联也确实取得了一定的成果，但是，这只是从局部和某种形式上看，就整个国家而言，其无法承受如此大的经济负担，国内民众的情绪几乎达到了难以控制的局面，执政党的合法性遭到了怀疑，苏联最终解体，美国最强大的敌人最终在没有任何硝烟和战火的情况下彻底垮塌。当然，个人也是一样，我们在生活中也常常会遇到一些喜欢争强斗胜的人，处处强势，事事伸手，什么便宜都想占，怎么办？最好的办法就是不去计较，做好自己该做的事，这样一来，对方可能会获得一些暂时的收益，但是，与此同时，他也会失去对自己的正常评价，处事极端，遇事缺少分析，唯我独尊，到后来，恶行败露，劣根性凸显，最终将会被大众扔到垃圾堆里去。

"将欲废之，必固兴之"，老子认为，事实胜于雄辩，通过实践检验这个环节，最能分出优劣。老百姓有句俗话："是骡子是马，拉出来遛遛"，"遛遛"二字就有"兴之"的意思——自己吹不行，需要比一比、看一看。事实上，历史的过程就是一个"兴衰立弃"的过程，大家都喜欢新事物，但是究竟哪一个能立得住，还是要靠事实说话。老子之所以讲这样一句话，是因为现实中我们有很多想法不切实际，但自己又没有察觉。有很多领导也特别强势，有些东西明明行不通，非要一意孤行。对此，老子认为：争吵不是办法，最好的办法是真真正正地去实践一下这些想法，看看效果怎么样。结果摆在那里，谁说什么也没有用。当然，我认为，在"兴之"的过程中，尽管我们也可能会付出惨重的代价，但是在一些大是大非的问题上，我们还是要敢于坚持，该拿下的一定要拿下，因为一旦这些东西被付诸实践，就可能为害一方，后患无穷。关于这一观点，我觉得对教育孩子非常有帮助。今天的孩子比较自我，自尊心和虚荣心并存，有很多稀奇古怪的想法，很多父母都喜欢做思想工作，喜欢积极引导，但事实证明并不理想，怎么办？在我看来，在很多问题上，父母还是要先尊重孩子的意见，只要不是违备道德良心和违法乱纪的事，就让他们干，通过实践这个课堂，他们会更加明白取舍。何况人的一生究竟有什么潜质、最终会在哪个方向上出彩，谁也不是非常清楚，在"兴之"的过程中是存是废，还真难说。

"将欲取之，必固与之"，这个观点实际上表达的就是我们日常生活中常讲的"欲擒故纵"的道理。究其法理，实际上是一种交换：先把次要的东西送予对方，以保存最重要和最根本的东西，待到时机成熟，再把失去的拿回来。因此，"与之"不是一种没有原则的退让和给予。比如，在抗日战争时期，毛泽东主席提出了"论持久战"的思想，在敌强我弱的情况下强调了游击战的战略意义，并且提出可通过空间来换时间，通过时间来消耗敌人，最终获取胜利。战争的实践证明了主席的高明与伟大。在解放战争初期，胡宗南率领十万精锐部队进攻延安，在这种情况下，很多人希望固守延安，不希望失掉生活了多年的这片根据地，但是，毛泽东毅然决定退出延安，转战陕北，最后经过三战三捷，彻底消灭了胡宗南的部队，既打破了蒋介石妄图消灭中共中央首脑机关的美梦，同时又缓解了前线将士的压力。后来毛泽东同志在总结此事时讲："存人失地，人地皆存；存地失人，人地皆失。"在日常生活中，我们有时候也需要以这样的心态来面对人生的选择，要想让生命多焕发一些光彩，那只能比别人付出更多的牺牲，别人去郊游、去饮酒、去玩乐，我们可能在辛苦地奋斗，而这种付出是必要的。当有一天，我们登临万丈高山，遍览天下美景的时候，当年过着所谓的"潇洒"的人生的人们只能仰天长叹。世上的事就是这样，几分付出，几分收获，欲想取之，必先与之，除此之外，并无捷径。

懂得了这四个道理，老子称之为"微明"，所谓的"微明"其实就是一种洞察秋毫的能力，是一种看似糊涂，实际上更高一筹的生命状态。老子在前面曾经提到的"袭明"与微明也有某种相通之处。其实做到上述几点就足以算作是大智慧、大聪明、大光明了，为什么老子只是将其表达为"微明"呢？实际上，这体现的也是道家一贯的做人、做事的法则——谦下为本，不自是，不自矜，"大道"也是这样的状态。这反而映衬出现实中一些自以为有大智慧的人其实是小聪明，总以为占了大便宜，其实是失得更多。

　　老子接着又对上面讲的几点做了一个总结。老子认为，上面几点如果用一句话来总结，即"柔弱胜刚强"。综观整个宇宙空间，貌似柔弱的东西总是能战胜刚强的东西。比如，有形的是刚强的，无形的是柔弱的，但是，有形总归于无形；空间是柔弱的，时间是柔弱的，我们可以随意消耗时间，可以随意安排空间，但是，时间总会把我们送到生命的终点，我们也从来不能把空间压缩；男人是刚强的，女人是柔弱的，但是，那些携手而行的伴侣，最后剩下的大多是女性；掌权的是刚强的，天下百姓是柔弱的，但是，与民为敌的，早晚都为民所灭；出身高贵的是刚强的，出身寒舍的是柔弱的，但是，古往今来的成功人士大多出于寒门；生而齐全的是刚强的，生而残缺的是柔弱的，但是，那些拖着病残之躯的生命给了我们这些健全的生命所没有的感动。因为柔弱，他们学会了固守；因为柔弱，他们懂得珍惜；因为柔弱，他们明白积聚；因为柔弱，他们总是心存大爱……所以，他们虽然付出了更多，但是，也最容易走上生命的巅峰。

　　最后老子讲了两个实例，进一步论证"柔弱胜刚强"的道理，即"鱼不可脱于渊，国之利器不可以示人"。相对水而言，鱼是刚强的，但是，作为鱼，不能不明白，自己是靠柔弱的水而生存的，没有这种柔弱作支撑，它们是活不下去的。所以，我们常讲"鱼儿离不开水"，如果哪天鱼骄傲了，忘掉了这条根本的法则，一跃而起，飞离池渊，那么，等待它的只有死亡。就国家而言，执政者掌握着利器，决定着人的生死和富贵，但是，面对天下百姓，他们应该最大程度地展示弱的一面，也就是要把爱心拿出来面对苍生，不能总是用武力来压迫天下百姓，否则时间久了，也只有死路一条。老子说话可谓是简单、直白而又入木三分，读到这种句子，才知道什么叫"大智慧"，什么叫"融会贯通"，什么叫"大道相通"，这也正是《道德经》的魅力所在。

第三十七章

道常无为

道常无为，而无不为。侯王若能守之，万物将自化。化而欲作，吾将镇之以无名之朴。无名之朴，夫亦将无欲。不欲以静，天下将自定。

取有形绩易，守无形心难

本章是《道德经》上篇的最后一章，是老子对前面所讲内容做的一个简单的小结。老子强调，自己讲了半天，无非是让大家认识到"无为"两个字的意义。掌握了"无为"的法则，也即掌握了天地"大道"，世上的事也就无所不成了，即"道常无为，而无不为"。

"侯王若能守之，万物将自化"，如果掌握天下的人能够坚守"无为"这种状态，万物就会按照自己的规律发展，达到事物的自然状态，也即最佳状态。

自上古以来，天下大治的状态不是没有，但是为什么都不能长久呢？原因是掌握天下的人在取得了成绩之后心生欲望和骄奢，从而背离"大道"，导致天下大乱，政权更迭。怎么跳出这样一个历史的轮回呢？老子认为：越是在成功的时候，越是

要守住初心，静守"大道"，即"镇之以无名之朴"。

如果一个人能够以"道"修心，以"道"养德，压住自己的浮躁之心，将会使生命回归到无欲的状态，即"无名之朴，夫亦将无欲"。当然，这种状态表现出的不是简单的轮回，而是一种境界的提升，人生就是一个不断修炼的过程。

当我们的灵魂静下来了，世界也就静下来了，我们就会按照自然的规则来确定生命的路线，以坦荡之心来面对世界上发生的一切变化，无是无非，无恩无怨，无得无失，目光可及宇宙之限，心胸可容天地万物，这就是生命的格局。如果这样，天下自然就会大治，就会获得永远的安定，即"不欲以静，天下将自定"。

实际上，细品这段文字，实际上其中暗含了四层意思：

一是"学道"，最核心的内容就是要把握"无为"的精神。

二是"用道"，执掌天下的人必须要保持质朴的情怀。

三是"修道"，越是面对成功，越是要守住初心，不忘本来。

四是"得道"，得道之人无论在什么状态下都能够保持灵魂的宁静。

当然，讲完了《道德经》的上篇《道经》，回过头来看这三十七章，我也总结了几句话：

第一，何为"道"？就宇宙观而言，道家认为，"道"是万物之源，创生万物，世间的物质和精神都源于"道"。有人问"道"究竟是物质的还是精神的，我认为，到了"道"的层面，哪里还有什么精神和物质？一切都归零了，精神和物质只是人在自身的视角内做的划分，这也说明了人在认知事物上存在局限性和狭隘性。这就如同站在二维空间看三维，站在三维空间想四维，要么理解不了，要么想象不到。所以，人类的最高境界应该就是达到心物一元，到那个时候，我们或许才能真正懂得宇宙的本原及其奥秘。

第二，就形态而言，"道"究竟是一种什么样的状态？尽管老子在"道体"的描述上做了很多努力，但是，"道"给人的感觉还是模糊的。如果一定要描述一下它的具体状态，那就是柔软的、空灵的，充斥在整个空间，无处不入，同时，它又广无际涯，无所不包。用今天的话来讲，"道"更像是一种能量，这种能量比我们日常生活中所讲的动能、势能、热能、电磁能更加基本而抽象，它构成了我们这个宇宙最基本的单位，因此老子为其取名为"朴"。

第三，如何遵循"大道"？或者说如何按照"道"的法则经营好我们的现实生活？对此，老子强调：最重要的还是要信守自然，讲求规律，摒弃主观，静观万变。

　　第四，关于"道法"，也就是"道"的运行状态。老子认为："大道"的运行状态是恒久不变的。世界每时每刻都在变化，其变化的轨迹是圆的，因而万事、万物都在周而复始地循环，往复无穷，无中生有，有又生无。正是在这种循环中，形成了我们这个多姿多彩的世界。因此，来者莫喜，失者莫忧，万物自有其运行的轨道，这是定数，不必掺杂过多的个人情感。

第三十八章

上德不德，是以有德

上德不德，是以有德；下德不失德，是以无德。上德无为而无以为，上仁为之而无以为，上义为之而有以为，上礼为之而莫之应，则攘臂而扔之。故失道而后德，失德而后仁，失仁而后义，失义而后礼。夫礼者，忠信之薄而乱之首。前识者，道之华而愚之始也。是以大丈夫处其厚，不居其薄，处其实，不居其华。故去彼取此。

大道隐于繁华，丈夫明于厚薄

从本章开始，我们讲《道德经》的下篇，即《德经》。如果从大的方面来对《道经》和《德经》做一个简单的概括，我认为《道经》的主体是宇宙哲学，而《德经》的主体是生命哲学或者说生活哲学。老子在本章的开篇即对"德"进行了划分，认为"德"应该分为两个层次：一是"上德"，二是"下德"。

何谓"上德"？"上德"其实是指"大道"之德，拥有上德之人即是得道之人。有了这种德行的人处无为之事，行不言之教，立于无有之乡，喜怒哀乐于前而面不改色。正因为如此，这种人并没有一种拥有德行的感觉，德行已和他们的生命完全融为一体，他们更不担心失去德行，只是认为其一切善行皆为自然之事。所以老子讲，"上德不德，是以有德"。

何谓"下德"？"下德"就是指社会中所提倡的"仁、义、礼、智、信"这些德行。老子认为，在社会现实面前，这些德行或许是被需要的，但是从根本上说，这些要求与"大道"的精神还是有一定的距离的。拥有这些德行的人，总是希望通过某种言行来表达自己的德行，并且总是担心自己哪里做得不对，会被别人耻笑。其实，有了这种心态已经是为德而德了，说明其心中已经有了若干是非，所以，这种德行与"上德"相去甚远。因此老子讲，"下德不失德，是以无德"。

紧接着，老子认真地分析了"下德"存在的问题。当然，对于"下德"，老子却都加了一个"上"字，即"上仁""上义""上礼"。这里，"上"字的含义应该类同于"真"，即"真仁""真义""真礼"，以区别于社会上存在的假仁、假义，以及借用仁义之名而行苟且之事的行为。老子认为，即使是"真仁""真义""真礼"，与"上德"相比还是有距离的，并做了对比式说明。

"上德无为而无以为""上仁为之而无以为""上义为之而有以为""上礼为之而莫之应，则攘臂而扔之"这四句话与前面第十七章所讲的内容有相通之处，我们可以通过对比来理解。

拥有"上德"的人治理天下往往采取"无为而治"的态度，顺应天道民心，不掺杂个人的主观想法和欲望。这在别人看来似乎没有什么创新性，但是，天下所有的事情都被他们治理得井井有条，没有可以附加的东西。这就是第十七章所讲的"太上，下知有之"的境界——人们只知道上面有这么一个领导者，却没有察觉到他干了什么，因为他所做的一切皆源于自然，让人觉得顺理成章，这是治理天下的最高境界。

其次是"上仁"。老子将其归为"下德"中最高的境界，由此看来，老子对孔子所提倡的"仁义"也是比较重视的，也有较高的认可度。老子认为，拥有"上仁"的人都心怀大爱，没有自己的私心和杂念，只有天下人的利益，在这样一种精神状态下做事情，一般还是可以做好的，如果掌管天下的人拥有这样一种品德，也是天下百姓的幸事。那么，"上仁"存在的问题是什么呢？老子认为，拥有"上仁"的人做事，其出发点没有任何问题，但是会有一种欲"为之"的主观态度。也就是讲，在做事的过程中可能会掺杂一些个人的想法，这些想法有的符合"大道"，有的不一定符合"大道"，如果在不符合"大道"的情况下还强行去做，未必符合实

际。当然，老子还是认为，拥有"上仁"的人做事时，尽管会主观，一般还是可以做到遵循"大道"的，即"为之而无以为"。

再次是"上义"。拥有"上义"的人做事就更逊一等，这种人在主观上想法很多，在客观上又容易感情用事，容易冲动，虽然也做了一些好事，但是，其遗留的问题同样很多。他们想把事情做好，往往最终却没有做好，即"为之而有以为"。

最差的一等是"上礼"。道家对"礼"一直有一种抑制的情绪，认为"礼"这种东西都是人为炮制出来的一些手段和形式，其目的是为了约束人，以达到建立尊卑之序的目的，因此，它也变相地成为统治者迫害、压榨人民的手段。老子认为，用这种形式去治理国家，老百姓不可能拥护执政者，一旦有机会必然会唾弃之，即"莫之应，则攘臂而扔之"。

细品上面几句话，我们可以看到，老子认为得"道"与否主要从两个方面来判断，一是看主观，二是看客观。如果一个人在做事的过程中，客观上能够以自然之根本，顺应物之本性，以百姓之心为心，主观上没有任何功利感和是非欲，就是"上德"，就是得道之人。居于"下德"之人，其主、客观就都很难达到上面的境界了。"上仁"之人，客观上基本能够遵循"大道"，主观上却有了是非和功利的想法；"上义"之人，主观上有是非，客观上也往往背离"大道"；"上礼"之人则彻底主观化，并且将本应顺应自然的行为固化为一种程序，强迫他人遵守，其做法更是与"大道"相去甚远。

如果说老子的这种评价过于苛刻而理想化，那么，孔子在《论语》中也说了一句类似的话来考量人的行为方式，而且这句话似乎更具实用性。孔子认为，评价一个人做事做得怎么样，看三点就可以了：一是"视其所以"，即看这个人做事的出发点是什么、为什么干、为谁干，就是做事的目的性。二是"观其所由"，即看他怎么干、是不是按照客观规律办事、是不是急功、是不是冒进、是不是符合实际、是强行还是顺势。三是"察其所安"，即看其做事时是真心还是假心、是带头实干还是摇旗呐喊。这三点看明白了，这个问题自然就清楚了。孔子讲："人焉廋哉？人焉廋哉？""廋"就是"藏匿"和"隐藏"的意思。

讲完上述观点后，老子得出了一个结论，再一次勾勒了人类文明发展的脉络和途径："失道而后德，失德而后仁，失仁而后义，失义而后礼。夫礼者，忠信之薄而乱之首。"

这一段文字读起来很熟悉，似曾相识。其实，老子在第十七章中已经讲过类似的问题了，即"大道废，有仁义；智慧出，有大伪；六亲不和，有孝慈；国家昏乱，有忠臣"。二者虽然在表达形式上略有不同，但是主旨没有本质的不同。道家一直认为，"大道"失于人性之欲、人性之恶、人性之险，人类总是容易陶醉于眼前之欢，而忽视身外世界之客观属性。

道家认为，我们所认识的世界实际上是一个主观的世界，是一个"人眼里的世界"，是一个并非绝对真实的世界。当一个人真的把身心放松，就会突然发现自己对人生、对社会、对自然有了完全不同的感受。人的一切欢喜、一切悲伤、一切得失，无非是一念之间的事，而"念"是什么，"思"又是什么，天何以为天，地何以为地，人何以为人，这都是宇宙之大哲学，道家对此也只有一种朦胧的感知，并没有给出确切的答案，而我们后人在物质文明的探求中越来越没有心思去思考这些"无聊"的东西。

将来的某一天，人类一定会发现，这些所谓的"虚幻"而"无聊"的东西，一定会决定人类的未来。这是道家的意义，是哲学的意义，也是人文的意义。而所有的意义都淹没在了物欲的洪流中，这不能不说是一种悲哀。

老子接着讲："前识者，道之华而愚之始也。是以大丈夫处其厚，不居其薄，处其实，不居其华。故去彼取此。"意思是真正有见识的人都会明白我前面所讲的道理，当"大道"被一些表面化的东西掩盖，才是人类走向愚昧的开始，人类总是狂欢于自己的收获，醉心于自己的所得。真正有见识的人都能够明白什么需要、什么不需要，应该按照一种什么样的方式去寻找人生的归宿，不为一些浮华所诱骗，懂得取舍，真正能够做到尊天敬地、心有大爱、返璞归真。老子在这里用了"大丈夫"这个词，似乎与道家的风格不太协调，其实，这个词的背后传达了老子对那种敢于挑战世俗、特立独行的人的精神的一种赞誉。对于这种坚守，没有一种强大的心智是做不到的，这也正如老子前面所讲，"众人皆有余，而我独若遗"。

通过本章我们也可以看出，道家所谓的"德"并不同于我们日常生活中所讲的"道德"。我们平常所讲的"道德"是一种以人为本的情怀，表现为以社会需求的视角来考量一个人的行为方式，凡是有利于世人的行为皆为"有德"，不利于世人的行为便是"无德"。道家的"德"表现为以自然为本，凡是遵循自然的法则，信守"大道"的行为皆为"有德"。当然，儒、道之"德"也不是没有相关性，淡定生死、看淡名利、包容是非、尊重自然等观念都构成了儒、道两家思想的交汇点。总之，道家更重视生命诉求，儒家更重视社会诉求。

在现实面前，关于如何立德，儒、道也进行了许多调和，都反映了其对现实生活的关心。比如，道家极力反对儒家所提倡的"礼"，认为过于烦琐、过于主观、

过于等级分明；到了春秋末期，儒家也在一定程度上接受了这一观念，他们在坚守"礼治"的基础上也进行了大规模的改革，一方面赋予了"礼"精神内涵，另一方面去除了一些形式上的东西。比如《论语》中记载，有一个叫林放的人找到孔子，问"礼"的根本是什么。孔子听后很高兴，赞美林放说："大哉问！"意思是"这个问题真是个大问题，太有价值了！"孔子如是回答："礼，与其奢也，宁俭。丧，与其易也，宁戚。"孔子在这里其实强调的是丧礼。古人非常重视丧礼，并且在形式上搞得非常复杂，浪费了大量的人力、物力和精力，到春秋时代，丧礼已经饱受诟病。面对这种现实，孔子讲了，丧礼还是被需要的，正所谓"慎终追远，民德归厚"。但是丧礼真正的价值在哪里？不是形式越复杂就越好，关键是看其反映出来的本质。与其那么铺张浪费，还不如节约一点好，活着的人还要过日子；与其搞那么多形式，还不如参加丧礼的人发自内心地表达对亡人的思念。

孔子后来在《论语》中还讲："居上不宽，为礼不敬，临丧不哀，吾何以观之哉？"看一个人的品德，凭借三点就够了：身在上位，有没有对下位的宽容之心，这反映了一个人有没有爱心；在一些大型的祭祀和纪念活动中，有没有发自内心地表现出真诚；在丧礼上的哀伤是真心表露还是做样子。从根本上看，这三点其实讲的都是"礼"，强调的都是"礼"背后的精神，而不仅仅是形式，这也反映了儒家思想的蜕变。

昔之得一者：天得一以清，地得一以宁，神得一以灵，谷得一以盈，万物得一以生，侯王得一以为天下贞。其致之也。天无以清，将恐裂；地无以宁，将恐发；神无以灵，将恐歇；谷无以盈，将恐竭；万物无以生，将恐灭；侯王无以贞，将恐蹶。故贵以贱为本，高以下为基。是以侯王自称孤、寡、不谷。此非以贱为本邪？非乎？故至誉无誉。不欲琭琭如玉，珞珞如石。

一、万道归一是本心，大道至简水不深

本章是《道德经》中比较长的一章。关于本章的文字，不同版本的表述略有不同，很多学者也对此进行了考证，各有其说。我认真考证了几个版本之后，认为上面这种表述还是比较科学而符合逻辑的。关于对古籍的考证，我不太赞成"越是久远，越是准确"的说法，除非拿到了老子真正的第一手材料。我们今天对古籍进行了有鉴别性的增删；在其流传的过程中，古人也对其进行过有鉴别性的增删。对于

其中的某些内容，可能这一代人觉得理解不了，认为是附会，于是就删了，但是，删的可能就是原著；过了两代，又有人将其找了回来；再后来，被加入了找回来的成分的版本就成了新版本，被删掉的版本又成了老版本了。那么，孰是孰非也就越来越模糊了。

因此，我认为，在一些古籍的流传过程中，有一些出入也很正常。对于这些出入，一，不要忽视不同时代的语言习惯，以及每个时代的避讳之词，文本可能会因此而有所变化。二，不要自认为不符合逻辑的就是错的，今人的逻辑未必是古人的逻辑，何况我们对经典的理解本来就有分歧。三是要避免一味地信古，以为越久远的说法就越正确。对于流传下来的不同版本的文本，关键要看主旨，看要义，看大体。

在本章中，老子提出了一个非常重要的理念，即"得一"。"一"是指"大道"，"得一"即遵循"大道"。但是，老子在这里提出的"得一"的理念也有其独特的精神内涵，反映了道家的一个重要的人生原则和路径。道家认为，一个人要想应对人生中的风雨，就必须抱有坚定如一的精神信念，矢志不渝，坚守始终。后来，庄子对"得一"的观点进行了发挥，称其为"道枢"和"环中"。

> 彼亦一是非，此亦一是非。果且有彼是乎哉？果且无彼是乎哉？彼是莫得其偶，谓之道枢。枢始得其环中，以应无穷。是亦一无穷，非亦一无穷也。故曰莫若以明。（《庄子·齐物论》）

庄子的意思是：人在一生中会面临诸多的风雨和是非，要想使自己的灵魂保持风平浪静的状态，最重要的是要抓住"大道"这个根本，使自己处于一种无欲无求的空灵状态，知其不可而安之若命，不以物喜，不以己悲，只有这样才能够应对一切。心一旦散了，精神守不住了，人就很容易被外在利益和是非困扰，最终沦为庸俗之人。

在中国的文化中，道家讲"得一"，儒家同样也有这样的人生修炼思维。《论语》的"仁篇"中讲了这样一件事：孔子有一次与自己的弟子曾参等人讨论问题，孔子对曾参说："参乎，吾道一以贯之。"学生们听了之后一头雾水，只有曾参若有所悟。大家都来问曾参老师的这句话是什么意思，曾参说："夫子之道，忠恕而已矣。"意思是说：孔子一生讲了那么多话，做了那么多事，但是，孔子所有言行的背后有一种从来不变的精神，即"忠恕"。"忠"就是指要对得起天地良心，在现实生活中对得起家国天下，这是对上而言；"恕"就是指要有包容和谦虚的情怀，要懂得尊重人，这主要是对下而言。

当然，对于道家的"得一"思想，儒家在现实生活中也做了发挥，构成了中国文化中"归根务本"的理念，即无论做什么事，都必须要抓住根本，不能偏离"大道"，否则就会事倍功半。孔子在《论语》中讲："君子务本，本立而道生。"只有抓住根本，才能走上"大道"。我们中国文化还讲"大道至简"，"简"所体现的便是万事、万物最根本的东西，劝告人们无论做什么事情都不能为表面现象所迷惑。

我觉得，在当前的社会环境下，我们之所以很多事都没有做好，很重要的一点是我们没有抓住根本，表面上忙忙碌碌，做了很多工作，对最重要的东西却没有把握住。

所以，我从文化的角度总结了治理天下的几个根本：

第一，"德为政本"。对执政者而言，最根本的是要立德，让天下人拥护你，人民不拥护，不能收住民心，政权就不可能长久。

第二，"民为邦本"。在治理国家和社会的过程中，无论什么时候都要把老百姓的利益作为第一利益，要不遗余力地解决好民生问题。当然，这也是"立德"最重要的体现。

第三，"吏为国本"。要想把社会管理好，把天下治理好，在政治路线和思想路线确定了以后，用人无疑成了第一要务。人永远是社会的主体，用不好人就不可能治理好天下，而用人腐败是天下第一腐败，吏制兴则国必兴，吏制腐则国必腐。

第四，"家为社本"。中国有句老话：家和万事兴。欲实现社会和谐，必须大力加强家风和家教，家庭建设不是个人的私事，而是社会治理的一个最基础的工程。一个社会中和谐的家庭越多，这个社会就越安宁、越祥和。所以，有人问孔子：你为什么不去做官、不去从政呢？孔子讲：我对上孝敬父母和长辈，中间使兄弟们友好，对下严格要求子女，这如果不是"从政"，那什么才是"从政"呢？孔子实际上是在告诉我们：当我们每个人都认真地经营好自己的家庭，其实就是在为社会做贡献，就为社会增加了一个和谐的细胞。

二、不为琭琭玉，但做珞珞石

"昔之得一者：天得一以清，地得一以宁，神得一以灵，谷得一以盈，万物得一以生，侯王得一以为天下贞。"这句话其实就是老子在万物"得一"之后对其形

态的描述：天为什么高高在上，带给我们阳光和空气，春风和煦，秋高气爽？因为它得道了。大地背负青山，承载绿水，生养万物而无怨无悔、淡定从容，为什么？因为它得道了。谷神为什么总是充满活力，永不疲倦，空灵多姿？因为它得道了。万事、万物周而复始，步履从容：春日花开，秋日叶落；夏日飞雨，冬日飘雪；月残时生几丝哀婉，月圆时多几分相思；日出万里无云，日落彩霞满天……这个世界之所以如此美好，因为它得道了。自古以来，但凡太平盛世，无不是君王能够按照"大道"的精神护卫苍生，心系黎民的结果，行暴政者、施暴虐者，哪一个能够长久？

如果不能得道，其结果又是怎样呢？老子又做了细致的描述："天无以清，将恐裂；地无以宁，将恐发；神无以灵，将恐歇；谷无以盈，将恐竭；万物无以生，将恐灭；侯王无以贞，将恐蹶。"天不得道就会乌云密布，日月被蚕食，甚至天空暴裂；地不得道，世界就不会安宁，山洪爆发，旱涝不定，民不聊生；神不得道就不会灵验，就会失去人们的信仰与追随；谷神不得道就会充满各种各样的欲望，正能量的东西就会衰竭；如果我们身边的万事、万物不遵循"大道"，等待它们的只有死亡；若执政者背离"大道"，政权必将土崩瓦解。

最后，老子得出了一个具有普遍性和实用性的结论，并以此来劝告那些高高在上的统治者和有权有势的人："故贵以贱为本，高以下为基。是以侯王自称孤、寡、不谷。此非以贱为本邪？非乎？故至誉无誉。不欲琭琭如玉，珞珞如石。"明白了"得一"的道理，我们就要清楚：在我们生活的世界上，所谓的富贵荣华，必须以低贱为根本，所谓的高高在上，必须以低下为基础，否则，贵者必折，高者必落。说得通俗一点，那些居于高位的人一定要明白是谁在背后撑着你——是天下人。有人信仰你，有人拥护你，你才能够保住自己的位子，否则，只能是登高跌重。自古以来，圣人、明君都懂得这个道理。所以，中国文化就形成了"民贵君轻"的思想。李世民也讲：君者舟也，民者水也。水可载舟，亦可覆舟。

《易经》中有一个重要的思想——"否极泰来"。如果研究过卦象，我们就会明白，否卦的卦象是上为天，下为地，泰卦的卦象是上为地，下为天。按照常规的理解，上是天，下是地应该是正常的，为什么古人认为这样不好呢？泰卦则是天翻地覆，为什么这种颠倒乾坤的情况反而是好的呢？这里面的含义就是：身在高位的人，必须能够礼贤下士。人在高位，心系下位，贵为王侯，心系天下，居庙堂之高而忧其民。如果位置高而又心生傲气，那么，自然会生祸患。在否卦的九五爻中，有一句爻辞非常有名，即"其亡其亡，系于苞桑"。九五爻一般是指居于高位的人，古代君王被称为"九五之尊",就是这个道理。那么这种人怎么办?《易经》认为,这是很危险的时刻,所以发出警告:"其亡其亡",意思是:"你快亡了!你快亡了!"这是对人的一种预警。怎么办呢?——"系于苞桑"。"苞"的本义是"根深蒂固",一般指山之稳重。"桑"就是桑树。桑树扎根很深,一般很难动摇,寿命也较长,木质坚硬。《易经》认为最好的办法是将自己的根基扎在坚固的山体上,或者系于稳固的桑树上,其实这里的"苞"和"桑"都是暗指天下百姓。所以说,《易经》是中国的大哲学,展示了我们的先人的大智慧。只是其中的很多道理我们世人了解得越来越少了,这不得不说是中华文化的一大不幸。

正因为如此,老子讲,古代有修养的侯王都称自己为"孤""寡""不谷"。"孤"指少年丧父,"寡"是指中年丧夫,"不谷"则是指没有很好地赡养父母。这三种人都是世间不幸之人,是有生活缺陷和品德缺陷的人。君王这么称呼自己是因为这是一种谦称,他们通过这种方式告诫自己要时刻认识到自己的不足和缺失,同时也提醒自己,世界上还有那么多人需要拯救,自己要以更加谦下的情怀来对待身边的人和事。

最后,老子讲了什么样的人才是高人,即"至誉无誉"——拥有无尚的荣光却对其视而不见,而能保持质朴的情怀,这就是高人。所以,真正的圣人内心光洁如玉,外表看上去却如同朴实无华的原石,光鲜不暴于外,更不喜欢被人们吹捧并赞美,即"不欲琭琭如玉,珞珞如石"。

反者道之动，弱者道之用。天下万物生于有，而有生于无。

一、年年岁岁花相似，岁岁年年人不同

第四十章是《道德经》中最短的一章。本章虽然很短，却高度浓缩了道家的哲学精髓，不容忽视。如果说一个人希望能够以最短的时间了解道家和《道德经》的核心精神，或者说希望以最简单的语言来表达对《道德经》的认识，非此句莫属。懂得了这句话并一生信守，受益无穷，对于天地万物皆可看破，对于人间万事皆可找到破解之策。

"反者道之动，弱者道之用"。老子认为"大道"时刻都在运行，承载着万物的来去与生死。"大道"运行的方向是反向的，与我们的常规思维不一样。在日常生活中，我们总感觉事物都是越来越多的，比如钱越攒越多，人越长越高，官越当越大，房子越盖越高……但是老子认为，"大道"不是按照这个方向前行的，我们人

看到的只是局部的变化，或者一时的变化，真正站在整个事物的发展过程上看，事物都是向与人所期待相反的方向发展的。

比如，我们来到这个世上，都希望生命越来越长、以后的好日子越来越多，其实，我们却是向死亡的方向行走。我们为爱而结婚，总觉得婚姻是爱情的结晶，但是，婚姻往往是浪漫爱情的结束。我们总觉得多赚一点钱才能保证一生富贵，但是，真正长寿的往往是穷人。我们总希望获取高位，以收获人生的尊严，但是，得到了才知道高处不胜寒。

人的欲望之所以不可控，就是因为人总是喜欢局部地看问题，所以拼命去向这个世界索取什么，争强好胜，争凶斗狠，到头来，往往适得其反。人世间的很多事情其实都是我们的一厢情愿，个人如此，家庭如此，社会如此，民族如此，国家亦如此。有人说拿破仑的字典里没有"失败"二字，那滑铁卢之战又说明了什么呢？希特勒疯狂，墨索里尼骄纵，日本军国主义野心无际，最终也无不被扔到了历史的垃圾堆里。当年美、苏争霸，争到最后，也是两败俱伤，昔日辉煌终成往事，世界终朝着多元化的格局前进，这就是"大道"。

所以，大终化为小，强终变为弱，生终归于死，得终伴随失，你中有我才是你，我中有你才是我，世界本来混沌，莫要唯我独尊。据我愚测，在未来的世界，如果我们中国人自己内部保持团结，将自己的文化吃透，能保持千年不衰者，唯中华民族。这是我们的文化基因使然，不是什么样的民族都能做得到。所以，中国人当前最需要的是自信、是坚守、是团结、是融合、是自力更生式的创新。

正是基于这样的认识，老子才强调"弱者道之用"。要想把"大道"的精神吃透，在现实中获得收益，一定要懂得"用弱"，这是个最简单的法则和技巧。几十年来我们一直强调，中国是一个发展中国家，是第三世界国家，在很多问题上，都采取了一定的守势。这是蓄势的必要，尽管表面上受了一点委屈，但是收益还是明显的：我们获得了很多朋友，拥有了很多机遇，这就是"用弱"的结果。用弱不等于真弱，而是把锋芒收起来，以圆润的一面对待他人和事物，为了更加长远的利益，勇于在很多问题上做出暂时的让步和牺牲。做人做事，不能时时刻刻都咄咄逼人，让人没有退路，如果这样，也会把自己带入绝境。

基于上述认识，老子接着讲，"天下万物生于有，而有生于无"。这句话的意思我们在前面已经做了阐述，道家一个最基本的宇宙观就是"无中生有，有又生无"。对此，庄子有一个形象的表述："一受其成形，不亡以待尽。与物相刃相靡，其形

尽如驰，而莫之能止，不亦悲乎？"世界上的任何事物一旦成形，等待它们的唯一结果只有消亡，人如此，树亦如此，山如此，水亦如此，天如此，地亦如此，这是无法改变的。至于我们生活的这个星球在什么时候以什么样的方式消亡，我们不得而知，但这是定数。或许正是带着这种危机感，我们开始探索遥远的星际，希望能够找到更多的生存家园，但是，我们往往想不到，我们人类自身也在这种宿命之中。所以，庄子讲，人生最大的悲哀是什么？岁月天天流逝，青春不断远去，我们却没有任何力量能阻止，看着身边的亲人和朋友，看着那些英雄和我们爱戴的人不断远离我们，我们爱莫能助，这不就是人间最大的不幸吗？所以，我们该怎么办呢？活着的时候我们要好好珍惜每一天，爱一个人就好好去珍惜，想做什么就要勇敢去做，不要期待明天，明天会来，但那是别人的故事，正所谓"年年岁岁花相似，岁岁年年人不同"。

当然，历史上也有很多人想要打破这个法则，希望自己能与天地同寿，比如秦始皇、汉武帝、雍正皇帝等帝王，以及一些术人雅士，费尽了心机，最后也是枉然。我们老家有一个镇，叫千童镇，据说当年秦始皇让徐福带领五百童男童女下东洋寻找长生不老药，就是从这个镇出发，尽管这里离渤海湾很近，但他们最终也是无功而返。汉武帝一生威武，却在这个问题上极度糊涂而迷信。雍正本有心于天下，但是据说他服用了太多的含有重金属的丹药，仅执政十三年便一命归西。而民间流传的各类千奇百怪的长生之药和长寿之法，反映出的不过是愚人之心而已，何足信焉？

去年秋夜读书之时，忽感自己的人生也已过半，不觉心生茫然，黯然神伤，遂提笔写了首词，既为思考，亦为自励。

贺新郎·秋夜遐思

月明惊乌鹊，啼声声，残岁将过，满城霜叶。曾忆春来凭栏处，群芳闹个不歇。到而今，只余空阁。何言悲秋自多情，只为那静里朱颜色，雪染鬓，霜满额。

蓦然回首几十载，多少梦，醒了又做，疲于奔波。陋室空往千年史，镜里花，水中月。到头来，几人参破。余生何被功名锁，泼墨处，但把豪情写。诗一首，词一阕。

二、天地变动不居，大道贵在谦虚

关于"反者道之动，弱者道之用"这句话，我个人理解，老子应该是受到了《易经》的启发，掌握了《易经》的其中四卦，对其思想精髓也就基本上掌握了。这四卦，一是"乾坤"，二是"否泰"。

"乾"卦是《易经》中唯一的纯阳卦，全卦六爻皆阳，没有阴爻。"坤"卦是《易经》中唯一的纯阴卦，六爻皆阴，没有阳爻。阳卦讲进取，但是进中有退，不可求其极。阴卦讲守，但是守中有攻，不可消极以待。这两卦是《易经》的基本卦，其他卦皆来自这两卦的穿插变化。这两卦就体现了"反者道之动，弱者道之用"的基本原理。

关于"否"卦和"泰"卦，我们前面做了解读，主要是强调高下的关系问题，其实，这两卦中还有另外一个重要的法则，那就是体现了"反者道之动"的道理。大家可以看，"否"卦中天在上，地在下，这是一个稳定的平衡结构，在这个结构体系下，万物都是稳定而保持静态的。《易经》认为事物都是时刻变化的，变为吉，不变为凶。就像社会，如果经常出点小问题，说明这个社会没有大问题，如果这个社会极其安定，就可能意味着要发生大的变化。人也是这样，如果一个人经常生点小病，这个人往往不容易生大病，有的人看上去很健康，几乎不生小病，但是，一旦生病可能就是致命的大病。所以说，动态的平衡才是真正的平衡，动态的稳定才是真正的稳定，有不同声音的社会才是正常的社会，人生一点病，也会提升身体的免疫力，这些都符合《易经》所强调的"变化"。而"否"卦没有这种变化，因而被认为是不好的卦象。

"泰"卦则不然，地在上，天在下，这怎么可以呢？天一定要奋斗，地一定要归位，说明这个卦里蕴含着一种无穷的张力，这种张力也就是活力，是一个社会和人的精神状态，没有这样一种精神状态是不可能干成事业的，万物皆然。所以，反向的张力构成了"大道"运行的最重要的动力源，这就是"反者道之动"的哲学基础。这正如世界上有不公平，人们才能为公平而奋斗，最终构成了人类文明的历程。

通过"否""泰"这两卦，结合老子的观点，我总结了四句话，与大家共勉：

第一，凡事要想变中求，要及时调整自己的心态。世界是变化的，在变化中才能够实现平衡与稳定，人生的机遇大多在变化中才能获得。人这一辈子，一定要顺

势而为，要注意不断地调整心态，要随年龄、位置、成败及时代的变化不断地调整并修正自我，不能抱着老黄历不放。

就家庭和情感而言，要相信世界上没有永恒的浪漫和爱情。真正的爱情是属于那个特定的年龄阶段所产生的一种心理和生理的本能反应，和品德没有关系。爱情属于青春，爱属于永恒。爱情更多地表现为激情，感性大于理性；爱更多地表现为责任和担当，理性大于感性。在爱情的雨露中，人们不会太世俗而功利，容易产生建立家庭的冲动。而随着年龄的增长，人的社会阅历不断增加，看问题越来越理性，自己的心灵空间也慢慢地被封闭起来，接受一个人于是变成了非常困难的事。两个人在一起时间长了，锅碗瓢盆交响曲不断，哪有勺子不碰锅沿的道理？再者，当一个人渐渐老去，不再拥有青春时的亮丽，怎么办？没有必要怀疑当初，要调整自我，相识即是缘分，相依相扶，寻一城终老，是一种责任，也是生命中的另一种浪漫。

就富贵而言，要适可而止，量力而行。世间有挣不完的钱，但是，命只有一条，有多少人躺在财富上走向人生的终点，留给世人的只是哀伤。特别是那些身居高位的人，有房住，有车开，有尊严，还需要那么多钱做什么呢？人挣钱是为了过上更好的生活，有的时候好的生活却是钱换不来的，又何必舍近求远？最后人财两空，身败名裂，只有扼腕叹息，无力回天。

就追求与爱好而言，也要适可而止，无论追求什么东西，都不能迷失自我，陷入得太深。古人讲，治理天下的人，一定要远离四个字，即"声色犬马"，粘上这四个字，没有不亡国的。"声"就是指靡靡之音，每天花天酒地，不务正业；"色"就是指美女，一旦陷入其中，便会不能自拔，夏、商、周三代无不如此；"犬"就是指架鹰玩狗，意味着痴迷于某种宠物，如宋徽宗迷于字画而不务朝政，南唐后主迷于歌舞，忽略家国；"马"就是指铺张浪费，古代养马的耗费是很高的，一个社会如果掀起了奢华之风，最终也必然会走向灭亡。

就生命而言，一定要淡定、从容。人的一生从哪里开始，又从哪里结束，都是一件很难预测的事情，少年时要有理想，青年时要知奋斗，中年时要有担当，老年时要心生从容，离去时要留一点微笑，无论处在哪个人生阶段，都要有一个端正的生命态度，都要根据时间的推移来调整自我的状态，不要怨天，亦不要尤人。人生有限，宇宙恒远，不用说一般人，纵使是那些叱咤风云的英雄们，照样有无尽的遗憾。

很多人不再凭良知做事，为达目的不择手段，造假成风，在任何领域都不深挖，细究起来，问题重重。也有很多人在浮躁之心和利益的驱使下越来越难以坚持正义，心系天下苍生，而财富的多少渐渐成了衡量一个人的价值的标准，真正的"理想"被抛之脑后。这种情况导致人们的情绪越来越激动，变得喜怒无常，难以对人宽容，一怒之下就是一个家庭悲剧甚至社会悲剧，对问题进行理性思考就更不可奢求了。环境问题也很严重，雾霾笼罩，河流被污染，山林被破坏，土地沙化，资源被过度开发，等等。另外，时下很多人不重视健康和运动，各类疾病正不断地蚕食着国人的快乐与幸福。

第二，阴阳变化万物生，要调性，即保持事物的阴阳平衡。"泰"卦之所以吉的一个重要的原因，在于天地运转中，阴阳二气可以保持相互交流和交融，达成和谐的状态。而"否"卦是天在上，地在下，阴阳难合，容易导致人走极端。中华文化认为，孤阴不长，孤阳不生，阴阳相合才能生成万物。这个原理无论对个人也好，对家庭也好，对社会也好，都具有较强的现实指导意义。在我们今天的社会现实中，很多问题的出现都是阴阳失衡、顾此失彼所致。对于当下存在的一些不好的社会现象，可以概括为五句话：邪气多，正气少；财气多，志气少；怒气多，和气少；臭气多，香气少；出气多，进气少。

第三，高低贵贱为自欺，要调德，高位时不欺人，低位时不自欺。"泰"卦之所以吉，从卦象上看还有一个重要的理念，那就是身居高位时能够摆正位置，礼贤下士，这也就是中国自古以来的民本思想和民贵君轻的思想。老子也讲，贵以贱为本，高以下为基。就"泰"卦而言，天虽然居于高位，但是能够屈居于地之下，这便是"泰"卦之德。所以，在这里我也送大家四句话：

高尚、尊贵，不以骄人：虽然有权力，有财富，位居尊位，但是能保持一种平和的心态来对待身边的人和事。

聪明、圣智，不以穷人：虽然天资聪明，有知识，有见识，有洞察力，但是也不能把话说尽，把事做绝，把机会都拿走。

齐给、速通，不以先人：虽然反应快，有关系，有能量，但是也不能把好事都占了，要知道给别人留点活路。

刚强、坚毅，不以伤人：虽然品行端正，性格刚强，但是也要讲究工作方法，注意说话的技巧，给人留点面子，这是一个领导者的基本素养。

第四，功成身退天之道，要调志，要根据自身的实际和事物的发展不断地修正自己的人生方向。遍观历史和现实，人生有五条死路，一定要防范：功高盖主者亡，嗜财无度者亡，以权谋私者亡，驰情纵欲者亡，劳而背天者亡。

第四十一章 上士闻道，仅能行之

上士闻道，仅能行之；中士闻道，若存若亡；下士闻道，大笑之，不笑不足以为道。故建言有之，明道若昧，进道若退，夷道若颣。上德若谷，大白若辱，广德若不足，建德若偷，质真若渝。大方无隅，大器免成，大音希声，大象无形。道隐无名。夫唯道，善始且善成。

一笑大道去，归来是晚风

或许上一章的内容过于抽象，哲学色彩很浓，老子担心世人对其理论多有不解之处，于是他沿着这样的思路又写下了这一章。其实这一章是对世人的告诫，也再一次强调了"反者道之动，弱者道之用"的"大道"法则。

本章分两部分。第一部分描绘了不同的人对"道"的不同态度："上士闻道，仅能行之；中士闻道，若存若亡；下士闻道，大笑之，不笑不足以为道。""上士"是指修为、德行和境界都比较高的人。老子认为，这种人在得知了"大道"的道理之后，就会一辈子信守"大道"，所有的行为都会以"道"为依据，合"大道"则为之，不合"大道"则弃之。当然，这句话也有很多版本，"仅能行之"也为"勤而行之"，细想起来，本意并无大的不同。"中士"即修为和德行较"上士"差一等级的人。他们对"大道"将信将疑，有时循"道"而行，有时背"道"而为。"下士"指修为和德行又差一些的人。这些人听到人们谈论"大道"，总是捧腹大笑，不屑一顾，甚至嗤之以鼻。老子讲，"不笑不足以为道"。这种人有这样的表现完全正常，与之论"道"，如同对牛弹琴，期待牛通乐律，岂不是痴人说梦、天方夜谭？只有有智慧的人才能理解"大道"。

通过这番话，老子实际上是告诉后人："大道"固然至简，但是，真正信仰"大道"、坚守"大道"是一件非常困难的事。原因是什么呢？就是因为"大道"无踪无影，表面上看也不能给我们带来眼前的利益。同时，"大道"所反映出来的规则与我们平常对事物的认识是不一致的，甚至是反向的，没有一定的修为的人很难成为"大道"的信徒。正因为如此，"大道"往往被世人忽略，甚至被诬蔑，被贬低，被践踏。为此老子写下了本章的第二部分，对"大道"进行了一次系统的描述：

"故建言有之，明道若昧，进道若退，夷道若颣。上德若谷，大白若辱，广德若不足，建德若偷，质真若渝。大方无隅，大器免成，大音希声，大象无形。道隐无名。夫唯道，善始且善成。"

"建言"即立言，是指古代圣贤之言。这些圣人们曾经告诫后人一定要遵循"大道"，那"大道"究竟是什么样子的呢？

从事物发展的形态上来看：通向光明的道路往往看上去是朦胧而暗淡的；通向成功的道路，有时候看上去却似乎与期望中的方向正好相反；看上去平坦的大道，真正走起来却荆棘丛生、坎坷不平。正所谓"人间正道是沧桑"。事实上，大家不妨想一想，无论是人生、社会发展，还是追求真理的过程，都没有一帆风顺的时候，真正的高人总是能够守住初心，砥砺前行，目光短浅的懦夫却总是徘徊在"大道"的门前，畏惧于眼前的风雨。

从生命的表现形态看，真正的有德行、有见识、有能力的人，看来却像山谷一样空灵无物，胸怀豁达，总是能够包容不同的人和事，能够承受打击和挫折；真正的灵魂清白而干净的人，有的时候觉得好像受到了侮辱似的；真正的品德高尚的人，总觉得好像还有一些缺陷；具有刚健、昂扬的斗志的人，在现实生活中往往给人没有什么棱角，甚至有点唯唯诺诺之感，且做事非常严谨；情怀质朴的人、精神高洁的事物从来不标榜自己，甚至可以和污物为伍，而不改变初衷，诸如莲花。老

子这番表述，尽管角度不同，却都暗含着一个基本的哲学逻辑——以退为进，以辱为荣，以收为放，不忘初心，守住根本，遵循"大道"。

几年前，我到清华园近春园讲学，坐在荷花塘边休息，有感于莲荷之大德、大情怀、大境界，故填词一首：

风入松·秋荷

满目残荷只是秋，盛景一风收。年年岁岁皆相似，不同是旧欢新愁。两只轻燕戏处，碧波一叶孤舟。

花落蓬生子含羞，泥下有新藕。都谓莲品性高洁，谁知道水中喜忧。光艳照亮天地，苦处藏在心头。

在本章的最后，老子站在广袤的宇宙空间里，得出了天地万物的大法则："大方无隅，大器免成，大音希声，大象无形。道隐无名。夫唯道，善始且善成。"

"方"本来指方正，方正的东西一定有棱角，有棱角就容易伤人。但是老子认为，能伤人的方正只是小方正，不是大方正。大方无隅，大到一程度就可能容纳天地、容纳万物，而又不失原则和立场。所以，小方正的人容易产生脾气，做事容易过于自我或表现得个性过于强烈，有的时候虽然出发点是好的，但是往往不能获得人们的理解，甚至适得其反。因此，做人、做事要守住大立场，放下小立场，要能够容纳不同的声音，要能够与不同类型的人相处，对理解不了的事也能够淡然处之。一心为己则正己，一心为家则正家，一心为国则正国，一心为天下则正天下，方正与否，皆在"格局"二字。

何谓"大器免成"？很多版本都认为应该是"大器晚成"。在现实生活中，理解为"大器晚成"的也比较多，即因为器形大，所以成器较晚。对人而言，有大智慧、大理想和大作为的人，往往都是在历经坎坷后才能够脱颖而出。事实上，综观本段内容，"大器免成"更符合老子和道家的精神。古人讲"君子不器"，一个真正有才能的君子不会像某种器物一样，只限于一时一地之用，而是能够立德、立功、立言于天下。老子这里所谓的"大器免成"实际上是讲：一个真正得道的君子可以被理解为一件大器，这里的"大"是指无边无际，而这样的"器"怎么可能被造出来呢？实际上，这与"君子不器"是同一种思路。"大道"无踪无影，一个得道的君子当然也是高深莫测，这种无形、无状之器乃是天地间真正的大器。

"大音希声"中的"大音"即"大道"之音。"大道"催生万物，每时每刻都在运转，整个宇宙可以说都在它的掌控之中，这是多么浩大的行为，伴随着多么大的声响！但是，这种声音我们不能听见，我们所能够听到的风声、雨声、雷声及乐声都是天地之小音，而非大音。善通音者当通"大道"，能见人之不见，能闻人之不闻，能知人之不知，这才是真正的高人。当然，老子对这个问题的讲解是站在哲学的角度所做的一种表达。科学发展到今天，也反复证明，我们人类的可闻之音、可见之光都是很有限的。这几年，我们人类通过各种仪器听到了来自遥远的宇宙的声音，即引力波的波动之音，这种声音里包含着星际之间巨大的生灭变化，承载着我们所不知道的宇宙的演化与文明的变迁。

"大象"即指"大道"，"大象无形"即"大道无形"。

讲完这四句话后，老子讲："道隐无名。夫唯道，善始且善成。""大道"因为无边无际、无形无状，不好表述，所以，一向不为世人所知。但是，也只有掌握了"大道"的精神，我们才能够做到守住初心，善始善终。

前几日抚卷而读，反复思考老子的这四句话，心有顿悟，故得出三个结论，但愿对世人有所帮助：

第一，伤人者量小。因为别人说了几句不中听的话，便心生怨恨，到处贬低人家；因为评功、评奖，因为工作分配，因为个人升迁而不择手段，当面不说，背后乱说，甚至对别人下绊子或诋毁别人。不得不说，这样做的人的心胸太狭小，害了别人，最终也损了自己。正所谓：来说是非者，定是是非人。路遥知马力，日久见人心。

第二，成形者器小。自己心里想的是什么，别人一眼就能够看明白，全世界都知道他的想法，他自己还觉得高明得很，这就是真糊涂啊。心要广博，志要高远，人要谦逊，德要高尚，势来则乘云气游九天，势去则一日三餐终可度日，而心无杂念，亦无多怨，这才叫"大器"。

第三，闹心者度小。能闻大音者，则不囿于小音。不要一有风吹草动便大惊失色，一旦个人利益有损便大骂天下无道。中国有句老话：大隐隐于朝，中隐隐于市，小隐隐于野。真正的高人无论在什么时候都能够沉住气，这才是度量。

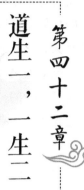

第四十二章

道生一，一生二

道生一，一生二，二生三，三生万物。万物负阴而抱阳，冲气以为和。人之所恶，唯孤、寡、不谷，而王公以为称。故物或损之而益，或益之而损。人之所教，我亦教之。强梁者不得其死，吾将以为教父。

一、万物生大道，阴阳是真金

本章的开篇之句在中国文化史及哲学史上具有重要的地位。这句话的表面意思很好理解，但是有三个观念须引起我们的重视：

第一，老子再一次强调"道"在宇宙中的本源地位和作用，万物皆由"道"生，"道"表现的是对自然和客观事物的一种哲学思考，这也奠定了中国文化"无神论"的思想基础。

第二，老子再一次强调了道家关于事物的演化法则，一是无中生有，二是从简单到复杂。我们做事情为什么总是背离"大道"？就是因为在万物的演化过程中有着太多的中间环节，而这些环节不断地掩盖着"大道"真实的法则和质朴的情怀，我们人类又恰恰总是在细枝末节上狂舞，往往因为一叶障目，难见泰山。一个真正高明的人能够从万物的表面现象中跳出来，从各种是非中跳出来，从各种纠结中跳出来，一把抓住事物的本质。我们今天的政策选择中强调顶层设计，说白了就是强调执政者不能为一些社会的表象所左右，更不能被一些表面化的东西牵着鼻子走，应该抓住执政和社会治理的根本大法，否则，只能顾此失彼，最终也不能从根本上解决问题。

第三，"道生一，一生二，二生三，三生万物"的法则与《易经》中"太极生两仪，两仪生四象，四象生八卦"的法则的出发点是不同的。前者强调的是事物由简到繁的演化规律，更多地体现了事物的一种量的变化。后者体现的则是对事物演化法则的考量，强调事物演化过程中的阴阳和谐与平衡。无论什么样的事物，都包含阴阳两面。阴阳是事物的基本属性，当阴阳完全合一了，即恢复了宇宙形成之初的混沌状态，也即达到了"大道"的起始状态。

如果说老子在本章中的第一句话讲的是"物生"，即宇宙万物的生成过程，那么老子接下来讲的则是"物性"，即"万物负阴而抱阳，冲气以为和。人之所恶，唯孤、寡、不谷，而王公以为称"。

老子认为，"大道"所生成的万物尽管表现形式不同，但是都有一个共同的特点，那就是阴阳相依、相合。"阳"在中国文化中表现为雄性、刚强、进取、光明的意象，"阴"表现为雌性、柔顺、包容、幽冥的意象。

按照老子的意思，如果一个事物在表现形式上是阳刚而向上的，那么，其内部一定是稳健而柔顺的，如果一个事物在表现形式上是包容而含蓄的，那么，其内部一定是刚健而勇敢的。世界上没有纯阳之物，亦没有纯阴之物，纯阳必折，纯阴必断。

在现实生活中我们可以看出，男人给人的感觉是刚强的，但是，当他们真正伤心起来，往往比女性更难以控制，这是其内心阴柔一面的展现。女性表面上是柔和而温顺的，而一旦动起怒来，其所表现出的刚毅和顽强往往会超过男性，那是母性深处的阳刚之气。所以，一个健康的人，就应该在阴阳两个方面都有释放的空间，否则就会影响到身心健康。比如男人在外面创业很辛苦，也一定是以一种坚强的姿态面对困苦，怎么办？回到家中后，夫人要适当地给予关心和照顾，让其紧绷的神经松弛下来，享受一下哪怕是片刻的安宁，这对缓解其压力，补充其能量都是至关重要的。如果一个男人家里、家外都只能展现阳刚，那么其心理和生理上就容

易出问题。阳至极必生阴，这是客观规律，到那个时候，就可能出现一些非常规的现象。女性常表现出温柔的一面，但是，作为男性，应在一些关键问题上多征求一下她们的意见，让其感受到担当的力量。这会让女性更多地展现自己的主体地位，亦可以补充其阳刚之气，使其身心和谐发展，人们常讲的"上得了厅堂，下得了厨房"，大体上也有这样一层含义。

当然，做任何事情都是一样，要保持阴阳平衡。诸如对于一个社会，既要讲道德教化，又要讲法律治理，完全靠道德，可能缺乏强制性，完全靠法治，可能缺乏感召力。在几千年的人类文明实践中，大多数人都相信法制的力量，不相信自觉和道德的力量，最终的结果是法制越来越强大，惩治和管理措施越来越严格，以酷吏和武力来威慑天下，但是，最终也跑不出王朝的衰败和政权更迭的宿命。

因此，老子强调"冲气以为和"。中华文化的最高境界就是"和"，怎么才能"和"？老子认为"冲气"可达到"和"的境界。"冲"在这里就是"中和"的意思，"气"则是指阴阳两气。老子的意思是把"阴""阳"两个字考虑清楚了，把握好了，才能够真正达到"和"的境界，所以，道家认为，"和"即是阴阳之和。

接下来，老子举了一个例子来说明这个问题。王公本来是富贵之人，有权有势，居于高位，但是，这些人往往称自己为"孤""寡""不谷"，这些词对一般人而言都是会厌恶而忌讳的，他们为什么偏偏以此自称呢？老子的意思很明白：这些人位高权重，阳气太盛，为了中和这种盛气凌人的阳气，他们才采取了这种办法，以提醒自己的缺失和不足，不可将事情做绝。所以，越是在高位的人，越需要通过一定的办法消除自己身上存在的"火气"，从工作和生活上都要接地气，不能膨胀自我，否则，多有悲剧。

曾经听到有人讲过这样一件事，尽管我未能核实实际情况，只能当故事讲，但觉得这其中毕竟有些意味和启示。有人讲，黑格尔当年写辩证法的时候，吸取了中国《易经》中的阴阳变化规律，但是，当时的人们将"阴阳"翻译成了"矛盾"，进而将阴阳的关系讲成了矛盾的关系。如果这件事是真的，那么，黑格尔的思想就有修正的空间了。"阴阳"和"矛盾"完全是两个概念：矛盾虽然也讲对立统一，但是，对立是主要的，统一是次要的，以矛盾的视角看世界容易产生斗争思维和对立思维。"阴阳"是一个事物中所含有的两种基本的形态，或者说属性，阴中有阳，阳中有阴，阴在阳之内，不在阳之对，阴阳永远是一种调和的关系，而不是一种对立的关系。这正如磁铁的两极，物质本身无限可分，但是，两极总是相伴而生。科学家一直在寻找磁单极子，却总是无功而返，因为这种寻找本身是违背"大道"精神的。

阴阳相生、相合的理论打造了和谐、中庸的中国文化精神。"和谐"并不表现为一味地进行没有原则的调和，而体现的是遵循自然和物质世界的固有属性。单阴、单阳不能构成物质本身，以纯阴或纯阳的方式处理问题的手段一定是非科学的。保持中庸的状态则是为了找准阴阳的支撑点，在阳刚中补足阴气，在阴柔中补充阳气，以使阴者不会被轻易切割，阳者不会被轻易折断。

遗憾的是，近些年来，一些人打着所谓的"科学"的口号，将阴阳理论简单、粗暴地打上了"迷信"的烙印，甚至用矛盾的理论来取代阴阳和谐的理论，最终的结果是使人们做事容易走极端，不断制造对立面和敌人，将天地置于人类的对立面，不断按照人的意志改天换地，最终人财两空，危害极大。其实，就人类和人类生存的这个星球上的万物而言，都是天地相合的产物，人类要想让自己的文明走得更加长远，就必须要尊重自然，处理好人与自然的关系，不能因为自己掌握了天地间的一些奥秘（如科学技术），就认为自己足够强大，没有底线地改造自然。如果沿着这样的思维走下去，必然导致人类共同的灾难。

二、莫因得时独自癫，阴云总在彩云间

在讲了"物生"和"物性"之后，老子紧接着讲了本章的第三层意思，即"物用"，就是如何把事物的这种属性应用到我们的工作和生活中去。对此，老子讲了一句具有普遍意义的话："故物或损之而益，或益之而损。"

这句话很容易理解。老子告诉我们：无论做什么事，有得就一定有失，有失就一定有得，没有一件事是有得没有失，也没有一件事是有失没有得。所以，在追求"得"的同时，我们一定要对失去什么有足够的认知力和承受力，只有这样才能够做出科学的判断和取舍。老百姓常讲的"两利相比取其重，两害相比取其轻"的道理也在于此。

正如前文中所讲的官员、商人、学者、农民等不同职业、不同层面的人各有各的优势，也各有各的劣势一样，任何事都有它的两面性，有利有弊，且利弊相生。我们切不可陶醉在自身的优势中沾沾自喜，甚至忘乎所以，也不能沉沦于自己的劣势中悲观失望，一蹶不振，停止前进的脚步。有些人可能起步很早，少年得志，春风得意，但是，中年之后的纠结很可能会增多。其实，当我们回顾一生时，不难发现，同一个平台上的人最终都差不多，大富大贵非人力所能及。人人都想当一把

手，但是，权力一定意味着责任，只有当上了才能真正体会到其中的滋味。没有出人头地的时候，是那样羡慕他人的鲜花和掌声、荣耀与尊严，但是，一旦为世人所皆知，方知道，名利场原来是冰火两重天，是一个光怪陆离的世界。

老子最后讲，"人之所教，我亦教之。强梁者不得其死，吾将以为教父"。意思是：前人经常用一句话来教育我，我今天也拿这句话告诫一下大家。那就是，过于强悍的人、过于走极端的人、只知道得不知道失的人、只知道进不知道退的人，没有几个能有好结果的，这大概也是我写本章的初衷吧。

第四十三章

天下之至柔，
驰骋天下之至坚

天下之至柔，驰骋天下之至坚。无有入无间，吾是以知无为之有益。不言之教，无为之益，天下希及之。

动心忍性知所欲，但将大道隐心中

本章的内容是对上一章所提出的"阴阳"概念的深度解读。"阴阳"是一对比较抽象的哲学概念，为了更好地理解，老子选择了另外两个概念来替代，即"刚柔"，阳则刚，阴则柔。对此，老子讲："天下之至柔，驰骋天下之至坚。"

这句话表面上的意思特别好理解。老子说，在我们看到的范围内，那些看似柔弱的东西，却能够纵横于坚硬的物体之间。比如，对石头而言，水是极其柔软的，但是，我们经常看到滴水穿石的现象。我曾经参观过柳州奇石展，那些奇石多被采集于柳江及其支流，其形状千奇百怪，孔洞林立，虚如幻境，这都是江底的水流数万年的冲洗、打击所致，可见大自然之鬼斧神工。在我们的生活中，烟云、雾气也

是柔弱的，却是无孔不入，任意飘荡，若气流汇集成势，则为大风，无所不摧，力量惊人。相对山岩而言，黄沙也是柔弱的，但是，在风的作用下，黄沙顺势而为，终可掩山，而山不可掩沙。

基于这种对现实的观察，老子得出了一个更为普遍的法则："无有入无间，吾是以知无为之有益。""无有"意指柔到不能再柔，薄到不能再薄，小到不能再小。达到这种境界，世界上没有哪里入不进去，没有什么事物穿越不了。老子讲，正是受到了这种启发，他越来越感觉到以"无为"作为处世的法则，不伤物，不害人，少震动，可于自然中达到要达到的目的，真是益处颇多，有百利而无一害啊！

最后，老子得出本章的结论："不言之教，无为之益，天下希及之。"看上去没有声嘶力竭地去教化，而天下却能归心；看上去行为并没有什么独特之处，社会却得到了好的治理。这就是引导、教育社会和治理天下的最高境界，即"不言之教"和"无为之治"。但是在今天，能够坚守这两大原则的人越来越少，这不能不说是一种遗憾。

细细品味本章，老子起于刚柔，结束于"不言"和"无为"，实际上是告诉世人做事应该坚持三大法则：

第一，循规蹈矩，不离"大道"。在今天的社会现实中，我们对很多概念的理解有失公允，比如"循规蹈矩"，我们往往认为这样的人不懂得创新，过于保守，但是不要忘了，中国还有一句老话叫"没有规矩不成方圆"，万事、万物皆有定法，即使是创新，也应该遵循这些大的法则，不能背离天地"大道"，狂欢于奇思妙想之中。人类创新的最基本的理念，应该是怎样把"大道"的法则运用好，在不同的领域和方向更好地遵循"大道"。比如，天有昼夜阴阳之变，地有四季寒暖之别，人有生老病死之轨，物有虚实刚柔之状，这是不可改变的，一切做人、做事的法则都涵盖其中，细思起来，回味无穷。庄子在《养生主》中讲了一个"庖丁解牛"的故事，应该是"循规蹈矩"的最好例证：

> 庖丁为文惠君解牛，手之所触，肩之所倚，足之所履，膝之所踦，砉然响然，奏刀騞然，莫不中音。合于桑林之舞，乃中经首之会。
>
> 文惠君曰："嘻，善哉！技盖至此乎？"
>
> 庖丁释刀对曰："臣之所好者，道也，进乎技矣。始臣之解牛之时，所见无非牛者。三年之后，未尝见全牛也。方今之时，臣以神遇而不以目视，官知止而神欲行。依乎天理，批大郤，导大窾，因其固然。技经肯綮之未尝，而况

大轭乎！良庖岁更刀，割也；族庖月更刀，折也。今臣之刀十九年矣，所解数千牛矣，而刀刃若新发于硎。彼节者有间，而刀刃者无厚；以无厚入有间，恢恢乎其于游刃必有余地矣，是以十九年而刀刃若新发于硎。虽然，每至于族，吾见其难为，怵然为戒，视为止，行为迟。动刀甚微，谍然已解，如土委地。提刀而立，为之四顾，为之踌躇满志，善刀而藏之。"

　　文惠君曰："善哉，吾闻庖丁之言，得养生焉。"

　　这段文字可谓是笔下生花，意味深长，理通天地，情贯古今，令人百读不厌。庄子讲，在梁惠王执政的时候，有一位姓丁的厨师为其宰牛，这个人在宰杀牛的过程中行为优雅，动作果敢，节奏合于乐律，简直就是在做歌舞表演。梁惠王震惊于这位厨师的技艺，问其究竟。这位厨师讲，他并没有专门研究过什么技法，他所追求的是"大道"，天地生牛有其固有结构，其筋骨、肌肉、关节都有其规律和特点，自己经过多年的修炼，已经完全掌握了这种结构。所以，其目之所及不再是一头完整的牛，而是知道牛体结构的空隙所在，自己的刀便是行走在这些缝隙和结构的薄弱之处。这样一来，既可轻而易举地将牛解体，又可以不损伤自己的刀，而这把刀已经十九年没有磨过了，却像新磨出来的一样，"道"就在于此。梁惠王听后恍然大悟，终于明白了养生之道。何谓"养生之大道"？简单地讲，就是不要让生命承受无法承受之重，要按照自然的法则来调整自身的生活和生命追求，不可妄为，不可强为，不可不知轻重缓急。

　　事实上，现在的人们在忙碌的生命历程中，没有多少能够认真品味古代圣人先贤的教诲了，强调外化，轻视内化，强调物质，轻视精神，强调功业，轻视信仰，而最终导致信仰的缺失和精神的苍白，做人、做事没有底线，直接影响到社会的正常前行和自身幸福感的获得，健康也就更无从谈起了。

　　第二，进退有度，因势利导。太刚易折，太柔易断，在现实生活中做事，一定要注意方法，看清大势，拿捏好一个度。现在，很多人探讨与人沟通这个话题，其实与人沟通的一个最重要的法则是因时、因势而为，不能强行将自己的看法强加于别人。有的时候，哪怕是正确的判断，对他人来说也有一个接受的过程，特别是处于下位的人向处在上位的人进谏，更是如此。三国时期有这样一个故事：刘备治理蜀地时，有一年遇上大旱，粮食供应困难，于是，刘备下令停止酿酒，以便省下更多的粮食用来充饥。结果，手下的官员层层加码，到最后，挨家挨户搜查，只要发现有酒具，便会没收或者毁坏，搞得老百姓怨声载道。刘备手下的大臣简雍就试图

劝刘备改变一下政策，但是，考虑到当时国家大旱缺粮的实际，以及刘备因此而正处于一种急躁的状态下的事实，恐怕刘备不能接受自己的观点，于是，简雍暂时忍住没有讲。有一天，简雍陪刘备外出，见到一对年轻的男女在路上行走，于是，简雍便当着刘备的面对手下的人说："把那两个人都抓起来！"刘备感到很奇怪，就问简雍为什么抓人，简雍说，因为他们身上长着"淫具"。刘备听后大笑不止，当然，也幡然醒悟，立刻命令手下的人及时调整政策手段，避免过激，把好事办成坏事。

第三，以身作则，行胜于言。老子讲，"行不言之教"，既然不言，何以为教？老子实际上强调的是：作为领导者，一定要以身作则，说破嗓子，不如做出个样子。一个人真正去做了，就会达到两个目的，一是可以体谅下面的人的疾苦，二是可以产生巨大的感召力。关于如何激励人，《六韬》中有这样一段记载，很清楚地说明了"以身作则"的重要作用：

武王问太公曰："吾欲令三军之众，攻城争先登，野战争先赴，闻金声而怒，闻鼓声而喜，为之奈何？"

太公曰："将有三胜。"

武王曰："敢问其目。"

太公曰："将冬不服裘，夏不操扇，雨不张盖，名曰礼将；将不身服礼，无以知士卒之寒暑。出隘塞，犯泥涂，将必先下步，名曰力将。将不身服力，无以知士卒之劳苦。军皆定次，将乃就舍；炊者皆熟，将乃就食；军不举火，将亦不举，名曰止欲将。将不身服止欲，无以知士卒之饥饱。将与士卒共寒暑、劳苦、饥饱，故三军之众闻鼓声则喜，闻金声则怒。高城深池，矢石繁下，士争先登；白刃始合，士争先赴。士非好死而乐伤也，为其将知寒暑、饥饱之审，而见劳苦之明也。"

第四十四章

名与身孰亲

名与身孰亲？身与货孰多？得与亡孰病？是故甚爱必大费，多藏必厚亡。知足不辱，知止不殆，可以长久。

人格贵在知足中，风险皆在富贵后

人生在世，名利面前，有几人能够逃得出诱惑，看得清得失？老子在前面已经通过各种方式反反复复地劝告世人要淡泊名利，从容面对生死与得失。本章中，老子再一次集中地阐述了这些观念。

人们都乐于成名成家，但是，名气与生命哪一个更重要呢？大家都在无休止地追求各类物质财富，但是，财富与生命哪一个更重要呢？人们都喜欢在欲望的天空下狂舞，但是，即使得到了想要的，也会身心俱疲，甚至会丧失健康与生命。所以，相对生命而言，这种追求是不是一种病态心理呢？

因此，老子认为，"甚爱必大费，多藏必厚亡"。"甚爱"是指对功利的一种没有节制的追求状态，"大费"是指人的精力和生命力的消耗。一个人如果沉浸在一

种不能自拔的妄求中，就会自己不能控制自己，朝思暮想，殚精竭虑，寝食不安，最终消耗了自己的生命力。别人觉得他们很可怜，他们自己却乐此不疲，在不知不觉中丧失了健康，甚至生命。现在社会上流传着一句话——"年轻时拿命换钱，年老时拿钱换命"，说的也是这个道理。实际上，拿命换钱或许能换来，但是，拿钱换命就未必能换来了。"多藏"即指对各种利益占有得过多，"厚亡"即指"早亡"或"易亡"。一个人名气越大，官职越高，财富越多，其生命中存在的危险因素可能就越多。名气大是非多，易耗气；官职大树敌多，易招忌；财富多烦恼多，易生贼。

老子最后得出结论："知足不辱，知止不殆，可以长久。"一个容易知足的人知道适可而止，不会为了利益低三下四，到处求人，这样就保持了自己的独立人格；一个在得失面前能够把握住分寸的人，就不会轻易陷入灾难和困境。一个人如果做到了这两点，也就走上了长生之道，就会保持住生命的活力，找到幸福感和安全感。

细品老子这番话，可谓是简洁而直白、透彻而深刻，可谓是醍醐灌顶，发人深省。细想一下，在历史上和现实生活中，大凡人们主观上犯的错误，大多数都是不知足所致。"知足"两字写起来容易，说起来简单，做起来可是难上加难啊！没房子的时候，心里想，只要有一个房子，哪怕是四五十平米也可，但是真有了，又开始羡慕一百平米的，有了一百平米的又羡慕二百平米的，北京的房子够了，又开始惦记海南的，国内的房子够了，又开始惦记国外的，什么时候是个头儿啊？穷的时候是那么希望自己能存上十万块，但是有了十万块，却认为到了一百万才算存款，有了一百万，才知道在中国，千万富翁已经有几百万人了。怎么办？还得折腾。当然，这不是说不让人有目标，而是讲，一个人一定要根据自己的实际，对自己做出一个正确的评价，始终要一颗红心，两手准备，能进则不可喜不自胜，不进亦要调整心态，安于现实。对绝大多数人而言，世界上最高的山只有一座，最长的河只有一条，无论对财富、名望，还是官职，都不可奢望过多。

前不久看了张伯驹的事迹，感慨颇多。有人讲，这是一个"知道了就放不下的人物"，想一想，果有道理。自从了解了先生的一生，确实常常想起，很多时候都不能释怀。民国年间，张伯驹是家喻户晓的人物，与张学良，袁克文，溥侗并称为"民国四大公子"。这四个人各有千秋：少帅因为"西安事变"而青史留名，最后能够战胜自己，颐养天年，也算善终。袁克文是袁世凯的次子，人有才华，书法尚好，对很多问题也有自己独到的看法，但是，驰情纵物，格局似乎小了一些。溥侗在文学、艺术方面很有才华和建树，后来却走错了道路，曾在抗日战争期间在"汪伪"政权下任职。如果说，就人生的格局而言，当属张伯驹先生可圈可点。先生出身官宦世家，父亲是袁世凯大嫂的内弟，早年从军，后来进入盐业银行，可谓是名门之后，家境殷实。先生自幼饱读诗书，在中国的诗、书、画领域都有很高的造诣，对民族和国家有着深厚的感情。在战乱年代，先生拼尽一生所有，收购各类传世书画，防止其外流他国。在他的藏品中，有中国传世最早的书法作品——西晋陆机的《平复帖》，有传世最早的卷轴山水画——隋代展子虔的《游春图卷》，此外还有唐代李白的唯一传世的书法作品《上阳台贴》、杜牧的《张好好诗卷》，宋代黄庭坚的《诸上座帖》、赵佶的《雪江归棹图卷》，元代钱选的《山居图卷》，等等，这些作品在中国艺术史上具有极其重要的地位和文物价值。中华人民共和国成立后，他将这些作品全部捐献给了国家，后人评价，这些作品"用什么样的词来形容它们的价值都不为过"。在收藏并保存这些作品的过程中，先生也是饱受磨难。有一次他被劫匪绑架，对方要求拿300万赎金赎人，家里人打算卖掉《平复帖》，以救先生性命，先生却讲："这是我的命，我死了不要紧，这个字画要留下来。不要卖掉字画换钱来赎我，这样的话我不出去。"先生曾因无力保住《照夜白图》，导致其流入日本而悔恨至极。在倾尽所能购得《平复贴》后，他说了这样一句话："在昔欲阻《照夜白图》出国而未能，此则终了宿愿，亦吾生之一大事。"由此可知，先生将这些作品视为己命，不是出于嗜好，不是出于私心，不是出于赚钱，也不是出于文人的虚荣，而是出于对民族文化之爱，与今天那些所谓的收藏家们截然不同。而这一点，从他在中华人民共和国成立后的捐献义举中就可以看出来。他将这些作品捐给故宫后，国家本来奖励他20万元，他却只领了一张小小的奖状。他的女儿后来讲："父亲就是这样一个人，他是一个爱国家的人，他认为这些文物首先是属于一个国家、一个民族的，只要国家能留住它们，他付出多大代价也在所不惜。"

就是这样一位老人，后来被打成了"右派"，甚至一度失去了工作，成为流落在街头的无业游民。"文化大革命"之后，有人问他有没有怨气，先生坦然一笑：国家都那样了，一个人的得失又算什么呀。其胸怀和格调一览无余。他去世后，中央党校的一位老领导给他写了一副挽联，上联是："爱国家，爱民族，费尽心血，不

惜身家性命"，下联是："重道义，重友谊，冰雪肝胆，豪气万古凌霄"。我读了先生的生平之后，有感于怀，也为先生写了一副对联。上联是："慷慨一生，豪迈一生，大度一生，风流一生，千秋万代谁堪比"，下联是："风雨一生，颠沛一生，坎坷一生，起伏一生，万代千秋唯伯驹"。这种人格，着实让人感动！

第四十五章

大成若缺，其用不弊

大成若缺，其用不弊。大盈若冲，其用不穷。大直若屈，大巧若拙，大辩若讷。躁胜寒，静胜热。清静为天下正。

愚者常有智，智者暗含愚

"大成若缺，其用不弊"即指成就大事业、大富贵、大学问的人的成就虽然远远胜于常人，但是，其所表现出来的姿态是谦逊的，似乎总有很多不足和不懂的东西，即"若缺"，这就如同《论语》中对孔子的描绘："入太庙，每事问"。孔子少年时，由于知书达礼，每次国家搞重大祭祀活动的时候，他都去帮忙。但是，孔子入太庙之后，无论遇到什么事情，都喜欢向人请教。于是，有人就对孔子的能力表现出了怀疑的态度，甚至认为孔子根本不懂得"礼"，如果真懂，怎么会事事都问呢？孔子听后并没有表现出不高兴，而只是淡淡地说了一句："是礼也。"孔子的言外之意是：这些事情我本来也知道，但是，作为后生，我向大家请教，是尊重大家，这本身就是"礼"的表现。我觉得孔子的这种做法就是"大成若缺"的表现，

虽然自己清楚，但是并没有给人一种什么都懂、咄咄逼人的感觉。一个人只有抱有这样的态度，人们才会尊重他，乐于与他打交道，这样，在生活和事业上才不会造成重大过失，才能够不断地进步，保持一种生命的活力。

何谓"大盈若冲，其用不穷"？"盈"即饱满，"冲"即空。这句话的意思是：表面上看似乎很空虚的东西，实际上往往是饱满而丰富的；那些看上去似乎充实而光鲜的事物，很可能外强中干。这句话实际上是讲：真正的高人始终都保持着一种谦虚的精神，能够包容不同的人和事，能够及时学习新事物，不故步自封。只有这样，才能够保持一种创新的精神，不断地开拓出事业的新局面。这正如大海之于江河，江河可能会满而溃，大海却可以容纳百川，永不拒绝，居于下位而不气馁，终成浩瀚之势。

讲了前面的"两大"之后，老子紧接着讲了另外的"三大"："大直若屈，大巧若拙，大辩若讷"。这"三大"较前面的"两大"而言相对具体，但是从表面上看似乎讲不通：真正直的东西看上去是弯曲的，真正巧妙的东西看上去是笨拙的，真正善于辩论的人看上去是不善于言辞的。实际上，这三句话是讲了三种精神，或者说三种规律，而不是在讲现实生活中的具体物象。

"大直"指通向光明的大道，或者说寻求真理的大道；"若屈"则是讲光明的大道往往看上去是隐晦而曲折的，这与前面讲的"明道若昧"有异曲同工之处。老子用这句话鼓励后人：只要方向正确，就一定要敢于坚持，不管面对什么样的风雨和挑战，不管面对什么样的迷茫和无助，都不要放弃，要充满自信。也许在别人看来，这种做法有些傻，但是，坚持到最后的人才是真正的胜利者。当然，这四个字也可以从做事的角度去理解：很多时候，为了达到近直的目的，却需要故意走一些弯路，其目的是为了化解矛盾，避免正面冲突和不必要的损失。人品正直，目标正确，不等于做事没有灵活性，我们要在原则与灵活之间拿捏好分寸。

"大巧"指真正的技巧，或者说最高境界的技巧；"若拙"是指看上去似乎比较笨拙。老子实际上是用这四个字告诉后人：成功没有什么技巧，唯有执着的精神和坚强的意志才是成功的基础。人这种动物一个最大的特点是拥有智慧，但有了智慧就容易产生机巧之心，总希望走捷径，总希望不劳而获，或者说总希望以最少的付出获取最大的收益。也许在某些具体的事情和某些局部上，我们可以达到这种效果，但是，如果站在整个人类文明的角度，站在人生全局的高度，哪里有什么技巧？无论是科学的探索还是艺术的追求，无论是品德的修炼还是对社会的认知，人类都经历过太多的挣扎与苦难、思索与徘徊、纠结与迷茫。在今天的现实中，人们的机心越来越重，做事情不认真，不愿在基础上下功夫，只是苦苦探索技巧，最终拥有的只是一副"花架子"。记得小时候练武术时，老师反复强调要站桩，脚下生了根，才能长功夫，练出来的拳脚才能与众不同。但是，站桩又单调又枯燥，也不好在人前展示，所以，大多数人往往坚守不住站桩这个"底线"，而喜欢花拳绣腿、玩枪弄棒。但是几年下来之后才发现，那些老老实实练基本功的人，确实比哪些飘飘浮浮的人技高一筹。现在，很多人热衷于书法与绘画，但是，练字不严格临帖，绘画不刻苦于写生和临古，却没有几年便以"家"自居，岂不是笑谈？中国老百姓有两句俗话："只要功夫深，铁杵磨成针""临渊羡鱼，不如退而结网"，其间都含有"大直若屈"的道理。

"大辩"即善于表达观点，善于说服人；"若讷"即看上去有些木讷，甚至是拙嘴笨腮。老子这句话的本意是：事实胜于雄辩，真正有说服力的不是你表达了什么，而是你做了什么。所以，真正掌握真理，站在正义一方的人，往往不会与那些油嘴滑舌、花言巧语的人进行面对面的辩论和争执，他们只是执着于自己的信念与理想，目光睿智，目标明确。

关于"大辩若讷"，暂且举一个小例子：汉朝初年，刘邦去世后，吕后专权，特别重用娘家人，她想给自己的弟弟和侄子封王，但是，刘邦在世时讲过，非刘姓封王，大臣们要群起而攻之。基于这样一个现实，吕后在给娘家人封王的时候也有所顾忌，她希望探知一下大臣们的看法，再伺机而动。于是，在朝堂之上，吕后表达了自己的看法。迫于吕后的强势与权势，文武百官都举手表决，只有一人反对，就是当朝的宰相王陵。王陵是继萧何、曹参之后汉朝的第三任宰相。吕后看到王陵反对，非常不高兴，但是鉴于王陵的身份、资历及其反对的理由，吕后自知理亏，拿他也没有办法。事后，王陵就责怪同殿为臣的周勃和陈平，说：别人不敢提意见，你们可都是老臣啊，当年先帝在世的时候，他说的话你们可都是听到过的啊，你们怎么也这么没有原则呢？他们二人对王陵说了这样一句话："于今面折廷争，臣不如君。夫全社稷，定刘氏之后，君亦不如臣。"意思是说：今天在朝堂之上与吕后争论，我们表现得确实不如你好；但是，将来保全刘氏的社稷，真正把刘家的后人扶起来，让天下回归正位，你就不如我们了。后来的事实证明了周勃和陈平的判断：吕后找了个理由，把王陵的丞相职位免了，对周勃和陈平却予以重用。待时机成熟之后，周勃和陈平铲除了吕氏一党，终于把刘恒扶上了皇位，就是后来历史上赫赫有名的汉文帝，最终开启了历史上有名的"文景之治"。难道说，周勃和陈平就不善于辩论吗？就不想与吕后争个明白吗？道理就摆在那里，谁都知道吕后的

用心是什么。那个时候，她已经鬼迷心窍，一意孤行，哪还能听得进什么建议？当时她又大权在握，如果逞口舌之强，就有可能被吕后打击或迫害，甚至消灭，如果那样的话，就没有反击能力了。在这种情况之下，周勃和陈平看上去有些不善言辞，甚至麻木，但是，他们心里真正思考的是天下，是大汉江山，这样的人才是真正的高人。

老子所讲的这"三大"，就其实质而言，他所讨论的是"道"而不是"术"。"道"是大术，"术"是小技。老子讲"三大"的核心目的是劝告世人不要总是纠结于表面化、细节化、技巧化的东西，追求理想、信念、正义才是人间正道。

在本章的最后，老子得出了结论："躁胜寒，静胜热。清静为天下正。"关于这句话，特别是前面六个字，后人的解释可谓是五花八门。我认为，这六个字应该联系起来理解：躁与静相对，寒与热相对。老子的意思是，只有动起来，身体才会产生热量，才能驱除寒冷。所以说，"躁"在这里主要是"运动"的意思，当然，也只有静下来，我们才能够抵御暑热的侵袭，老百姓常讲的"心静自然凉"就是这个意思。如果一个人心静不下来，稍微一热就会烦躁，越烦躁就越想动，越动就越热，越热就越烦，这就形成了恶性循环。无论是动还是静，老子在这里强调的都是用内因去克服外因，内因是关键，外因是条件。春夏秋冬，寒暑冷热，这都是自然的事情，我们没有办法左右，只能靠调整自己的心态和生活方式去适应，这就是"顺应自然"的表现。当然，我们也可以顺着这种思想拓展一下：人的一生会遇到什么样的机遇、什么样的缘分、什么样的灾祸，我们是很难预知的，怎么办？我们所能做到的就是要淡定，该"躁"的时候就得"躁"，因为"躁"可以驱寒，该"静"的时候就得"静"，因为"静"可以避暑。只有保持淡定、从容、遇事不慌的心性，才能够做到以不变应万变，以万变去顺应历史。

所以，老子最后讲，"清静为天下正"。"清静"就是指灵魂的宁静，以及面对万事、万物所保持的态度。如果真正能够保持心性的淡定和思想的圣洁，那么，一切身外之物皆不能伤身，亦难以害命，这才是天下修为的大境界、解决问题的正路。

第四十六章

天下有道，却走马以粪

天下有道，却走马以粪；天下无道，戎马生于郊。罪莫厚于甚欲，咎莫憯于欲得，祸莫大于不知足。故知足之足，常足矣。

一、宁为太平犬，不为乱世人

本章乍一读，似乎与上一章风马牛不相及，但是仔细一想，老子的写作思路还是保持着一种连续性。老子在上一章强调"清静为天下正"，就天下而言，最容易破坏清静的就是战争，战争是人类历史上强度最高的对抗与争夺。所以在本章中，老子从战争入手，实际上最后强调的是：人类之所以不清静，就是因为欲望太盛，个体和群体皆如此，"罪莫厚于甚欲，咎莫憯于欲得，祸莫大于不知足。故知足之足，常足矣"。

我们先看一下本章的第一层表达："天下有道，却走马以粪；天下无道，戎马生于郊。""却"即退还，"走马"即战马，"粪"即耕种农田。本句的大意是：天下太平，相安无事，则战马派不上用场，所以被退回乡里，用于耕种田地。当天下无

道，烽烟四起，战马整天驰骋于战场之上，得不到喘息，即使生产小马驹都只能在郊野进行。老子的言外之意是：马作为冷兵器时代重要的战斗工具，都落到如此悲惨的境地，那么，天下百姓的处境就可想而知了。中国历史上有大量的诗词描绘战争之后天下百姓的悲惨境遇，诸如"千村万落如寒食，不见人烟空见花""因供寨木无桑柘，为著乡兵绝子孙""不合时宜知多少，生逢乱世做人难"，再比如杜甫先生的《三吏》《三别》及《兵车行》都深刻而清晰地刻画了战争之灾难性的后果。中国有句老话：宁为太平犬，不为乱世人。大凡从苦难中走过来的人，都会有此感受。姜夔的《扬州慢》更是清楚地告诉我们，一个曾经那么繁华的都市，因为战争，几乎变为废墟：

> 淮左名都，竹西佳处，解鞍少驻初程。过春风十里，尽荠麦青青。自胡马窥江去后，废池乔木，犹厌言兵。渐黄昏，清角吹寒，都在空城。
>
> 杜郎俊赏，算而今、重到须惊。纵豆蔻词工，青楼梦好，难赋深情。二十四桥仍在，波心荡、冷月无声。念桥边红药，年年知为谁生？

那么，人类为什么要发动战争呢？归根到底是统治者的欲望问题，所以老子讲："罪莫厚于甚欲，咎莫憯于欲得，祸莫大于不知足。故知足之足，常足矣。"

一切罪恶的根源，包括发动战争，就是统治者心中那永无休止的欲望。一切灾难皆源于人心中装满了私心和私利，一切祸患皆源于人内心深处永不知足的欲念。无论是个人、团队还是民族，一旦欲火烧身，便会处于狂热之中而不能自拔，并且形成一种幻觉上的正义感、责任感、使命感和事业感。但是，这都是错觉，是妄念，是反人类而非正义的，最终不仅害了世界，也害了自身。

希特勒如此，墨索里尼如此，日本军国主义者亦如此，他们打着"解放人类""建立共荣"的幌子，欲征服世界，以杀伐为光荣，极尽狂热，所过之处，农田变焦土，尸横遍野，白骨如山，那是一场真正的人类的浩劫。而他们自己也在这种狂热中迷失了方向，失去了对事物的判断力，最终把自己烧成了灰烬。在欧洲战场上，希特勒忘记了拿破仑的教训，以蛇吞象的姿态进攻俄罗斯，最终，在俄罗斯广袤的土地上和严寒的环境里，在俄国人民坚定的决心下一败涂地。在亚洲战场上，日本军国主义者更是野心膨胀，不顾国小兵少的实际，不断拉长战线，扩大打击面，不仅想全面占领中国，而且在东南亚全线作战，还空袭了位丁珍珠港的美国基地，最终导致兵力不足，在四面楚歌里，在全世界人民的声讨中，在爱好和平的人们的共同努力下被送上了世界军事法庭，接受了正义的宣判。

应该说，两次世界大战是人类的悲剧。七十余年来，一些国家之间虽然有过摩擦，发生过一些局部战争，但是，人类没有再发生过类似两次世界大战那种规模的战争。我想，一个重要的原因可能是20世纪的灾难让人类稍微懂得了克制，有意识地将战争控制在了理性的范围内。但是，在科学和技术日益发展的今天，装备的破坏力以人们难以想象的速度在递增，如果爆发了战争，其后果是很难想象的，所以，人类对战争的恐惧也达到了前所未有的程度。而人性的恶似乎并没有因为文明的进步而得到有效的控制，或者从根本上消除，因此，未来真正能够主宰人类命运的只有人类自己。有的专家预测，未来人类冲突的根本动因是文明的冲突，具体来说是文化的冲突。但是，不管什么样的人种和文化，尽管其形式看上去似乎有很大的不同，但在人性的层面已经没有什么根本的区别，所以，说到底还是要控制自己的欲望。什么样的欲望才叫合理？孔子讲"己所不欲，勿施于人""己欲立而立人，己欲达而达人"，自己不喜欢做的，不要强加给别人，无论做什么样的事情，都要站在他人的立场上来思考一下问题，不要只懂得自己欢喜，不懂得别人的痛苦。

二、人生足苦，何以不足

在本章的最后，老子得出了一个结论："故知足之足，常足矣。"在老子看来，知足更表现为一种发自内心的理性认知，而不是外在评判。人什么时候才能够真正满足？就是自己认为足了。如果内心没有满足感，就永远不会真正感到满足。但是，人为什么难以做到知足？就是因为人是一种群生动物，生活在群体里，自然会形成一种攀比的心理。而这种比较往往会成为一种身份和尊严的象征，正所谓"人在江湖，身不由己"，有时不是有些东西你需不需要的问题，而是社会把你逼上了这种"以物相人"的轨道，一个人的力量在这种社会潮流下，显得无助而又无奈。

想一想古往今来的那些圣贤和高士，归根到底就是容易知足，不为外力所驱，能够按照自己的性情去生活，或舍生取义而捐躯于国家，或宁静、淡定而穷物致理，或放情于山水之间而任生命自然来去，这才是真正的人生。

清朝时，社会上曾经流传着一个小段子，叫《解人颐》，虽然写得很浅显、很幽默，却把人不知足的形态表现得淋漓尽致：

终日奔波只为饥，方才一饱便思衣。

> 衣食两般皆俱足，又想娇容美貌妻。
> 娶得美妻生下子，恨无田地少根基。
> 买到田园多广阔，出入无船少马骑。
> 槽头扣了骡和马，叹无官职被人欺。
> 县丞主簿还嫌小，又想朝中挂紫衣。
> 若要世人心里足，除非南柯一梦兮。

宋代理学家朱熹作为一代大儒，回顾自己的一生，再看看世间百态，写出了下面的诗句：

> 十年浮海一身轻，归对梨涡却有情。
> 世上无如人欲险，几人到此误平生。

第四十七章

不出于户，以知天下

不出于户，以知天下；不窥于牖，以知天道。其出也弥远，其知弥少。是以圣人不行而知，不见而明，弗为而成。

道隐于小成，言隐于荣华

"户"即家门，"牖"即窗户。全句的大意是：有的人不走出家门，却能够洞察天下大事；不仰望星空，却熟知天地之"大道"。有的人常行于千里之外，却离真理越来越远。正因为如此，圣人常常安居于自己的陋室之内，却能明察天下万事、万物的变化，没有特意去做什么，却完成了自己的使命。

老子这段看似简单的话，其实告诉了世人一个简单而重要的法则——"大道"相通，越简单，就越接近真理，只有回归灵魂的宁静，才能真正参悟出生死得失、祸福悲喜，才能看清我们所生活的这个纷繁芜杂的世界。庄子讲："道隐于小成，言隐于荣华"，所谓"小成"就是人世间这些为人们所自鸣得意的成就，以及人们在取得这些成就的过程中所积累的方法和技巧。人们热衷于追求这些东西，结果却

在荣华中迷失了自己，使自己的行为方式和价值选择离"大道"越来越远。

老子通过这一章再次提醒世人：一定要守住本心，守住初心，守住"大道"。"大道"在哪里？就在一念之间，在灵魂深处的追求中。一个人如果看明白了自己，把心里的险恶和不健康的东西看清楚了再去看世界，那世界就是另外一番模样了。把世界看清楚后再反观自己，自己的灵魂才能够受到真正的触动，也就懂得了生命的取舍，懂得了此生何为。

庄子在《人间世》中讲了这么一个故事：卫国国君无道，民不聊生，孔子的弟子颜回打算到卫国劝说国君归于正道，并就如何劝说国君与孔子做了深入的交流。孔子听后基本上否定了颜回的想法，认为他此行即使能够保住性命，也很难达到自己期待的目的。为此，颜回向孔子请教了正确的方法，孔子提出了"心斋"的概念。

> 颜回曰："吾无以进矣，敢问其方？"仲尼曰："斋，吾将语若！有心而为之，其易邪？易之者，暤天不宜。"颜回曰："回之家贫，唯不饮酒不茹荤者数月矣。如此，则可以为斋乎？"曰："是祭祀之斋，非心斋也。"回曰："敢问心斋？"仲尼曰："若一志，无听之以耳而听之以心，无听之以心而听之以气。听止于耳，心止于符。气也者，虚而待物者也。唯道集虚。虚者，心斋也。"
>
> 颜回曰："回之未始得使，实自回也；得使之也，未始有回也。可谓虚乎？"夫子曰："尽矣。吾语若！若能入游其樊而无感其名，入则鸣，不入则止。无门无毒，一宅而寓于不得已，则几矣。绝迹易，无行地难。为人使易以伪，为天使难以伪。闻以有翼飞者矣，未闻以无翼飞者也；闻以有知知者矣，未闻以无知知者也。瞻彼阕者，虚室生白，吉祥止止。夫且不止，是之谓坐驰，夫徇耳目内通而外于心知，鬼神将来舍，而况人乎！是万物之化也，禹舜之所纽也，伏羲几蘧之所行终，而况散焉者乎！"

孔子认为颜回的出发点固然是好的，但是，大多数都是主观意愿，如果卫君明白事理，卫君手下那么多的官员难道都是糊涂之人吗？还轮得到颜回去劝告吗？之所以没有人能改变卫君，就是因为人们总是把自己作为正义和正确的一方，而把卫君置于不义和错误的一方。因此，卫君感觉到人们都是在沽名钓誉，以彰显他们自己的英名，所以会心生反感，根本达不到教化的目的。所以，孔子认为，颜回的当务之急是去除内心的焦躁情绪，抛掉过于主观的意念，守住本心，即"心斋"，用灵魂去感受卫君的所思所想，用平静的气息消除国君的疑虑，找到卫君灵魂中"善"的东西，然后，在关键时刻提出自己的意见，才能感化卫君，达到自己期待的目的。我们不要总想着去改变一个人，应该首先把自己忘掉，去除心中掩盖在所谓的"智慧"之下的世俗与功利之心，将自己合于"大道"，以"大道"的情怀来引导人，才能使人归于"大道"。

老子最后强调："是以圣人不行而知，不见而明，弗为而成。"真正的圣人，也没有见他去过太多的地方，他却什么都知道；看上去没经历过太多的事，心里却如明镜一样清楚；看上去也没有忙忙碌碌，天下却被治理得井井有条。

因此，老子所强调的"不出户""不窥牖""不远行"并不是指不让大家外出调研、了解实际，他所担心的就是人们接触的东西越多，就越容易被复杂的社会和人生现象迷惑，越容易背离"大道"。比如，我们在现实生活中经常会发现一些与健康的价值观相违背的事例，如"好人不长寿，坏人活千年""人善被人欺，马善被人骑""爱哭的孩子有奶吃"，等等，如果守不住"大道"，这些东西就有可能影响到我们的行为选择。所以，老子所谓的"不出户，不窥牖"，准确地说应该是指防止灵魂出轨、精神出轨，其实，就是一个"守心"和"抱道"的问题。

第四十八章
为学日益，为道日损

原经

为学日益，为道日损。损之又损，以至于无为。无为而无不为。取天下常以无事，及其有事，不足以取天下。

生而有涯知无涯，前行勿恋路边花

对这一段文字的理解，古往今来争议比较多，主要体现在如何理解前面八个字：为学日益，为道日损。"学"和"道"在这里成了看似对立的概念，但是，不学又何以得"道"？这里的"损"指什么？"益"又指什么？

我认为，这里的"学"指的是对具体的知识的学习、对事物的一般规律的认识。老子认为，随着学习进程的不断加深，人的知识会不断增加，这是必然的结果。求知就是一个从无到有，从少到多的不断积累的过程，下的功夫越多，最后收获得也就越多，这是一个一般性的规律。

但是，老子接着提出了另外一个感觉：一个修道的人，随着道行的日益精进，其所拥有的知识反而看上去越来越少，甚至求知的欲望也越来越不那么强烈了。

老子为什么会讲到这个问题？其实，本章的内容是老子对上一章内容的一种深入解读。老子在上一章强调君子"不出户以知天下，不窥牖以知天道"，"出户"和"窥牖"就是指求学的过程，这一过程的结果就是知识的不断积累，即"日益"。但是，一个人如果只是停留在对具体的知识的认知角度，不能够跳出来看问题，尽管看上去有收获，实际上却为知识和现象所累，这样反而会迷失自我。正如庄子所言：

> 吾生也有涯，而知也无涯。以有涯随无涯，殆已。已而为知者，殆而已矣！（《庄子·养生主》）

人的生命是有限的，而知识是无限的，以有限的生命去追求无限的知识，就会陷入困顿。在这种对知识的追求中乐此不疲，并且自鸣得意，那就更危险了。其实，庄子不是反知识论者，也不是不让人学习，而是让人能够穷理致道，知物之本末、事之始终，不能杂取其知而远离真理之"大道"。只有站在"道"的层面来看问题，才能真正把复杂的问题简单化，正所谓"万变不离其宗"。达到了这样的境界，无论在什么样的境况下，都能够泰然处之，没有必要因为杯弓蛇影而大惊小怪、噤若寒蝉。我们老百姓常讲，读了一辈子书，满脑袋"浆糊"，大概讲的也是这个道理。

老子把"道"与"学"分开的实质是强调学习的根本目的是为了得"道"，为了生命的通达，为人生和事业开启一条康庄大道。人与人可能专业方向不同，学习的途径和方法不同，从事的行业不同，但是如果站在"道"的角度，一切都统一了，所谓的"大道"相通，就是这个道理。因此，善学者能举一反三，道通而用之，不善学者终不得其道，最后困于征途，丧于无知，毁于自我。掌握了"大道"，无论面对什么样的困境，都可以自然化解，所以，也就没有必要再去纠结于那些具体的知识，乘道游心于天地之间，导之以大势，因之以自然，和之于万物，天下自定。到了这个程度，心中还需要装那么多具体的方法和技术、智能与能力、智慧与谋略吗？完全没有必要，这就是"为道日损"的道理。

老子接着讲："损之又损，以至于无为。"伴随着对"道"的认识的不断加深，许多具体的知识慢慢地归于"大道"，从形式上看，知识不断地收缩并被简化，最后，也就达到了"无为"的状态。这句话再清楚不过地表明："无为"即是"有为"，只不过这是一种依"道"而行的行为，是一种能够抛开表象看本质的行为，

是一种"道法自然"的行为。

　　就追求真知而言，"大道"在哪里？"书山有路勤为径，学海无涯苦作舟"，唯有"勤"字和"苦"字。治国的"大道"在哪里？"君者，舟也；民者，水也。水可载舟，亦可覆舟"，唯有"民心"二字。做人的"大道"在哪里？"人而无信，不知其可"，守住"信"字即可。

　　老子在本章的最后讲："取天下常以无事，及其有事，不足以取天下。"关于这个"取"字，古来有两种解释：一是取得、获取，二是治理。我觉得，将"取"简单地解释为"取得"或"治理"，看似妥当，却不够准确，"取天下"应是"平天下"。古人讲究"修齐治平"，"平天下"即"天下平"，是一个有为的君子最高的理想和追求，也是中国文化对社会最佳状态的一种表述。对于如何实现"天下平"，老子认为最好的办法就是"无为"，顺应天道民心，不可妄自为之。天道不可违，民心不可欺，民心是最大的政治，是执政之枢机、执政之基石。

第四十九章 圣人恒无心，以百姓之心为心

圣人恒无心，以百姓之心为心。善者善之，不善者亦善之，德善也。信者信之，不信者亦信之，德信也。圣人之在天下也，歙歙焉，为天下浑心。百姓皆注其耳目焉，圣人咳之。

以德抱怨天下志，以直抱怨世俗心

本章提出了中国社会治理哲学中的一个非常重要的命题，即"圣人恒无心，以百姓之心为心"。当然，一些版本也常常写作"圣人无常心""圣人无恒心"。细细琢磨起来，"无常心"也好，"无恒心"也罢，最终强调的还是"无心"，即没有以自己的利益为出发点的心机，所有的出发点都是以百姓之心为依据。这是治理天下最简单、最基本，也是最重要的法则。但是在现实生活中，能够做到这一点非常难，有两个原因：一是统治者高高在上，拥有权力，总想凌驾于天下人之上，以获取某种超乎寻常的尊严，自身容易滋生骄傲情绪。二是人多心杂，不同的人对执政者都有

不同的看法，或褒或贬。而执政者往往会亲近于那些与自己观点一致的人，把与自己观点不一致的人推到对立面，时间长了，一个社会中就会形成不同的阶层和利益集团，自然就会引发纷争。怎么办呢？老子提出了两个重要的概念，即"德善"和"德信"。

老子讲："善者善之，不善者亦善之，德善也。信者信之，不信者亦信之，德信也。"有人把这里的"善"解释为"善良"，"信"解释为"诚信"，如果这样理解，全句的意思就是：善良的人，我对他好，不善良的人，我也对他好，这就是"德善"。讲诚信的人我信任他，不讲诚信的人我也信任他，这就是"德信"。

我认为这种解释似乎与老子的本意不符，也显得过于表面化。"善者善之"中的第一个"善"应该是"善待"之意，该句的完整表达应该是"善吾者吾善之"。"信者信之"中的第一个"信"应该是"信任"之意，该句的完整表达应该是"信吾者吾信之"。老子的这句话的大意是：善待我的人，我善待他，不善待我的人，我也要善待他，这就是"善"的最高境界了，可以称之为"德善"。信任我的人，我信任他，不信任我的人，我也信任他，这就是"信"的最高境界了，可以称之为"德信"。

看了老子的这句话，不由得让人想起孔子提出的一个观点：

或曰："'以德报怨'，何如？"子曰："何以报德？以直报怨，以德报德。"（《论语·宪问》）

孔子的观点显然与老子不同。孔子强调"以直抱怨，以德报德"，通俗地表达一下就是：善待我的人，我会善待他；不善待我的人，我也以同样的态度来对待他。这显然是一种善恶分明的姿态。而老子完全显示出了一种无量、无边的包容胸怀。我们该怎么理解这种分野呢？

我认为，老子与孔子所讲的问题，其层面和出发点是不同的。孔子是站在世俗的生活视角来看问题的，强调是非分明、善恶两边，以此来教育世人，要怀着一颗真诚的心去面对他人，这样他人才会回报你以真诚，正所谓"善有善报，恶有恶报"。

老子在本章讲的是治理天下，是站在最高统治者和管理者的角度来看问题的。老子认为，作为执政者，无论怎么做事情，都有支持他和反对他的，有立场坚定的，也有思想动摇的，有理解他的，也有不理解他的，怎么办呢？在这种情况下，执政者不能以个人的恩怨来对待天下人，更不能过多地去搬弄是非，不同的意见可以保留，并且善于团结那些与自己的观点和步调不一致的人，怀着对天下苍生负责的态度来对待天下人和天下事，这就是天下情怀，是一个领导者应有的胸怀与气度。这也正如前面所讲的"天地不仁，以万物为刍狗；圣人不仁，以百姓为刍狗"，表面看上去似乎没有仁爱，但是，这种一视同仁的情怀蕴含着公平与大爱，唯有这种胸怀才能包容万物，善待得失，化解矛盾，平衡是非，使人不至于急功近利。

老子最后讲："圣人之在天下也，歙歙焉，为天下浑心。百姓皆注其耳目焉，圣人咳之。""歙歙"指花含苞欲放的状态，含而不露，静而有力，文雅合和。"浑"指幽明的状态，对万物皆了熟于心，却不去点破，总是保持一种包容而和谐的状态。"咳"通"孩"，指如婴儿一样宁静、安详的状态。全句的大意是：圣人治理天下，总是保持着一种开合有序、稳健、包容的状态，内心洞明，保持着质朴的情怀，不为外物所扰，不为利益所争。正因为如此，百姓都安于自己的生活状态，不再去玩弄聪明与智慧，更不再去搬弄是非，而圣人也如婴儿一样抱朴守拙，安然于无有之乡。

第五十章

出生入死

出生入死。生之徒，十有三；死之徒，十有三；人之生生，动之于死地，亦十有三。夫何故也？以其生生也。盖闻善摄生者，陆行不遇兕虎，入军不被甲兵；兕无所投其角，虎无所用其爪，兵无所容其刃。夫何故？以其无死地焉。

清静养精气，淡定任死生

对于如何理解"出生入死"这几个字，古往今来的解释很多，概括起来分三种：

第一，认为这是对生命状态的描述。人的一生是向死而生的过程，一出一入就是一辈子，什么样的人都逃离不了这个过程，正所谓"人生苦短"。

第二，以《韩非子·解老》为代表，认为"人始于生而卒于死。始之谓出，卒之谓入，故曰'出生入死'"。

第三，以曹魏哲学家王弼为代表，认为"出生入死"即"出生地，入死地"。但是，后人多认为这种解释有些含糊。

　　我倾向于第三种理解。虽然王弼并没非常清楚地解释问题，但是，其理解的方向应与老子的本意是一致的。老子在这里讲的"出生入死"不应该是对生命过程的普遍性描述。综观全章，老子的意思是：有的人一门心思地想好好地活着，却意想不到地死亡了，不得善终，原因是什么呢？这是老子面对社会现实提出的一个问题。紧接着，老子围绕这个命题讲了自己对生命的理解。

　　老子讲："生之徒，十有三；死之徒，十有三；人之生生，动之于死地，亦十有三。"

　　老子将人们在现实中选择的生活道路分为三类：

　　一是生之徒。"徒"有路径、道路、方式的含义。"生之徒"即符合自然法则的生存之道。老子认为，生活方式完全符合天道，自然而生，自然而死，不中道而亡，颐养天年的人，大概有三分之一。

　　二是死之徒，指那种吃喝无度、荒淫无度、挥霍无度、欲望无度，对生命缺乏敬畏，对一切毫无顾忌的生活方式。对此，老子认为，这是他们自己非要往死路上奔，别人也没有办法，这种人大概也占三分之一。我上小学的时候就有这样一个同学，当时都是孩子，都不懂事，也没有什么感觉。但是上高中后不久，便听说他死了，感到很震惊。一打听才明白，小学毕业后，他便辍学在家，染上了赌瘾，除了耍钱就是喝酒，不务正业，到处向人借钱。开始的时候还有人借给他，到后来就没有人再借给他了，于是，他又养成了偷东西的恶习。再后来，他成为全村人心中的祸害，没有人再喜欢和他在一起，而他自己也没有改正错误的决心，便产生了轻生的念头。他死之前，又不想把父母留给自己的那两间房子留给别人，于是，在一个下午，他便点燃了自己的房子，并且端着鸟枪站在房里不让别人救火，最后，全村人只能看着他被大火活活烧死。我觉得他选择的就是老子所讲的"死之徒"。一个人不走正道，恶欲丛生，必然会遭受惩罚，谁也救不了他。

　　紧接着老子讲了第三种人："人之生生，动之于死地，亦十有三。夫何故也？以其生生也。"这句话是本章的核心，也是老子最终要表达并提醒世人应该注意的东西。"生生"即为生而生，就是"求生"之意。老子讲，还有一种人，他们非常珍惜生命，也为了能更好地生活而竭尽所能，结果却事与愿违，这种人大概也占三分之一。为什么会有这样的结果呢？老子认为，这种人就是把生命看得太重了，走了另外一种极端。许多版本将此处写成"以其生生之厚"，从字面上看更容易让人理解老子的意思。

　　事实上，第三种人才是老子最关心的一类人。第一种人自然而生，自然而亡，

或有自然之慧根，或有自然之机缘，无须理会。第二种人生而具有劣根性，众人劝之而不听，是"天之戮民"，也很难拯救。而第三种人往往是社会的精英，有智慧、有能力、有成就，对生命也充满无限的渴望，却出生地而入死地，不能不让世人悲哀。所以，老子告诫这一类人：一方面，在精神上不要压力太大，要放松心情，不要过度地追求所谓的"长生"和"永生"；另一方面，在物质上不要索求太多，也不要追求过于丰厚的营养，天天山珍海味、锦衣玉食，这恰恰与生命的需求不相一致。

看一看我们今天的现实生活，老子的告诫具有极强的借鉴意义。站在历史沿革的角度看，今天的社会应该是一个盛世，没有大规模的战争，老百姓衣食无忧，纵使有时会面临一些自然灾害，也能够较好地应对，这样的时代历史上并不多。但是，这样的好时代并没有让我们，特别是精英阶层享受更美好、更健康、更幸福的生活，究其原因，是"生生之厚"，具体来说有以下几点：

第一，物质时代的整个社会充满着物质精神，人们对物质的追求没有止境，而这种过度的追求使人难以有知足感，折损了幸福指数，忽视了"物质应该服务于精神"的人生的基本准则，人也因此而成为物质奴隶和经济动物。当然，也有很多人为了得到更多的物质铤而走险，违法乱纪，因此而失去自由、健康乃至生命的也不在少数。

第二，在和平而舒适的年代，人们往往缺少社会理想，过多地关注个人的健康与寿命的长短。从理论上来说，这也无可厚非；但是现实一再证明，那些家境良好，特别重视健康和养生的人，并没有比山野村夫更健康、更长寿、更幸福，其原因就是他们把生命看得太重，活得太精细，营养太全面，生活状态不够自然而放松。简单地说，有很多人是折腾死的，不是病死的。

第三，人的生活方式越来越智能化、自动化，这在不觉间弱化了人的生理机能，导致人的生命力下降。在体力劳动充满生活空间的时代，在正常的生活状态下，人的肌体就可以获得比较全面的锻炼，人们的肌肉强壮而有力，对温度的变化和环境的变化都有较强的适应能力。而今天，机械取代了人力，即使有时需要进行一定的体力劳动，也有专门的人员提供服务，冬天有暖气，夏天有空调，无论人的体质还是适应能力都大幅度地下降了。今天，锻炼成为一种专门的活动，但是，这种专门的活动需要时间、金钱、心情作保障，因此，并不能成为一般人经常性的活动，所以，各类疾病频发，特别是职业病更是层出不穷，令人担忧。

紧接着，老子通过一段比喻再一次阐述了对养生之道的认识："盖闻善摄生者，陆行不遇兕虎，入军不被甲兵；兕无所投其角，虎无所用其爪，兵无所容其刃。夫何故？以其无死地焉。"

老子的意思是说：一个真正懂得养生之道的人，即使是在路上遇到了犀牛和老虎，也不会被伤害，因为犀牛的角和老虎的爪牙根本使不上力量，无用武之地。这种人进入军队作战，对方的刀枪都没有办法伤害他。当然，老子的这种比喻具有某种神话色彩。这番话真正的含义是：养生最关键的是消除生命本身的隐患，做到这一点，就算外力再强大，也没有办法伤害你，因为内因是根本，外因是条件。按照中国养生之道的传统观点，就内因而言，养生之道的精髓是"养心"，心如何养？大体有三个环节：

第一，节制欲望，适可而止。人生不可能无欲，但是，对任何东西都不要追求极致，以免丧失自我约束力。欲大则容易心浮气躁，气躁则伤心肺之静，影响到整个肌体功能的正常运转。钱永远是挣不完的，对物质的追求是永无止境的，人的官欲也是永无止境的。在现实生活中，一个欲望特别强的人，其外表看上去往往是红光满面，有着用不完的精神和体力，在得志时更是如沐春光，但是，这种人一旦遇到什么坎坷，便会昼不能食，夜不能眠，心中装不下得失，对身心伤害极大。

第二，量力而行，勿求其极。一个人无论做什么事，都要尽量做到有什么本领就使什么本领，有多大劲儿就使多大劲儿，有什么样的能力和现实条件，就树立什么样的理想。如果一个人超出自身能力地盲目用力，就有可能损伤健康和生命。就身体本身来说，用力过度，就会造成多种疾病。在人力和畜力为主要劳动力的年代，很多人英年早逝，伤病缠身，大多是出于这个原因。当然，从精神层面来看，如果一个人的理想严重脱离实际，也必然会身心疲惫。

第三，安时处顺，顺势而为。一个人要对自己的现状和时代大势有一个清醒的认识，以在生活和事业的选择上做出正确的判断。圣人讲：少年血气方刚，要戒色；中年欲望强盛，要戒争；老年血气渐衰，要戒得。这是基于人的生理变化所做出的考量。我们不难看出，在现实生活中，很多人都是折损在这些方面：年轻时纵欲过度，损伤了身体；中年时背着沉重的生活包袱，还要追求事业，疲惫不堪；老年时不服老，希望长寿，过度锻炼，结果适得其反。当然，除了了解人本身的自然

规律外，我们还需要对社会形势做出判断。对此，儒家和道家都强调"天下有道，圣人成焉；天下无道，圣人生焉"。当天下清明时，就要奋发有为，不要辜负青春；当社会黑暗而杂乱，充斥着凶险与血腥，暂时不能改变时，就要适当避让，以防不测，小不忍则乱大谋。正因为如此，孔子把侄女嫁给了南容。有人问原因，孔子说，南容能够做到"邦有道，不废；邦无道，免于刑戮"。

第五十一章

道生之，德畜之

道生之，德畜之，物形之，器成之。是以万物莫不尊道而贵德。道之尊，德之贵，夫莫之爵而常自然。道生之，德畜之，长之育之，亭之毒之，养之覆之。生而不有，为而不恃，长而不宰，是谓玄德。

一、万物皆由道，大器自有心

我认为，这一章可以被称为"道家的进化论"，老子在这一章中阐述了对宇宙及世间万物生成过程的认识。当然，这个认识是建立在哲学层面上的，是形而上的，是价值观和理念的体现。

老子认为，宇宙的形成应该经过四个阶段：

第一，道生之。道家认为，世事皆有因果，宇宙必有本原，万物皆因"道"而生。关于这一点，老子也做了很多阐述，体现了道家最核心的宇宙观和价值观。如果站在这个角度上看问题，我们对"道"的定性就显得有点困难，也有很多人因此问，"道"是唯物的呢，还是唯心的呢？其实，"唯物"和"唯心"这种对事物的区

分的理念本来就是在人的认知层面上形成的，是人带着主观色彩而进行的区分。道家认为，真理无有穷尽，所谓的"真理"也只能停留在特定的边界条件之内。比如牛顿的经典物理学不能不叫"真理"，但其适用范围只是在重力场内，出了重力场，那就是爱因斯坦的相对论的科学领域了。但爱因斯坦的相对论是不是就穷尽了宇宙的真理呢？答案一定是否定的，因为我们已经知道了爱因斯坦所未知的东西。研究表明，我们生活在一个充斥着暗物质的宇宙场内，这个场内同时也充斥着暗能量，我们所知道的物质和能量与这种暗物质和暗能量相比可以说是微乎其微的，如果这样理解，"物质"和"能量"的概念我们都要重新定义了。究竟是物质产生能量，还是能量产生物质？世界的本质是物质的还是能量的？我们很难下定论，这里也有一点"究竟是鸡生蛋，还是蛋生鸡"的味道。因此，老子所讲的"得道"既有物质感，又有能量感，是一种终极思考，超出了鬼与神、物与力、生与死、存与亡。

第二，德畜之。道家所讲的"德"与我们日常生活中所讲的"德"完全是两个概念。我们在生活中常讲的"德"是指对一个人品行的判断；道家所讲的"德"是指"道"在发挥其作用的过程中所表现出来的形态，通俗地说，按照"道"的规则运转就是"德"。关于这三个字，老子的意思是："道"生成万物之后，有一套特定的规则来保持事物沿着某种特定的轨迹前进，保证事物的正常发展，这里面体现着"道"的精神与品德，即"德畜之"。这句话也告诉世人，无论做什么事情都要遵循"大道"的规则，否则所做之事必然中道夭折。虽然我们看不见"大道"，但是，"道"在生养万物的过程中所体现出来的轨迹在不同层面为人们如何处理问题提供了一些基本的规则，诸如"物极必反，物壮则老""贵以贱为本，高以下为基""万物负阴而抱阳"，等等，这些法则在不同的领域给我们指明了做人、做事的准则。

第三，物形之。经过"道"的一番作用，事物便有了形体，有了形状，有了形态，但是，这时的事物应该还处于混沌状态：天地尚未分化，一片氤氲，这是宇宙诞生之初的形态，如同海上日出，烟云浩渺，翻波涌浪，万物有待分化，天地欲离还合。

第四，器成之。经过一番分化，物便化为器，器是物的最后形态，有的化作山，有的化作云，有的化作水，当然，也化出了树木花鸟、鱼虫人兽，也就是我们今天所看到的世界。

对于《道德经》这五千言为什么既难读又难讲这一问题，尽管千百年来众说纷纭，但有一点可以肯定：它的内涵太过于丰富，体现着中华文化的"大道"和大精神，有些东西很难用一两句话就能讲得清楚，即使讲出来，也显得空洞而苍白，更多地需要我们去感悟并领悟。道家对宇宙生成过程的认识，或者说道家的宇宙观在现实生活中会带来什么样的启示呢？我觉得应该有两点值得我们深思：

一是"无中生有"。无论是鸡生蛋，还是蛋生鸡，反映的都是物物相生的思维特质。世界上还有一种高级的思维，即"谁最初生蛋？谁最初生鸡？"这是一种终极思维，如果能够把这个问题想明白，其意义就更加重大了。在道家看来，我们重视万物本身并没有问题，但是，我们不仅要重视这些有形的东西，更要重视那些无形的东西，既要重视物质的层面，更要重视精神的层面，既要重视事物的表象，更要重视事物的本质。诸如我们虽然看不见"道"，"道"却能生养万物；我们虽然看不见"德"，但没有"德"，一个人和一个社会就很难立住。"道"即是天理，"德"则是良知，这往往是一个人和一个社会最容易忽视的东西，因为其无形无状，亦难以产生直接的目的。

二是"万物终要归于器"。道家认为，万物都以"器"的形式存在，并发挥其功能。就社会而言，就会形成各行各业的人，一个人成为一个什么样的"器"，这个人就会有什么样的人生和未来。比如说一块青铜作为道生之物，本身没有太多的实用价值，它最终的价值体现在"器"上。如果我们将其制成鼎，它就成了礼器，被放在庙堂之中，供人瞻仰。如果我们把它铸成剑，它就可以伴随主人驰骋疆场，以立天下大业，或者落在侠客手里成为除恶扬善的利器。当然，我们也可将它做成一个酒杯，让它成天游走在华堂宴乐之中，感受人情的冷暖与人间的是是非非。人生也是一样，一个诞生的生命，我们只能称其为"物"，但是，这个"物"会成为什么样的"器"，那就要看后天的努力和造化了，有的成为艺人，有的成为学者，有的成为官员，有的成为军人，有的成为诗人，有的成为农民，有的成为僧侣，有的成为盗寇……有的荣华富贵，锦衣玉食；有的衣衫褴褛，穷困潦倒；有的纵情山水，潇洒放纵；有的困于红尘，纠结终生；有人皓首穷经，参胜败得失；有的醉心于琴棋书画，自赏流水落花之趣……物既成，欲成何器，全在自身，何需怨天尤人？所以，老子认为，无中生有，有而归于器，器而成其用。何去何从，人生当慎思之。

二、循道御德终无悔，知物明器定成家

基于上面的价值观，老子认为我们应该建立一种信念："万物莫不尊道而贵德。道之尊，德之贵，夫莫之爵而常自然。"不论是人，还是世间的万物，都必须要对"道"和"德"心生敬畏，做事情不要违背天理和良知。再大的器物、再高明

的人、再曼妙的风景，其形成都是遵"道"而重"德"的结果。正是因为"道"与"德"具有这种精神和品德，所以，它们不需要人为地去给它们封赏，却拥有那么高的地位和尊严，并且成为指引我们人类前行的明灯。人类在整个宇宙中不过是几粒尘埃，生命在宇宙的演化中不过是微不足道的一瞬，何需骄傲？何需疯狂？何需悲伤？何需叹惋？自然而来，自然而走，仰望着星空，任灵魂游荡。

接下来，老子再一次对"道"与"德"无私、无为的形象进行了人格化的刻画，并且提出了"玄德"的概念。即"道生之，德畜之，长之育之，亭之毒之，养之覆之。生而不有，为而不恃，长而不宰，是谓玄德"。"长"即生长，"育"即培育，"亭"即成就，"毒"即成熟，"养"即养护，"覆"即保护。"道"与"德"生育了万物，并且耗费了大量的心血培育万物，在万物的成长过程中还要不停地为其提供各种保护，无微不至。不仅如此，"道"并不居功自傲，也不以占有为目的，更不会去随意地控制事物的自然生长，这种品德是那样的高大，我们可以称之为"玄德"。何谓"玄德"？就是一种没有任何私心、不求任何回报的爱。

老子通过这句话告诉我们：人生应该以"玄德"为追求的目标，做人、做事不要过多地寻求回报，但行好事，莫问前程。人一旦有了寻求回报的欲念，善恶之间的界限也就模糊了。

根据老子的这种告诫，结合本章的内容，我认为，做人做事，始终要把握四个字，或者说要时刻心怀四种理念，即："道""德""物""器"。

第一，人在一生中必须要循"道"而行。遵循天理，顺应自然，才能够保持生命的健康，才能够处理好遇到的是是非非。循"道"是生门，背"道"是死门，而今天很多人囿于"术"的层面，争斗不休，私欲膨胀，最终只能是聪明反被聪明误。

现在，社会上很多人重视养生，其招数可谓是千奇百怪，理念更是纷繁芜杂，搞得众人不知所归。其实，养生者，亦顺生也，顺生者，合于自然之道也。比如说，有句老话叫"春捂秋冻"，现在很多人不在乎了，特别是"春捂"，对很多年轻人来说更是置若罔闻，寒气未尽早已是夏装满身，秀腿招摇，如果这样，上了年纪就很难保证不得风湿病。古人认为，春季来临，万物复苏之际，土地要排出它的阴冷之气，但是此时阳气已盛，阴气上升的空间不大，一般就达到腰腿部。而在此时，人的身体开始生发，筋骨变软，关节开放，所以，走起路来都感到很轻松，人们所谓的"春天的感觉"大概就是如此。在这种情况下，如果不做好腰腿部的防护，阴冷之气就会袭击关节，特别是膝关节，给身体造成伤害，而这种伤害在年轻的时候或许不很突出，稍上年纪就会爆发出来，极大地影响人的健康和生活质量。这种伤害，就如同人运动出了一身大汗后让风吹了一样。"秋冻"则是指当天气变冷之后，人不要急于穿上过厚的衣服，房间也不要搞得特别暖和，要让身体尽量适应天气的变化，增加身体的抵抗力和对季节变化的适应性，这样就会少感冒，也可锻炼身体的耐力。"春捂秋冻"这四个字，简单地表达，就是当季节变化时，衣服要慢慢地加，也要慢慢地减，以保证身体在不同季节之间的平稳过渡。

再比如，还有一句话，叫"冬病夏养"，当然主要讲的是胃肠之类的疾病，凡是有这类疾病的人，在夏天到来的时候要多喝热汤、热粥、热水，最好多喝出一些汗来，一些慢性的胃肠疾病就可能得到缓解和治愈。道理是什么呢？很多人有一些错误认识，认为夏天如此炎热，应该多吃一些凉的东西，显得清爽，并可以避暑降温。事实上，这是一种想当然的认识。古人认为，人体是一个系统，这个系统要想正常运行，就必须要使身体的温度保持在一定的范围内，不能大起大落。而人生活的环境的变化又是非常大的，特别是三伏天和三九天，是极热和极寒的极端天气，人若想保持身体的温度，就必须要根据外界环境的变化做出自我反应。在极寒的情况下，体内之脏器会表现出更强大的活力，散发出更多的热量，以保持身体热量的平衡，所以，在中国有"冬日进补"之说——天气凉了之后，要多吃一些肉食，原因是肠胃功能在秋冬之季要强于春夏，易消化和吸收。在极热的情况下，体内脏器的活跃度下降，目的是避免散发出太多的热量。这个时候胃肠的消化能力较弱，所以要吃一些清淡的东西。如果在夏天，在胃肠功能下降的情况下再进大量的肉食，或者吃太多过凉的东西，就会给胃肠增加很多负担，导致一些病症的出现。所以，对大多数人而言，其胃肠疾病不是在冬季形成的，而是在夏季形成的。因此，在夏日里最好的状态是保持饮食的清淡与温和。一些有胃肠疾病的人可以多喝一些热的粥，以刺激胃肠的活力，祛除湿寒之气也是必要的；但是，对一般人而言，未必需要如此极端，保持温和即可。

第二，关于待人接物，无论是为官、为学，还是为商，心里都要时刻装着个"德"字。无论面临什么样的诱惑，合德者得之，不合德者弃之；无论面对多么有能力和有势力的人，有德者处之，无德者弃之；无论面对什么样的事，与德相符者，力其所能及，与德不符者，不可为之。若问何者为"德"，一顺天理，二顺民心。

第三，识物之性，以明阳刚、阴柔之理。世间万物，阴为本，阳为基，柔为势，刚为力，柔弱胜刚强，天道之至理，不可不察。但是在现实生活中，往往是刚

居其表，柔居其里，阳展其外，阴隐其后，得阳刚易生骄傲之心绪。古往今来，人败事败，皆缘于此。故人生在世，居其刚，要心怀其柔，用其阳，心必系其阴，居高位，而心怀下情，喜尊言，必知三分是祸根。

第四，人生在世，当成一器。天下万物皆以器存，成大器者大用，成小器者小用，不成器者无用。人之一生，材具各异，但是，无论大器小器，终归要成于器。以什么样的姿态立于天地之间，如何将这几十年度过去，每个人都需要对此进行思考。太白讲，"天生我材必有用"，此语虽为自我鼓励之言，也确实是人间真理，能够对自己做出正确的评价并且矢志不渝的人，最终都会无愧此生。老百姓有句话，"男怕入错行，女怕嫁错郎"，无疑说明了"选择"的重要性。为虫则鸣于草木之间；为鹏则展翅于九霄之上；为兽则驰骋于山林之间；为水则因地而制流，出岳润桑田，入江行舟船；为山则壁立千仞，结伴浮云，笑看日月；为草木则谈笑于四季之间，当生则生，当止则止，不以盛开为乐，不以零落为悲。此乃大境界也。

以上则是老子所讲的人生的四大境界：明道而知生死，修德而明得失，格物而晓进退，成器而乐此生。

第五十二章 天下有始，以为天下母

原经

天下有始，以为天下母。既得其母，以知其子；既知其子，复守其母，没身不殆。塞其兑，闭其门，终身不勤；开其兑，济其事，终身不救。见小曰明，守柔曰强。用其光，复归其明，无遗身殃，是为袭常。

出淤泥而不染，履红尘而知归

如果说上一章中，老子强调了"道生万物"的过程，以及在这个过程中"道"所体现出来的无私、无畏的精神，即"玄德"。那么在本章中，老子再一次劝告世人一定不要忘却"大道"所体现出来的精神，并且老子用了一个很形象的比喻，把"道"比作母亲，天下万物，当然也包括我们人，都是她的子女。母亲对孩子的爱都是无私的，所以，做子女的如果能够真正听懂母亲的话，知道她背后的良苦用心，就一定会度过生命中的困苦，到达理想的彼岸。

老子讲："天下有始，以为天下母。既得其母，以知其子；既知其子，复守其母，没身不殆。"这句话的意思很明白：老子认为，天下万物总有个开始，这个开

始就是万物之母，实际上暗指"大道"为万物的本原。明白了这种渊源关系，我们就会更加明白：天地与我同生，万物与我共一，既然我们与万物同宗同源，就要彼此尊重，不可贵此贱彼、厚今薄古，人为地制造那么多的高低贵贱和是是非非，要有一种包容万物、和谐天下的姿态。也正如孔子站在人世间的角度所讲的"四海之内皆兄弟"。当然，我们知道了"道"是我们生命的本原，就要像尊重母亲一样尊重"大道"，并且要按照"道"的规则来把握自我，唯有如此，才能够保全自己，不至于中道而亡。

紧接着，老子向我们开出了遵循"大道"的"药方"："塞其兑，闭其门，终身不勤；开其兑，济其事，终身不救。见小曰明，守柔曰强。用其光，复归其明，无遗身殃，是为袭常。"

"兑"即出口，"塞其兑"即指一个人不要过多地把自己的情绪表现出来，当然，重点是要管好自己的嘴，有句老话讲得好："病由口入，祸从口出"。"闭其门"即指管好自己的人和事，控制好自己的社会参与度，认识的人多，是非就多，参与的事多，恩怨就多。如果这两点做到了，一个人的一生就鲜有灾难，少有是非。这两点与道家"清静无为"的人生态度是一脉相承的。当然，道家并不否定人与人之间的交流，而是强调人这种动物具有太强的主观性，好恶之心和争强斗胜之心极盛，如果没有约束，就会陷入滚滚红尘，就可能走向极端。因此，道家强调人要守住初心，心系自然，淡定是非，控制欲望，而做到这一点，首先就要能够耐得住寂寞，守得住清贫，看得住家门。

"开其兑，济其事，终身不救"即指打开大门，踏入红尘，追逐名利。老子认为，如果一个人走入这个光怪陆离的世界，就很难再跳出来了。进了华堂，很少有人能再回到陋室；穿上锦衣，吃了玉食，就很难再过简单而清贫的日子；有了颐指气使的权力，就很难再过平凡的生活。正所谓"由俭入奢易，由奢入俭难"。所以说，大多数人都不是圣人，只有远离了诱惑才能够拒绝诱惑。

"见小曰明，守柔曰强"。"明"在这里不是"聪明"的意思，而是指心性光明，是生命大开、大悟的大智慧。老子认为：一个人要是能够通过一些细小的端倪预见事物发展的大势，就可能顺势而为，抓住机遇，规避灾难，这种人就是大德、大明之人。而一个人如果能够在巨大的利益和诱惑面前控制住自己的欲望，及时止住脚步，管住身心，才是真正的坚强。胜人之力不若胜己之力，胜人者可得一时欢喜，胜己者可保一生平顺。

但是，道家也是非常务实的，人的一生不可能不触碰现实，怎么办呢？老子认为，"用其光，复归其明，无遗身殃，是为袭常"。"光"在这里指世俗社会中所常讲的"智慧"与"聪明"、"技巧"与"方法"。遇到现实中的问题，我们也需要掌握一些做事和处世的方法，要有智慧和能力处理好现实问题，一旦达成目的，就需要及时收手，回归到初始的状态，保持心性的洞明，也即是前文中所讲的"功成身遂"。如果能够做到这一点，就不会给自己带来灾难和祸患，这种境界就是"袭常"。"袭"有遵循、沿袭之意，"常"即指"大道"，"袭常"可以理解为遵循"大道"。但是，我认为这里的"袭常"被作为一种人生的境界提出来，并且作为一个单独的概念，还暗含着一种表面看来与常人无异，其实内心深处却从未远离"大道"的含义，是对得道之人形态的一种描述。真正的得道之人往往看起来与常人并无不同，这才是真正的高人；处处以"得道"自诩并以此进行炫耀，恰恰是未得道的真实表现。老子在本章中提出的"袭常"与在上一章中提出的"玄德"有异曲同工之妙、前后呼应之美。

使我介然有知，行于大道，唯施是畏。大道甚夷，而民好径。朝甚除，田甚芜，仓甚虚，服文彩，带利剑，厌饮食，财货有余，是谓盗夸。非道也哉！

大道民心处，小安莫自夸

老子通过本章再一次表达了自己对"道"的信仰，同时也批评了那些自以为是的背道者，语言干练，态度鲜明。

在本章的第一句中，老子用了"介然"二字。对于此二字，古往今来解释不一，各有其说。我认为，老子的这种表达方式是他那个时代人们的一种习惯性表达，是一种带有修饰性和状态性的强调，稍一用心，会发现很多类似的表达。诸如《逍遥游》中有一段几次用到这种表达形式：

故夫知效一官，行比一乡，德合一君而征一国者，其自视也，亦若此矣。

而宋荣子犹然笑之。且举世誉之而不加劝，举世非之而不加沮，定乎内外之分，辨乎荣辱之境，斯已矣。彼其于世，未数数然也。虽然，犹有未树也。夫列子御风而行，泠然善也，旬有五日而后反；彼于致福者，未数数然也。此虽免乎行，犹有所待者也。

"犹然"表现的即是一种不屑一顾、不以为意的样子，表达了宋荣子对世俗之人自以为是的嘲笑，非常形象，也表达出了道家人的潇洒与清高。"数数然"即"不过如此"，是一种对"无非这样"的心态和状态的表达，有所肯定，但是更多是否定。庄子通过这种态度表明了他对宋荣子的看法，虽然有一定的境界，但是与"大道"还是有距离的。"泠然"即淡定、轻盈、优雅的状态，是对列子飞行状态和心态的表达。

在前面讲过的"庖丁解牛"中，庄子也同样用了这样一种表达：当庖丁将牛肢解之后，整个牛"謋然已解，如土委地"。"謋然"就是"轰"的一声，是对牛失去筋骨的支撑之后倒地的瞬间的一种表述，非常形象，并且有极强的感染力。

"介"字的本义是微小、细小，我们常讲的"命如草芥"就是这个意思。老子在这里用了"介然"二字，意思是讲：稍微懂得一点做人、做事的道理，稍微明白一点道德法则，都会"行于'大道'"，而不会背离"大道"，一个人如果不顾"大道"，简直是太无知了。何谓"唯施是畏"？"施"的本义是曲折、盘旋，这里指的是邪道、歪道。一个真正心怀"大道"的人，一定要时刻警惕歪门邪道，需对各种歪门邪道保持一种畏惧之心。为什么呢？老子在后面做了解释：

"大道甚夷，而民好径"。"大道"是光明而平坦的，人们却总是喜欢走小道，因为走小道能收获一些眼前的利益；但是从长远看，往往是得不偿失。人类文明的发展没有捷径，都是一代又一代的人不断探索的结果，其间有曲折，有流血，有牺牲，有悲伤，有喜悦，有痛苦……就人的一生而言，执着是最重要的品质，人的一生如果能够坚守一种信念，坚定一种方向，坚持一种爱好，终能成就大事。如果我们能够耐得住寂寞，顶得住嘲讽，守得住清贫，不断前行，哪怕我们的身影是笨拙的，步履是蹒跚的，面容是憔悴的，也终将走出一个属于自己的世界。

很多时候，一个政权之所以会垮掉，一个个王公贵戚之所以一夜之间尸填沟壑，就是因为他们背离了执政的"大道"，只顾自己享乐，虚伪成性，花天酒地，对百姓的生活与生命置之不理。殊不知，在这种情况下，亡国灭种之危险已经悄然临近，最终的结局只有灭亡。

　　老子在这里用了一种形象的对比来说明问题："朝甚除，田甚芜，仓甚虚，服文采，带利剑，厌饮食，财货有余，是谓盗夸，非道也哉！"朝野上下已经是一片颓废的景象，老百姓流离失所，田地已经没有人耕种，国库已经空虚，但是，这些王公大臣们仍旧横征暴敛，欺骗君主，为其歌功颂德，自己也是趾高气扬，利剑华服，山珍海味，财宝充室，到处炫耀，这与一个强盗的卖弄又有什么区别呢？这就是"无道"的表现，这样，国家怎么可能搞好呢？

第五十四章

善建者不拔，善抱者不脱

　　善建者不拔，善抱者不脱，子孙以其祭祀不辍。修之于身，其德乃真；修之于家，其德乃余；修之于乡，其德乃长；修之于邦，其德乃丰；修之于天下，其德乃普。故以身观身，以家观家，以乡观乡，以邦观邦，以天下观天下。吾何以知天下之然哉？以此。

天下兴亡多少事，万法归一是德行

　　"善建者不拔，善抱者不脱"与前面所讲的"善闭不用关楗，善结不用绳约"在本意上是相通的，只是换了一种表达方式，侧重点有所不同：前者主要讲修身、做事的法则，本章强调的是治国安民。

　　何谓"善建"？即善于立国和立家。何谓"善抱"？即善于团结人，获得人民的拥护。老子说，真正能够按照"大道"来立国的人，其国家就会长治久安，不会遇到危险，群臣和百姓就会永远拥护他，子孙后代也会记得他的贤德，永远将他供奉在宗庙之内，让他接受祭拜，即"子孙以其祭祀不辍"。

　　如何能够达到此种效果呢？老子认为，修道、养德是最重要的，有了道德之约束，无论在哪个层面上，人都会获得意想不到的收益。一个人如果不能从提升自己的生命境界入手，只知道抱怨他人、责怪世界，那么他只能被他人和世界淘汰。这种从内到外的治世逻辑体现了中国文化的一个重要的特征，道家如此，儒家亦如此。《大学》中讲："自天子以至于庶人，壹是皆以修身为本。其本乱而末治者，否矣。"宋代大儒张载讲："欲事立，须是心立。"这些论述的背后都传达着中国人关于社会治理和统治天下的基本逻辑，道德不能当饭吃，但是没有了道德，纵使可以获得衣食之需，最终也会导致人在物质、利益面前迷失自我，最后乱了家国，丢了天下，这种教训在历史和现实中比比皆是，不胜枚举。孔圣人曾讲，"放于利而行，多怨"，也正是这个道理。

　　所以，老子讲，"修之于身，其德乃真；修之于家，其德乃余；修之于乡，其德乃长；修之于邦，其德乃丰；修之于天下，其德乃普。"

　　一个人有了道德，其所表现出来的就是对他人和世界的无限真诚，"真"和"真诚"乃一切道德的情感基础，无真即无信，无信即无德。所以《论语》中讲，"人而无信，不知其可"，一个人不讲诚信，别的品德就可以忽略不讲了。

　　一个家庭有了道德，家人间就会和睦，共享喜乐，共渡难关，最终过上衣食无忧、吉庆有余的生活，正所谓"家和万事兴"。

　　一个乡里如果有了道德，那么，邻里就会和睦相处，长期共存，并且营造良好的生活与合作氛围，一些人就不需要背井离乡，因此我们常讲"远亲不如近邻"。孔子在《论语·仁篇》中讲："里仁为美。择不处仁，焉得知？"意思是，邻里之间表现出德行的地方是最美的。人选择安居之乡时不选择有德行的地方，怎么能够培养自己的美德呢？这充分表达了美好的道德氛围对人的影响和作用。"孟母三迁"的故事也正是这一思想的例证。

　　一个国家有了德，就可以实现安定团结、物尽其用、人尽其才，真正达到民富国强的小康状态。

　　如果整个天下都能够沐浴在道德的阳光下，那么，普天之下就不会再有纷争，人们有福同享，有难同当，百姓也就会受到天地的恩泽，真正达到"大同"的境界。

　　老子通过这段内容，从个体到群体，从特殊到一般，论述了道德对于个人和家国的重要价值和意义。当然，老子所讲的"道德"不是一般意义上的善恶，而是指天道与良知，强调人类必须要坚持"道法自然"的价值情怀。儒家也强调道德，但是儒家的"道德"更多地体现为站在社会与人伦的角度对统治者提出的一种人文修养，重点是处理好人与人之间的关系，当然，其核心精神是"仁"，即"仁者爱人"。

紧接着，老子讲了一句比较含糊的话，读起来让人有种似懂非懂的感觉："故以身观身，以家观家，以乡观乡，以邦观邦，以天下观天下。吾何以知天下之然哉？以此。"

关于这句话如何理解，历来分歧较大。我觉得，应该将这句话与前面的内容结合起来理解。老子在前面讲述了立德之后，无论是个人、家庭、乡里、国家、天下都会受益，并且阐述了其表现形式，通过这些表现形式就可以判断出一个人或一个国家是否遵道守德，是否能够长治久安。因此，老子的这句话可以换一种表达形式，即"以真观身，以有余观家，以长观乡，以丰观邦，以普观天下"，有了这样的评判标准，我们就可以清楚地考量天下的人和事了。当然，老子的这句话也可以概括成四个字：德观天下。

第五十五章

含德之厚，比于赤子

含德之厚，比于赤子。蜂虿虺蛇不螫，猛兽不据，攫鸟不搏。骨弱筋柔而握固。未知牝牡之合而朘作，精之至也。终日号而不嗄，和之至也。知和曰常，知常曰明，益生曰祥，心使气曰强。物壮则老，谓之不道，不道早已。

和中有道，极中有危

"含德之厚，比于赤子"，一个德行厚重的人，其形态就像新出生的婴儿一样。老子不止一次地使用这种比喻。老子喜欢把遵道守德的人比喻成婴儿的一个很重要的原因是：道家认为新生的事物没有受到世间污浊之气的影响，是干净而透明的，心性是善良的，其欲求是本能的，只为生存而不为占有。

正因为如此，这样的事物才不会被蜜蜂、蝎子、毒蛇叮咬，不会被猛禽和猛兽攻击。当然，这只是老子的一种理想化的比喻，事实上，毒虫也好，猛兽也好，都特别喜欢攻击弱小的生命，因为这种攻击容易成功。老子的这种比喻还暗含着另外一层含义：人一生的风险很多是源于自身，而不是来自外力，如果我们的存在不会威胁到别人的成败得失甚至生命，别人也不会将我们作为攻击的对象。因此，人一生的安全来源于别人的安全感，所以，打造一个什么样的形象、构筑一个什么样的生活圈子对一个人来说至关重要。《易经》讲，"物以类聚，人以群分，吉凶生焉"。事物都是按类划分的，人也是以群的形式存在于天地之间的，站在这个圈子里就会收获这个圈子的利益，当然，在很大程度上又成为其他圈子的对立面。有利益就有纷争，有纷争就有吉凶。如果没有圈子，特立独行，往往又会被孤立。所以，人生一世，避免不了利益纷争，只是大小、多少不同而已，因此，吉凶是不可避免的，我们能够做到的就是不要走极端，任何时候都要给别人留点余地，也给自己留条后路。

　　老子接下来描述了婴儿来到这个世界上的三种表现，再一次展示了事物初生时所保持的"大道"的踪迹：第一，"骨弱筋柔而握固"。新生儿来到世界上，筋骨都是柔弱的，但是，小拳头握得紧紧的，掰都掰不开，老子称其为"握固"，实际上说明了"柔弱胜刚强"的道理。第二，"未知牝牡之合而朘作，精之至也"。小男孩刚出生时，对男女之事并不知晓，他的性器官却非常挺拔，老子把这种表现称为"朘作"，"朘作"即含"无欲则刚"之意。人长大了，想法多了，反而不刚了，这确实是对生命开了一个大玩笑。为什么呢？"精之至也"。"精"即精气，是指人先天之元气，新生儿的元气没有"泄露"，五谷之毒尚未侵入身体，这个时候的人是最健康的，心性相和，精气充沛。但是，伴随着人的成长，人体就需要不断地与外界进行能量交换，无论是纳入的食物、水还是空气，都是利弊相生、毒养相和、清浊共生的，都会对人体造成某种程度的伤害，也会损失先天之精气，就会展现出生老病死这种人生的常态。第三，"终日号而不嗄，和之至也"。新生儿来到这个世界上，经常整日哭闹，嗓子却没有因此而沙哑，是因为其生命达到了内外相和的最佳状态，体现的是其生命的一种自然的能量释放，而不是为发而发，这也是和谐的最高境界。

　　老子对婴儿的三种状态的描述，实际上表达了道家的三大价值观，即善柔、守初、知和。能守住柔心，才能战胜刚强；能含住精气，才能保持旺盛的生命力；能保持和谐，才能兴而不衰。

　　接下来，老子从对婴儿这个具体事物的描述转向理论性的阐述，进一步表达了自己的认知理念："知和曰常，知常曰明，益生曰祥，心使气曰强。物壮则老，谓之不道，不道早已。"

　　"和"即和谐，"常"即常态，即指"大道"的运行状态。老子认为"大道"运行过程中的一个突出的特征就是万物相和，这是常态。其实，老子在前面还提到了"大道"运行过程中的另一种常态，即无往不复，万物归根，"归根曰静，静曰复命，复命曰常……知常容，容乃公，公乃王"。本章的"常态"主要体现了"大道"运行过程中事物之间的关系的状态，即和谐相处。前一章则是强调了"大道"运行过程中事物生死转换的循环过程，万物皆有生死，有无相生，生死相依。结合这两种常态，我们就会看出老子所勾勒出来的这个变化无穷的宇宙是一种什么样的状态："大道"生养万物，而万物皆以"大道"为母，在自己的轨道上运转，互不干涉，互不伤害，各取所需，无高低贵贱之分，每一个生命都是宇宙演变中的一瞬，来了又走了，走了又来了，世界就是在这种不断的变换中演绎着精彩的故事，而人也只不过是万物之一，个体有其生，亦有其死，群体有其生，亦有其死，生即死，死亦生，形体常灭，精神无穷。

　　老子在讲完了"和"的道理之后，连着用了三个排比句："知常曰明，益生曰祥，心使气曰强"。其语气非常明确，是一种正面的表达，提醒世人该怎么去处世、怎么去养生、怎么去调整自我。

　　"知常曰明"，明白了上面的道理才叫大光明、真智慧。

　　"益生曰祥"，不为外物所困，和于天地之间，保持生命的旺盛活力，达到自然的状态，就是人生真正的幸事。当然，关于这句话，历来还有一种反向的理解，认为是"增益人生"。但人为地去延长生命，恰恰违反了生命的规则，反而成为不祥之事。这种解读表面上看也符合道家的精神，就所表述的意思而言没有什么问题，但是，如果在本章中这样理解就有些牵强了。"益生"是每一个人对增益生命的追求，但是，能够做到的少之又少，为什么？就是没有理解好"和曰常"的道理，明白了这个道理，就会懂得将生命融入自然，坦然地面对一切，从而规避一些人为的风险。

　　"心使气曰强"，"心"即人的精神和灵魂，"使"即驱使和驾驭，"气"指人的喜怒哀乐之气、欲望之气、争斗之气。老子认为：一个人无论在什么情况下都要控制自己的情绪，对喜怒哀乐不取其极，不迷失于得失与福祸，好恶欲求不超出其力。做到这一点的人才是真正的心智强大，才能立于天地之间而岿然不动。

　　关于"心使气"的问题，我认为它除了具有控制情绪这种精神结构层面的价值之外，还有其生理价值。中国有句老语叫"人活一口气，树活一张皮"。气在人在，气断人亡；气通体通，气塞病来。"养气"是道家养生的一个重要理念，"调气"也是中医学中的一个基础理论。"气"是一种看不见，却能被感觉得到的东西，但是对一般人而言，我们只能感觉到呼吸之气，却感觉不到体内的循环之气。为什么？就是因为我们不能真正地把心静下来，我们的感觉系统不可避免地受到外界事物的强烈干扰。佛家强调"坐忘"，道家强调"守中"，其实质都是暂时隔断人体与外界的信息通道，使精神内敛，久而久之，人便会达到"入静"的状态，这个时候，就会感受到体内气血的运转，人的精神也会达到一种自由的状态，意念到何处，气血便会到何处，这也是一种"心使气"的状态。这种修炼对人的身心健康很有好处，会让一个人从浮躁的状态中跳出来，收获一种灵魂的宁静，也能够让人更加理性地面对现实。

今天的人不健康的一个重要的原因就是攀比心太强，欲望太盛，心性过于浮躁，这样便会导致气血运行不稳，甚至局部拥塞，多种疾病都由此而发。因此，养生之道之核心在于养心和养气，而养心和养气的关键是能够使自己的生命保持一种科学的动静状态，避免忽上忽下，要以意导气，以气导心，以心导物，最后是身心兼修，方能达到益生的效果。

所以，一个人要想健康，一定要记住"心使气曰强"这几个字。一方面，在心理上要能够淡定于是非，凡事不可强求，不可取其极。另一方面，在生理上要保证自己每天都能够静一静，比如通过静坐、静卧、站桩等方式，都可以使自己入静，去感受气血之运转，久而久之，脉络通畅，许多病自然也就化解掉了。

在本章的最后，老子自然地得出了结论："物壮则老，谓之不道，不道早已。"天地万物，壮极必老，盛极必衰，仰极必抑，这些行为都是不合"大道"的，而最终的结果只能是早亡。

第五十六章

知者不言，言者不知

知者不言，言者不知。塞其兑，闭其门，挫其锐，解其纷，和其光，同其尘，是谓玄同。故不可得而亲，亦不可得而疏；不可得而利，亦不可得而害；不可得而贵，亦不可得而贱。故为天下贵。

玄同无不同，贵贱一心中

关于"知者不言，言者不知"这句话，历来有两种理解：

第一，将"知"理解为"知道"，将"不知"理解为"不知道"。这样，全句的意思是：真正知道实情的人、真正明白其间道理的人，不一定说话；而那些说起话来滔滔不绝的人，并不一定了解真相。这句话的意思是告诫后人，不要轻信那些口若悬河、自以为是的人，他们的话看似有道理，其实未必有道理。同时也提醒我们，有时候越是掌握实情，越是了解情况，越是不能多说，不能随便说，出言必须要慎重，方式必须要得体，做到时机恰当。

第二，认为"知"通"智"，即有"智慧"之意。全句的意思是：人真正的聪明并不是体现在口头上。有大智慧的人能够管好自己的嘴，看好自己的门，守好自己的心；而那些随意妄言，到处标榜自己的人并非拥有大智慧之人。正如老子所言："多言数穷，不如守中。"

以上两种理解都有其道理，强调的侧重点不同，但是，细究起来也没有本质上的不同。道家认为，一个人要善于掩盖住自己的锋芒，不能过于外露，正如古人所言："是非只为多开口，烦恼皆因强出头。"

基于上述理念，老子在这里又提出了一个重要的概念，即"玄同"。"塞其兑，闭其门，挫其锐，解其纷，和其光，同其尘，是谓玄同"。

何谓"玄同"？简单地说就是"大同"，与天地万物合而为一，达到了无我、忘我的境界，一切恩怨、是非、得失、贵贱、生死都不存在了，就是"玄同"。"塞其兑，闭其门，挫其锐，解其纷，和其光，同其尘"这些内容老子在前面已经讲过了，按照上述原则做人和处世，其实就是为了达到"玄同"的生命状态。老子在前面还讲过"玄德"的概念，如果将"玄德"与"玄同"比较，我认为，拥有"玄德"的人可称为"贤"，达到"玄同"境界的人则可称为"圣"了。

庄子在《德充符》中将达到"玄同"状态的人称为"才全"，何为"才全"？庄子描述如下：

> 死生、存亡、穷达、贫富、贤与不肖、毁誉、饥渴、寒暑，是事之变，命之行也，日夜相代乎前，而知不能规乎其始者也。故不足以滑和，不可入于灵府。使之和、豫、通而不失于兑，使日夜无郤而与物为春，是接而生时于心者也。是谓之全才。

基于上述认识，老子告诉世人，什么叫真正的高人？"不可得而亲，亦不可得而疏；不可得而利，亦不可得而害；不可得而贵，亦不可得而贱。故为天下贵"。一个达到了"玄同"境界的人，谁也不可能亲近他，谁也不可能疏远他，谁也不能利用他为自己牟取私利，谁也不能找到伤害他的手段和理由，谁也不可能让他高高在上彰显自我，谁也不可能让他卑躬屈膝忘掉人格。达到了这种境界才叫真正的"高贵"。

回顾一下历史和现实，确实也有达到或接近这种境界的人。比如汉代的张良、明代的刘伯温，出世可定天下，功高而能退守，离开人家，很多事你搞不定，伤害人家，你又有什么理由？众望所归，无欲无求，伤害了这种人就会伤天下人的心。

再比如周恩来总理，一身正气，两袖清风，大公无私，与天地同德，所以总理去世时，万人空巷，人民泪洒长安街。后人有诗云："自从盘古开天地，三皇五帝到如今。谁见宰相平民爱，唯有总理第一人。"尽管总理没有儿女，亦没有家产，甚至连骨灰都没有留下，但是，他永远活在国人心中，这就是贵，真正的贵，无与伦比。

当然，平凡的生命不一定就达不到这种极不平凡的境界，人生在世，无论什么时候都要记得塞兑闭门、和光同尘、挫锐解纷的圣教。仰尊天道，常怀公心；俯守地道，常净己心；中察人世，满怀爱心。融是非于"大道"，散得失于清风，笑尊卑于天地，抒长怀于春秋，抑或无有大富大贵，亦可得小康之乐，岂不悠哉？

达到这种境界当然很难，但是，为了避免不必要的伤害，还需要时刻明白三个道理：无亲不疏，无利不害，无贵不贱。

何谓"无亲不疏"？如果一个人不故意地和某些人亲近，也就不会和另外一些人疏远。但是，在现实生活中做到这一点太难了，人是社会性的动物，每个人都有自己的利益诉求，在一个团队中，人与人之间也都存在某种竞争关系，没有竞争关系的人就比较好相处，道理就在这里。怎么办？要想获取利益，就要有个自己的小圈子，人要是不进圈子就很难获得利益。进了圈子，获得了利益，但是，风险也就来了，因为圈子不是永远不变的。正所谓"朝为卿相，夕为布衣；昨夜宴饮，今日断头……"这些都是圈子博弈的结果，这类案例在历史和现实中不胜枚举。

一个人如果功利心太强，必然不停地建立寻求利益的圈子，其奔波劳作和心力交瘁之苦就不言而喻了。如果在各种是非中都能全身而退，倒也算高明，然而，"人在江湖漂，谁能不挨刀？"有句话讲得好，"出来混，迟早是要还的"，语言直白，确实也道出了某种真谛。怎么办？最好的办法还是守住本心，尊上重下，大利不妄想，小利不贪图，或许无大起，但也不会有大落。对一般人而言，如果能够保持平稳前行，若干年后就会发现，那些当年急功近利、耗尽心机的人并没有比自己走多远，结果也差不太多。要记得，英雄是时势造就的，征营天下，青史留名，一靠才情，二靠机缘，不是求的。平凡的生活更需要有不平凡的精神，那就是做到一个"静"字。

何谓"无利不害"？君子爱财，取之有道。中国文化不否认人对利益的诉求，关键是要把握一个"道"字，具体来说，谋利要合规、合情、合理，如果谋利不讲"大道"，那么必然为其所害。因此，中国人常讲利害相生，一个人在谋利的过程中如果把握不住尺度，害就会随之而来。所以，无论什么时候都要牢记，得之必有失，失之必有得，真正能够权衡利弊者，乃真高人也。

何谓"无贵不贱"？一味地攀附权贵，牟取利益，必然奴颜媚骨，低三下四，没有人格，为君子所唾弃。这样的人一旦得志，定会显出一派招摇、霸道之气，富贵而骄，失意是早晚的事。一旦掉下来，就会被人弃之街头，成为谈资和笑柄，重新变回摇尾乞怜的奴态，即"登高跌重"。所以说，通达不可骄人，常怀朴素之心，尊邻重友，纵使时势不再，亦可有暖心之话、举杯对月之人。贫贱不可失了底线，寄人篱下，食人俸禄，听人使唤，只为"生存"二字，对此可以忍之，但是，心中要有天地，眼中要有日月，破席一张，陋室三间，亦有诗书之兴者，乃真君子也。

第五十七章

以正治国，以奇用兵

以正治国，以奇用兵，以无事取天下。吾何以知其然哉？以此：天下多忌讳，而民弥叛；人多利器，国家滋昏；人多技巧，奇物滋起；法令滋彰，盗贼多有。故圣人云："我无为，而民自化；我好静，而民自正；我无事，而民自富；我无欲，而民自朴。"

一、大道至简，天下有三

本章开篇的气度很大，直接提出了"治国""用兵"和"取信于民"的三大命题，开宗明义，光明磊落，充满了正气和正义。我认为，对于"治理天下"这一最大的难题，这三句话都讲透了。

首先是"以正治国"。一个人做事或许可以施点手腕，弄点阴谋，但是，治理国家可不能搞歪的和邪的，要光明正大，方向明确，政策清晰，无论做什么事都要摆到桌面上，要搞阳谋而不能搞阴谋，不能算计并愚弄老百姓。人在干，天在看，百姓不可欺之、不可愚之。自古以来，民心是最大的政治，与民为敌者，早晚为民所灭。所以老子讲：圣人恒无心，以百姓之心为心。政治者，以其正治国者也。政治家须以正修身，以正处世，以正安民，否则，就是阴谋家和政客。中国自有王朝以来，周朝算上去历史最长，差不多有八百年，为什么？因为当年周公制礼，以礼治天下。何谓"礼"？"礼"从表面上看是一种形式，甚至被人称为"形式主义"，但是，"礼"是一种看得见的东西，这种形式反映着周朝的治国理念，老百姓一览无余，正所谓"礼者，理也"，道理就摆在那里，一目了然，不用挖空心思去揣摩。如果一个政权总是搞一些让人琢磨不透的东西，必然会缺少健康的主流价值导向，就会使人没有底线，导致诚信缺失和官员贪腐，加快政权的衰亡。

其次是"以奇用兵"。战争是人类社会最高强度的对抗，道家不提倡战争，也不惧怕战争。如果必须要面对战争，老子强调，就不能按照"以正治国"的方式去进行战争，两军对垒，就要善于出奇制胜。《孙子兵法》讲："兵者，诡道也"，强调用兵要奇正相生，以正和，以奇胜。孙子大概也是借鉴了老子的这一理念。

三是"以无事取天下"。无事即"无为"，对此，古来没有大的争议。关于这句话，历来争议最大的是如何理解"取天下"三字。很多人认为是"把天下治理好"的意思，也就是说，治理好天下必须要遵循"无为而治"的法则，关于这一点，老子在前面也做了很多阐述。但是我认为，这种理解似有不妥，因为老子前面刚刚讲到的"以正治国"就是治理天下的意思，"正"的背后就是遵循天地"大道"，也即"无为"的意思，这里再理解成"治理天下"，似乎显得过于重复。我认为，"取天下"就是"获取天下政权"的意思。老子在前面讲过："天下神器，不可为也，为者败之，执者失之。"天下兴亡、政权更迭自有定数，自有大势，不可强求，时机未到，若强行为之，就会遭受灾难和挫折。回顾一下历史，我们就可以清楚地看到这一脉络：夏朝出了夏桀，暴虐无道，天人共诛，最终使夏朝为商汤所灭，商汤通过此次革命建立了商朝。到了商纣时期，纣王荒淫无道，文王和武王经过精心准备，灭掉了商朝，建立了周朝。周朝到了春秋战国时期，各诸侯国以武力征营天下，天下陷入战乱，秦始皇乘机消灭了六国，天下一统，并建立了郡县制，这个制度直到今天都没有大的变化。后来的各个朝代重复着夏、商、周这样的轮回，构成了中华民族历史独特的人文景观。由此可以看出，政权的兴亡有其"大道"，时势成熟了之后，便会出现改天换地的英雄，正所谓"时势造英雄，英雄换天地"。当然，历史上也有一些通过非常规手段获取天下，或者希望通过非常规手段来获取天下的人，其要么短命，要么自我放弃。比如汉朝的吕后，费尽心机，几乎将刘氏子孙杀光，但是，一个完整而和平的大汉符合天下人的意愿，在父业子继的文化背景

下，吕氏一族缺少执政的合法性，最终为大汉功臣所灭，政权归于汉文帝刘恒，从而开启了"文景之治"。到了唐朝，武则天做了女皇，想将李唐江山交给武氏，当时大臣狄仁杰就讲：如果您将政权传给儿子，您就是皇太后，您的牌位会世世代代立在宗庙中供后人祭拜；如果传给武氏，武氏就是篡位，天下人必然共诛之。您当皇帝，天下人之所以没有造反，还能够稳住江山，是因为您是李家的儿媳妇，可以理解为您为李家守江山；如果换成了您的兄弟或侄子，那就缺少执政的合法性。再者，没听说侄子将姑姑供在宗庙中的。武则天最终听了狄仁杰之言，把江山还给了李氏，而自己以李氏媳妇的身份与李治葬于乾陵，从这一点来说，武则天确实是有大境界和大胸怀之人。她生前让人在自己死后在自己的墓前立一块无字碑，知道自己作为历史上的第一个女皇，身后定有是非，所以供后人评说，当世不做评价。这再一次让人看到了武则天的不寻常之处，正所谓"识时务者为俊杰"。而后世的袁世凯、张勋复辟的行为，就只能当作笑柄了。历史如一辆可以调整驰骋方向的战车，到哪里拐弯，自有定数。一定要认识到这个问题：皇位可不是跑官所能跑来的，不可妄想啊！

"吾何以知其然哉？"老子讲，我看待天下的人和事，就是把握住了这三个原则。为了让人们更加信服他的理论，老子接下来详细地论证了"以正治国"的重要性和必要性。

二、天下有不能治民之吏，而无不可治之民

老子通过几种现象，详细地阐述了"以正治国"的问题：

第一种现象：天下多忌讳，而民弥叛。"忌讳"就是指执政者约束百姓和需要百姓回避的东西。比如君王的名字中有什么字，别人无论是说话，还是写文章，都要用其他字代替，圣贤之书也要改，有的朝代甚至设有"文字狱"。再比如说，君王和大臣出差，都需要老百姓回避，人不能上街，店铺不能开张。王公贵族家有丧事，老百姓就不能说笑，甚至不能吃肉、饮酒。把一些简单的问题、生活化的问题、学术性的问题"上纲上线"。对此，老子说，一个社会中如果这些东西多了，就会增加老百姓的反感，对执政者的信服度、尊重度就会大打折扣，老百姓虽然表面上不敢违犯，但是，内心深处的抵触情绪就会越来越浓，就会出现软抵抗。

第二种现象：人多利器，国家滋昏。什么叫"利器"？这里是指打击、镇压老百姓的手段和工具。一个社会打击、镇压老百姓的手段越多，天下越容易陷入混

乱。历史上暴君很多，残酷的手段也很多，但越是残酷地压榨百姓，其政权衰亡得也就越快。历史上最有代表性的就是秦始皇。秦始皇其人有雄才大略，其所作所为对中华民族的历史影响极大，在后世看来，其积极的意义也是非凡的。但是，或许是因为他自身过于强大，因此并没有把天下人的苦难放在心上，忽略了"仁义"二字，采取威权的形式来治理天下。一方面加强武备，将天下的兵器统一收缴，在咸阳铸成十二个金人彰显武功，威慑天下，使得"胡人不敢南下而牧马，士不敢弯弓而抱怨"。另一方面，他为了统一意识形态，焚书坑儒，除了一些医书、农书及看天象的易书之外，其他的圣贤之书统统被焚毁，以防止这些书激起人们反抗政府的情绪。更惨无人道的是，他竟然将一些对秦朝有非议的书生活埋，以威慑天下读书人。因为读书人思想活跃，易于发现政府的问题，并善于动员天下百姓。结果，秦始皇的万世基业就毁在了这种强大的利器之下。所以，治理天下要刚柔并济、软硬兼施，要争取大多数人的支持，打击并孤立对于发展不利的少数人。

第三种现象：人多技巧，奇物滋起。一个社会中，人们不走正道，满脑袋歪门邪道，为官不作为，靠金钱和关系取胜，经商不讲诚信，靠造假进行欺骗和敛财，做学问不下功夫，以投机取巧为务，做人没底线，一切以利为先……如果这样，这个社会就会生发出很多怪现象，最终是人人欺人，人人被欺。前不久，应朋友之邀，去参加了一个拍卖会，拍品主要是字画，从古人的到今人的，着实撩人眼目。顺手拿了一本拍卖手册，上面的第一句话就让人惊诧不已，上面写着："本公司不对任何拍卖品承担真伪责任，竞买人可以通过对图片实物文献进行检索判断真伪，一旦成交，就视为买者对拍卖之前的描述是认定，由此而履行一切责任和义务。"大家想一想，为什么要在这里拍卖这些作品？为什么要这么多钱？就是因为所拍卖的是真品，名副其实。如果拍卖方自己都不知道真伪，何以拍卖？举个简单的例子：一个卖羊肉的在这里叫卖，你去买肉，卖肉的说不能保证是羊肉，天下哪有这种逻辑？如果那样的话，还要拍卖公司做什么？人人都可以随便拍卖，反正不能保证真假嘛，假了也不用承担责任。国家之所以对拍卖人的资格有严格的要求，一个重要的原因是拍卖人有强大的专家队伍和专业资质，能够最大程度地保证拍卖品的真伪，在拍卖前能最详尽地鉴定拍卖品的实际情况，并为此担保，正是因为这种付出，收取佣金也是合理的。如果不能保证真伪，抢一锤子就收钱，这不和抢钱一样吗？也许有人讲，专家也有走眼的时候，如果拍卖公司为此承担责任，风险太大了。正是因为这种风险会约束拍卖公司的行为，让很多没有把握的人不能参与这种经营行为，才能使行业更加专业化而诚信化。这如同给车上保险，有的车可能赔

了，有的车可能赚了，因为我们不知道驾驶者的水平，以及会遇到什么样的事故。这就是商业风险，如果人人都不出事故，还要保险干什么？我们都在抱怨这个社会缺少诚信和道德，而不讲诚信和道德的人总是得志，这就是问题的根本和原因所在了。

第四种现象：法令滋彰，盗贼多有。什么叫"法令滋彰"？就是法律太膨胀了、太严酷了、太多了，执政者总以为靠这种外在的约束力可以把一个社会治理好，但事实是违法、犯罪的行为并没有因此而减少。过于迷信法治，就容易产生强权，带着强权去制定法律，必然让天下人缺少安全感和温暖感。要记得，法律的核心精神是服务于人，规范社会，而不是为了约束人和打击人。自古以来都是乱世多法，盛世少法，制定法律是为了守护道德的底线，一个社会的道德底线溃败得越厉害，就需要有更多、更强硬的法律。因此，治理国家和社会不能没有法律，也不能迷信法律，不能因为有权制定法律就丧失了执政为民的精神、关心天下百姓的情怀，以及对道德的信仰。

在讲完这四种社会现象之后，老子又引用了前人的一番话，进一步强化了其"无为而治"的信念。"故圣人云：'我无为，而民自化；我好静，而民自正；我无事，而民自富；我无欲，而民自朴。'"

一个社会不能瞎折腾，只有执政者没有妄思、妄想、妄念，按照天下人的愿望去正常工作，老百姓才会保持平和的心态，慢慢找到属于自己的生活状态，保持质朴的情怀，虽然富贵有别，但是终能安居乐业。为政者想法越多，就越容易自我标榜，其做法就越容易与天下百姓的需要相去甚远。官府彰显权力，老百姓就会趋于暴力；官府喜欢财富，老百姓就会与官争利，不择手段；官府爱慕虚荣，老百姓就会极尽歌功颂德之能事；官府喜欢与敌国争锋，不顾天下百姓之死活，老百姓就会寻找新的执政者。自古以来，看天下是否可治，以上几点足矣。就今天的社会现实而言，很多工作不好开展，是因为执政者心系天下不够，因此，必须要不断强化"以民为本"的情怀。所以，汉代贾谊讲："天下……有不能治民之吏，而无不可治之民。……故见其民而知其吏，见其吏而知其君矣。"一言道破天机。

第五十八章

其政闷闷，其民淳淳

其政闷闷，其民淳淳；其政察察，其民缺缺。祸兮，福之所倚；福兮，祸之所伏。孰知其极？其无正也。正复为奇，善复为妖。人之迷也，其日固久。是以圣人方而不割，廉而不刿，直而不肆，光而不耀。

一、权归其位，民顺其心

综观本章，老子也是通过社会的一些表象，强调"无为"的重要价值和意义，如果一个人、一个社会陷入到一种主观的是非中去，一意孤行，就可能导致事物的惊天逆转。所以，无论做什么事都要遵循"大道"，保持一种不偏不倚的本性。

"其政闷闷，其民淳淳；其政察察，其民缺缺"。"闷闷"是一种敦厚、质朴之貌，具体来说，就是执政者没有那么多的稀奇古怪的东西，在这种情况下，老百姓就会表现出宽容而质朴的情怀，也不会有那么多的鬼心思。"察察"即眼中不容秋毫，对百姓的一举一动都充满警惕，生怕有什么是非，将百姓置于对立面，天天像盯贼一样。如果这样，老百姓就会产生厌恶情绪，就会变得狡猾，"缺缺"即奸猾、

狡诈之貌。

老子的这句话告诉我们：无论是管理团队还是治理国家，人太糊涂了，不明事理，显然要出问题。但是，如果目光太毒辣，明察秋毫，恨不得把每个人的心思都猜透，时刻保持着一种怀疑的目光，不给人一点空间、一点信任，同样是要出问题的。一个人也好，一个团队也好，一个社会也好，出点这样、那样的问题是完全正常的，要相信人的认知能力和社会的自愈能力，不要盲目地把一些问题夸大。做为领导者和管理者，要心里容得下是非，看得清大势，一些非原则性的问题要通过社会的自然演化来解决，要通过人的不断提升来解决。

其实，中国古代治理社会，有一个重要的原则，即"小政府，大社会"，政府所解决的问题集中在三个方面：一是安全（国防安全和社会治安），二是公平（立法），三是重大灾难应急处置。事实上，很多日常的事务通过家族、协会、商会等非政府组织就可以解决，只有当问题的严重性达到某种强度时才可能会有政府介入。这样一来，就会将社会的矛盾分化开来，人们即使对一些不公平现象有情绪，也会分散到多个维度，政府充当的仅仅是保护公民底线的角色，所以，官员在解决这些问题的过程中会为政府争得更多的公信力。现在，管理社会的大部分职责都集中在政府手里，使政府的工作千头万绪，做出了成绩，人们认为这是理所当然，个人的利益诉求一旦不能满足，人们就会把所有的责任都推给政府，这是当前社会治理的重大困境。

所以，我认为，当前中国社会治理的当务之急是树立并发展新的社会治理的民间路径和力量，发挥协会、企业、贤人、能人，以及家族在社会治理中的重要作用，将社会矛盾"属地化、家族化、熟人化"，避免矛盾强度升级，尽量不要使矛盾体现在政府的工作层面，以减少并弱化政府与一般性或家庭性社会矛盾的关联度。这样一来，既可以提高政府的权威，又可以使政府腾出手来，做好应该做的事情。

二、祸福本同宿，何须妄自尊

老子接着讲："祸兮，福之所倚；福兮，祸之所伏。孰知其极？其无正也。正复为奇，善复为妖。人之迷也，其日固久。"

老子借着社会治理这个命题，得出了"祸福相依"的理论，其本意是告诫执政者：尽管你很努力，并且制定了严格的法律，建立起了有效的统治手段，但是这种努力往往是能管一时，却管不了一世，甚至最终会事与愿违，导致更大的社会问题。其实，老子的这个理论具有某种普遍性，在中国哲学中占有重要的地位，也是我们中国人认识得失、规避风险、判断事物的一个重要的价值导向。

事实上，纵观历史与现实，无论是人的一生，还是一个社会的发展过程，都遵循着这样一个规律。

从客观上讲，祸福相依的背后是"物极必反，物壮则老"的道理，万事、万物在任何时候都不可能永远昌盛，或者永远处于低谷，事物都是在兴衰的过程中发展的。

如果从主观上讲，人是一种情绪化的动物，总是喜欢占有和获取，往往也会把这种获取和占有称为"成功"，这就是人世间所谓的"福"，《易经》中称之为"吉"。一旦占有了某些事物，人往往会产生居高临下、胜人一筹的感觉及骄傲的情绪，也就是老子所讲的"富贵而骄"。人一旦产生了这种情绪，做事情就会守不住底线，甚至走向极端，使好事变成坏事。当然，如果一个人总是不得志，特别是在关键的时候栽了跟头，也容易产生悲观的情绪和"破罐子破摔"的想法，甚至导致恶劣的后果。但是，一个人如果在遭遇不幸时能够坚持得住，能够保持一种生命的韧性，或许机遇真的就会到来。黎明到来之前总会有那么一段漆黑的夜晚，这是自然的法则，也是人世的法则。

正是因为看到了事物的这种迅速的转换，老子才感慨道："孰知其极？"摆在我们面前的一件事究竟是好事还是坏事，谁又能真正预料得到呢？得到了就一定是"吉"，失去了就一定是"凶"吗？一个社会看上去四平八稳，就真的没有问题吗？一个繁荣的社会就真的要衰亡了吗？一个人有了财富就真的会幸福吗？一个人活得很清贫真的就很洒脱吗？读了书就真的心里亮堂？没读书就真的心里糊涂？

如果这样说来，我们对社会及自己的人生就不能把控了吗？就没有正路了吗？老子也对此做出了深刻的思考："其无正也。正复为奇，善复为妖。人之迷也，其日固久。"

这句话极具辩证性，最好是能倒过来理解。老子认为，我们之所以抓不住正路，就是完全被事物的这种转换给弄晕了，即"人之迷也，其日固久"。事实上，关于这种转换是怎么来的，一是忽视了事物发展的自然规律，容易走极端，二是控制不住情绪，喜怒形于色，不能对得失做出科学而客观的判断，对什么该抓、什么该放、什么时候该进、什么时候该退等问题缺少理性的判断，最终正变为奇，善变为妖。"善"即吉，"妖"即凶。所以，老子还是强调要保持一种无得、无失、无欲、

无为的自然状态，这也是道家一贯的思想与境界。

根据老子的观点，我们可以看清现实生活中很多悲剧原因之所在。比如，在今天，我们每一个家庭都非常重视对孩子的教育，这本来是件好事，因为通过学习可以提升孩子驾驭生活的能力。但是其结果往往是"正复为奇，善复为妖"，为什么？太过了。每个家庭都把孩子当天才培养，不顾孩子的天性，以及教育的自然规律和法则，使孩子成为知识的奴隶，背负起太多的责任和压力，学了太多不该学的东西，身心受到了巨大的伤害。当然，这种氛围的形成也与整个社会的不正确的价值观有关系。最终，高考成为中国教育的分水岭，考上大学之后，孩子们就彻底放松下来了，家长似乎也完成了使命，结果使孩子们把最宝贵的求学光阴荒废在这种放松之中。其实，一个人最好的求学时光不是小学和中学时代，而是大学时代，这个时候，人有了自己的理想和专业方向，也有了一定的社会阅历和知识积累，这是一个人实现生命之腾飞的最关键的时期。但是，走进中国大学的校园里，看看其学子们学习的精神与状态，我们就不难知道中国的教育难以培养出杰出人才的原因所在。不要忘了一句老话："笑到最后的人才笑得最甜"。违背生命成长之规律，违背自然认知之规律，如何能够培养出真正的人才？

老子在本章的最后讲："是以圣人方而不割，廉而不刿，直而不肆，光而不耀"。"廉"指方正而有棱角，"刿"即刺伤，"肆"即放肆，"耀"即彰显。老子讲，真正的圣人，为人方正但不会伤害人，做事廉洁、勤勉，但总给他人留条活路，说话正直但总是留有余地，积极帮助他人却不彰显自我。

第五十九章

治人事天，莫若啬

原经

治人事天，莫若啬。夫唯啬，是谓早服；早服谓之重积德；重积德则无不克；无不克则莫知其极；莫知其极，可以有国；有国之母，可以长久。是谓深根固柢，长生久视之道。

一、民以食为天，政以俭为山

关于这一章，我认为最核心的问题是如何理解这个"啬"字，理解了这个字，整章的逻辑和要义就非常清晰了。

从字面来说，"啬"有三层含义：第一，爱惜、珍惜。当然，过于爱惜就是吝啬和刻薄了。第二，俭朴。强调人要过一种俭朴的生活，与"奢华"相对。第三，农业生产。古人将从事农业生产叫"啬事"。

老子讲，"治人事天，莫若啬"。治理国家，安抚百姓，侍奉天地，最重要的在于"啬"，老子把"啬"提到了这么重要的地位，那么这里的"啬"该如何理解？我认为，应该是上述三种含义都具备，体现为一种综合价值观。

大家试想一下，民以食为天，要想实现国家的长治久安，就不能让老百姓饿肚子。孟子曾讲，"无恒产而有恒心者，惟士为能"。如果希望天下安定，就必须要使百姓有一定的物质基础，穷则思变，穷则思乱，天下常理，强调"啬"也就是强调农业在一个社会中的基础性地位和作用。尽管今天的社会已经高度发达，但是人依然只有靠吃饭才能活着，活下来才能谈幸福、谈娱乐、谈艺术，因而，农业的基础地位同样是不可动摇的。

当然，在老子生活的那个年代，生产力非常落后，正所谓"锄禾日当午，汗滴禾下土。谁知盘中餐，粒粒皆辛苦"。所以，古人强调节俭是一种美德，并且教育后人："一粥一饭，当思来之不易；半丝半缕，恒念物力维艰。"如果一个政权没有这样的理念，也必然会因奢华而殒灭，所以才有"历览前贤国与家，成由勤俭败由奢"的千秋古训。老子强调的"治人事天，莫若啬"应该包括这层含义。

关注民生，关注天下苍生，怀有仁爱之心，这是中华文化的固有之意。"啬"强调爱惜，强调珍惜所有，这层意思自然也是老子想要体现并表达的。

根据上述理解，我们可以看出，老子强调"啬"，也就是强调执政的三大问题：一是要心怀天下，关心百姓的疾苦。二是要重视农业，让老百姓吃饱、穿暖是天下第一要务。三是要保持节俭的美德，如果执政者走向浮华，国家也必然会走向没落。当然，它们之间也有一种非常自然的逻辑。

二、山固不如心固，万道不如归心

"夫唯啬，是谓早服"。何谓"早服"？很多人认为，"早"即提早，"服"即服从，服从于什么呢？服从于"道"。如果这样理解，这句话的大意就是：一个执政者如果把"啬"这个问题解决了，就会早早地归于"大道"。这种理解固然从逻辑到内容都能讲得通，但是我认为这种理解有点过于哲学，过于"高大上"。

据我理解，"早"是"自然"的意思，"服"即信服、折服。全句的意思是：一个执政者如解决好了"啬"这个问题，那么，天下百姓就会安居乐业，自然也就会信服于他，天下就会得到真正的治理。这句话本质上还是强调执政的真正合法性来自人民发自内心的拥护，而不是靠外在地施加高压政策。这种合法性之所以能够确立，就是因为做到了以百姓之心为心。关于这一点，老子其实已经强调了多次，本章不过是换了一种说法。

接下来，老子一气呵成地表达了自己对稳定的社会的看法："早服谓之重积德；

重积德则无不克；无不克则莫知其极；莫知其极，可以有国；有国之母，可以长久。是谓深根固柢、长生久视之道。"

全句的大意是：对一个执政者而言，拥有民心就是真正的"积德"；有了天下百姓的拥护，就会无往而不胜；达到了这种境界就会变得高深莫测，谁也奈何不了，政权便会坚不可摧；民心就是治国的根本，拥有了这个根本，就可以永远拥有天下。这就是稳根固本、保持江山长兴的"大道"所在。

读老子言，思千古事，"民心"是最大的政治。从三皇五帝到如今，得民心者得天下，失民心者失天下。政权的兴衰从形式上看不尽相同，但是，其背后都是"民心"二字。打天下的时候，哪一个利益集团不重视民心？一旦得志之后，又有多少人能够把民心装在心里？恃权纵欲，居高临下，忘掉初心，正所谓"兴，百姓苦；亡，百姓苦"。这就是历史轮回的真正原因。

当年毛主席打天下，无论在多么艰苦的情况下，都重视根据地的建设，目的是让老百姓真正明白我们革命的出发点是什么，一旦获取了人民的拥护，就有了坚强的后盾，这就是建立根据地的政治意义。有了这样的根据地，无论多么强大的敌人到来，都会一无所获，甚至有来无回。红军时期如此，抗日战争时期如此，解放战争时期亦如此。比如，在我们老家河北沧州，当年日军林立，建立了大量的炮楼，这些炮楼之间相互策应，日伪军每天在炮楼上瞭望。由于当地是大平原，大部队没有任何活动的空间，当时有一些将士很悲观，对在沧州抗日有畏难情绪，但作为晋察冀军区司令的聂荣臻强调，一定能打，为什么？因为毛主席讲了，我们打的是人民战争的游击战，人民就是我们的山，人民就是我们的水，只要有人民的拥护，就会无往而不胜。于是，大部队化整为零，六七个人一个小分队，被称为"敌后武工队"，通俗地讲就是活动在敌人后方，带枪的思想政治工作队，通过帮助老百姓劳动并解决其生活困难等行为争取老百姓的支持，进而宣传党的抗日方针政策，使老百姓明白共产党的队伍是抗日的队伍，是为穷人打天下的队伍。于是，广大百姓就加入到我们的队伍中来，并且帮助我党开展抗日斗争，创造性地开创了"地雷战"和"地道战"，以及平原作战的新局面。解放战争时期，陈毅元帅感慨地说："淮海战役的胜利是人民群众用小车推出来的。"所有这些实践都鲜活地说明，"民心"二字看似虚空，却实实在在地影响着历史的潮流与方向。正因为如此，在 1949 年 10 月 1 日的开国大典上，当人民高呼"毛主席万岁"的时候，毛泽东毫不犹豫地回应"人民万岁"，这就是领袖参透古今的表现。后来，主席写了五个大字，到现在仍然立在中南海新华门里，即"为人民服务"。几十年过去了，不管国际和国内如何风

云变幻，没有谁敢"推倒"这几个字，这几个字压着江山，演绎着历史，反映着中华文化的执政理念和人文精神。

今天，我们在执政方面面临的第一大问题就是要守住初心，重构良好的"官民关系"。现在很多工作，特别一些基层的具体工作不好开展，不是我们缺少能力，而是天下百姓对我们的信任打了"折扣"，究其原因，与我们的执政方式和执政理念有关，一些做法伤害了百姓的利益，违背了曾经的承诺。治理天下的核心是取得天下人的信任，人无信不立，国无信不安。在一些现实的工作中，有些人总喜欢用利益这个杠杆来推动工作，摆平是非，并且认为"人民币是万能的"，却总是与现实背道而驰，能摆平一时，摆不平一世。因此，我们需要深刻反思我们的执政理念和执政手段。圣人有言："放于利而行，多怨。"以利益作为治理社会的杠杆，只能会导致人的欲望膨胀，社会矛盾越来越突出。人之欲望无限而社会财富有限，这种矛盾是永恒的。

到红旗渠走一走，每个人眼里都会满含热泪，那是一群什么样的人！为了解决用水的问题，从县委书记到普通村民，他们没有牢骚，没有抱怨，没有向国家提出过任何条件，十万大军战太行，竟然凭着锤子和凿子，在悬崖峭壁间一下一下地开出了一条天河，这是真正的人间奇迹呀！而这奇迹就发生在几十年前。马克思讲，人的本质是一切社会关系的总和。人不可能活在真空里，人创造了社会，社会也以自己的形态改变着人。

第六十章

治大国，若烹小鲜

　　治大国，若烹小鲜。以道莅天下，其鬼不神；非其鬼不神，其神不伤人；非其神不伤人，圣人亦不伤人。夫两不相伤，故德交归焉。

治山中贼易，治心中贼难

　　本章在整个《道德经》中很出名，就是因为开篇第一句"治大国，若烹小鲜"。治理大国本来是一项复杂而艰巨的工程，老子的这一表述却显得非常轻松而简单。"治大国"和"烹小鲜"这两件性质完全不同的事物为什么会被老子联系起来，而后人读来一点也不感到牵强呢？这实际上反映了中华文化的一个很重要的哲学理念，即"大道相通"。任何事物，如果从"道"的层面看，都是相通的。

　　我们做事情为什么常常会"跑偏"？一个非常重要的原因是我们往往容易被事物的表象迷惑，被其复杂的外表纠缠，没有能够跳出这些来看问题。程颐讲："散之在理，则有万殊；统之在道，则无二致。"因此，一个人只要善于在生活中观察并总结，发现其间的规律所在，无论遇到什么样的复杂问题，都总会找到解决的办

法。有的人读了一辈子书，心里却很糊涂，有的人一生躬耕于乡里，却也可以识人达物，道理就在于此。

"烹小鲜"即煎小鱼、小虾，这是生活中的常事，我们都有经验。要想保证鱼虾的完整，就需要首先把油烧热，但温度不宜过高，然后将火调小，将腌制好的小鱼、小虾放进去慢慢煎，等到鱼虾的一面被煎得略带焦黄，有了一定的硬度和强度，再轻轻地将其翻转过来煎另一面，把另一面也煎到相似的状态……几个来回之后，就可以出锅了，香香脆脆，再小酌几杯，岂不开怀？但是，如果不掌握这个方法，在油不热或者过热时将鱼虾放进锅里随意翻炒，那只能成为一锅"鱼虾粥"。

治理大国虽然复杂，但道理是一样的。对于这一点，"烹小鲜"给了我们两点警示：

第一，无论做什么事都需要有一个预热、造势的过程，只有时机成熟了才能够出手，否则，就会"粘锅"。当然，煎鱼虾只是考虑了一个油温的问题，而治国考虑的因素就更多一些，综合来看无非三点：民心保障、制度保障、技术保障。

第二，一旦定了的事，就不要轻易改变，就如同把鱼虾放进锅里之后不要随意翻炒，否则就容易失去权威，将来再号令天下就困难了，也就是孔子所讲的"道千乘之国，敬事而信"的道理。前面老子讲过的"故飘风不终朝，骤雨不终日。孰为此者？天地。天地尚不能久，而况于人乎？"的主旨也是强调治理天下不可以随便"翻炒"，更不能朝令夕改。

道家有一个非常重要的思想，即"道法自然"。我们不妨思考一下，大自然中所有的基础性变化都是稳定而有序的，比如日出日落、阴晴圆缺、春夏秋冬、生老病死，都是常态。太阳总是东边出，西边落，周而复始，不曾变化轨道和方向；大地总是承载着万物重复着春夏秋冬的轮回，不曾变化次序；人总是在生老病死中换了一代又一代，没有长生久住之人。而正是这种极具稳定性的运转构成了我们生存的世界。那些恶劣和反常的现象仅是偶然发生，比如雷暴、台风、地震等，否则，人类将无法生存。老子很可能是通过这种观察获得了启发，对照人世间的是是非非，才得出了这样的结论吧。

因此，老子认为做到了这一点就是"得道"，一个得道之人治理天下就会展示出一种与众不同的境界："以道莅天下，其鬼不神；非其鬼不神，其神不伤人；非其神不伤人，圣人亦不伤人。夫两不相伤，故德交归焉。"

何谓"鬼"？"鬼"即每个人心中存在的私心和私利、贪念和欲望。"神"的本义是"显灵"，这里指"发挥作用"。老子认为：一个真正"得道"的人治理天下，会抑制自己的私欲和贪婪之心，达到"无为而治"的状态。这样一来，天下人就会归于质朴，其私心、私欲也会得到有效的控制，即"其鬼不神"。

当然，这并不是说天下人就绝对没有私心，只是说其理性控制下的私心是有限度的，尽管会谋取一点个人的利益，却不会以牺牲他人的利益为代价，即"其神不伤人"。既然人的内心深处都有私心和私欲，其发作起来就不可能不伤人，关键在于执政者要心怀"大道"，那样，他对天下苍生的大爱之心就会时刻感召着天下人，而天下人自然就会回归质朴，即"非其神不伤人，圣人亦不伤人"。达到了这种上下互不相伤的境界，"道"与"德"就完全融合了，也就达到了自然的状态，即"德交归焉"。

老子在这里把心魔称为"鬼"，既形象又深刻，天地间何以为鬼？鬼在心中而不在心外。后世的王阳明将其称为"贼"，我想应该也是受其启发。王阳明一生立德、立功、立言，最著名的一句话即"治山中贼易，治心中贼难"，可谓一语中的。

人类文明之历史，其根本不是改变外界之历史，而是改变灵魂之历史，有什么样的灵魂就有什么样的世界。我们所看到的现代文明似乎非常伟大，高效、便捷、舒适，但是大家用心想一想，其背后充斥着的不是对世界的爱，而是一种人类的私心，人类的一切成果最终都是不断地解放自己的肉体，却一步一步地失去着自己的灵魂。

从目前来看，人类的自然本性已经退化得相当厉害了，比如耐力、抵抗力、毅力都在下降。而从精神层面看，机巧心、享乐心、贪婪心、掠夺心日益膨胀，敬畏心、质朴心、情怀心却在不断萎缩，可谓是世界绚丽多姿，而精神千疮百孔，蓝天变苍天，清水变浊流。如果人类不及时修正自己的行为，或许在自然淘汰人类之前，人类已经毁灭于自己。所以，压住心中之鬼，回归自然之情怀，感恩天地之大德，乃人类之真境界也。

第六十一章
大邦者，下流也

大邦者，下流也，天下之牝也，天下之交也。牝恒以静胜牡。为其静也，故宜为下。故大邦以下小邦，则取小邦；小邦以下大邦，则取大邦。故或下以取，或下而取。大邦不过欲兼畜人，小邦不过欲入事人。夫两者各得所欲，故大者宜为下。

一、大国何须惧下流，万国来朝礼不休

如果说在上一章中，老子通过"烹小鲜"这件事来告诫执政者如何治理天下，那么在这一章中，老子则通过自然界中雌雄交合这件事再一次表达了自己的看法。前一章称"大国"，这一章称"大邦"，前一章强调稳健，这一章强调安静，大意趋同。不同之处在于，前一章主要讲内政，这一章则侧重讲外交，即处理好国家之间的关系。

老子开宗明义："大邦者，下流也，天下之牝也，天下之交也。""下流"即下游。"牝"即雌性。老子认为：如果把国家之间的关系比作一条河，那么，大国要

始终处于下游的地位，对外的姿态一定要保持谦和而低调，这样才能够消除小国自然产生的不安全感，便于更好地团结小国，在天下树立良好的形象。

老子同时用了另外一个形象的比喻来说明自己的想法：如果把国家分为雌、雄两种类型，那么，大国就应该属于雌性，即"天下之牝"，小国就属于雄性，为此，大国一定要保持宁静而包容的姿态。老子借助这一自然界的现象再一次说明了"以静制动""以不变应万变"的"大道"精神。即"牝恒以静胜牡"。大国静而不动，小国都会有危机感，别说大国恣意妄为了。因此，大国的这种现实的力量，以及对小国产生的天然的威慑力，决定了大国必须要保持安静的状态，不能随意挑拨事端。大国可以作为小国之间关系的保证人和协调人，在小国面前充当着公平的角色，使自己具有温暖的色彩，这对于大国非常重要。大国一旦凶相毕露，必然会把小国逼上绝路；而小国一旦团结起来，大国同样会被撕咬得体无完肤，陷入另一种被动。比如当代一些发达国家总想充当"世界警察"，非但管不了世界，反而被世界耻笑。一个地区之所以能够成为一国，自然有其独特的历史渊源、文化背景、地缘特点、民族情怀。占一国易，而化一国难，即"为其静也，故宜为下"。

老子接着讲，在国家之间的外交上，大国永远是矛盾的焦点，如果大国能够摆正位置，则大国、小国都会各取所需，天下可定。即"故大邦以下小邦，则取小邦；小邦以下大邦，则取大邦"。第一个"取"即"取信"，第二个"取"即"取悦"。如果大国能够真心地、谦虚地对待小国，那么就会获得小国的信任和支持。在这种情况下，小国就会追随大国，会在很多问题上取悦于大国，争取大国的支持与保护。因此，古往今来，所谓"外交"，其核心内容就是大国之间争取并利用小国的过程。小国虽小，毕竟是一国，就内政而言，得民心者得天下，就外交而言，得小国者可称雄于宇内。

老子最后总结了一下上述的思想，点破了"大国居下"的精神内涵："故或下以取，或下而取。大邦不过欲兼畜人，小邦不过欲入事人。夫两者各得所欲，故大者宜为下。"老子认为，无论大国与小国采取什么样的姿态进行交往，其背后最根本的都还是自己国家的利益。当地球还没有成为真正的"地球村"之前，国家利益是永恒的，对于这一点，每一个国家都清楚，只有维持住了国家利益，才能谈人权与尊严。大国希望取信于小国，无非是想在外交上获取主动，争取让更多的人支持自己，以获取"共主"的地位。小国取悦于大国，也无非是希望通过交好大国来获取自己的利益，诸如获取保护、获取资源等。当然，如果能够达到这种互利互惠的局面，矛盾的焦点和主动性还是掌控在大国的手里，"大国居

下"才是问题的根本。大国之间如果不顾小国的利益而掀起争端，或者吞并小国，那么，小国也一定会不择手段地去维护自己的利益，整个世界就会陷入混乱，出现很多极端行为。

老子所处的时代虽然在两千多年前，他眼中的"天下"也无非是中华大地，但是，其所总结的外交准则放之于今天全球的范围内，亦有很强的指导意义，这就是"大道"的威力啊！

二、强者当留三分力，以待他人谋死生

人与人之间、国与国之间本无大的不同，"大国居下流"是一个普遍的法则，在现实生活中也给了我们很多启发。中华文化强调生命个体的差异，正如孔子所言："中人以下，不可以语上也。"正因为如此，古往今来，社会上总有一些成大事业者，能力和才智超出常人，而大多数人都是平凡人。因此，一个有大智慧的人要时刻注意给他人留点空间，不能什么都占有，该糊涂的时候就要糊涂一些，该退让的时候就要退让一些，身在高位要心系天下百姓，聚富贵则要适当散财于穷苦，唯有如此，才能够保持事业的恒久。

我曾经观察过一个现象：在自然界中，个头小的动物往往相对凶狠而敏感一些，个头大的动物往往平静、温和一些。比如在大街上，一条小狗遇到一条大狗，当即展现出战斗姿态的往往不是大狗，而是小狗。小狗总是冲着大狗发出让人惊悚的尖叫，这其实不是强大的表现，而是充满危机感的表现，出于一种自我保护的本能。在这种情况下，大狗往往选择离开或躲避，以避免产生争端。狗虽没有文化，却识得天性，这也是"大道"所为。在人世间也是一样，大家会发现，在人与人之间的争斗中，往往是小个子出手更加狠毒，而大个子往往表现得相对温和，也是出于这种本能。所以，一个得志之人不能产生骄傲情绪，目中无人，凌驾于他人之上，否则，必会招来灾祸。

《易经》共六十四卦，每一卦有六爻，六爻往往各有吉凶，因此，无论算到哪一卦都不必惊慌，人生的福祸都是相依相伴，知道其中的法则就可以了。但是，如果说哪一卦相对皆吉，就是"谦卦"，这也充分说明在中国的文化中，谦下的生命姿态和谦虚求知的精神是最基础、最重要的人文情怀，一谦补百拙，一谦避万害。我们不妨看一下这个卦：

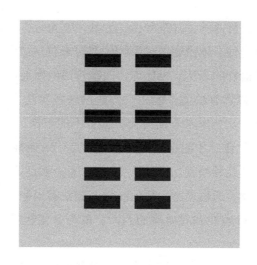

卦辞：谦，亨，君子有终。

象辞：地中有山，谦；君子以裒（póu）多益寡，称物平施。

彖辞：谦，亨，天道下济而光明，地道卑而上行。天道亏盈而益谦，地道变盈而流谦，鬼神害盈而福谦，人道恶盈而好谦。谦尊而光，卑而不可逾，君子之终也。

"卦辞"是对一个卦的综合判断，"亨"即亨通、顺利。谦卦的卦辞的表述很直白：如果一个人能够达到"谦"的状态，此生一定会有一个好的结局。这句话其实就是告诉世人，一个人无论选择一条什么样的道路，都是有得有失的，每条道路都可能成功，每条道路也都可能失败，这是人生常态。但是，如果一个人能够以谦下为本，有大业则可以持之以恒，无大业亦可保全性命，结局都是幸运的。

"象辞"是对"象"的一种综合描述，六十四卦由八个基本卦排列组合而成，上面三爻称为"上卦"或"外卦"，下面三爻称为"下卦"或"内卦"，八卦分别代表天、地、风、火、水、雷、山、泽。这八种现象相互作用就构成了六十四卦。那么，"谦卦"的上卦是"坤卦"，代表地；下卦是"艮卦"，代表山。整个卦象看上去是地在上，山在下。在现实生活中我们都看到高山巍巍挺立于大地之上，耸入云霄，但是在"谦卦"中，山甘心掩于黄尘之下。这正如一个有智慧、有能力、有成就的人，却能够屈身常人之下，这就是"谦卦"从"象"上所表现出的内容。

"彖辞"是对"卦辞"的一个基本的解释，"彖辞"认为"谦"之所以会亨通，道理早已在天地之间。天道通过"亏"和"盈"两种形式来表达"谦"的精神，即

日中而移，月满则亏，日西落，月东升，昼为日，夜为月，不将宇宙据为己有，最强大的时候往往就会退却。地道则通过事物的流转来表达"谦"的精神，比如"水利万物而不争"就是最好的表达。再比如，四季轮回、生老病死的流转都体现了大自然的这种精神。鬼神具有法力，但是它们通过对各自法力的合理分配和限制来实现"谦道"的精神，比如风神不能打雷，雷神不能下雨，雨神同样不可使风雷，只有各归其位，相互配合，才能施展威力，这亦是"鬼神害盈"之意。而"人道"呢？当然要效仿上述这几种精神。"人道"靠什么呢？就是要"恶盈"，也就是说无论做什么事都不要求满。通俗地说，任何时候都要能够遏制自己的欲望，在事业如日中天的时候能够保持理性和对风险的判断，就不会走极端，如果达到了这个境界，就是"谦尊"。

一个人如果身居高位还能保持谦虚之德，就能使其更加光明而伟大。当然，一个人如果终生不能得志，能够正视时运和才能，也不会做出格的事，即"君子得时则驾，不得时则蓬累以行"，即"卑而不可逾"。但是在现实生活中，很多人面对别人的成功和自己的失意，往往没有客观的看法，反而不顾实际情况，铤而走险，最终酿成大祸。读至此，不禁仰天长叹：《易》之理大矣，将"大道"寓于微言之中，可惜世人只知其表，而不知其里，岂不哀哉？

　　道者万物之奥。善人之宝，不善人之所保。美言可以市，尊行可以加人。人之不善，何弃之有？故立天子，置三公，虽有拱璧以先驷马，不如坐进此道。古之所以贵此道者何？不曰："求以得，有罪以免邪？"故为天下贵。

与其进其璧，不如进其道

　　这一章，我认为是在讲教育，当然，这个教育不仅是指学校的教育，而且包括对全民的教化。一个社会只有通过教育建立一种良好的价值导向，才能达成社会的和谐与有效的治理。汉代董仲舒就讲："教，政之本也。"如果教育不能改造国民的思想和道德水平，就一定是失败的教育，极易导致社会恶欲丛生，官员贪腐，老百姓不讲诚信，最终导致政权的衰亡。因此，教育的核心精神是"立人"，只有立住了人，才能立世界。教育不能过于工具化而功利化，更不能产业化，其实，教育产业化所扭曲的不是教育本身，而是被教育的人，最终导致人的灵魂的颓丧，使整个

社会坠入道德的深谷。

老子认为，教育必须要遵循"大道"，以"道"立德。如果"大道"能够通行天下，那么，人心皆会向善。所以，老子讲："道者万物之奥。善人之宝，不善人之所保。"何谓"奥"？这里是"庇护"和"庇荫"的意思，这句话的意思是："道"为万物之母，必然会庇护万物。作为心怀良善的人，他们都以"大道"为至宝，用心守护。而心性不善良的人如果心系"大道"，同样会改良自己的身心，最终得到"大道"的保护。

"美言可以市，尊行可以加人。人之不善，何弃之有？""美言"即善言，"尊行"即善行，"美言"和"尊行"是指符合"大道"的言行。"市"的本义是"交换"，是市场经济行为，在这里是指"人人都可以拿来"。这句话的大意是：善言人人都可以学而用之，善行人人都可以拥有。即使那些心怀不善的人，只要乐于接受"大道"，都可以得到改造，如果这样，这个世界还有什么人可以放弃呢？

老子在前面讲的"圣人常善救人，故无弃人；常善救物，故无弃物"同这句话应该是一个道理。所以，真正的高人从来不会抱怨、埋怨身边的人没有能力、没有德行，他们会通过"大道"去教化、影响这些人，最终实现团队的管理和社会的治理。

实际上，老子的这句话还充分表达了一个重要的思想，即"道不远人，人自远之"。"大道"不是属于某一个人的，人人都可以信守，只要信守，都会使心向善。同时，虽然说"大道无形"，但是，"大道"又时刻在我们身边。身边的一些人语言美善、行为高尚而得体，就是"得道"的表现，我们按照他们的言行去做就可以了。老子告诉我们，对一个人而言，"得道"与否就看两个方面，一个是"言"，一个是"行"。

言要美，并不是指说话时要堆砌华丽的辞藻，而是说出的话要真挚、朴实、得体，不温不火，不急不躁，这样，别人听起来才会觉得温暖而舒服，彼此间才会打通心灵，构筑和谐的人际关系。

行要尊，"尊"不是高高在上，更不是趾高气扬，而是要保持一种不卑不亢、和而不同、雅而不腻、端正而昂扬的姿态。谦下而有底线，高贵而不欺人，从容而明事理，豁达而有节制。

正因为如此，老子接着讲："故立天子，置三公，虽有拱璧以先驷马，不如坐进此道。"周代立三公，即太师、太傅、太保，目的是教育、监督、保护天子，以避免其有过失。"驷马"即四匹马拉的车，周代时为天子的座驾。在商代，天子之驾是两匹马，安阳殷墟考古可证。到了唐代则是六匹马，洛阳的考古挖掘已证实"天子驾六"。"拱璧"即体量较大的圆型的碧玉或白玉。在古代，玉乃君子之器，献拱璧可以表达对天子的尊崇之意。全句的大意是：为什么一个国家要设天子、三公这些职位？因为这些都是有德的君子才能够坐上的位置，他们知天理，达天道，并以此来引导天下，实现社会的治理。为了表达对他们的敬仰之情，人们往往向他们献上拱璧。但是，与其献拱璧，倒不如将"大道"讲给他们听，让他们重新回归到正常的状态更有价值。

当然，老子的这番话也是对当时的社会现实的一种感叹。春秋乱世，君王失道，三公不为，整个社会礼崩乐坏，战火不断，人们对"道"的信仰只有其表，而失其里，一个人不会因为拥有了美玉就会成为君子，关键是要守心，要心怀"大道"。

老子最后讲，"古之所以贵此道者何？不曰：'求以得，有罪以免邪？'故为天下贵。""贵"有"重视"之意。"罪"指过失和灾祸。这句话的大意是：自古以来，为什么历代都重视以"道"化人？不就是因为遵循道德的精神就会寻找到希望的人生境界，同时也可以避免很多灾祸吗？这大概就是问题的根本所在。

读《道德经》，思天下事，感慨颇多。我在前面反复强调了当今社会存在的诚信缺失、道德危机、人不守规矩等问题，其实，这些问题已经深深地影响到了社会的正常发展，而解决这些问题没有更好的办法，只有通过教育，通过几代人的努力来改变国人之心态。北京大学的钱理群教授说过一句很有名的话——"我们今天的教育在培养一个一个精致的利己主义者。"今天的教育只重视某些具体的知识和技能的教化，缺少对灵魂的引导，而这种思潮也正在悄悄地改变着一个社会的主流价值观。

现在，我们的社会开始重视德育问题，这是个很好的导向，但是，人们转而探讨如何处理好德育与知识学习的关系。很多人认为德育是一个软指标，不好衡量，同时，孩子的前途取决于考试，取决于具体的知识和能力，讲道德更多的是空谈。因此，强调德育要讲究内容科学、时间合理，不要和知识学习冲突，避免孩子和家长产生反感，只有这样，才能够把德育搞好。

其实，正是这种貌似科学的思维扭曲了人们对德育的看法，最终把德育与智育推向了事物的两极，使之成为矛盾冲突的双方。事实上，这里有两个问题需要解决：

第一，在观念上，我们必须要明白教育的目的是什么、首要任务是什么。教育的首要任务是立人，只有立住了人才能立世界。很多时候，我们把一个人的成败

归于机遇和能力，事实上，人的品德、目光、胸怀、境界、意志才是成功最重要的基础。具体的知识和能力随时都可以补充，一个人的素质和生命的情怀却需要从小培养，有什么样的境界，就会有什么样的世界。大家不妨想一想，我们人人都会写字，但是，成为大书法家的人很少，那么多的美术学院，那么多的人从事专业工作，成为大画家的也少之又少。人的技术水平和智商其实都差不太多，差的恰恰是一种很模糊的东西，那就是"感觉"。感觉就是人基于自己的综合素养而产生的对事物的一种判断和直觉。"美"是艺术的最高境界，但是，"美"就是一种感觉，是一种智慧生命所独有的享受感和快感。很多人都临摹过《兰亭序》，但是很少有人认真品味过该作所体现出来的王羲之超脱的生命情怀，这才是问题的根本。字是面子，情是里子，只求面子，不求里子，面子早晚会破掉的。八大山人的画也很简单，惜墨如金，但是，那山水的枯槁、那大鸟回眸一视的哀婉，反映出的不都是他对生命的真实参悟吗？我们常讲一句话：经典是很难超越的。经典是一种时代的烙印，所表现的更是大师难以逾越的生命高度。艺术如此，科学亦如此，一个大科学家留给世界的不仅是知识，更是他们高大的身影。科学也是需要信仰的，这信仰是情怀，是担当，是精益求精之精神。因此，人在一生中不要过多地将成败归因于外物，而要善于自省，这是一种基本的生命精神，对人的一生而言不可或缺，教育确实需要给人打下这个基础。

第二，知识是什么？该如何传播才能做到"全面"？其实，任何知识应该都包括三个层次：一是理论和理念，也就是知识最基础的部分。二是技能和方法，也就是体现知识与现实结合的那一部分。三是价值与情感，也就是知识最能触发人的灵魂的那一部分。第一部分可以培养人的智慧，第二部分可以培养人的能力，第三部分可以培养人的品德与情怀。只有把这三部分有机地结合起来的教育才是全面的教育。我们今天往往更重视前面两点，而忽视了后面的一点，导致我们将德育与知识教育人为地分离，使德育成为一种没有内容支撑的形式教育，其效果也就可想而知了。比如，学历史就要爱自己的国家，学文化就要明白"包容"的意义，学数学就要培养严谨的精神，学自然就要对生命充满真诚，学物理就要培养博大的胸怀，学化学就要知道和谐的价值……因此，德育是一个伴随着教育自然成长的过程，切不可故意为之，更不可将其置于知识传授之外。这就是老子所讲的"与其进其璧，不如进其道"的原因所在。

第
六
十
三
章

为
无
为
，
事
无
事

为无为，事无事，味无味。大小多少，报怨以德。图难于其易，为大于其细。天下难事，必作于易；天下大事，必作于细。是以圣人终不为大，故能成其大。夫轻诺必寡信，多易必多难。是以圣人犹难之，故终无难矣。

一、大小多少随他去，花开叶落任逍然

"为无为，事无事，味无味"，这九个字读起来很上口，却给人一种似懂非懂的感觉，有种道家的朦胧感和佛学的禅意。如果对这九个字变化一下表达方式，或许理解起来能更顺畅一些，即"以无为为为，以无事为事，以无味为味"。具体来说，何谓"为无为"？一个人要想成就一番大事业，必须秉持"大道无为"的精神，不能违背天道人伦，这样方能成就大事业，即"为无为"。何谓"事无事"？一个人达到了没事可干的境界，才叫把事情做到极致了，天天加班、熬夜、上蹿下跳、疲于奔波，说明工作没有做到位，即"事无事"。何谓"味无味"？于平凡中见精神，

于质朴中见情怀，于简单中见境界，过于追求五味和奢华，必为外物所困，即"味无味"。其实，这三句话都体现了道家"大道无为"的自然情怀，能让人保持一种质朴的心性。

要想达到上面的境界，就必须要修炼心性，让自己胸怀博大。怎么修炼呢？老子接着讲了八个字："大小多少，报怨以德"。"大小"体现的是空间概念，这里主要指一个人身处的社会地位。"多少"体现的是数量概念，这里主要指财富的多少。人活一世，难以摆脱"名利"二字，要么谋官，要么谋财。而天下官位有限，财富有限，争的过程中一定会有纷争，会有矛盾，也会因此产生怨愤，这是人生的常态。老子是想通过这句话告诉后人：官大一点，官小一点，钱多一点，钱少一点，没必要斤斤计较，更不能怨气横生，有的时候，人退一步，天地会更加广阔。不要认为得到了就一定是好事，失去了就一定是坏事，关于这一点，我们前面已经做了很多论述了。

老子讲，一个真正有德的人往往有这样一种胸怀：人家对我们好，我们要感恩；人家对我们不好，也不要记恨。始终要保持一种平常心，不要因为在现实中遭遇了不幸而丧失灵魂中美丽的东西，更不能以牙还牙、冤冤相报。正所谓"人间事不得了，了不得，最后都不了了之；世上人千般计，计千般，到头来计计皆空"。

当然，谈到"报怨以德"，我们就不能不想到孔子所讲的另外一种观念，即"以直报怨，以德抱德"。其实，老子的观念具有一种价值观层面的导向，孔子的观念反映的是一个人处世的准则，二者实际上并不矛盾。

老子讲"以德报怨"，对于这个"德"字，我们一般人往往简单地将其理解为"对别人好"，其实，在道家的精神中，"德"是一种以"道"为价值导向的行为准则，并没有世俗中的好与坏之分，比如前面讲的"天地不仁""圣人不仁"，这里的"仁"就是世俗的"德"。老子认为，按照世俗的观念，天地和圣人都是没有德行的，但是，道家认为天地和圣人都遵循"大道"，这就是"德"，这就是儒家与道家关于"德"的不同认识。理解了这一点我们就会明白，老子所讲的"报怨以德"主要是指面对纷争，甚至面对别人的伤害，我们要用"道"的标准来理性地看待这件事，既不要盲目地屈从，也不能马上还之以牙，而是要在判断之后做出选择。

怎么选择呢？孔子将事情说清楚了：

第一，以直报怨。如果对一件事或者一个人有看法、有怨气，不要憋在心里，郁积久了就会出问题，更不利于和谐地解决问题，怎么办呢？孔子认为：有问题最好当面说清楚。比如在工作中不被重视，不要自己想不开，在那里生气，可以直接去问问领导自己哪里有问题。如果没有问题，那真正的原因是什么。事物总该有个前因后果。当然，问一问也许依然解决不了问题，但是，这种直接面对问题的方式会缓解自己内心的纠结与不快，可以让情绪得到一定的释放。

第二，以德报德。这个"德"就是我们今天所理解的"恩情"了，人敬我一尺，我敬人一丈，受人滴水之恩，定当涌泉相报，就是这个意思。

由此可见，孔子所讲乃是一种处世法则，给人指出了一条处理问题的途径。老子则更多地体现出一种形而上的价值情怀，这大概也是儒、道的不同之处。

二、莫言千山远，拽杖且徐行

老子紧接着讲："图难于其易，为大于其细。天下难事，必作于易；天下大事，必作于细。是以圣人终不为大，故能成其大。夫轻诺必寡信，多易必多难。是以圣人犹难之，故终无难矣。"

这段文字乍读起来似乎与上面的内容没有什么关系，其实，细细品味，我们就能发现老子的妙意之所在。老子强调"无为"，但是，怎样才能达到"为无为，事无事，味无味"的境界呢？老子通过这一段告诉了我们做事的要妙之处，概括地说就是一切按照规律办，从简单处入手，不要等问题积累起来再做处理，做到防患于未然，问题也就迎刃而解了。

何为"图难于其易"？再难的事，总有一个突破口，难事总是容易的事积累起来形成的，从容易处入手，从有抓手的地方去抓，才能够最终解决问题。比如爬山，不能总是站在悬崖下想办法，不要说很难找到那么长的绳子和那么高的梯子，即便找到了，危险也很大。怎么办？要离山稍微远一点，绕山一圈，观察一下哪里可以落足，然后制订一个科学的方案才行。再如同捕鱼，看到河里的鱼很多，看上去容易抓住，就直接下水。但赤手抓鱼可不是一件很容易的事，弄不好鱼没抓住，人倒出事了。所以，古人讲，"临渊羡鱼，不如退而结网"。回去之后，一家人齐心协力织个网，有了网还怕捕不到鱼吗？这就叫"图难于其易"。当然，现实生活中也有"明知山有虎，偏向虎山行"的案例，但是，如果我们把目光放得远一点，这种局部的冒险对整个大局来说，很可能就是"最容易而最简洁的事"，因为"难"和"易"也是相对的概念。

"为大于其细"的意思是：大事都是由小事积累起来形成的，不善于做小事，也很难做成大事。关于这一点，历史上有一个很有名的故事：汉代有一个名臣叫陈

蕃，从小很有理想，但是，家里搞得很邋遢，有一次，他父亲的一个朋友薛勤来他家做客，看陈蕃这个样子，就批评了他。但是，陈蕃的回答很巧妙。他说了一句很有名的话："大丈夫当扫天下，何事一屋？"薛勤也毫不示弱，同样讲了一句很有名的话："一屋不扫，何以扫天下？"连一个屋子都搞不好，怎么能把天下搞好呢？

从那以后，这番对话就成了历史上的一个公案。但是细想一下，他们两人说得并不矛盾，只是站的角度不同。陈蕃所讲的是站在理想层面：一个人只有树立起了远大的理想和抱负，才有可能成就事业。薛勤讲的是做事的法则：一个人无论有多么大的理想，都不能好高骛远，应该从现实出发，一步一个脚印地去努力，才有可能实现理想，正如荀子所讲的"不积跬步，无以至千里；不积小流，无以成江海"。

但是在现实生活中，立志容易，守志却难。人的一生，如果能够坚守一种理想和信念，都会成就一番事业。而问题在于，我们总会因为这样或那样的原因放弃理想，东一个想法，西一个想法，今天一个想法，明天一个想法，最终是"今年欢笑复明年，秋月春风等闲度"，只余晚年的叹惋和青春不再的伤感，正所谓"思往事，惜流芳，易成伤"。

或许正是出于对现实的认识，老子告诉我们一定要从大处着心，但是，更重要的是要从小处着力。老子接着讲："天下难事，必做于易；天下大事，必作于细。是以圣人终不为大，故能成其大。"

这句话实际上是对前面的总结和进一步的强调，并且举出了圣人做事的案例。老子讲，圣人之所以能够成就大的功业，就是因为圣人总是脚踏实地地做事，不浮躁，不气馁。在成功之前，别人似乎都没有意识到他们是圣人，但是对于他们，往往一举成名天下知，为什么？就是圣人具有这种实实在在的功夫。正如朱熹在《观书有感》中所讲："昨夜江边春水生，艨艟巨舰一毛轻。向来枉费推移力，此日中流自在行。"朱熹表面上是讲，要静待大势，不可盲动，但是，其背后是强调，人只有扎扎实实地下一番苦功，才能够在大势来临之际把握住机会，这也正是道家所强调的"无为"的功夫和境界。这貌似与常人没有区别，貌似没有轰轰烈烈的壮举，但是，当把一些基础性和细微的问题解决好了，大功告成只是水到渠成的事。

今天我们强调社会治理。现代社会是一个很复杂的系统，但是，我们不要被种种复杂的社会表象左右，无论社会形态发生多么大的变化，社会的主体永远是人，只有稳住了人，才能稳住社会，只有发挥了人的积极性，社会才有活力。因此，进行社会治理，无非要做好两个最基础的工作：一个是人心问题，一个是人才问题。

关于人心，就是要最大程度地体现社会公平。中国有句老话叫"不患寡而患不均"，中国文化特别强调个体生命的差异，能人可以富，高人可以贵，但中国社会所强调的"均"不是同富贵，而是公平与富贵的合法性问题。因此，治理社会最核心的问题是切实解决好因为政策和体制而导致的社会分配不公平问题，一定要关注民意，关注广大百姓的情绪问题，哪里不公平，哪里就是情绪突出的地方，切不可置之不理。老子强调，"圣人恒无心，以百姓之心为心"，治理社会的过程中，不要把简单的问题复杂化、放大化，只要把握住这一点，就不会出大的纰漏。

关于人才，一是要解决好教育公平问题，让每个人都有相对公平的受教育的机会，通过教育实现对人的自然选择，成者无悔，败者无怨。二是要建立科学的选人、用人机制，把那些确实有能力和有家国情怀的人选拔到领导岗位上来，只有这样，才能使领导者把握好手中的权力，为社会的进步发挥积极的作用。三是要创造一个开放而互动的社会环境，让更多的人能够根据自己的特长来选择就业和生活的道路，做到人尽其才，物尽其用，不要人为地制造高低贵贱。

在本章的最后，老子说："夫轻诺必寡信，多易必多难。是以圣人犹难之，故终无难矣。"

这句话的意思从表面上看似乎不是很好理解，主要是因为第一句上、下半句之间的逻辑关系不太容易建立。上半句讲，如果一个人总是随便承诺，这个人一定是一个不守信用的人，即"轻诺必寡信"。下半句讲，一个人总是做容易事，后面的难事就会越来越多，即"多易必多难"。这两层意思之间有什么关系呢？

从整章来看，这一句是老子对上面的内容进一步的总结和升华，"轻诺必寡信"，对于这句话，除了我们上面的简单理解外，老子实际上是在强调"知易行难"的问题：说句话容易，但落实起来就不那么容易了；树立理想容易，坚守理想就不容易了。老子实际上是以此告诫后人：一个人无论做什么都能够做到"作于细"，是一件极其不易的事。人们都喜欢轰轰烈烈地做事，做露脸的事，做面子工程，没有几个人喜欢做那些艰苦、细致而又无名、无功的事情。如果这样的话，问题就会不断地积累，到最后事物就会发生质变，甚至到了无法解决和调和的地步，那就真成了难事了，即"多易必多难"。

老子最后讲：圣人总是能够看清事情的道理，扎扎实实地做好基础性工作，把真正困难的一些小事解决了，后面的路子也就越来越顺了，就不会遇到解决不了的

大困难，这就是治理国家、管理社会的"大道"啊！我们常讲，我们的社会到了改革的攻坚期、矛盾的多发期，无论哪方面的问题，包括社会、教育、环境、法制、吏治、民族、边防，等等，回头看四十年，其实都有一个积累的过程，也都有解决问题的最佳窗口期，过了这个时期，我们就有可能为解决问题付出更大的代价。正所谓"大道易知而难行，小道易行而难知"，面对此两者，究竟该何去何从，世人应多思之。

其安易持，其未兆易谋，其脆易泮，其微易散。为之于未有，治之于未乱。合抱之木，生于毫末；九层之台，起于垒土；千里之行，始于足下。为者败之，执者失之。是以圣人无为，故无败；无执，故无失。民之从事，常于几成而败之。慎终如始，则无败事。是以圣人欲不欲，不贵难得之货；学不学，复众人之所过，以辅万物之自然而不敢为。

一、莫畏前路总飘摇，但把根基且打牢

这一章是对上一章内容进一步的解读、完善和丰富。关于为什么做大事一定要从小事入手、做难事一定要从容易处入手的问题，老子在本章的开篇就从正、反两个角度做了分析：

第一，从反面看，只有见微知著，才能够及时发现事物发展过程中出现的各类隐患，并及时处置，有效地防止因小失大、局部祸乱全局。老子讲："其安易持，其未兆易谋，其脆易泮，其微易散。为之于未有，治之于未乱。"这句话是一种具

有普遍价值的理论总结，并且前四个小部分之间有一种容易被我们忽视的逻辑关系。大意是：当事物还没有发生倾斜的时候才最容易把持；当事物内部出现不祥的端倪，但尚未显示出来的时候就被我们发现，这种祸患就最容易消除；当事物在发展的过程中隐患已经比较明显，但是尚未形成大的不良气候，还是比较容易被压制和处理的；即使祸患进一步发展，甚至造成了一定的负面作用，但是，只要在其尚未形成负面合力的时候及时采取补救措施，问题还是比较容易解决的。因此，对一个社会而言，在没有发生问题的时候，甚至是社会最安定的时候，一定要保持一种谨慎的态度，把所有的问题解决在萌芽状态，才是明智之举。关于这一点，儒家的经典著作《中庸》中有一段很有名的论述：

> 凡事豫则立，不豫则废。言前定则不跲，事前定则不困，行前定则不疚，道前定则不穷。

《韩非子》中也记载了一个历史上非常有名的故事，即"扁鹊见蔡桓公"，便于我们更形象地理解老子所讲述的"大道"。

> 扁鹊见蔡桓公，立有间，扁鹊曰："君有疾在腠理，不治将恐深。"桓侯曰："寡人无疾。"扁鹊出，桓侯曰："医之好治不病以为功！"居十日，扁鹊复见，曰："君之病在肌肤，不治将益深。"桓侯不应。扁鹊出，桓侯又不悦。居十日，扁鹊复见，曰："君之病在肠胃，不治将益深。"桓侯又不应。扁鹊出，桓侯又不悦。居十日，扁鹊望桓侯而还走。桓侯故使人问之，扁鹊曰："疾在腠理，汤熨之所及也；在肌肤，针石之所及也；在肠胃，火齐之所及也；在骨髓，司命之所属，无奈何也。今在骨髓，臣是以无请也。"居五日，桓侯体痛，使人索扁鹊，已逃秦矣。桓侯遂死。

韩非通过蔡桓公的死启示世人：任何灾祸的发生都不是一蹴而就的，都有一个由表及里、由外及内的发展过程，一定不要等灾祸来了再去想办法，到那个时候恐怕再也来不及了。健身如此，育人如此，治理天下亦如此。

第二，从正面看，无论从事一项什么样的事业，都要遵循一个从无到有、从弱到强、从小到大的自然发展的过程，每一步都要打牢基础。为了论证这一点，老子讲了三个具体的例证："合抱之木，生于毫末；九层之台，起于垒土；千里之行，始于足下。"森林中的那些参天大树都是从很细小的树一天一天长成的，此间既要经风雨，又要抗霜雪，但这是自然的事情，谁也不能减少其中的环节并替代这个过程，拔苗无法助长，温室难成大材。九层之台在古代是很高的建筑了，要想保证其品质，就必须要把基础打牢固，基础不牢，地动山摇，只为赶工期，就很难成就精品建筑。不管一个人走了多么远的路，身后都会留下一串或深或浅的足迹，这个世界上没有随随便便的成功。

老子举的这三个例子，几乎涵盖了人世间最重要的几个方面：

"合抱之木，生于毫末"探讨的是事物的成长规律，包括对人的培养，以及对社会发展规律的认识。现在我们工作上出现的失误，很大程度上都是过于急躁所导致的，太急了就容易忽视自然规律，忽视事物的发展规律。所以，一个真正充满智慧的民族无论在什么样的条件下都能保持一种理性的思考，既重视眼前，更重视长远，既耐得住寂寞，又忍得住性子。

"九层之台，起于垒土"探讨的是技术层面的规律，包括我们今天从事国家建设和科学研究，都应该养成这种精益求精的工匠精神。尽管我们的国家总体上发展得很好，但是基础研究还相对薄弱，在制造业领域和生产业领域还缺少一种大国工匠精神，很多人在利益的诱惑下不愿从事收益低的行业，如果这样下去，发展终会遇到瓶颈。比如，在医学领域，尽管我国的手术水平世界领先，但主要也是中国人多，实践多使然。但是细想一下，我们在手术中使用的高端的医疗设备大多数都要靠进口，一些重要的药物也是靠进口，同类型的国产药物的疗效明显不及。其原因就是我们对药理和医理的基础研究还相对落后，我们总是喜欢拆拆装装，分析一下人家的药物成分，然后搞一个东西出来，表面上称之为"国际领先"，事实上又领先在哪里？这一点大家实际上都很清楚。在改革开放之初，由于我们与发达国家的差距较大，只能靠简单的借鉴满足社会发展的需求。但是，随着社会的发展与人们对生活质量的要求越来越高，国外生产者不可能把真正的核心技术卖给我们，因此，我们只能靠自己，靠创新，靠老老实实地做好基础工作。只有突破了基础研究的局限，才可能引发技术的巨大变革。

"千里之行，始于足下"是对创业的一种精神要求，无论做什么都要打牢基础，扎扎实实地推进，基本功扎实了，才能练出真功夫，这实际上也是工匠精神的体现。直到现在我才明白小的时候练武术时老师反复强调的"天下功夫归站桩"这句话的含义。武林中门派众多，但是，不管哪一家都重视站桩，腿上没根基，腰上就没有力量，整个人就会飘，发出去的力就缺乏寸劲儿。现在人们练习武术，要么

不重视基础，要么吃不了辛苦，动辄讲中华武术缺少实战性。其实，老一辈的武术家都是从实战中，甚至从死人堆里爬出来的，人家所下的功夫岂是我辈所能企及的？我小的时候就亲眼看到过，一位老师傅当时已经六七十岁了，蹲在一个两三尺高的木凳之上，将手一伸，五六个小伙子都拽不下来，到现在我都很奇怪。如果说只是力量很大，站在地上，蹬住砖石，是可以做到的；但是，问题是人蹲在凳子上，力量是怎么通过凳子传到地上去的呢？即使传下去，又是怎么稳住的呢？地上很平啊！如今时代不同了，武术对一个人的生活的影响不再像古代那么大，今天的人们也不可能下古人的那种功夫，所以，武林也只成了一个如云如雾的传说，被人演绎。写字、画画也是一样，现实社会的所谓书法家和画家很多，但是说实话，其作品真正称得上是"艺术"的微乎其微，没有几个人下真功夫，走大道，总想走捷径，总想搞一点"绝活"。比如现在一些人喜欢"反书""左手书法"，或"左手反书"，我不能不说这也是一种技术，但是，大家想一下，关于《兰亭序》究竟是用左手写的，还是用右手写的这一问题，人们为什么不去考证呢？因为没有意义。我们后人欣赏这件书法作品，欣赏的只是书法本身，千百年来人们看重的是作者的气度和作品的韵味，以及传达出来的中国书法的飘逸与潇洒之美。我不反对创新，但是在创新之前，我们最好先继承一下，最起码能达到古人的那种境界，然后再找出其缺陷而后创新。黄公望的《富春山居图》不着任何色彩，完全以水墨绘就，细看哪一笔似乎也都不出奇，我们今人却无法企及。如果我们仅仅打着"创新"的旗号，下笔写字不像个字的样子，提笔作画心中没有山水之情怀，就绝对创作不出伟大的作品。无论时代如何变迁，精神都是一致的，有什么样的精神，就会创造出一个什么样的世界。面对今天的社会现实，我们的民族必须要培养一种认真的精神、一种精益求精的精神、一种正视自我的精神，唯有如此，才能创造更伟大的文明。

如果背离上面的这几个规律，等待我们的只能是失败或悲剧。因此，老子说："为者败之，执者失之。是以圣人无为，故无败；无执，故无失。""为者"和"执者"就是指带着主观意愿去违背事物发展规律的人，这种人做事，结果只能是适得其反。真正的高人从来不搞怪，总是秉持天地"大道"，尊重世道人伦，正因为如此，他们总是能够到达理想的彼岸，而没有什么过失。

二、慎终如始，方能成功

接下来，老子讲了本章的最后一层含义："民之从事，常于几成而败之。慎终如始，则无败事。是以圣人欲不欲，不贵难得之货；学不学，复众人之所过，以辅万物之自然而不敢为。"

"民"在这里是指普通人或者大多数人。老子在这里提出了一个现实的命题：对大多数人而言，他们之所以成就不了伟大的事业，总是在快成功了的时候却走向了失败，原因就是大多数人做不到"慎终如始"，开始的时候充满激情，干劲十足，但是，走着走着便懈怠了，失去了信念与信心，最终放弃了初心，导致失败。

"慎终如始"为什么很难？老子认为就是因为我们经受不住前进路上的种种诱惑，取得点成绩，就开始陶醉于鲜花和掌声，一旦这样，人的意志力就会下降，缺少前行的动力。

对于怎样克服这个问题，老子提出了两个解决的办法：一是"欲不欲"，二是"学不学"。

何谓"欲不欲"？第一个"欲"指"欲望"和"想法"，意为"以什么为欲"；第二个"欲"泛指名利、金钱、美色这些东西。老子说，一个人如果在前行的道路上看不透这些东西，就不可能走得太远。人人喜欢安逸，我却奋然苦行；人人喜欢名望，我却独守落寞；人人喜欢声色，我却独爱青山。这便是圣人的快乐与境界，是常人所理解不了的。人世间之所以没有千秋万代的事业，世俗中之所以没有绝对完善的人格，就在于走着走着，人的灵魂就掉入了世俗的苑囿，正如《西厢记》中张生所讲，"怎当她临去秋波那一转"。从这个意义上讲，老子所讲的只是一种古老而悠远的乌托邦式的生命理想，只是提醒一下前行的人们：不要过早地停止前行的脚步，不能在安乐乡里彻底忘却生命的责任与情怀。

何谓"学不学"？第一个"学"是指读书、学习，第二个"学"是指人世间的学问，当然，老子主要强调的是世俗的功利之学。"学不学"是指学习那些别人认为不能获得利益的圣人之学，也暗指道德之学。道家一直认为，正是因为这些功利之学，这些"伪学"，才导致人心叵测、世态炎凉。道家强调，做学问的最高境界是"道法自然"，人类所谓的"知识"很多是背离了自然的法则，甚至是人性之恶的体现。所以，道家强调一个人必须要保持一种质朴的生命情怀，才能够保持一种生命的韧性与强度。对于这一点，儒家也是与之相呼应的，孔子讲："事父母，能竭其力；事君，能致其身；与朋友交，言而有信。虽曰未学，吾必谓之学矣。"为此，孔子也强调："文质彬彬，然后君子"。所以从这个角度上来看，修身养性之

书，未必读得越多就越好，关键在于参悟，在于领会其间的生命大智慧，这体现的是一种融入自然的高尚的德性，只有这样才避免一般人常犯的错误，即"复众人之所过"。从这个意义上讲，把灵魂清空的人最有执行力，因为他们心中只有理想，对其他的一切视而不见。当然，这里当有一个前提——理想必须是健康的，否则，祸患无穷。

我认为，对于一个人在现实生活中难以做到"慎终如始"的这一现象，除了上面老子所讲的两个主观因素之外，其中还隐含着事物发展的一个客观规律，即任何事物在走向"大光明"前都存在"大黑暗"，而这种黑暗往往让人看不到希望，让人丧失勇气和信心，让人最终放弃梦想。其实，他们不知道，山的那一边就是海洋，就是灿烂的星空，而他们只是被眼前的树丛阻挡。比如说，毛主席有一篇著名的文章，即《星星之火，可以燎原》，实际上这篇文章就是针对当时红军队伍中的一种悲观情绪而作的，因为武装斗争的开局没有想象中那么顺利。革命毕竟不是开店，需要流血牺牲，需要经历太多的磨难，在很多人置疑"红旗能够打多久"时，主席以高度的自信写了这篇励志之作。

在生命的历程中，几乎每个人都遇到过不同程度的困苦。我总能记起上军校时的一段亲身经历：有一年冬天，我们搞野外拉练，记得在一个阳光明媚的中午，我们被装进一个密闭的大卡车，随即，车驶离营地，进了大山，也不知道在里面转了多久，我们五个人组成的一个小组就被放下来。当时我们全副武装，背着的除了冲锋枪之外，还有子弹袋、四枚手榴弹、水壶，我同时还背着一个大大的行军锅。我们接受的命令是以最短的时间返回营地，并且在返回的过程中还有很多目标和任务要完成。当时我们手里只有一个指北针和两张地图，还被要求在天黑之后才能使用地图，白天只能靠方位角前进。我们几个人在山里不知道走了多久，天慢慢地黑下来，衣服早已湿透，鞋子里也满是泥土，走一下，脚就在鞋子里滑一下，早已磨破了皮，每走一步都疼痛难忍，于是，大家就决定坐下来休息一下，屁股一沾地，别提有多舒服了，只要一躺下就会睡着。但是我们知道，我们不能睡着，作为军人，我们必须完成任务，必须以最快的时间返回营地。休息了十几分钟之后，我们决定前行，但是当站起来的时候，每个人都产生了不想走的想法，浑身关节酸痛，特别是脚底，每走一步都钻心地疼，但是军人的使命促使我们几个人相互鼓励，在适应了半个小时左右之后，我们慢慢习惯了这种疲惫和疼痛。一路上，我们再也不敢坐下来，包括喝水和吃饭，实在累了就适当放缓一下节奏，就这样，我们在天亮之前

第六十四章　其安易持，其未兆易谋

赶回了营地，较好地完成了任务。教官告诉我们，我们实际上已经急行了 80 多公里，并且我们休息的时候是最危险的时候，也是考验我们的意志的最关键的时候，当我们重新站起来奋然前行的时候，一切困难也就不在话下了。这件事情尽管过去了若干年，但是，我总是难以忘怀。在做事的时候，特别是最困难、最容易动摇的时候，我都告诉自己，生命需要坚强，一切困难都是假象，绝美的风景皆在奇丽之山川。

第六十五章

古之善为道者，非以明民

古之善为道者，非以明民，将以愚之。民之难治，以其智多。故以智治国，国之贼；不以智治国，国之福。知此两者，亦为稽式。常知稽式，是谓玄德，玄德深矣，远矣，与物反矣，然后乃至大顺。

奶酪人人有，奈何落他家

从本章的主旨来看，老子依然是在讲"无为而治"的问题。在本章中，老子再次指出了一种背离"无为"的治国模式，即"使民明智"，并提出了"民"应该保持一种"愚"的状态。后人将老子的这种思想理解为"愚民"思想，并且给予了强烈的抨击。

事实上，这种理解是简单而粗暴的。一方面，老子在这里不仅提出了要"愚民"，他还强调了"愚官"，即"不以智治国，国之福"，所以，"愚"是老子对治理天下的一种状态的表达。另一方面，此处之"愚"不是指使民愚昧无知，也不是指让治国者稀里糊涂地治理天下，而是提倡无论是处于高位的国家统治者，还是普通百姓，都应该保持一种自然、质朴的情怀。

因此，老子讲："古之善为道者，非以明民，将以愚之。"古代那些善于治理天下的圣人们，都是把"道"作为治理天下的第一法则。这些人治理天下，不是靠使用什么心机和谋略，而是靠让天下百姓保持一种朴实而庄重的情怀。只有稳住了天下人之心，才能真正稳住天下。

老子认为，到了春秋时代，社会之所以越来越难以治理，就是因为每个人都守不住本心了，每个人都认为自己聪明，都有很多想法，特别是谋私利和私欲之心横行，人们永远没有满足感，这样一来，争斗就成为必然的事情，人民就缺少幸福感和安全感，即"民之难治，以其智多"。

大家不妨想一想，我们今天社会上出现的这些林林总总的是非，不也是出于这个原因吗？由于社会价值观的扭曲，人们都以牟利为最高的价值追求，每个人都站在自己的角度追求利益最大化，各种招数层出不穷，让人防不胜防。最终导致人们吃不上环保的食物，穿不上环保的衣服，用不上高质量的产品，其后果触目惊心，导致我们这个社会的道德成本越来越高，每个人都在为失去诚信而付出更多的时间和经济成本。与其如此，还不如人各归其位，凭良心做事，多则安于多，少则安于少，在高位而能怜下，在低位而能安身。树不与草讲岁月，山不与海论高低，自然造物者也。

中国有句老话："聪明反被聪明误"。在这个世界上，人的智商其实都差不多。如果都以"聪明人"自居，必为聪明所误；如果人人都以其长欺他人之短，那么自己之所短也必然会为他人所欺。人不要只看己所长，更要看到己所短，不要只看到聪明能得物，更要看到聪明能失物。如果人人都要弄聪明，那么人人也必被聪明耍弄，这才是真正的愚蠢。

因此，老子讲，"以智治国，国之贼；不以智治国，国之福。知此两者，亦为稽式。常知稽式，是谓玄德，玄德深矣，远矣，与物反矣，然后乃至大顺。"执政者若是不玩弄智慧，不自欺欺人，以百姓之心为心，守住执政最基本的价值导向，那么，天下百姓就会守住本心，这样的社会才能够真正地实现和谐，人们才能够归位，也才能够真正找到各自的幸福。如果一个国家的治理者能够认识到这个问题，那是天下百姓的幸事，自己当然也就是治理天下最好的模范与榜样了。这样的德行就是微妙玄通之德，执政者拥有了这种德行，就会与天地合流，与万物归一，就会达到"大顺"的状态。

何谓"大顺"？《礼记》描述如下：

天子以德为车，以乐为御，诸侯以礼相与，大夫以法相序，士以信相考，百姓以睦相守，天下之肥也，是谓大顺。(《礼记·礼运》)

这句话的意思很清楚："大顺"是一个社会最高的治理状态，具体表现是执政的最高层（即天子）能够把"道德"作为最高的执政理念；次一级的诸侯不要有政治野心，要以礼相待，讲规矩，讲秩序；再接下来的士大夫阶层要讲法制，讲公平，讲诚信，讲责任；作为一国之百姓，要敬业乐群、和谐共处。做到了这些，天下自然会风调雨顺，物产丰盈，礼乐起于朝野，老幼皆有所得，这就是"大顺"。

综观此章，我们作为后来之人，也当深思之、熟虑之、慎行之。老子告诉我们，治理天下的一个非常重要的基础就是筑牢一种健康的核心价值观，这种价值观应该是朴素的、简单的，是与生命和自然同行的。有了这样的价值导向，才能够稳住人心。

人的欲望的无限与社会的财富的有限之间的矛盾是永恒的。中国历来有一种社会现象，即"上有好者，下必兴焉"，一个社会的价值导向的确立，不是源于民间，而是源于上层。所以，拥有权势的执政者必须要向世人展示出一种天下情怀，既要履行好职责，又要过一种简单而质朴的生活，避免社会走上奢靡之路。老子所提出的治理国家不尚智，而尚愚，就是这个道理。人之本性就是喜欢享乐，稍微一受影响便会形成潮流，但是，让百姓甘于质朴，守住本心又是不太容易做到的事情。

第六十六章

江海所以能为百谷王者，以其善下之

江海所以能为百谷王者，以其善下之，故能为百谷王。是以欲上民，必以言下之；欲先民，必以身后之。是以圣人处上而民不重，处前而民不害。是以天下乐推而不厌。以其不争，故天下莫能与之争。

自惭居处崇，未睹斯民康

本章内容概括起来看就讲了两个字："谦下"。在中国的文化中，"谦"是处世的第一美德。"是非只为多开口，烦恼多因强出头"，争强好胜，不懂谦让，这是很多祸患的源头。关于这个问题，老子在前面也做了论述，本章再次强调这个问题，这充分说明，一个人从内心做到"谦虚"二字，谈何容易？人往往是谦虚在嘴上，强势在心里。一个人若能真正谦虚地吸取别人的经验与教训，认真地聆听他人对自己讲的每一句话，则于盛世可成大器，于乱世亦可保身。

作为一个平凡的人，如果做到谦虚都那么难，对于那些身在高位的人，骄傲、轻狂就更是自然的事情了。本章中，老子实际上就是告诫那些身在富贵巅峰的人，

若想永保富贵，获取天下人的信服与拥戴，首先要从谦虚入手。

老子用了一个比喻的手法开启了本章："江海所以能为百谷王者，以其善下之。""善"在这里不是"善恶"的意思，应该是"以什么为善"之义，带有明显的价值导向。大江、大河形成的峡谷可以说都是最长的峡谷，故可称为"百谷之王"，它们之所以能够成为百谷之王，就是因为它们总是居于下位，正所谓"海纳百川，有容乃大"。

老子通过这个自然界的现象而受到启发，认为作为天下的王者，同样需要保持谦下的情怀，并且提出了如下的劝告："是以欲上民，必以言下之；欲先民，必以身后之。""上"即是处于高位之人，主要指执政者和社会的权贵阶层。老子讲，一个位居天下百姓之上的人，如果想要保持这种地位，就必须要在言辞上表现出谦恭的态度，时时刻刻都要尊重别人，不可目中无人，不可妄言。比如，中国古代的君王一般都自称为"孤家寡人"，有身份和地位的人往往称自己的夫人为"内人"，这都是一种自谦的表现。一个人要想领导天下人，居于天下人之前，那么，就要把自己的个人利益放在人民的利益之后，这与前文所讲的"后其身而身先"有着共同的人文情怀。享利在天下人之后，其位才能在天下人之前，这就是中国文化中最基础的执政理念，是"得民心者得天下"的一种更直接的表达。

如果能够做到这一点，执政者就会达到两种效果："处上而民不重，处前而民不害"。虽然位居天下人之上，但是，老百姓没有任何的精神和物质上的负担。在这种情况下，天下人也不会对其有加害之心，使其无论走到哪里都是安全的。如果执政者能够达到这样一种状态，那就是真正的"天下大治"，天下百姓就会"乐推而不厌"。"乐"其实是发自内心的一种爱戴之情，"推"即拥护，"厌"即厌弃。

关于"处上而民不重"，历史上有一个典故很值得我们品味。当年孟子周游列国，曾与齐宣王有过一番对话：

齐宣王问曰："文王之囿方七十里，有诸？"

孟子对曰："于传有之。"

曰："若是其大乎？"

曰："民犹以为小也。"

曰："寡人之囿方四十里，民犹以为大，何也？"

曰："文王之囿方七十里，刍荛者往焉，雉兔者往焉，与民同之。民以为小，不亦宜乎？臣始至于境，问国之大禁，然后敢入。臣闻郊关之内有囿方

四十里，杀其麋鹿者如杀人之罪，则是方四十里为阱于国中，民以为大，不亦宜乎？"（《孟子·梁惠王下》）

　　这段话的意思很简单：齐宣王希望孟子帮他解决一个疑问——当年周文王在位时，他的国家公园方圆七十里，老百姓都还觉得小，为什么自己建的公园才方圆四十里，老百姓就觉得负担重，如此厌烦呢？孟子的回答也很简洁：当年周文王建的公园是开放式的，是为了与天下同乐，老百姓可随便到里面游玩、宴乐；而您的公园是国家的禁区，禁止老百姓入内，不仅如此，如果老百姓在里面不小心杀死了一头麋鹿，受到的惩罚比杀人还要严重。正是由于这个原因，天下百姓对您建公园这件事才如此有意见。其实，孟子之前见梁惠王时，也讨论过类似的问题。孟子劝梁惠王时也说了一句很有名的话："未有仁而遗其亲者也，未有义而后其君者也"，也可以说是为老子的民本思想作了注脚。

　　在本章的最后，老子得出了一个结论："以其不争，故天下莫能与之争。"圣人正是因为能够保持谦虚、谨慎的情怀，不与天下人争利，天下人才皆以敬仰之心对待之，都会为捍卫其地位而努力，在这种情况下，谁又能够争得过他呢？

　　老子在这一章讲的虽是治理天下的"大道"，但是也可以启迪普通人的生命智慧。读书不能总是读死书，圣人之书的真正价值不是在书里，而是在书外。

　　本章中，老子强调处上位而不与下争利，方能保持其常位。但是这里面隐含着一个重要的前提。一个人在社会上处于上位，甚至是天子之位，拥有资源，拥有地位，拥有名望，难道还有比这更大的利吗？在中国的文化中，万代千秋，最大的资源不是金钱，而是权力。既然已经有了这么大的利，那还额外追求什么呢？

　　所以，人在一生中必须要想明白，自己真正追求的是什么。既然在官场奔波，最重要的是职位，拥有了职位就是最大的获利，那么作为领导，就不要再与部下争功、争名，能让就让一把，以谦下的姿态、以履行好职责来获取大家的认同，这样做官才能心里踏实。为了生活而打拼，苦一点、累一点也不必说什么，人不都是为了活着吗？抱怨没有必要。如果做学问，就要扎扎实实，把责任和名望放在第一位。一个学者如果满脑袋都是金钱，那他就不再是真学者了，他所做的学问也就不是真学问了。如果喜欢自由，就不要崇尚权力和金钱，就要耐得住清贫与寂寞，只有能够在孤独中找到灵魂的人才是真正的自由的人。所以说，人生在世几十年，不可能十全十美，活着不能什么都争、什么都要，否则，不仅会身心疲惫，更会遇到危险。

天下皆谓我大，大而不肖。夫唯不肖，故能大。若肖，久矣其细也
夫。我恒有三宝，持而宝之：一曰慈，二曰俭，三曰不敢为天下先。夫
慈，故能勇；俭，故能广；不敢为天下先，故能成器长。今舍其慈且勇，
舍其俭且广，舍其后且先，则死矣。夫慈，以战则胜，以守则固。天将
建之，如以慈垣之。

一、上位安心则大道行，下位安身则万世平

本章也是《道德经》流传较广的一章，因为老子在这一章中提出了修"道"的
三大路径，即"一曰慈，二曰俭，三曰不敢为天下先"。

老子在开篇以一种不太好理解的表达方式再一次向我们描述了"道"，或者说
得道之人的外在表现："天下皆谓我大，大而不肖。夫唯不肖，故能大。若肖，久
矣其细也夫。"

"我"是指老子本人；因为老子以道德之学而名闻天下，所以，"我"也是指

"道"，或者指得道之人。"大"即高大，此处亦有"虚空"之意。老子讲：大家都说我这个人高高在上，看上去却大而无用、大而无能、大而无为，但是，正是因为这种大而无用和大而无为，才成就了我今天的博大，如果我像世俗中之人一样，精于算计，醉心于功利，纠结于是非，也就真正变得渺小了。

老子的这段描述实际上是在纠正世人对"大道"的一种偏执的看法。正因为世人都追求眼前利益和实用主义，人们才不会相信"大道"的价值。在那个时候，不仅老子被人嗤笑，孔子也被人嗤笑为"四体不勤，五谷不分"，甚至他的学生也带着刁难的意味向他学习种田和种花：

> 樊迟请学稼。子曰："吾不如老农。"
>
> 请学为圃。曰："吾不如老圃。"
>
> 樊迟出。子曰："小人哉，樊须也！上好礼，则民莫敢不敬；上好义，则民莫敢不服；上好信，则民莫敢不用情。夫如是，则四方之民襁负其子而至矣，焉用稼？"（《论语·子路》）

孔子面对学生提出的问题，毫不客气地做了回击：若学种田找老农比找我强，要学种花，老圃比我强，我不是从事这些学问的人。樊须走后，孔子向身边的人讲：樊须向我提出这些问题，他哪里是一个得道的君子？只是一个野夫俗子。君子治理天下，当以礼为先，以义为好，以信为本，如果做到了这一点，天下百姓就会四海宾服，学种庄稼干什么呢？

孔子的这种表达实际上引出了中国文化的一个十分重要的命题，即道与术、实与虚、理论与实践的问题。事实上，无论什么时代，对天下人而言，都没有什么事比吃饭更重要。特别是在老庄和孔孟时代，那是一个地地道道的农业社会，农业生产是天下大计。既然如此，樊须想学习种田又有什么不对的呢？

其实，这是人类文明进化过程中产生的一个很大的哲学命题。当人类从采集时代进入农业文明，人类才在真正意义上从"自然人"转化为"社会人"。很多时候，人类面临的威胁不是来自自然，而是来自人类自身，人性中的贪婪开始暴露，人与人之间、国与国之间更多的是纷争而不是合作，是矛盾而不是和谐，这些问题直接导致了政权更迭和天下混战的局面，到了老子和孔子生活的春秋时代，这种情况更是触目惊心。所以，老子在这个时候提出了"道"这个概念，其实质是让人们认识世界之本原。

　　每个人都是宇宙演变中产生的一粒稍纵即逝的尘埃，一生苦苦追求的这些荣华与富贵其实与粪土本无不同。所以，我们每个人都需要理性，应该让世界保持一种质朴而清新的状态。儒家以解决实际问题为出发点。尽管认真研读会发现，儒家真正的精神是"明哲以保身"，但我们绝对不能就此而断言这是一种消极的人生态度，相反，这恰恰是一种积极的认知态度："明"即明心见性，"哲"即大智慧。一个真正具有大智慧的人，才能面对纷繁芜杂的表象而把握住事物的根本，保持不偏不倚的态度，即"中庸"。为了达到这种状态，儒家得出了"格物、致知、意诚、心正"的人生修炼路径。人生最重要的基础就是"格物"二字，如果对世间万物，特别是天地、男女、生死、贵贱、得失没有一个正确的认识，必然会面临诸多困惑与风险。

　　因此，从这个意义上讲，人世间的学问，无非四个字："安身立命"。安身者，即心之能安，乃修身之学；立命者，即谋生之术，乃技能之学。在下位之人，当更重立命，有本领以满足口腹之需，不走邪路。在上位之人，当重修身之学，有天下之志，不可再夺下位人之需。《大学》中的"财聚人散，财散人聚"也是强调在上位的人不要与在下位的人争利，这是执政和管理最重要的价值基础。一个社会如果上能安心，下能安身，可谓大治。

　　所以，孔子所说的"小人哉，樊须也"并非谩骂之语，而是表达了一种遗憾，是因为自己的学生没有理解自己讲学的真正意义，对人生和社会缺少一种大情怀。事实上，老子和孔子都十分重视实际工作的方法与技能问题，孔子曾讲"工欲善其事，必先利其器"，可见，圣人不愚，愚在世人。

二、莫言慈不带兵，有难谁为君行

　　那么，在上位之人该如何把握"大道"？老子讲了一句非常有名的话："我恒有三宝，持而宝之：一曰慈，二曰俭，三曰不敢为天下先。"

　　老子讲：我一直以来有三个法宝，并且一直珍惜着。一是充满慈爱之情怀。何谓"慈爱"？在人世间即是父母对子女之爱、上位者对下位者之爱，这是一种没有任何目的和私心之爱，也就是前面讲到的"玄德"。佛教常讲的"慈航普度"即普度众生，体现的是一种拯救万物的大爱之心。二是保持质朴的生活状态。三是坚持谦下为本，不与人争高低、论短长。

　　老子认为，做到了这三点就会让人达到一种极佳的生活状态，即"夫慈，故能勇；俭，故能广；不敢为天先，故能成器长"。

"慈"和"勇"有什么样的关系呢？达到了"慈"的程度，就会表现出一种无所畏惧的力量，就像母亲爱护子女那样。好多女士也讲，有了孩子以后，自己面对生活的感觉就会产生很大的变化，特别是增加了一分难以言表的坚强，这实际上也是一种将子女养大，使之成人的责任。其实，遍观历史和现实，真正勇敢的人不一定长得多么结实而高大，而是表现为对天下充满责任和情怀，这就是"慈勇"。比如南宋的文天祥，元朝政府想尽一切办法劝其投降，甚至南宋的皇帝都投降了，但是，文天祥以家国情怀为重，提笔写下了千秋绝句"人生自古谁无死，留取丹心照汗青"。再比如明朝的方孝孺，不过是一介书生，但是无论面对朱棣的何种威胁，都不给他起草继位诏书。因为方孝孺认为，朱棣推翻侄子夺取皇位不合祖宗之法，是天下大忌，自己不能助纣为虐，结果被朱棣灭了十族，包括与他有师生关系的人，而方孝孺本人也被凌迟处死，至死不屈。戊戌变法之后，谭嗣同被捕入狱。其实，他本来还有活的希望，他却讲："不有行者，无以图将来；不有死者，无以召后起。"他用自己的热血点燃了民族自强图新的烈火，他写的那首诗更是气壮山河："望门投止思张俭，忍死须臾待杜根。我自横刀向天笑，去留肝胆两昆仑。"清华大学的闻一多先生明知道自己身后是黑洞洞的枪口，但是他还是坚持着做了生命中的最后一次演讲。闻一多先生有一句名言："诗人最大的天赋是爱，爱他的祖国，爱他的人民。"这种爱也许就是老子所讲的慈爱吧。

何谓"俭，故能广"？"广"即广博，一个人只有保持一种质朴的情怀，才能使自己目光远大，不为眼前的利益所左右。一个人一旦堕入纸醉金迷的世界，一切智商就都归零了。当然，一个人保持质朴的情怀，也更容易心系天下苍生，保持一种"居庙堂之高则忧其民"的情怀。

"不敢为天下先，故能成器长"有"大器晚成"之意。任何事物的成长都有一个不断积累的过程，成长得太快不见得是什么好事，不经历一点风雨和坎坷，生命就会缺少厚重感。因此，欲成大事，先要含住大气，做到韬光养晦、忍辱负重，不可锋芒毕露、当仁不让，要有一种追求水到渠成的气度。不要以为三十岁当了县令，五十岁就能当上宰相；也不要以为四十岁才是县丞，五十岁就当不了卿相。天下的事，根本说不清楚。年轻得志，老了未必得势；人有三十年河东，亦有三十年河西。有大志者，切记此点。

但是，老子说，这三点听起来简单，做起来就不那么容易了，反其道而行之，问题就更大了。老子讲："今舍其慈且勇，舍其俭且广，舍其后且先，则死矣。夫

慈，以战则胜，以守则固。天将建之，如以慈垣之。"

没有爱心，反倒好强斗狠，生活奢靡，又满嘴空话，什么事情都处处争先，这样做的后果只能是死路一条。只有怀有慈爱之心，获得天下人的拥护，才能够达到"战则胜，守则固"的效果。天纵使高高在上，强大无比，也依然怀有慈爱之心，以阳光普照万物，以雨露滋润天下，何况人呢？

第六十八章

善为士者不武

善为士者不武，善战者不怒，善胜敌者弗与，善用人者为之下。是谓不争之德，是谓用人之力，是谓配天，古之极也。

举目边关云和月，细闻遍地是相思

首先讲第一句："善为士者不武"。很多人把"士"解释为"武士"，这样全句的意思就是：一个真正有武功的人从来不炫耀武力，不在别人面前逞强。这种解释非常顺畅，也容易让人接受。但是细想一下，这种解释似乎有些过于主观。"士"为什么必须要解释成"武士"呢？是不是因为后面有个"武"字呢？其实，老子在《道德经》中不只一次提到"士"这个概念。根据老子一贯的表达，"士"应该代表知识渊博的高士，简单地说是"得道之人"，与"武士"没有关系。如老子在第十五章中就讲"古之善为士者，微妙玄通，深不可识"。因此，我认为，本章中所讲的"士"仍然是这个意思，而不是指武士。老子不尚武，对武士不感兴趣，也不可能专门研究武士的行为。老子这句话其实是秉持了前面"以道佐人主者，不

以兵强天下"的理念——一个真正的高士，处理问题不需要借用武力。文为上，武为下，对于"武"，只能不得已而用之，"有道者不处"应该是老子写此句的初衷所在，这与《孙子兵法》中"不战而屈人之兵"的精神是一致的，这也是中华文化的"大道"所在。

何谓"善战者不怒"？一个善于作战、善于斗争的人不会轻易发火，无论在什么状况下都能保持一种理性和克制。有句老话讲得好："凡事皆从忙里错，谁人知向静中修？""冲动是魔鬼"讲的也是这个道理。但是，人是一种容易感情化和激情化的动物，一旦受到了某种刺激，往往就会失去理性判断，控制不住情绪，导致严重的后果。读过《三国演义》的都知道，蜀汉的立国是最难的，刘备和诸葛亮等可谓是呕心沥血，才在西南一隅立住了脚。但是，蜀汉后来的发展并没有预想得那么好，原因在哪里？因为一件事让蜀汉的高层失去了理智，这件事就是关公"走麦城"，被东吴杀害。刘、关、张感情至深，天下人都知道，刘备一生气，立誓要为兄弟报仇也是可以理解的。但是，君子报仇，十年不晚，刘备却一意孤行，几倾全国之力征讨东吴。在这个过程中，本来就脾气暴躁的张飞更是耐不住性子，结果得罪了部下，为部下所杀。大军未动，刘备又折损了一位兄弟。刘备当然把这笔账也算到了东吴的头上，发兵之势已经无可阻挡，最后只能是兵败夷陵，被东吴一把大火将本国精锐几乎烧尽，极大地伤了国家的元气，自己也殒身白帝城。

近些年来，我对秦汉史也做了一些涉猎和研究，刘邦和项羽作为这段历史的两个主角，在保持理性的问题上也有很多的经验和教训值得我们深思。项羽之所以会落得被围垓下，自刎乌江的人生悲剧，就是因为在关键的时刻没有把握好自己。在楚汉之争进行到第四年的时候，刘、项之间的战局基本上处于拉锯状态。在这种情况下，刘邦和项羽签定了"鸿沟协定"，鸿沟以东归楚，鸿沟以西归汉。协议签定之后，项羽就认为天下太平了，于是将在军中做人质的刘邦的夫人吕稚及刘邦的父亲归还给了刘邦，自己带着部队回归彭城。在这种情况下，刘邦听从了张良的建议，撕毁协议，在后面追杀项羽，结果被项羽杀了个回马枪，差一点丢了性命。在扭转了危局，并且认识到了刘邦的用心之后，项羽应该火速逃离危险的境地，回归彭城，从长计议，结果项羽却和刘邦赌了一口气，战胜刘邦后原地扎营，要和刘邦来个你死我活。

其实当时刘邦吃了败仗之后就责怪张良，不应该追杀项羽，既失了诚信，又损兵折将。张良却说这次失败的主要原因是其他两路大军没有支援刘邦，一是韩信军，二是彭越军，这是两支劲旅。刘邦就问张良：本来给他们下了命令，他们为什么没有来？张良说：他们两个人知道，如果出兵就可能真正灭掉项羽。没有了项羽，就没有和刘邦讨价还价的余地了。于是，刘邦听从了张良的建议，许诺韩信与彭越，如果灭掉了项羽，韩信封齐王，彭越封梁王，并封地千里，韩信和彭越果然应允，出兵围攻项羽。除此之外，刘邦还调动了其他一些诸侯军，以期彻底消灭项羽的势力。到这个时候，项羽方才意识到自身面临的巨大危险，急速东退，但还是在垓下被汉军围困，一代西楚霸王最终败亡。

老子紧接着讲了关于处世的第三个法则："善胜敌者弗与"。这句话的意思是：一个真正善于战胜敌人的人，往往避免与其发生正面的冲突。正所谓强者杀敌于无形，弱者化敌于无声，硬碰硬不是智者的行为。中国有句老话：杀敌一万，自损三千。《孙子兵法》也强调：上兵伐谋，其次伐交，其次伐兵，其下攻城。胜利的最高境界是通过运用谋略，注意纵横关系，刀不出鞘，血不染刃，便可达到自己的战略企图。其次，要善于运用外交手段，如一次宴席、一次会晤，打通一条通道，便可锁定胜局。这样做的人才是高手。最下一等就是动用武力，采取强攻措施，拼个你死我活。当然，孙子的这种说法不是绝对的，所表达的只是一种理想化的状态，很多时候必须多管齐下，方能解决问题。但是无论在什么情况下，都应该尽量避免矛盾无限地扩大并升级，应该尽最大努力把自己的损失和风险降到最低。

老子紧接着讲了第四个处世法则："善用人者为之下"。这句话的表面意思非常好理解：一个善于用人、善于将人的能力发挥到极致的人，往往都能够把自己的姿态降低，达到谦下的状态。

老子在讲完三个法则之后，最后才提到用人的问题，其实也隐含着一个重要的逻辑关系：一个团队无论做到善为、善战还是善胜，都需要高明的人来完成，用人者，国之"大道"。没有优秀的人才团队，就不可能成就伟大的事业，古往今来，这是创业的第一法则。老子告诫执政者：要想聚起人气来，就必须要有一种礼贤下士的精神，这种"下"不是故意装出谦虚的样子，也不是表现得低三下四，而是通过自己的真诚获取精英的拥护，使其死心塌地地为自己的事业服务。

谈到礼贤下士，历史上的故事不胜枚举。当年周文王在渭水之滨遇到了姜子牙，认定其为协助自己成就王业的大材，于是，同载而归，尊为老师，给予了极高的礼遇。

据史书记载，刘邦本人也没有读过太多的书，其之所以能够成就大汉帝业，就是因为能够认识到自己的不足，广揽天下英才，即使做了皇帝，都认为自己在谋略上不如张良，在战术上不如韩信，在治国上不如萧何，这非一般人所能为。正是

因为刘邦的这种心态和姿态，才使得楚汉之际的众精英为其所用，为其事业不遗余力。在这里不妨举一个小例子：刘、项灭秦之后，项羽成了天下的共主，分封了十八路诸侯王，刘邦被封为汉王。张良当时在刘邦的军中，但是，张良有他自己的想法：张良家历代为韩相，韩王成也被封，张良希望回到自己的故乡继续自己家的相业，这也是人之常情。刘邦非常舍不得，但也没有办法，于是给了张良许多金银财宝，张良也很感动。真正的高人都视金钱如粪土，张良就想报答一下刘邦。于是，他将这些金银财宝转手送给了项羽的亚父范增，范增收到后很高兴。张良乘机讲，希望他能够劝说一下项羽，将汉中之地封给刘邦，刘邦功劳那么大，仅仅分封蜀地不太公平。结果，范增还真把这件事办成了。刘邦拥有了汉中这可不是小事，汉中东接关中，西接巴蜀，土地肥沃，那可是军事要冲，但是，过于自信的项羽没有重视这个问题。正是因为有了这样一片土地，刘邦才能够明修栈道，暗度陈仓，成就了大业。如果汉中归项羽所有，再封住剑门关，刘邦想再杀回来，可就比登天还难。所以说，一个人是真心帮你，还是假意帮你，效果完全不一样：真心想帮就一定有办法；如果是假意，就是有办法也会成为没有办法。天下人做天下事，天下事靠天下人。

到了三国时代，刘备三顾茅庐的故事就更是广为流传，没有诸葛亮，亦难有蜀汉。再到后来，唐太宗，明太祖，清康、雍二帝在用人的问题上也各有其长，都有可圈可点的地方。

老子认为，做到了上面几点，就达到了"德"的最高境界，即"古之极也"。老子将这种境界具体归于三点：即不争之德、用人之德、配天之德。由此更能证明《道德经》中所讲的"德"与我们日常生活中所常讲的"德"不是一个概念。我们常讲的"德"指的只是人的一种善行；道家所讲的"德"却指处理问题的一种价值准则，有一种更加广泛的意义。

何谓"不争之德"？实际上是指避免人世间的各种争斗，特别是要尽量防止战争的发生。老子讲，大军之后，必有凶年，生灵涂炭，百姓流离失所，这是世间最残酷的图景。其实，不仅是道家，儒家对战争也有着同样的态度。有一次孔子周游列国到了齐国，齐王请他听了韶乐。孔子听后讲：尽美矣，非尽善也。孔子的意思是：从音乐的角度来看，韶乐确实非常美，但是，如果从音乐背后的价值观来看，并没有达到至善的境界。孔子为什么这样讲呢？因为韶乐是周乐，主要歌颂文王和武王出征时的威武。尽管儒家也认为文王和武王是天下明君，是顺应历史潮流取代商纣的无道统治而建立了周朝，但是，在儒家人的眼里，文王和武王毕竟是通过武力夺取的政权，其间也有诸多的流血牺牲，天下百姓的生活也不同程度地受到了损失。那么，什么是儒家所认为的"尽善"呢？就是传说中上古时代尧、舜、禹的那种通过禅让的方式来实现政权交接的模式，既保证了把权力交到圣贤手里，同时也避免了不必要的纷争。从这个角度上来说，中华文化中有一个基础基因，就是向往和平、追求和平。从历史上看，中国的强大最多是保证边疆的稳定，防止外人入侵，而自身很少有积极进攻的打算。汉武帝尽管征战一生，有好大喜功的一面，但是也不过是为了防止匈奴人对边疆百姓的掠夺与骚扰。唐朝强大了之后，采取的是互利合作、互通有无的战略，那也是丝绸之路最活跃的时代。如果到了陕西武则天的乾陵，我们就可以看到，陵前有众多的外交使节的塑像，说明那是一个开放的时代，其间中国人进行了构筑人类命运共同体的一种尝试。明朝强大了之后，最主要的军事行为是修筑万里长城，目的还是为了保证边疆地区的安全和稳定。清朝建立之后，统治者同样重视与邻国的关系，虽然在开放方面是保守的，但是其即使在最强大的时候，也没有侵略之心。或许正是因为具有这种心态，才使我们没有认清人类社会近一百多年来的社会制度变迁，没有看清一些国家的狼子野心，最终遭受了重大的损失。所以，几千年来的历史证明，中华民族的强大总是有利于人类和平，而不是有害于人类和平。中华民族的强大不会危及世界，只能为人类的真正和平铺平更加坚实的道路，这是中华文化的特质所决定的。

何谓"用人之德"？老子认为，"德"在现实社会中的第二大表现就是体现在用人方面。人生不过百年，岁月不能重来，对人的生命的耗费与无视是最难以弥补的过失，正如王勃在《滕王阁序》中所讲的"冯唐易老，李广难封"。所以，如果在一个团队中或一个社会中做一个客观的调查，人们反映最强烈的往往都是用人的问题，每个人都会对此有或多或少的不满。当然，这个世界上几乎没有完美的人生，所以，人要学会战胜自己，面对现实和困境，这是一种修为，孔子称其为"无怨"，但是，这并不等于说我们对人的使用就可以无所顾忌。在一个团队中，如果人得不到合理而有效的使用，精英就会远离，团队就不会实现预期的目标；一个政权如果不能最大程度地解决好用人问题，这个政权就会面临最大的执政危险。

何谓"配天之德"？这其实就是道家所一贯强调的"无为"的生命境界——要尊重天地"大道"，以"道法自然"作为生命的最高境界，即"古之极也"。

第六十九章 用兵有言

用兵有言："吾不敢为主而为客，不敢进寸而退尺。是谓行无行，攘无臂，执无兵，乃无敌矣。祸莫大于轻敌，轻敌几丧吾宝。故抗兵相若，哀者胜矣。"

打得赢就打，打不赢就走

"用兵有言"这四个字表明，老子是在表述对前人用兵的看法。通过这句话也可以看出，在老子之前，中华民族已经高度重视战争问题，也总结了很多关于战争的规律。老子作为史官，一定也接触到了很多此类的知识，基于此，此段内容老子其实是在阐述前人的用兵经验，当然，也会掺杂一些自己的看法。

老子讲："吾不敢为主而为客，不敢进寸而退尺。"用兵的第一要务是在没有摸清敌情的情况下不要冒进，应该注意后发制人。当然，这是一种战术指导思想，不是指战术本身，一旦摸准敌情，就要争取"兵贵神速"。在战争实践中有一个非常重要的作战原则，即慎重初战。初战胜利对全军士气的影响很大，特别是一些规模不大的战争。在战争形式相对简单的情况下，如果初战能胜，很多时候可以锁定最后的胜局，甚至一次战役的胜负就可能与国家的兴亡产生直接的关系。当然，对于一些大规模的战争，比如"二战"，法西斯阵营尽管在战争初期取得了巨大的胜利，但是，最终还是为正义的一方所消灭。这也充分说明：决定战争胜负最根本的还是战争的性质，一切以战争为手段获取不正当利益的国家和集团都将为人类的正义所灭。

如果培养出上述意识，就会达到一种"无敌"的境界。对于这种境界，老子用了九个字来表达："行无行，攘无臂，执无兵"。

何谓"行无行"？通俗地表达就是"神龙见首不见尾"，让对手摸不清我们的底数。为什么呢？就是因为我们能不盲目出击，一旦出击就要形成迅雷不及掩耳之势，让对方没有办法应对，正所谓"高手过招，胜负皆在咫尺之间"。比如，遵义会议之后，毛主席获得了军事领导权，为了改变红军被动挨打的局面，率领红军四渡赤水，打了几个漂亮的胜仗，尔后兵临贵阳逼昆明，彻底粉碎了国民党反动派在川、滇交界处围歼红军的战略企图，随即迅速北上，跳出了敌人精心设计的包围圈，创造了战争史上的奇迹。

何谓"攘无臂"？这实际上是一种形象的比喻：我抡起胳膊，拿着刀要砍你，但是你看不见我的胳膊在哪里，也不知道刀往哪里砍，这自然就没有办法抵挡。其本意与"行无行"没有太大区别，只是换了一种表达方式。这如同四渡赤水之后，红军已经如同一把利剑，深深地插进了滇川军控制的腹地。蒋介石当时判断，红军无论怎么打，最终的出路都一定是在泸州渡江与红四方面军会合，并为此做了充分的准备。结果红军却做出了向贵阳和昆明进攻的态势，让敌军立即失去了判断力。各路敌军南下之后，红军却突然转道西北，飞夺泸定桥，翻雪山，过草地，走的虽是一条前人未曾走过，或者说不敢走的"死路"，却做成了一盘"活棋"。

何谓"执无兵"？就是让对方摸不清我们的实力，搞不清我们的能力。不轻易暴露自己的底数，便于形成一种突然压倒的态势。对此，历史上有一个有名的战例：在战国时期，有两个有名的人物——孙膑和庞涓，二人本是同门师兄弟。但是，后来在魏国做了大将的庞涓担心师兄孙膑将来被他国聘请后成为自己的劲敌，于是设计将孙膑骗到魏国并挖掉其膝盖骨，使其成了残疾人。孙膑装疯卖傻得以保住性命，后来找到机会到了齐国并被封为大将，从此这两个师兄弟对阵杀场。孙膑知道庞涓这个人的性格，以及急于消灭自己的心态，于是在一次战斗中，孙膑佯装败退，并告诉手下，每撤退一次，做饭的灶就要减少一部分，因为有多少灶就意味

着有多少人吃饭，反映了兵力情况。庞涓深知此理，每到一处都精心计算孙膑所剩兵力的情况，算到最后，庞涓认为孙膑的部队已经人心涣散，大部分已逃离，所余兵力不足以战胜自己，于是率领部队冒进，最终落入孙膑所设下的陷阱，被射杀在马陵道。再比如，"二战"中，日军之所以能够成功偷袭珍珠港，一个重要的原因是隐藏了自己的海军实力，包括研制成功了可以炸沉重型航船的炸弹。再比如，在抗日战争胜利后，中国人民迎来了和平之光，毛泽东带着共产党人的真诚赴重庆与蒋介石谈判，以期建立联合政府，谋求中华民族的繁荣与富强，但是蒋介石最终撕毁了合约，发动了内战。蒋介石之所以一意孤行地做出这样的选择，一个很重要的原因是他对中共的军事力量缺乏有效的评估，认为八路军和新四军的力量不足以与其抗衡，消灭他们是举手之劳。殊不知，经过前后长达十四年的"抗战"，不仅共产党所领导的八路军和新四军得到了极大的加强，并且在各个抗日根据地积累了大量的武装力量，当地百姓只要换上军服就是特别能战斗的正规军。结果，仅仅用了四年多的时间，蒋介石就被彻底打败。

在本章的最后，老子告诫后人："祸莫大于轻敌，轻敌几丧吾宝。故抗兵相若，哀者胜矣。"就战争而言，最怕的就是骄兵，如果对自己和对手没有一个正确的判断，就失去了胜敌的可能。因此，两方对抗，总是那些能够保持低调、理性的一方获胜。"哀"在这里并不是"哀伤"之意，指的是一种正视对手，并且保持理性和审慎的精神状态。历史上因骄而败的案例比比皆是，很有代表性的便是东晋与前秦的淝水之战。前秦首领苻坚拥有百万雄师，而东晋不过八万余人。面对这样的悬殊，苻坚自信地讲，自己的军队将马鞭子扔出去都可以截断长江。这不是骄傲，简直是一种狂妄，最终当然是败得奇惨无比。

作战如此，做人和做事亦如此，无论什么时候都不能高估自己，也不能低估别人，既要知我之长与敌之短，亦要知敌之长与我之短，只有保持这样的心态，才能在关键的时候做出正确的判断，才能够知进知退。很多时候，不是我们没有能力，而是敌人太强大。面对强大的敌人，一定不能往枪口上撞，识时务者为俊杰。毛主席之所以用兵如神，其实概括为一句通俗的话来表达就是"打得赢就打，打不赢就走"，一定不要把"哀兵必胜"的"哀"理解为"哀伤"，不要以为心怀悲恸，置生死于度外，豪情万丈，就一定能够战胜敌人，战争是有规律的。前文所讲，《三国演义》中，刘备征讨东吴为关、张二弟报仇，全军挂孝，素色千里，不可谓不哀，但是，这种极度的"哀"也正是其失败的原因，太哀了也就更加容易情绪化，容易丧失理性的判断。

　　吾言甚易知，甚易行；天下莫能知，莫能行。言有宗，事有君。夫唯无知，是以不我知。知我者希，则我贵矣。是以圣人被褐怀玉。

但修己心，莫问前程

　　最初读到这段文字的时候，我认为《道德经》应该快要结束了，或许当初老子写到这里的时候也确实想收笔了，也可能真的收笔了，但后来在反复打磨和锤炼的过程中，又补上了下面一些章节的内容，这当然是一些带有想象色彩的推理，对错不重要，重要的是表达了对每段文字的看法。

　　老子在洋洋洒洒地写了这么多内容之后，有感于世态之炎凉、人心之叵测，于是告诉世人：自己所讲的这些内容已经够多了，也够明白了，只可惜在光怪陆离、物欲横流的现实生活中，没有几个人能够听得进这些话，自己所说的这些话甚至被人嗤之以鼻。老子也为此而感到悲哀，所以才写下了这段文字。

　　老子毫不隐晦地讲："吾言甚易知，甚易行；天下莫能知，莫能行。"这句话显

然是包含着一定的情绪的。老子认为自己所讲的这些道理没有什么高深的，非常容易理解，也非常容易去执行。但是，天下人似乎都没有理解他的用心，更不要说按他所讲的去做了。

老子接着讲："言有宗，事有君。""宗"即"大道"，"君"即明确的方向。老子认为：一个人也好，一个团队也好，一个社会也好，无论提出什么样的理论，都必须遵循"大道"，不能背离"大道"。在遵循"大道"的基础上再确定行动的具体方向，才能够不跑偏，不走样，达到理想的彼岸。

老子为什么会在这里讲出这六个字？就是因为在春秋时代，支撑了社会几百年的周礼慢慢被废弃，社会价值观混乱，人们的行为缺少健康的思想引导，功利心充斥在社会的方方面面，使人为达目的不择手段。人们行为乖张，不可理喻，站在天地之间感觉到非常茫然，不知此生何为，不知其事何宗。

基于这样的社会现实，老子告诫世人：不要被纷繁芜杂的理念迷惑，不要没有想明白就盲目行动，理论要合"道"，行为要有正确的方针。如果一个社会没有核心的价值导向，确立不了正确的生命信仰，整个社会就会混乱不堪。关于这个问题，儒家也有自己的表达："名不正，则言不顺；言不顺，则事不成。"这里的"名"也不仅是表面的称谓，更是指行为背后的正当性。当然，儒家所讲的"正当性"的标准是从现实社会的伦理角度得出来的，即"仁"，道家则是站在整个自然和宇宙的角度得出了这样一种标准，即"道"。但是，无论儒家还是道家都认为理论的正当性和行为的合法性对一个社会而言都是非常重要的。

但是，老子非常遗憾地讲："夫唯无知，是以不我知。"正是因为世人存在一种自以为是的无知，所以没有注意到我所讲的问题的严重性，也自然就不能理解我的良苦用心了。老子毕竟是圣贤之人，他没有因为不为世人所知而牢骚满腹，相反，却显得非常平和，并且以一种非常自信而幽默的形式结束了本章：

"知我者希，则我贵矣。是以圣人被褐怀玉。"正因为别人不能理解我，也不知道我所讲的"大道"的伟大所在，因此，我的高贵之处也就显而易见了。圣贤之人往往都是表面上很朴素，内心却无比富有，即"被褐怀玉"。

我觉得，老子的这种心态虽然看上去有点自负，但是，还是值得我们去思考并学习的。实际上，人的一生都有所期待，每个人身上都有闪光的东西，但是很多时候不能被人理解，不能被人发现，只能默默无闻，甚至穷困潦倒，这就是客观现实。有成就的人固然有其所长，但是，没有成就的人也未必一无是处。人生既要努力，亦有机遇；既有主观，亦有客观。遍观历史和现实，冤死的其实比病死的多，所以，杜甫在诗中讲："志士幽人莫怨嗟，古来材大难为用。"而儒家面对这样的社会现实，也只能采取"保守疗法"，即"不患莫己知，求为可知也"。不要过于在乎别人能不能知道自己、重用自己，我们所能做到的只有不断充实自己、武装自己，以待机遇到来，这也不失是一种好心态，既有积极进取之心，也能够正视落寞的现实。抱怨非但不会获得他人的同情，反而能显示出自己的肤浅，与其如此，倒不如且行且珍惜。

第七十一章

知不知，尚矣

 原经

知不知，尚矣；不知知，病也。是以圣人之不病也，以其病病也，是以不病。

知之为知之，不知为不知

本章延续了上章的内容。虽然老子对社会上很多人不能理解自己表现得非常淡定，但是，令老子不能容忍的是，社会上有很多人不懂装懂，并且对这一点没有一个正确的认识，这才是社会的一个最重要的病态表现。

因此，老子讲："知不知，尚矣；不知知，病也。""尚"即"上"的意思。老子认为：一个人如果能够知道自己什么知道、什么不知道，这是人生的最佳状态；如果一个人不知道自己什么知道、什么不知道，并且总喜欢自以为是，这就是一种病态的生命状态。

什么样的人才是"圣人"呢？老子认为圣人并不是无所不知、无所不能，圣人最重要的体现是他无论在什么时候都能够正视自己，明白自己知道什么、不知道什么。这才是健康的心态，才不会"生病"，即"是以圣人之不病也，以其病病也，是以不病"。

老子的这段文字虽然理解起来很容易，但是，纵观古今，一个人能够做到这一点实在是太难了。人这种动物最大的特点是比较主观，喜欢自以为是，人性使然。特别是取得了一定的成就，拥有了一定的社会地位的人更容易陷入这种病态的意识当中。一个人无论多么聪明，都会有短板。社会治理、政权统治等方面之所以总是会出现一些失误甚至悲剧的一个重要的原因就是掌握决策权的人过于自我，听不进别人的意见，或者在一种威权体制下，下面的人不敢直言，担心被打击报复。在这种情况下，居于高位的人就真正成了精神和智慧层面的"孤家寡人"，最终落入一种决策陷阱，也可以称之为"智慧黑洞"。

社会有不同的分工，每一类人都有各自的思维的局限性，做官就是要运用好自己手里的权力，服务于天下苍生。人的位置不同，考虑问题的角度自然也就不同。同样一件事，站在专家的角度看和站在政府的角度看是不一样的，很多决策就是一种客观规律和主观需求的博弈的结果。作为官员，为了更好地进行决策，就要虚心听取各方面不同的声音，包括一些没有专业背景的百姓的意愿，才能够更加全面、客观地看待所面临的问题。如果一个执政者总是摆出一副专家的姿态，总觉得自己理解得最深刻，思考得最到位，必然会走向主观的极端。

有一个新加坡的研究城市规划的专家讲过一个故事，说他经常被邀请到中国某个城市参加有关城市规划的专家会议。来了几次之后，他突然发现了一个规律：当谈到关键问题的时候，每次自己发表什么看法，这个市的主要领导总是强烈地提出不同的意见，而对其他专家所说似乎反应得并不是那么强烈。经过思考，他终于想明白了，因为很多时候，他都是担任首席专家，别人都称其为"国际大师"。这位领导觉得否认一个一般专家的意见也没有什么意思，能提出与"国际大师"不同的意见才显得有水平。后来这个领导因为贪污、腐败而锒铛入狱，后人看了他曾经的一些关于城市规划的决策，诸如在公园里修铁路，在高山上修大湖，真是让人大跌眼镜。其实这个世界上谁也不傻，一个在上位的人不要以为自己说什么大家都会点头，就认为自己永远是对的，要时刻做到有自知之明，才可成就大事业。

对于如何克服上述问题，成为一个心智健康的人，我有四点建议：

第一，不能照搬、照抄。不要以为别人干得挺好，你就可以拿过来就用。事实上，地域、文化、时代、经济和社会发展程度的不同要求我们做事时必须要对别人

的成就和经验借鉴性地吸收，千万不要被别人的成就迷住双眼，一意孤行。

第二，不能主观臆断。无论做什么事情，都需要有一个理性的思考的过程，不能脑袋一热，张口就讲，抬腿就迈，这样做事往往是要出问题的。当然，在一些潜藏着危机的情况下，领导力排众议，当机立断，那是另外一个层面的问题，不是社会治理的常态。

第三，不能浅尝辄止。做一件事情，无论是取得了一点成绩，还是遇到了一些麻烦，都不要轻易肯定或否定自己，做事业没有随随便便的成功。有些时候开局很好，但是并不一定证明这样做就是对的；有些时候起步很难，甚至备受非议，但是随着时间的推移，我们往往发现这才是真正的阳光大道。所以，认清一件事并不容易，一是需要审慎的思考和论证，二是需要不断地进行实践和探索。

第四，不能唯我独尊。越处上位，越需要有视下的情怀；愈是权威愈要博览群见。关于这一点，历史上有两位君王最有代表性，一个是汉文帝，一个是唐太宗。汉文帝执政之后，很快颁布了一道诏书，广开言路。正是因为文帝的这种开明，才使得大臣都能够说真话、说实话，形成了一种良好的执政氛围，为开启"文景之治"提供了重要的智力支撑。唐太宗之所以能够创造一个大时代，同样是因为能够摆正自己的位置，广纳群臣之谏。关于这一点，历史上也达成了共识，对唐太宗推崇有加。

第
七
十
二
章

民不畏威，则大威至

民不畏威，则大威至。无狎其所居，无厌其所生。夫唯不厌，是以不
厌。是以圣人自知不自见，自爱不自贵。故去彼取此。

自爱莫自贵，恒产换恒心

老子在上一章认为，一个人应该有自知之明，不能过于自我；本章则是进一
步告诫执政高层，不要以自己有了政权，有生杀予夺的大权，天下人皆臣服，就
可以不可一世、为所欲为，如果那样，就一定会出大问题，正所谓"江山不改人
常新"。

老子开门见山："民不畏威，则大威至。无狎其所居，无厌其所生。夫唯不厌，
是以不厌。"哪里有压迫，哪里就有反抗。当老百姓不惧怕威权的时候，执政者的
危险就真正到来了，正所谓"民不畏死，奈何以杀惧之？"无论在什么时候，都不
要把人逼到死路上。政权稳定的前提，就是不要无休止地挤压老百姓的生存空间，
尽量保证老百姓居有定所，行有正业，饥有其食，让大家觉得活着是一件很幸福的

事情，这样一来，大家都会珍惜生命和眼前的生活，都会自觉地维护社会的稳定，就不会厌弃执政者另寻代言人。对此，孟子曾经说过一段很有名的话：

> 民之为道也，有恒产者有恒心，无恒产者无恒心。苟无恒心，放辟邪侈，无不为已。及陷乎罪，然后从而刑之，是罔民也。焉有仁人在位罔民而可为也？是故贤君必恭俭礼下，取于民有制。阳虎曰："为富不仁矣，为仁不富矣。"（《孟子·滕文公上》）

这段话的道理很直白：老百姓只有有了正业，有了一定的资产，他们才能够保持平和的心态，不走极端，不犯上作乱。如果老百姓居无定所，无所依靠，就会性情乖张，走邪门歪道，甚至铤而走险，触犯国家的法纪。如果在这种情况下，我们再用刑法处置他们，就如同张好了网等他们自投，是不仁道的举动。因此，仁者执政必须关注民生问题，驱民有度，用民有时。一个叫阳虎的人曾经讲过：真正有大爱的执政者从来都不与民争利。先于民而富的执政者，其做法怎么可能称得上"仁政"呢？

纵观历史之轮回和天下之动乱，从根本上讲都是执政者忽视了民心和民生问题所导致的。无论做什么决策，都不能以牺牲天下百姓的利益为代价，天下百姓可以忍一时，却难以忍一世。《尚书》中就讲："训有之，内作色荒，外作禽荒，甘酒嗜音，峻宇雕墙。有一于此，未或不亡。"所以说关注民心和民生是执政的第一大道，也是自然之法则。

这些年来，我们在社会治理和管控过程中，往往不可避免地产生了一些不和谐。其实很多时候，诱因都是一些很小的事情，究其原因是我们的很多政策的制定与百姓的实际利益需求产生了背离。面对这样的现实，我们不能抱怨天下人。在处理与民众的关系的过程中，英明的执政者应该善于调整自我，内省自我，而不是靠采取强制手段。从这个角度来看，无论是大力反腐还是精准扶贫，都是符合历史规律的"大道"，是稳定江山的基础工程。执政所面临的绝对不只是一个"钱"的问题，是让天下人感到温暖，感到公平，感到有地方伸张正义，感到能够有尊严地活着。

从这个意义上讲，做官既是件难事，也是件易事，执政既是件难事，也是件易事。历史的经验就摆在这里，关键看我们能不能遵循，能不能结合时代的变迁创造性地去体现并利用，这其中体现的既是智慧，也是情怀。因此，做官最重要的是莫要"搞怪"。何谓"搞怪"？就是瞎折腾，不顾民心、民意，违背执政的基本法理。

　　老子最后讲："是以圣人自知不自见，自爱不自贵。故去彼取此。"圣人治理天下，从来都能够摆正自己的位置，不自以为是，更不会高高在上。所以，我们后来者该如何去取舍，什么重要，什么不重要，什么该干，什么不该干，也就显而易见了。

第七十三章

勇于敢者则杀，
勇于不敢者则活

　　勇于敢者则杀，勇于不敢者则活。此两者，或利或害。天之所恶，孰知其故？天之道，不争而善胜，不言而善应，不召而自来，坦然而善谋。天网恢恢，疏而不失。

天网恢恢，疏而不失

　　这段文字表面上看似乎容易理解，看了古今的一些版本，总是感觉到笼统而模糊，也有点不知所云。多数版本认为老子的这段文字讲的是一种处世态度，老子通过这章劝告世人不要过于急躁，不要轻易与人发生正面的对抗，那将是一种两败俱伤的行为，应该坚持"柔弱胜刚强"的态度。这种貌似合理的解释却不能给世人提供一种让人信服的逻辑。

　　我认为，这一章的内容主要是老子对执政者的一种告诫，是对上一章内容的深化。在上一章，老子讲道，如果统治者不考虑民生问题，就会导致天下百姓的反感和抗争，而进行抗争就可能有两种选择：一是"勇于敢"，二是"勇于不敢"。"勇"

是指存在于人的灵魂深处和内心世界的一种决心。如果把这种决心付诸实践，就是"勇于敢"；如果这种决心只是停留在内心深处，在现实中表现出一种隐忍的状态，则是"勇于不敢"。

这两种选择在当时的现实生活中可能带来两种后果：

第一，选择"勇于敢"，就有可能会触犯国家的法律，人们甚至会采取暴力手段对抗政府。在这种情况下，政府也只能采取暴力手段还击，这就可能导致暴力纷争，天下大乱，生灵涂炭，而这些人也将遭到杀戮。

第二，选择"勇于不敢"，即人们不和政府发生正面对抗，但是内心深处极度愤怒，政府由于察觉不到人们的这种心态，也不可能给这些人治罪，这些人的生命和安全当然也暂时不会受到威胁，即"活"。

但是，对政府而言，哪种行为是好的呢？哪种行为又是有害的呢？即"或利或害"。老子认为，这也很难说清楚。事实上，通过文中的语气，我们可以得知，老子所认为的那些"勇于不敢"的人可能是旧政权的真正"掘墓人"。在这里，老子是在告诫执政者，对一些公开反抗的人固然可以行使杀戮之大权，但是，那些没有公开反抗的人呢？也不能随便杀戮吧？事实上，当矛盾公开化时，执政者尽管会使用一些极端的手段，但是，如果能够注意修正自我的行为，纠正自己的错误，也不见得是件坏事。而那些心怀愤怒、隐忍不发的人才是对执政者构成威胁的真正元凶，这种隐形的力量不知道哪一天会爆发出来，到那个时候，一切都来不及了。这两种力量对执政者所构成的威胁，在历史与现实中皆有所证。

老子接下来说了一句带有情绪色彩的话："天之所恶，孰知其故？"这句话的表面意思很简单：上苍的好恶，谁又能说得清呢？这句话实际上是一种反语，是一种强调，言外之意是：上天想惩罚你，有谁管得了呢？老子实际上是在诘问执政者，为什么那么多人在明处（"勇于敢"）或在暗处（"勇于不敢"）反对你呢？表面上是有人反对你，实际上是上天在惩罚你，这是你违背民心和民意，自以为是导致的后果。

对此，道家认为，执政者还是要回归"大道"。因此老子讲："天之道，不争而善胜，不言而善应，不召而自来，坦然而善谋。"这四点与道家所一贯提倡的"无为而治"的自然情怀是完全一致的：大道无形，并不工于算计，但总能够达到预期的目的，所言之事总能获得万物的拥护；并没有发号施令，万物皆愿意追随其左右；什么事都坦然面对，不搞阴谋诡计，却总是顺理成章地达到自己的目的。

在本章的最后，老子为了更深刻地警醒执政者，说了一句类似谶语的话，也成

为弱者和正义者用于自我鼓励的千古名言，即"天网恢恢，疏而不失"，违背天道必为天所惩。当然，后人也借此做了诸多的发挥，诸如"恶有恶报，善有善报；不是不报，时候未到""善恶到头终有报，只争来早与来迟""人善人欺天不欺"，等等。或许这也成为中国人在无奈中最有力量、最具有色彩的一种表达，成为中国文化不可或缺的一种人文情怀。在现实生活中，那些背离"大道"的人物和行径，也大都在人民的期盼下被扔进了历史的垃圾堆，或者生而难静，或者死而难安。

第七十四章 若民恒且不畏死，奈何以杀惧之

若民恒且不畏死，奈何以杀惧之也？若民恒且畏死，则为奇者，吾将浔而杀之，夫孰敢矣？若民恒且必畏死，则恒有司杀者。夫代司杀者杀，是代大匠斫也。夫代大匠斫者，则希不伤其手矣。

司法须循大道，人命关乎天理

老子在本章中实际上是进一步告诫执政者：执政不能靠杀人，杀人不能解决问题。特别是当天下人觉得活得太累，没有办法活的时候，他们就不会在乎生死，这个时候，无论多么严峻的刑法就都不具备威慑力了。因此，老子开门见山，毫不隐晦地提出了自己的观点："若民恒且不畏死，奈何以杀惧之也？"态度鲜明，直奔主题。

面对这样的现实，该怎么办呢？老子认为一定要想办法让老百姓总是怕死，都珍惜生命。在这种情况下，纵使个别人干出出格的事，甚至犯上作乱，抓住并杀掉他，谁又敢不支持、不拥护呢？即"若民恒且畏死，则为奇者，吾将得而杀之，夫

孰敢矣？"

怎么做到这一点呢？也就是前面老子讲到的"无狎其所居，无厌其所生"。就是要让天下百姓能够过上自己满意的生活，让他们活出点味道，并且尽可能地积累一定的财富，除此之外别无他法。

因此，老子讲："若民恒且必畏死，则恒有司杀者。夫代司杀者杀，是代大匠斫也。夫代大匠斫者，则希不伤其手矣。"如果天下富足，民有恒产，那他们就一定会怕死。在这种情况下，掌管司法的人就可以充分地利用国家的法律去惩罚那些触犯国家法律的人，包括剥夺其生命。这种惩罚是为了让更多的人能够更幸福地活下去，这与大匠砍伐树木没有什么区别，是符合天道的。如果执政者不务正业，天下百姓为了生存而触犯国家法律，掌管司法的人在这种情况下去杀人，就如同一个没有伐过木的人代替大匠去伐木，一定会伤到他自己。言外之意，此时司法者本身已经不具备执法的合法性了，法律也不会再有公平可言，杀的人越多，背离天道越远，最终只能自取灭亡。

虽然这段文字理解起来比较容易，但是在这里，老子有一个重要的思想值得我们去思考，即司法的合法性问题。法是人定的，亦是人执行的，而制定、执行法律的人往往都是统治者的代言人。因此，在历史上的很多时期，法律都难免会带有强烈的主观色彩，也往往成为统治者鱼肉百姓的工具，因此，道家强调"道法自然"。老子在前文中讲过，宇宙中有四大：道大，天大，地大，王亦大。这其实就是在告诉"王"：虽然你在人世间有很大的权力，但是站在宇宙空间看，你并不是世间的唯一，你之上有"道"，有天，有地。所以，统治者应该对万物心怀敬畏之情，只有这样才能够善于使用手中的权力，关心天下苍生。而在现实中，皇帝往往被称为"天子"，其实也是一种警示和告诫。所以，法律的合法性应该源于自然，缘于天道。

何谓"天道"？"天道"的核心精神是什么？《礼记》中讲，"大道之行也，天下为公"。天道的精神就是公平，就是万物都有存在的合理性和生存的权利，因此，法律的最基本的精神也即"公平"二字。这种观点与后来的西方著名学者孟德斯鸠的《论法的精神》的观点不谋而合，公平早已成为今天人类社会立法最重要的核心精神。当然，公平在不同的领域、不同的时代可能会有不同的表达，但是就人类社会的发展而言，公平已经越来越成为大众利益的代名词，这是人类文明进步的表现，也是道家关于"胜利"的表现，从中也可以看出中华文化的伟大之处。

第七十五章

民之饥，以其上食税之多

原经

民之饥，以其上食税之多，是以饥；民之难治，以其上之有为，是以难治；民之轻死，以其求生之厚，是以轻死。夫唯无以生为者，是贤于贵生。

民富国强，民足君贵

应该说，本章内容是前面几章内容的延续，如果前面是提出了问题，这一章则是分析原因，提出了对策。为此，老子总结了三点：

第一，老百姓为什么会挨饿？老子认为，是税负太重，即"民之饥，以其上食税之多，是以饥"。在科学技术落后的农耕时代，老百姓都是靠天吃饭，粮食的产量非常有限。同时，老百姓所有的财产性收入都是靠卖一点粮食，如果税负重了，他们基本上没有生存空间。孔子当年也曾经感叹："苛政猛于虎也"。当然，即使在社会高度发达的今天，如何根据社会的发展控制好税率，也是执政的基础性工程。

第二，老百姓为什么不好管理，不听招呼？老子认为，就是因为执政者的想法

太多，没有理解百姓的苦处和无奈，使民无时，驭民无度，朝令夕改，百姓苦于奔命。这是道家所一贯反对的"有为"。即"民之难治，以其上之有为，是以难治"。为此，道家认为"治大国，若烹小鲜"，治理国家不能瞎折腾，不能为所欲为。

第三，老百姓为什么宁可死也要与执政者斗争？老子认为，就是因为老百姓活得太难了。人生不能重来，如果有一线生机，没有人愿意去死；那些把死看得很轻的人，大多处于一种极度绝望的心态之下。所以老子讲："民之轻死，以其求生之厚，是以轻死"。这样的话老子已经不只讲过一次了。

老子最后讲："夫唯无以生为者，是贤于贵生"。"无以生为"指一种非常淡定的生活状态和生命状态，自然地生，自然地死，生得不纠结，死得不愤懑。这实际上是指一个社会的生存状态，达到这种状态的社会就是一种大治，每一个人生活得都很宁静。"贵生"即以生为贵，这说明活着是一件很困难的事，能生存下来的人才为贵。有句话讲得好，"宁为太平犬，不为乱世人"，讲的就是这个道理。老子认为，人只要通过正常工作就能够过上衣食无忧而有尊严的生活的社会才是真正的好社会，生活在这种社会中，人就不容易走极端，整个社会才能够真正实现长治久安。

第七十六章 人之生也柔弱，其死也坚强

人之生也柔弱，其死也坚强；草木之生也柔脆，其死也枯槁。故曰坚强者死之徒，柔弱者生之徒。是以兵强则灭，木强则折。强大处下，柔弱处上。

强于其内，弱于其外

"柔弱胜刚强"是道家一贯坚持的观念，老子通过本章做了更加形象而系统的阐述。老子首先讲了两个自然现象："人之生也柔弱，其死也坚强；草木之生也柔脆，其死也枯槁。"老子通过描述具有生命的动植物生前和死后的状况来表达自己的观点。对于动物界，老子选择了人作代表。人活着的时候身体是有温度的，筋骨是可以活动的，肌肉也是柔软的；但是人死去之后，身体就僵硬了。对于植物界，老子以草木为代表。草木活着的时候，任风吹拂，柔软而多姿；而一旦死了，就变得干枯而僵直。由此，老子得出了结论："坚强者死之徒，柔弱者生之徒。"万物的生存之道就是保持一种柔弱的姿态，由此拓展到做人、做事，也一定要保持一种可

进可退的状态，不能走极端。

　　老子接着举了一个用兵的例子，即"兵强则灭，木强则折"。一个国家军事力量强大本来是一件好事，但是，如果过于强大就有可能消耗太多的财力，也势必增加老百姓的税负，丧失"民心"这个执政基础。当然，国防强大也往往会让执政者充满骄傲的情绪，陷入穷兵黩武的困境。

　　老百姓有句俗话：被淹死的大多数是会游泳的，讲的也是这个道理。一些人总以为自己游技高超，在哪里都敢下水，殊不知水情难测，在大自然的面前人是何等脆弱。再比如，我们人类在掌握了高超的技术之后，感觉到世界上的事"没有做不到，就怕想不到"，置自然情怀和自然规律于不顾，最终面临着越来越严重的环境问题，教训深刻。在大自然面前，人类还是应该懂得谦虚。

　　在本章的最后，老子得出了一个具有普遍价值的结论："强大处下，柔弱处上。"当然，道家的这个观点并不是强调越弱越好，只是提出了一种处理问题的法则，而不是对一个客观事物本身的要求。这就如同我们平时不要动不动就与人较劲，要懂得退让，但这不等于我们不需要充实自己、完善自己、强大自己。柔弱是一种姿态，是一种处理问题的方式。事实上，越强大的人越能够真正做到示弱和处下，这种示弱和处下才真正有价值。如果你自身真的太弱了，那就不是示弱了，而是真弱，一个真弱的人是不能够战胜刚强的人的。

　　这就如同今天的一些人在练太极，动作极缓、极柔。我去问他们原因，他们说太极就应该是这样的，我不禁哑然。我自幼学习八极拳，深知八极以刚、猛著称，但是几十年之后，我练习八极时感觉其中"柔"的东西越来越多，这不只是年龄增大的原因，而是发现了"柔"和"松"是发力的根本。人越处在一种放松的状态下，其速度和力量就越容易发挥；身体绷得越紧，其力量越难以发挥，即使发出来，那也是死力。所以，现在我练习时就比年少时多了几分自信和舒缓。但是这里有一个前提，那就是"刚在其内，柔在其外"，这种"柔"才是有意义的。所以，古人习太极多习形意，目的就是练习刚猛之力，然后用太极的手段将力化于无形，使力的表现更加充分而多元，避免发力过死和过急。今人练太极没有桩功，不去苦练力量和速度，手无缚鸡之力，却一味地强调"柔"。这种"柔"实际上是一种真弱，在实战中怎么可能战胜敌人呢？正因为如此，所谓的"太极高手"常被散打者击溃，也就没有什么奇怪的了。这不是说中华武术不行了，而是练习中华武术的人不行了。人下什么功夫，就会有什么力量。天下功夫唯快不破，而这"快"的背后是力量的支撑。

　　基于此，一个国家也好，一个团队也好，一个人也好，如果想真正做到"柔弱胜刚强"，就必须首先武装自己，强大自己。只有自己足够强大，才能够挥斥方遒，举重若轻，这样，这种"示弱"才具有实际的价值和意义。在前文中，老子讲，"大邦者，下流也"。"大邦"也就是强者，强者才能做到示弱，通过这种示弱才能获取弱者的信任，给小国以安全感，获得天下人的支持，使自己能够永远强大下去。

　　当然，"柔弱胜刚强"还有另外一个现实的意义，就是在你不够强大的时候，在你成长的过程中，在你初露端倪的时候，一定要保持一种隐忍的状态，韬光养晦，不可强行出头，如果那样，就必然会遭受重大的挫折和损失。

第七十七章 天之道，其犹张弓与

原经

天之道，其犹张弓与？高者抑之，下者举之；有余者损之，不足者补之。天之道，损有余而补不足；人之道则不然，损不足以奉有余。孰能有余以奉天下？唯有道者。是以圣人为而不恃，功成而不处，其不欲见贤邪？

大道之行，天下为公

老子在这一章之所讲，如果概括起来，就是四个字：天道为公。

实际上，老子已经不止一次提出"天道"的问题，遵循"天道"就是达到了"无为"的境界，这是道家的最高理想。关于什么是"天道"，老子也从不同角度进行了不同的表达。比如在七十三章中，老子就讲："不争而善胜，不言而善应，不召而自来，坦然而善谋。"这当然是对执政者所提出的一种做事该有的精神状态。那么在本章中，老子讲"天道"，实际上是站在一种自然哲学的角度对"天道"进行探讨，其结论具有更基础、更普遍的意义。

因为"天道"难以用常规的手段被察觉，老子就用了一个形象的比喻，即将"天道"比喻为"张弓"："高者抑之，下者举之；有余者损之，不足者补之。"前面两句实际上是在讲瞄准方向的问题：如果抬高了，就向下压一下；如果压低了，就向上抬一下。后面两句是指力量的问题：如果射程不远，或者容易射穿，就不需要把弓拉得那么满；如果射程远，被射的东西坚硬，就要将弓拉得满一些，这样力量就会大一些。"张弓"这样一个生活常识告诉我们：无论做什么事情，都应该有一个度，既不能过，也不能不足，"天道"就是能够准确地把握好这个度。比如前面讲的"天地不仁，以万物为刍狗"，天地貌似没有专门提出过爱谁、恨谁，似乎缺少仁德，但是，正是因为它没有特别地去爱过谁，也就不会对谁产生特别的恨，才能够最大程度地保证公平。再比如，老子在前面曾讲过"归根曰静，静曰复命"，任何存在的事物最后都会归于无。对人而言，任何人都会死，不管他拥有什么样的职位和多少财富，这就是世间最大的公平。就生命长短而言，很多时候，那些声名显赫的人往往并不长寿，这大概是因为他们在很短的时间内消耗的物质、享受的尊严已经远远超过了一般人。虽然生命短一些，但享受得并不少，这也算是一种公平吧。因此，许多居于高位、拥有财富的人总是向往一种更加简单而质朴的生活，但是，人在其位，身不由己，其光鲜的表现之下，也有常人难以想象的苦楚。世界上万事、万物都遵循着这样的或明或暗的法则，这就是"天道"。

在做了这样的一个比喻之后，老子就讲，遗憾的是，道理虽然简单，明白的人却不多。于是老子对比了"人道"与"天道"，写了一句深刻而饶有趣味的话："天之道，损有余而补不足；人之道则不然，损不足以奉有余。孰能有余以奉天下？唯有道者。是以圣人为而不恃，功成而不处，其不欲见贤邪？"

"天道"最根本的表现就是能够将多的补给少的，将强的补给弱的，将高的补给低的，将有的补给无的，尽量追求一种均衡。而"人道"正好相反，越是强势的人就越欺负弱势的。人类的文明史从一定程度上讲就是弱势者不断追求公平的历史。当强势者过于强势，弱势者为了生存就会奋起一击，寻找新的代言人，这就难免会产生新权贵；新权贵如果忘掉初心，最终成为广大弱势群体的敌人，就意味着又将被推翻。这便是历史轮回的最直接的解读和最基本的动因。

比如税收，其本质是追求社会的公平，调节收入，避免产生太大的贫富差距，通过上税的钱来完成社会的公益事业。但是事实上，税收在很多历史时期都成为统治阶级盘剥老百姓利益的有效手段。比如军队本来是为了保护国家利益而存在的，但是往往成为统治者镇压老百姓的工具；本来大自然的美景是供天下人共同欣

赏的，结果却被一些人圈起来成了牟利的场所；旧时的衙门本来是为了主持公道而设立的，很多时候却成为权贵排斥异己和压迫百姓的合法殿堂。这就是老子所讲的"人道"之恶。

因此，老子讲，什么时候权贵能够做到"有余以奉天下"？那就是"天道"盛行的时代，而只有那些心怀天下、胸装"大道"的人才能够做到，在某些历史阶段，偶而也会出现这样的人。完全循"天道"尽管很难，但至少能在某个局部上较好地解决公平问题。

老子在本章的最后讲：圣人之所以不居功、不自傲，就是因为他们不想占有太多，不希望世人仰视他们，这就是胸怀，这就是境界。

其实细想一下，老子在本章强调的还是"以弱胜强"的问题，即身居高位而能俯下，拥有强权而能自抑，功德满身而知退让，这也是"天道"的基本精神。

第七十八章
天下莫柔于水，
而攻坚强者莫之能胜

原经 ···

　　天下莫柔于水，而攻坚强者莫之能胜，以其无以易之。弱之胜强，柔之胜刚，天下莫不知，莫能行。是以圣人云："受国之诟，是谓社稷主；受国不祥，是谓天下王。"正言若反。

···

有恒功乃大，无志莫言难

　　从大的方向看，本章也是在讲"柔弱胜刚强"的道理。但是，细品一下，老子在这一章其实是深入解构了柔弱胜刚强的原因，以及柔弱的特质究竟是什么。

　　老子开篇还是以水作比喻。在现实生活中，水是柔弱的象征，但是，就是这柔弱的水，一旦发起威来，却无与匹敌，既可在江海中翻波涌浪，移大船于掌股之中而毫不费力，也可毁万物于瞬息之间，即使是屋檐上默默滴下的水滴，也能够将坚硬的砖石穿透。但是，没有什么能够改变水——地势平顺，我便直行到海，山势纵横，我纵使九曲回肠也不变初衷，最终殊途同归。这便是水的力量，也是柔弱的力量。

421

面对这样一个司空见惯的现实，老子却感叹道："弱之胜强，柔之胜刚，天下莫不知，莫能行。"这样简单的一种大哲学、大精神，为什么大家不能遵照执行呢？

我认为，老子的这种感慨是现实的，但是，在现实生活中将这个看似简单的法则真正坚守下来并不容易。水之所以能够以柔克刚，其背后至少有三种精神：

一是蓄势。小溪难以行三尺之舟，大江却可以举万吨之轮；小湖只能举微浪，大海却可育波涛。原因就是大江积无数之细流终汇成大势，海不厌百川之入终纵横江湖。因此，任何力量的形成都需要有一个积累的过程，这个过程有的时候是漫长的、曲折的，甚至是充满苦难的。很多人就是没有水的这种包容的精神与宽广的胸怀，要么中途退却，要么力量没有积聚得足够便发招，最终是玉石俱焚。

二是坚守。世界上没有随随便便的成功，滴水固然可以穿石，但绝非一朝一夕之力。功到自然成，这是成就事业的一个基本法则。一件事能够被坚持十年，它就一定会成为事业；如果将一种技术苦练十万次，就一定会成为大师。世界上最痛苦、最折磨人的事之一是不停地重复一件事，但是，这种重复不是一种简单的复制，真正的智者在这种重复中找到了快乐，找到了精神，找到了坚持的理由，这样，他就一定能成为成功者。

三是梦想。有梦想才会有希望，才会活得有味道。河流避高而趋下，执着地流淌，即使渗入地下仍可以汇集成流。它们是要入海，因为大海是它们的故乡，是它们生命中最高大的信仰，有信仰才会有力量。就我们一般人而言，奋斗之初无非是为了衣食住行，但是，一旦衣食无忧，我们却又纠结于人世的繁华，最终都忘了远行，直到生命将尽时才发现，生命中最美丽的风景其实是在路上。

所以，在这个世界上，做人、做事的道理没有那么复杂，一个人也没有必要把它们想得太复杂，关键是我们在生活中缺少一种执着的精神。现在的教育只是重视一些具体知识的学习，或许人们可以通过这些知识谋一个职业，混一口饭吃。但是，当我们走上社会，不再有父母的庇护，不再有老师的提携，在谋生之余，面对苍茫的世间，哪一个不会心生落寞？生命在很多时候是需要一定的情怀的，需要那么一点点的精神的，否则，生命就会失去光华。

接下来，老子通过上面的哲学，进一步提醒执政者："是以圣人云：'受国之诟，是谓社稷主；受国不祥，是谓天下王。'正言若反。"

这里的"圣人"是指古代的贤者。由此可知，老子之前，中华民族可能也有很多的圣贤之人，只是因为各方面条件的限制，以及他们对生活方式的选择，让我们无从得知。

老子在这里引用了圣人的一句话来表达自己的观点。"诟"即诟病，这里指老百姓对执政者的批评。"不祥"指国家遇到的各种灾难。这句话的意思是：无论是面对老百姓的批评，还是面对国家的危难，一个敢于承认错误并敢于担当的人，才能够执掌天下。读读史书，我们都会知道，在古代社会，凡是天降"异兆"，比如地震、台风、旱涝灾害等，君王都会下罪己诏，认为这是自己的不良行为惊怒了上天所导致的后果，让天下黎民为此遭受不幸，并对此深表忏悔。当然，今天我们从科学的角度看，这些自然灾难和君王的执政过失并没有什么关系，这些君王的做法似乎有些愚蠢。但是，我们不能只看表面现象，这种行为的背后其实透射着一种文化氛围，这种氛围对君王具有潜移默化的激励作用，使之时刻保持着清醒而自我约束的头脑，养成一种谦虚、谨慎的精神。

何谓"正言若反"？这有些类似于我们常讲的"良药苦口利于病，忠言逆耳利于行"。有些话听起来似乎不舒服，却含有天下"大道"。

和大怨，必有余怨，安可以为善？是以圣人执左契，而不责于人。故有德司契，无德司彻。夫天道无亲，常与善人。

宁可人负我，不可我负人

这一章的内容貌似有些唐突，但是仔细琢磨一下，老子还是在讲"天道"。老子在前面提出，"天道"的精神就是"公平"，但是，"公平"是什么？老子在本章强调，公平不是"一刀切"，也不是"和稀泥"，它在人世间是有一定的是非导向的。

"和大怨，必有余怨，安可以为善？"什么叫"大怨"？就是显而易见，没有办法弥补的是非与恩怨，比如国仇家恨。老子认为，这些东西深藏在每一个人的内心深处，不是说想和就能和得了的。同时，也不能为了和而和，如果仅仅做这样的表面文章，而泯灭了是非善恶，怎么可以叫作善良呢？

老子曾经讲过"以德报怨"，本章的表达似乎与前面有些矛盾。在这里，有一个关键的字需要特别注意，那就是"大"。"大"指的是一种极端的状态，"大怨"就是一种极端的怨，是一种完全背离了"大道"的行径。老子认为，这种怨是没有办法调和的，与其强行调和，还不如都去正视它，各走各的路，至于结局，自有"天道"。相对"大怨"而言，"以德报怨"的"怨"就只能是"小怨"了，小怨也就是日常工作和生活中的一些是是非非。道家一直强调：在绝大多数情况下，很多是非都缘于人的一念之间，放下了，看得淡一点，也就没有那么多怨气了；放不下就是因为德不够厚，生命还有些浅薄。

顺着前面的思路，老子接着讲："是以圣人执左契，而不责于人。""契"就是证明买卖、抵押、租赁等关系的凭据。在古代，人们往往将一个物件分成两半，借方拿着左半部分，贷方拿着右半部分，以作凭证，将来还清了，左右就相合了。老子在这里通过"左契"来说明：圣人在任何时候都是是非分明的，圣人可以不计较别人向他索取了什么，但是，圣人也能够让人们承认他们曾经借过什么。"不责于人"表现的只是圣人的胸怀，但是对于事实，我们也必须承认，这就是原则，这就是立场。这正如我们对军国主义势力常讲的一句话：我们不延续仇恨，但是，你必须要对历史负起责任。

所以，老子讲："有德司契，无德司彻。"关于这八个字，大多数人都做如下理解：有德的人管理天下的契券，无德的人管理天下的税收。如果强行地对照一下今天的实际情况，就是有德的人管理银行，无德的人管理税收，这其实是一种过于表面化的理解，也是一种误解。其实，这八个字真正的文化内涵是"宁可人负我，不可我负人"。你欠我的再多，我也不会把你逼到死路上，你只要认账，尽力去还就可以了；而我欠别人的，我会尽量去归还。这就是大德。

老子最后讲："夫天道无亲，常与善人。"虽然苍天对众生没有高低贵贱之偏见，但是那些有胸怀、有德行的人在现实生活中还是更受青睐的。因果自有天定，这也是"大道"啊。

第八十章

小国寡民

  ··

　　小国寡民。使有什伯之器而不用；使民重死而不远徙；虽有舟舆，无所乘之；虽有甲兵，无所陈之；使民复结绳而用之。甘其食，美其服，安其居，乐其俗。邻国相望，鸡犬之声相闻，民至老死，不相往来。

···

大美其美，大爱其爱

　　写到这里，《道德经》已经接近尾声，老子的思绪也慢慢地回归现实——不管"道"有多大，人还是要活着，活在一日三餐的日子里。但是，老子毕竟是一个理想主义者，他带着一种浪漫和幻想，打造了他心中的乌托邦式的社会蓝图，这也是道家的社会理想。

　　"小国寡民"是老子对社会的一种宏观描述。国家大了，是非必然会多，有一片土地足以养活自己，有一片山水足以养心怡情，有几条小径足以悠然而行，也就够了。其实，这种社会理想也反映了道家"不争"和"回归自然"的心态。万物皆归于无，每一个生命无非都是宇宙进化过程中的一瞬，不曾带来什么，也不曾带走什么，知足者常乐也。

在这样的社会空间里，人该以一种什么样的状态生活呢？老子接下来做了一个更加细致的描述："使有什伯之器而不用；使民重死而不远徙；虽有舟舆，无所乘之；虽有甲兵，无所陈之；使民复结绳而用之。甘其食，美其服，安其居，乐其俗。邻国相望，鸡犬之声相闻，民至老死，不相往来。"

"什伯之器"指的是兵车和大型弓弩这样的重兵器。老子讲，在一个小国遍布的世界上，人们只为活着而活着，活着对他们来说才是最重要的意义，大家没有什么大的欲望，不会发生大规模的战争，也就不需要打造重型兵器。因为大家都尊重生命，所以，都不愿意为了利益而长途奔波，纵使有舟车，也只能在那里闲置。即使有很多青壮年可以武装起来，大家却都喜欢生活在自己的田园里，不知甲兵为何物。人们也不需要读书、学习，那繁冗的文字和无休止的知识既让人心神俱疲，也让人变得虚伪而巧诈。大家最好还是回到那个结绳记事的时代，或许有些事记不清楚，忘了也没有什么大不了的。人们吃着粗茶淡饭，却自得其乐；人们穿着麻布粗衣，却自赏其美。家门口有一条小河，河的对岸就是另外一个国家，那边的鸡鸣和犬吠都听得十分清楚。对岸的邻居每天都可以看见，却从来没有交流过，因为他们谁都不想打破这种和平与宁静。其实，慢慢地看着对方变老，也是人们心中的一种幸福。

当然，社会的发展有其不可抗拒的规律。不管我们多么渴望简单，现实生活都不可阻挡地越来越复杂；不管我们多么渴望质朴，生活都越来越充斥着奢靡和巧诈；不管我们多么渴望自然，城市的混凝土丛林都是我们的家；不管我们多么渴望爱情，自己心仪的人都总是进入了别的人家；不管我们多么渴望宁静，窗外的噪声早已盖过了远古的犬吠和鸡鸣……

或许是基于对这种社会发展的预见，老子才提出了这样的梦想，这种梦想其实也是今天我们的追求。虽然这只是幻想，但生活在现代社会的我们，也总是在忙忙碌碌之中偷取片刻之闲，寻一点灵魂的宁静之趣。

所以，我们不能把老子的思想简单地理解为一种幼稚而缺乏现实价值的胡思乱想，更不能动不动就为其贴上"保守""落后"和"不追求进步"的标签。老子的思想表达的是一种精神的信仰、一种对生命的渴望，守候着这样的梦想，我们人类才不会过于狂躁。

第八十一章 信言不美，美言不信

信言不美，美言不信。善者不辩，辩者不善。知者不博，博者不知。圣人不积：既以为人，己愈有；既以与人，己愈多。故天之道，利而不害；人之道，为而不争。

天道利而不害，人道为而不争

这一章是《道德经》的收官之作，老子通过这一章表达了两层意思：

第一，表达了对自己创生的这套理论体系的自信："信言不美，美言不信。善者不辩，辩者不善。知者不博，博者不知。"意思是：我所讲的这些东西是可靠而可信的，但是听起来不一定那么华丽而实用。不管人们怎么去评价，我都不与之辩解。其实天地之间的真理无非是一个"道"字，聪明的人懂得了这一点就足够了，没有必要被那些纷繁芜杂的理论左右。庄子也讲："吾生也有涯，而知也无涯。以有涯随无涯，殆已。"大概也是受了老子的影响。当然，很多人将其解为一句具有普遍价值的名言警句，也不是不可以。但是，我认为，老子讲这番话的目的还是劝告世人要接受自己的理念，遵循天地"大道"，方能前程无忧。

第二，老子又一次高度概括了全书的精髓，以期待对世人有所触动："圣人不积：既以为人，己愈有；既以与人，己愈多。"老子讲：圣人之所以成为圣人，就是因为其掌握了"大道"，"大道"的最重要的表现是有无相生。圣人都能够充分地认识到这一点，所以从来不拼命地为自己谋权力、谋财富、谋功名。很多时候，他们甚至会放弃功名利禄，过着一种简单而质朴的生活，但是让人奇怪的是，他们并没有因此而困顿，而潦倒，为什么？老子讲，人世间往往存在着这样一个法则：你为他人付出得越多，你收获得往往就越多；你给予他人的越多，别人回报你的就越多。对于有些东西，我们渴望得越强烈，反而越是得不到；当我们平平淡淡地去生活，扎扎实实地去工作，从从容容地去追求，很可能突然有一天，一切就都来了。所以，人在一生中对身外之物不能过于在意。

最后，老子讲了一句千秋名言，既是对《道德经》的最后诠释，也体现了一种极具力量的收场，即"故天之道，利而不害；人之道，为而不争"。综观全书，老子无非就是讲了"天道"和"人道"的问题，天道无为，人道有为，人道要想在"有为"中把握好尺度，避免过于主观，就必须秉持天道"利而不害"的大法则，唯有如此，才能保证人与自然之间、人与人之间的和谐相处。

到这里，《道德经》这部中华文化的经典之作就全部讲完了。我觉得，"经典"的意义就是不同时代的不同的人都会根据其个人修为和时代之需求做出自己的阐释，以期能够服务于现实。如果在这里对老子或者道家思想做一个非常简要的概括，我觉得大体上有四点值得思考：

第一，从宇宙观的角度看，道家认为，"道"本是虚无的，一切存在皆从"无"中来，又到"无"中去。世界的本质是能量的轮回，我们生存的这个星球、这个星球上的生命，以及世间的一切，都不过是转瞬即逝的存在。

第二，从认知的角度看，道家认为，真理是相对的，人类的认识只能无限地接近真理，而不可能是真理本身。基于此，道家认为，人无论在什么样的情况下，都最好能够去感受自然的变幻，在这种变幻中去获取能量和智慧，这就是"道法自然"的人文价值。

第三，从生死观的角度看，道家认为，万物归一。站在宇宙的空间看，生死本无不同，只是一种能量存在的不同形式而已，生终会化作死，而死又会化作新生，生生死死无穷尽也。所以，道家不提倡人为了追求所谓的"永生"和"长生"而变得丧失理性，而是认为死就是"回家"，即"归根曰静，静曰复命"，这就是

"轮回"。

第四，从得失观来看，道家认为，一切"得"都仅仅是暂时的拥有。有得必有失，有失必有得，"得"只是人心里的一种幻象，这种幻象会给人带来一种错觉所产生的快乐，会导致人行为轻狂，坠入欲望的海洋，最终与物同灭。道家因此而建立了"金玉满堂，莫之能守；富贵而骄，自遗其咎"的人生哲学。

关于我们在现实生活中如何运用道家思想，我讲了四法：第一，无用之用；第二，无欲之欲；第三，无心之心；第四，无为之为。看着似乎没使特别大的劲儿，没有太用心，也没绞尽脑汁想办法，最后我们的梦想却都实现了。这就是道家的智慧，能在"无"中生出"有"来。一个人如果明白了这个法则，我认为很多事就迎刃而解了。

后记：感恩是一种美德

人的一生总是抱着理想来，带着遗憾去，而这遗憾或许是源于生命的短暂。正因为如此，在这短暂的生命过程中，能够为社会做一点什么，或许是每一个生命应该有的思考与存在的价值。

当把《〈老子〉大义》的样书拿到手里的那一刻，我悄悄地闭上了眼睛，所有的劳作、纠结与辛酸，都化作一种暖流徜徉在我的肉体与灵魂之间，许多的遗憾都随风而去。我可以欣慰地讲，过去的十年无憾矣。有的书，是用笔写成的；有的书，是用心写成的；而有的书，是用生命写成的。这本书便饱含着我半生的体悟，这里面体现得最多的不是知识，而是情怀，是精神，是一个平凡生命在"快餐时代"中所保持的执着与坚强。

其实，十几年前，我就产生了用更生活化的方式解读中华优秀传统文化系列经典的想法，并且着手做了一些准备工作，但是，先从哪里入手，当时还是模糊而不确定的。《论语》《孟子》《诗经》《易经》《老子》《庄子》等对于我，基本上是齐头并进的，因为，我总希望能够在这种相互穿插式的研读中，更准确地找到这些圣贤思想的相通和相别之处，从而更全面地驾驭这些经典中所蕴含的人文精神，不至于过于顾此失彼。

但是，一个契机却让《〈老子〉大义》率先出炉。2015年，在一次外出做讲座的过程中认识了《中国石油报》社的社长邱宝林先生，他邀

431

请我到报社开展一个关于《道德经》的系统的讲座，并且希望能够按照原文逐章讲解。就《道德经》开展一次讲座，这是常有的事，但是，按照原文进行系统的讲解，这还是第一次遇到。因为我知道，有些东西是很难讲精彩的，甚至说，我自身也没有完全搞明白，在这种情况下讲给人家听，是有些不负责任的，所以，我当时婉拒了邱先生的盛情。但是，几个月之后，大约在2015年年底，邱先生再次致电，希望我能够开展讲座。面对这种盛情，我无法拒绝，于是从那个时候开始，我集中精力准备全本解读《道德经》的课件，梳理解读思路，丰富解读内容。在接下来的半年里，我总共讲了十四次课，完成了《道德经》的全本解读工作。在解读之初，我便提出了一个要求，讲座不要任何报酬，只希望能够录音、录像，并且把讲稿整理出来即可。报社办公室主任魏杰同志和白杨同志承担了这项具体的工作，非常负责任地将讲座的整理稿交到了我手里，整个讲稿大概有七八十万字。看着这一摞厚厚的讲稿，我都有些"晕"，心里有点不好意思。于是，我开始逐字逐句地修改并调整这些稿子，最终形成了《〈老子〉大义》的初稿。所以，在这里，我对《中国石油报》社参与《道德经》讲座的所有同志表达衷心的感谢，没有你们的鼓励和努力的工作，《〈老子〉大义》的写作可能会大大滞后。

对初稿进行了三年多的修改之后，在参加一次活动中偶然遇到了罗丹阳博士，十多年前她常请我到清华大学上课，我们早有相识。我提到近期打算出一本书，她凭着自己的职业敏感性，希望能够看一下这本书的稿子，结果，她看了稿子之后表示非常满意，并推荐给了出版社的领导。出乎意料的是，中央民族大学出版社的领导对该书给予了超乎我想象的肯定。社长兼总编辑赵秀琴老师亲自与我交流，商定出版的相关事宜，并提出了相关意见和建议；李苏幸副总编审读了全稿，提出了非常专业而中肯的修改意见；白立元老师虽身患重病，却依然细致地审阅了全稿，并且提出了准确而深刻的修改意见；责任编辑陈琳老师三审本稿，极其细致、专业而认真，保证了该书能够以较高的质量呈现在读者面前。当然，出版社还有一些我未曾谋面的同志为该书的出版付出了巨大的心血，我在此一并致谢。

当然，在这里我也特别感谢我八十多岁高龄的老父亲、两位兄长，以及妻子和女儿，他们一直尽心地支持我的写作工作。本书基本定稿之后，老父亲认真读完了全书，并题写了书名，他给我的评价是：分析得挺好，是有些学问的。这对我来说，无疑是一种极大的鞭策与鼓励。

当然，我需要感谢的亲人和朋友还有很多，这里不一一列举，他们的期待和鼓励是我努力工作的动力。

或许有人讲，中国人最喜欢一些琐碎而无聊的客套。其实，我倒不这么认为，人生一世，草木一秋，能够相识、相知，本身就是缘分，而正是这种来来往往的缘分才构成了生命的色彩。感恩是一种美德，因为有感动，才有幸福，因为有恩情，才有温暖。

最后，祝愿我所有的亲人和朋友，祝愿天下所有怀有梦想的人，都能够沐浴在圣贤道德的光辉里，过得快乐、阳光而幸福。